전향의 사상사적 연구

국립중앙도서관 출판사도서목록(CIP)

전향의 사상사적 연구 / 후지타 쇼조 지음 ; 최종길 옮김.
-- 서울 : 논형, 2007
  p. ;   cm. -- (논형일본학 ; 8)

원서명: 転向の思想史的研究
원저자명: 藤田省三
색인수록
ISBN 978-89-90618-66-5 94910 : ₩20000

301.0913-KDC4
952.033-DDC21   CIP2007003835

전향의 轉向 사상사적 연구

후지타 쇼조 지음 최종길 옮김

転向の思想史的研究 藤田省三 著, みすず書房

TENKO NO SHISOSHITEKI KENKYU
by FUJITA Shozo

Copyright by FUJITA Haruko 1997
Originally published in Japanese by Misuzu Shobo, Ltd., Tokyo, 1997.
This Korean language edition published in 2007 by Nonhyung, Seoul.
Korean translation rights arrange with FUJITA Haruko and Misuzu Shobo, Ltd., Tokyo.
All rights reserved.

전향의 사상사적 연구

지 은 이   후지타 쇼조
옮 긴 이   최종길

초판 1쇄 인쇄   2007년 12월 10일
초판 1쇄 발행   2007년 12월 15일

펴 낸 곳   논형
펴 낸 이   소재두
편집위원   이종욱
편   집   최주연, 김현경
표   지   디자인공 이명림

등록번호   제2003-000019호
등록일자   2003년 3월 5일
주   소   서울시 관악구 봉천2동 7-78 한림토이프라자 5층
전   화   02-887-3561
팩   스   02-887-6690

ISBN   978-89-90618-66-5 94910
값   20,000원

저작집 서문

이 책에 대해서 두 가지 사실을 언급하고자 한다.

하나는 이 책이 사상의 과학 연구회 '전향 연구 집단'이 기획한 공동연구의 일환으로 이루어졌다는 것이다. 1950년대는 전전戰前·전중戰中의 근본적 문제에 대한 비판적 반성이 전후 사상사의 출발점으로서 각 분야에서 중시된 시기였다. 그야말로 '전후'라는 시대의 중심이 되는 10년이었다. 그러한 상황 속에서 '전향'에 대한 검토는 조금씩 개별적으로 행해지고는 있었지만, 하나로 정리된 전면적인 작업은 다른 문제에 대한 연구와 비교하면 뒤쳐져 있었다. 전향 연구는 권력과 사상에 복잡하게 끼어들어 있는 관계사關係史를 단적으로 표현하는 문제였던 만큼 '비전향 18년'이라든가 '12년'을 예찬하는 목소리가 '전향'·'비전향'의 조건, 과정, 귀결의 다양성에 대한 주목을 싹 지워버렸을 것이다. 무차별적인 이분법적 사고가 여기서도 지배하고 있었던 것이다.

『공동연구 전향共同研究 転向』 상·중·하 전3권 중에서 가장 중요한 시기인 1933년의 상황을 다룬 상권 간행과 더불어 좌담회가 열렸다. 전전·전중의 살벌한 시기에 당사자로서 권력과 계속 대립해 온 고자이 요시시게古在由重가 "전향이라는 문제의 날카로운 의미"에서 그 '날카로움'이 갖는 의미 내용의 개별적이고 구조적인 관련이 빚어낸 복잡한 상황을 짧게 지적하였다. 여기서 발생하는 다양한 현상을 그 '날카로움'과의 관련 속에서 이해하고 기술해 냈는가의 여부 문제는 남아 있다(라고 적어도 나는 생각하지만)고는 하더라도, 어쨌든 조건을 생각하지 않고 유통되던 이분법적 사고를 불식시킨 점은 이 공동 연구회의 성과였다.

이 모임의 공동연구에 나를 끼워준 것은 다카바타케 미치토시高畠通敏와 쓰루미 슌스케鶴見俊輔였다. 두 분께 다시 한 번 감사드린다.

이 책에 대해서 하나 더 말하고 싶은 것은 이 책에서 다루는 내용이 하나를 제외하고 대체로 '전향사轉向史'의 각 단계에 관한 '총론'이라는 것이다. 이렇게 된 데에는 내가 '연구회'의 주재자 겸 지도자였던 쓰루미 슌스케의 뜻에 따랐기 때문이다. 각 장의 표제가 전부 '원호元號'를 사용해서 표기되었는데, 이는 당시에 이러한 종류의 연구 집단과 그 지도자조차도 원호 표기에 위화감을 느끼지 않았음을 나타낸다. 바꾸어 말하면 적어도 연호의 사용방식에 관해서는 천황제적 '국체 본위'였지 결코 '국제적'이지 않았던 것을 보여준다. '공산주의자' 집단은 10년이나 앞서서 '50년 문제'라는 방식으로 경직된 이분법이라고는 하지만 '논쟁'하고 있었기 때문에 이점은 짚고 넘어가야 할 문제로, 명저『미국철학アメリカ哲学』의 저자인 쓰루미 슌스케로서도 완전히는 소홀히 할 수 없다고 나는 생각한다. 1954년에 '천황제'에 관한 비판적 소론을 펴낸 나 또한 이때의 시야는 '국내주의'적인 범위에 머물러 있었을 것이다.

어쨌든 이러한 결점을 안고 있으면서도 앞에서 말한 절대화된 이분법적 사고를 공동으로 돌파하는 작업에 참가할 수 있었고, 쓰루미 슌스케의

지시에 따라서 『전향轉向』 각 권의 '총론'을 개괄적으로 작성했던 것이다. 이점 지금도 감사하고 있다(전중·전후의 '전향사'에까지 동일한 구분 방식을 적용하려고 한 것은 잘못된 생각이었지만).

저술자는 나이고 서술된 내용은 당연히 나의 책임과 권한에 속하지만, 앞에서 이야기한 두 가지 경위는 밝혀두어야만 한다. 무엇이든 완성된 것에 대해서는 무조건이 아니라 경위와 관계를 포함하는 것이고 그것은 그에 상응하는 의미를 갖는 것이다.

연구회 회원 전원이 젊었다는 것은 즐거운 일이었다. 즐겁게 연구하는 것은 중요하다. 때로는 즐거움에 너무 들떠서 싫었던 적이 전혀 없었다고는 말하기 어렵겠지만 말이다(또한 웃음을 자아내는 사람이 웃기면 웃길수록 카리스마적이 된다는 이상한 현상도 있었다).

여러 가지 일이 있었지만 역시 잊기 어려운 '연구회'였고, '60년 안보'를 사이에 두고 2, 3년 간의 유익한 경험이었다. 그 '시기'라는 것도 이 책의 성립에 적절한 하나의 '조건'이었다.

1996년
후지타 쇼조

이와나미출판사의 초판 서문

‘사상의 과학연구회’ 산하 전향연구회의 공동연구서『전향転向』(平凡社刊)
에 수록된 나의 원고 중 일부분을 제외하고 단행본으로 출판하기로 했다.
출판을 결정하기까지 여러 가지 고민을 했다. 그 까닭은 여기서 말하지 않
겠다. 그러나 나로서는 그다지 유쾌하지 않은 결정이었다. 전후 일본에서
행해진 공동연구로는 아마도 여러 가지 면에서 가장 잘 된 것 중의 하나라
고 자부하기에 나는 참가자의 한 사람으로서 매회의 연구회에 대한 기억을
귀중하게 간직하고만 있을 작정이었다. 이러한 관계로 내가 담당한 부분
만 출판하는 결정에 필자는 저항감을 느낀다.

　　그러나 어쩔 수 없다. 전향 문제에 대해 알고자 하는 사람, 생각해 보려
는 사람은 헤이본샤平凡社에서 간행된 공동연구서『전향』상·중·하 3권을
반드시 참고해야 한다는 생각에는 조금도 변함없다. 앞으로도 그러하다는
점을 단언한다. 따라서 이 단행본은 공동연구『전향』3권에 대한 일종의
입문서라고 독자들이 생각해 주었으면 한다. 그렇게 받아들이는 경우에
한해서만 이 책은 나에게 의미를 갖는다.

한 가지 더 저항감이 있다. 지금도 있다. 그것은 이 책을 이와나미岩波출판사에서 출판하기로 결정한 것과 관련이 있다. 나는 도쿄東京대학·교토京都대학 중심의 학계 실태에 대해 정면으로 반대한다. 물론 정신 경향에 대해서 그러하다. 내 입장에서 본다면, 이와나미출판사는 학계의 현 실태를 대표하는 출판사다. 이러한 곳에서 책을 출판하는 것은 내가 원하던 바가 아니다. 이리저리 악전고투해 보았지만, 나카시마 요시카즈中島義勝·쓰즈기 레이코都築令子·오가와 도시오小川寿夫·이토 오사무伊藤修 등 여러 사람들의 지금까지의 '우정'에 바탕을 둔 '설득'을 거절할 수 없었다. 나로서는 『우정 어린 설복』이라는 영화를 떠올리지 않을 수 없었다. 내 기억이 틀리지 않는다면, 이 영화의 원제는 『퀘이커 교도의 설득Friendly Persuasion』이었다. 위에서 열거한 분들 중에는 '퀘이커 교도' 같지 않은 사람도 있지만 그러한 사정에 대해서는 설명하지 않겠다. 이러한 과정의 결과, 이 책을 가장 잘 이해해주고 이미 구체적인 작업까지 진행해 준 헤이본샤의 유사와 다케시龍沢武에게 미안하기 그지없다. 더불어 십 수 년 전 집필 당시 게으르고 나태한 나에게 펜을 들도록 독려해준 스즈키 히토시鈴木均에게 한마디 감사의 말을 올린다. 여기에 덧붙여 이번 원고정리와 그 외의 일을 도맡아준 이와나미의 나카무라 쓰쿠오中村寬夫 씨에게도 "신세 많았습니다"라는 인사를 전한다.

공동연구 『전향』에서 내가 담당한 부분 중 이 책에 수록하지 않은 부분은 제3편의 제1장 「쇼와 20년昭和二十年', '쇼와 27년昭和二十七年'을 중심으로 하는 전향의 상황」이라는 부분이다. 여기에 대해서 읽고 싶은 사람은 헤이본샤 간행의 하권을 봐주기 바란다. 그리고 제2장 제1절 「서문」의 추상적인 방법론 부분은 반 정도 삭제했다. 반으로도 논지는 충분히 통하리라고 생각했기 때문이었다.

마지막으로 전향 연구회의 회원이었던 모든 사람들에게 오랫동안 연락을 못 드린 것에 대한 사과와 재회의 기회가 오기를 바라 마지않는다.

1975년 3월 24일
후지타 쇼조

차례 次例

일러두기

1. 외래어 표기는 한글맞춤법 통일안의 외래어 표기법을 따랐다.
   예) 大正는 타이쇼가 아니라 다이쇼로 적었다.

2. 원문의 후지타 쇼조의 강조점은 본문 내 방점으로 처리했다.
   후지타 쇼조의 부가 설명은 원문대로 괄호 안에 처리했다.
   한자나 부가 설명 등의 옮긴이 주는 작은 글씨로 처리했다.

3. 서양 문헌의 경우 제목을 한국어로 번역했고 일본 문헌의 경우 원문 참조를 위해 한
   국어와 일본어를 병기했다. 단, 괄호 속에 있는 일본 문헌의 경우 일본어로만 표기했
   고 서양 문헌 중 후지타에 의한 원문 표기가 있는 경우는 명시했다.

1장 쇼와 8년의 전향 상황(1933)

1. 문제의 발생

이 장에서 다룰 현대 일본 사상사의 한 시기는 우리의 연구 주제인 '전향'이라는 단어의 의미를 처음으로 확정하고, 나아가 전향의 사상을 탐색하는 범주까지 담고 있다. 이 점에서 시대순으로 기술하는 전향 연구의 첫 번째 장일 뿐 아니라, 전향의 사상을 구조적으로 파악하는 측면에서도 시작하는 장으로 삼았다. 전향이라는 단어가 단순히 하나의 단어로써가 아니라 그 사상에서 특별한 의미를 가지고 등장한 것은 다이쇼大正 시대 말기, 프롤레타리아운동의 '방향 전환'이 논의되는 과정에서였다. 이때에는 전향이라는 말이 지배권력의 동향에 새삼스럽게 굴복한다든가 동조하게 되었다는 의미로 사용된 것이 결코 아니었다. 오히려 그 반대에 가까웠다. 바른 표현은 아니지만, 전향은 '나쁜' 의미에서가 아니라 '좋은' 의미에서 사용되기 시작한 것이다. 야마카와 히토시山川均가 제창한 방향 전환을 노동조합주의＝경제주의와 혁명주의＝정치운동화와의 '절충주의'라고 비판하면서, '참

된 방향 전환'을 주장하고 나선 '후쿠모토福本주의'가 '전향'이라는 기호에 의해, '역사의 보편법칙'에서 변증법적 '전화轉化'의 원리를 능동적 주체가 자신을 적극적으로 적응시켜가는 행동으로 표현했을 때, 이 단어는 하나의 카테고리로써 성립했다고 말할 수 있다. 후쿠모토는 대중 속에 '침잠沈潜'하여 대중을 사회주의에 결합시키려는 운동 태도는 '무산자 결합에 관한 마르크스적 원리'에 반하는 방식이고, 변증법적인 운동 방침은 "결합하기 전에 우선 깨끗이 분리하지 않으면 안 된다"는 레닌의 테제를 적용하는 데에서 시작해야만 한다고 주장했다. '엉성하고 질질 끄는ズルズルベッタリ' 결합을 단절해야만 마르크스적 결합이 된다. 그렇다면 원칙적인 단절을 거치지 않고 사회주의운동을 일으키려고 했던 "우리는 지금까지 한 단계를 뛰어넘어 다음 단계를 바라보고 있었던 것이다. 우리는 일단 후퇴해서 이 전 단계부터 다시 현실로 나아가야 한다. 지금은 이 전향을 이루어 내야 할 순간에 도달한 것이다". 여기서 전향이란 완전히 주체적인 개념으로서 고안되었다. 상황 속에 파고들어 상황 자체를 목적의식적으로 바꿔가기 위해서는 단순히 상황 속에 내재해 있는 '전화의 법칙'에 의지하는 것만으로는 부족하다. '객관 세계의 법칙' 외에 상황과 변혁 주체와의 관계를 가능한 한 법칙적으로 정확히 파악하여, 그것에 의해 주체적인 원칙을 만들고 그 원칙에 의해 상황에 대처해야만 한다고 생각하는 것이다. 이른바 운동의 주체를 법칙화 하려는 것이다. 그리고 운동의 법칙은 '객관 세계'의 법칙과 대응해서 변증법의 정식에 적합해야만 한다. 이러한 노력을 꾀할 때, 전향이 생겨난다. 무법칙의 운동에서 법칙적 운동을 향해 법칙적으로 전화하려는 능동적인 행동이 '전향'인 것이다(이 경우 대중이라는 상황을 대인지시언어對人指示言語로 불러 대명사처럼 사용한다. 이 용법은 현재에도 중요한 의미를 가진다고 생각한다). 따라서 후쿠모토는 전향을 자주 '자기지양止揚'

과 같은 의미로 사용했다. 즉, 전향은 상황=대중에 대한 대처방법의 기능적 변화기 때문에 한편으로는 그에 따른 자기비판과 반성을 포함해야 하는 것이다.

이렇게 해서 전향의 개념을 주체적 인간이 외부를 향한 행동을 자신의 힘으로 법칙적으로 전화시키는 것과 내부를 향한 반성을 역시 법칙적으로 한층 심화시키는 것을 통일적으로 파악한다. 여기서 주체의 구조는 주요한 모든 면에 걸쳐서 방법적으로 문제시 할 수 있는 것이 되었다. 그래서 자타自他의 사상을 관찰하기도 하고 비판하기도 하는 경우는 이처럼 방법적으로 행해야 한다('이론투쟁'!). 내가 사상의 범주로서 '전향'이 발생했다고 하는 것은 이러한 의미에서다.

후쿠모토주의에서 비롯한 전향에 대한 사고방식은 국가권력 또는 일본의 지배체제에 의해 역이용되었다. 국가권력은 일본의 체제에 알맞은正當 국민철학을 잊어버리고 실현 불가능한 "완전히 가상이라고 불러야만 할 …… 외국의 사상에 현혹된" 자(공산당 검거에 관하여 1928년 6월 27일에 하라原 법무대신이 행한 담화)가 자기비판을 하고 다시금 체제에 의해 인정받은 국민사상의 소유자로 복귀하는 것을 '전향'이라고 부르면서, 현대 일본 사상사에 특수한 기초 범주의 하나로서 전향이 생겨난 것이다. 그것은 주체적으로 '비국민적 행동'(1928년 하라 법무대신의 말, 쇼와昭和 시대에 들어와서 아마도 최초로 정부 당국에 의해 이 말이 사용)을 그만두고 천황제 일본의 상황에 대해 적극적으로 순종하는 것을 의미한다. 1933년(쇼와 8년)의 사노佐野·나베야마鍋山의 전향이 이러한 전향 개념을 성립시킨 계기가 되었지만, 그때 양자의 성명문은 '일본 프롤레타리아 자각분자自覺分子의 의견'이었다. 사노·나베야마의 전향 사상에 대해서는 이 소론에서도 나중에 사회 상황과 결부시켜 좀 더 상세히 논하겠지만, 여기서 우선 분명히 해

둘 것은 양자의 '사상 전향'의 형식이 주체적으로 상황=대중에 대한 적극적인 자세를 가지고 있었다는 점이다. 동시에 역사적으로 공산당의 32년 테제 이전과 이후를 분명히 구별해 공산주의운동의 현상을 특히 비판=자기비판하려는 태도를 표면화 하고 있다. 이것은 설명할 것도 없이 후쿠모토에 의해 만들어진 전향의 개념과 형식적으로 동일하다. 단, 후쿠모토는 정서를 바탕으로 이루어진 일본의 상황을 변혁해야 하고, 그것과 정반대되는 '논리'에 의해 또 '이론'을 향해 전향하려고 한 것이지만, 사노·나베야마는 역으로 일본 사회에 대해서 초월성을 가지는 듯한 이론은 현실적으로 존재하지 않는다고 지적하고, 현재 일본의 노동자, 농민, 대중의 정서實感에 복귀해 일본 민족의 국민철학을 조금도 바꾸지 않고 '있는 그대로의 자세로' 적극적으로 받아들이고, 나아가 그것을 이론화하려고 했다는 점에서는 분명한 차이를 보인다. 상황에 능동적으로 복귀하는 이론이 탄생한 것이다. 이렇게 해서 정반대의 의미내용이 동일한 형식으로 성행하게 되었다. 그 방향은 일본 사회의 파쇼화 경향에 뒷받침되고 점차 일반화되어 엘리트뿐만 아니라 상황 구성의 근간인 민중 속에도, 공산주의자뿐만 아니라 그 외의 비천황제적 사상파思想派들에게도 파급되었다.

　　이렇게 '전향'은 상황에 대한 주체적인 태도의 주체적인 전환을 의미하는 것으로 발생했기 때문에 '치안유지법보다 훨씬 우수한 것'으로써 사법당국에 의해 역이용 당했던 것이다. 상황을 운명적 또는 우연적으로 발생한다고 인식하여, 항상 자신의 행동반경 내에서 당면한 순간의 상황에 적응해가는 태도로는 절대 전향 문제가 발생하지 않는다. 그런 의미에서 완전적응주의는 무無전향 노선을 낳기 때문에 사상적 비非전향을 유지하기 위한 방법으로 이용하는 것도 어느 정도는 가능하지만(뒤에서 검토할 것임), 어쨌든 우리가 여기서 주목할 점은 전향이라는 것이 원래 어떠한 경우에도 주체적인 정신태도의 존재를 하나의 전제로 한다는 점이다. 그래서 그러한 정신태도를 현대 일본에 우선 발생시키고, 그것에 의해 현대 일본의 사상사의 전개를 가능하게 한 것은 분명히 생산성·비생산성의 전부를 포함한 공산주의였던 것이다.

2. 이론인의 형성_전향론 전사前史

전향의 사상사는 전향 개념의 전향으로 시작하여 전향 개념의 전향 과정으로써 진행했다고 생각한다. 또한 '다이쇼大正·쇼와昭和' 시대에 다양한 개인 및 집단이 다양한 방법으로 전향했지만, 형형색색의 실로 짜인 시대의 사상 상황 속에서 역사적 교지狡智와도 닮은 하나의 흐름을 발견할 수 있다. 우리는 개성의 차이에 집착하면서 동시에 그들의 공약수를 찾는다. 이 장에서는 오로지 공약수와 그것을 구성하는 데 있어 중핵적인 지위를 점한 기초 사상의 구조를 논할 것이다. 이때 가장 먼저 다가오는 문제는 공산주의의 후쿠모토주의적 측면이다. 후쿠모토주의의 목표는 이론인理論人의 형성에 있었다고 볼 수 있기 때문이다. 그것은 순수하게 '마르크스주의적 요소'를 끄집어내어 그 '결성'을 행하고, 우리의 신체를 무장하려고 했다. 온정과 인자와는 완전히 차원을 달리하는 '이론법칙'을 세포로 하여 우리의 신체를 재구축한다면, 이미 우리는 일본적 환경에 대해서 철벽을 둘러칠 수 있다. 쇼와 초기에 공산당원이 된 한 농민운동가의 말을 빌리면, 공산주의자가 됨으로써 "강해졌다, 마치 하나의 마력을 얻은 듯한 기분이 들었던" 것이다(小野陽一,『共産党を脱する迄』). 이것은 후쿠모토주의의 전형적인 성격이지만 후쿠모토주의만의 특수한 것이 아니라 공산주의, 특히 일본

공산주의의 특징적인 일면이다. 그리고 이러한 점으로 미루어 보아 공산주의는 현대 일본 사상사의 기점에 걸맞은 위치를 차지하고 있는 것이다.

후쿠모토 가즈오福本和夫는 천황제 일본의 교육제도에서 우등생 코스를 밟은 뒤, 문부성 장학생으로 독일에서 공부하고 마르크스·레닌주의자가 되어 귀국하였다. 그가 다이쇼 말년, 1925년부터 26년에 걸쳐 잡지『마르크스주의マルクス主義』와 그 외의 것에 논진을 펴고 '전위 조직' 이론을 만들어내려고 했을 때, 논의의 바탕에 존재하는 기본적인 구상은 종래 여러 가지 '사회주의 운동사'에서 자신의 테제가 가지는 정치적 가치에 대한 논의였다. 그렇지만 여기에서는 사회주의운동 내부의 문제로 다루지 않고, 사상 일반의 수준에서 후쿠모토주의의 의미를 추출하고자 한다. 이러한 작업을 통해 비로소 상이한 '주의主義' 간의 교류와 생산적인 대결이 가능해진다. 후쿠모토주의의 사상적 특징은 다음과 같이 요약할 수 있다.

(1) '엉성하고 질질 끄는' 상황추수주의와의 단절

일본 천황제 사회의 원리는 인간사회가 자연세계와 공공연히 대립하지 않고, 국가가 가정이나 부락, 지방단체와 공공연히 대립하지 않으며 공적 충성이 사적 심정과 공공연히 대립하지 않고, 전체와 개인이 공공연히 대립하지 않는다. 이들은 모두 어느 쪽이 기원이고 어느 쪽이 귀결인지를 알 수 없는 상태로, 엉성하고 질질 끌면서 왠지 모르게 전체가 결부되어 있다. 이 엉성하고 질질 끄는 상황을 매듭짓지 않고서는 사회운동을 일으켜도 그 결과가 어디로 흡수될지 알 수 없다. 피지배자는 지배자와 구분 없이 심정적으로 연결되어 있기 때문에, 피지배자의 경제적 이익을 증진시키려는 운동은 방식 여하에 따라서 어쩌면 정치적으로는 지배자를 더욱더 편하게 하는 결과가 될지도 모른다. 여기서 엉성하고 질질 끌기식主義의 정신태도와 운동방침을 중지시키는 것이 중요한 문제가 된다. 후쿠모토는 이 점에 대한 구체적인 분석을 행한 적이 없었고 또한 그의 시각은 운동사의 경제주의에서 정치운동으로의 발전이라는 점에 한정되어 있었지만, 어찌 되었건 엉성하고 질질 끌기식과의 단절을 제1의 목표로 삼았다. 후쿠모토는 고노 미쓰河野密를 다음과 같이 비판했다. "속학俗學주의자, 조잡한 경험주의자의 …… 추적은 필연적으로 현상의 엉성하고 질질 끄는 나열로 끝난다". 그리고 그들, '조잡한 경험주의자'는 사회주의운동이 조합주의에서 정치운동으로 "방향 전환하는 과정을 조합운동의 견지에서 엉성하고 질질 끌어 연장시키려고 힘쓴다"고 공격한다(『方向轉換』). 일본 사회의 역사과정에서 분기점의 결여를 어떻게 해서든 파괴하려고 하는 것만은 확실하다.

　이처럼 사회적으로 '엉성하고 질질 끌기' 현상이 확산되는 것에 대항하는 주체적인 사상의 선구는 이미 메이지 말기의 자연주의에서 찾아 볼 수 있다. "우주에 오직 나 혼자였을 뿐, 공동은 타협이라는 마음가짐"으로 "보통의 비애를 굳이 참아내는" 정신은(田山花袋, 『東京の三十年』) 오히려 후쿠모토주의 이상으로 순수하게 일본 사회의 원리 그 자체와 대결하였다. 다야마田山는 당시 일본의 문필 세계를 지배했던 겐유사硯友社가 비인격적인 규약에 구속되어 운영되는 집단으로서가 아니라 오직 오자키 고요尾崎紅葉 아래서 개인적으로 결합된 일본적 결사로 존재하는 것에 대해 "타협적이고 외교적이고, 또는 붕당적이고 '무리群'로서의 경계에 그치"는 것을 비판했다. 그에 따르면 그러한 사회결사의 원리 아래서는 '친구·문하생의 정' 등은 모두 그들 무리의 '단순한 의식'의 의미 밖에 가지지 않는다. 그는 고요의 장례식에 참석한 친구나 제자가 우는 모습을 보고 그러한 것을 통감했다. 따라서 인간의 감정을 부활시키기 위해서는 이러한 '공감'을 배제하고 자신만의 '실감實感'을 추구해야 한다. '진정한眞' 감성은 '보통'의 감성을 억누른다음에 나타날지도 모르는 것이다. 여기서 감정을 사실에 의해 부정적으로 매개하려고 하는 자연주의의 방법론이 발생한 것은 아닐까. 즉, 자연주의 작가는 '보통의' 감정을 표현하지 않고 '사실'만을 서술함으로써 역으로 '참된' 감정을 불러일으키는 기술을 알고 있었던 것이다(초기 실감주의는 이러한 역동적인 구조를 가지고 있었다). 그리고 이 철학은 '외국의 서적을 통해' 소화된 것이었다.

그렇다면 후쿠모토주의로 상징되는 다이쇼 말기·쇼와 초기의 공산주의는 자연주의 반사회철학의 이론화 판版으로서 이해할 수 있을 것이다. 양자의 공통점은 유일주의의 정신이다. 자연주의는 우주에 단 한 명뿐이라는 실감을 단련하려 하고, 후쿠모토주의는 우주에 단 하나의 이론이 있을 뿐이라는 '의식'을 구축하려고 한다. 그러한 이론형으로의 전환을 가져온 계기는 다음의 역사적 사정에서 구할 수 있다. 다이쇼 데모크라시에서 지식의 제도화와 인터내셔널리즘의 사조가 전개된 것이 그것이다. 상세한 통계를 소개할 것까지도 없이 1차 세계대전을 계기로 중학교, 여학교, 고등전문학교가 대폭 늘어나 대학이 확장되고 지식인이 대량으로 생산되었다. 이 제도를 통해 생산된 지식인은 학습을 하며 사상을 형성한다. 학습의 대상은 한결같이 유럽에서 들어왔다. 여기서 그 전달자가 된 대학교수는 문화 일본의 지도자가 되었다. '철학총서', '사학총서', '독일문학총서', '음악총서'와 같은 총서류와 각종 외국 사전류의 대량 생산 판매가 급격하게 진행되었다. 이는 말할 것도 없이 세계대전의 승자가 된 일본에서 태어난 문화적 인터내셔널리즘의 사조에 뒷받침되거나 역으로 그것을 촉진했다. 반사회적 정신은 이러한 풍토 속에서 세계의 보편적인 반사회적인 모델을 학습하는 것으로 자기를 형성하려고 한다. 이론은 보편자의 얼굴을 하고 있기 때문에, 출발점에서의 반사회정신은 이론으로서 자기를 형성해 갔다.

그러나 점차 반사회적인 것만으로 그칠 수는 없었다. 자신들의 이론적인 사회를 미래에 희망하고, 또한 그 맹아적 존재를 현대에 만들어 준비하려고 했다. 그래서 조직체의 결성이 필요하게 된다. '전위' 이론으로서의 후쿠모토주의는 이러한 맥락 위에서 성립한 것이라고 볼 수 있다. 그것은 '엉성하고 질질 끄는' 사회에서 개인으로 분리되는 것이 아니라 조직체로서 분리되려고 한 것이다. 개인으로서는 자연주의처럼 스스로를 사회로부터 분리하고, 자신이 속한 조직 구성원으로서는 오히려 사회에 밀착하면서 그것에 대처하는 방법으로 혁명정신을 재생산 한다면 자연주의 위에서 이론과 조직을 추가한 것이 된다. 하지만 후쿠모토주의는 자연주의 대신에 이론주의와 조직주의를 가지고 교체하려고 한 것이다.

이렇게 해서 후쿠모토주의는 '다이쇼 데모크라시'라는 하나의 시대상황에 의해 만들어진 것임에도 불구하고 '다이쇼 데모크라시'의 또 다른 측면에 대해서는 꽤 날카롭게 대립했다. 또 다른 측면이란 인격주의라는 형태의 일본형 휴머니즘과 정치적 조정調停주의다. 다이쇼 데모크라시의 사상적 주류는 정치상으로는, 예를 들면 시마다 사부로島田三郎가 "현실세계를 지배하는 일반적 성질이 무엇인가에 대해 말하자면, 사람을 바탕으로 하고 물질物을 바탕으로 하지 않는 것, 이것이 진리다"라고 한 철학에서 "물질에 대한 자격을 고쳐 사람에 대한 자격으로 수정한" 보통선거안을 추진한 것에서 엿볼 수 있듯이(1920년 2월 15일 제42 제국의회에서의 연설) 인격주의에 다름 아니었다. 보통선거를 '권리'보다 '시대의 요구'로 이해하는 곳에 상황추수주의가 나타나지만, 그것과 함께 여기에는 인간을 정치역학상의 '인간이라는 물질物, Menschenmaterial'로서 파악하는 마키아벨리적인 정치적 발상은 조금도 존재하지 않는다. 오히려 그 반대다.

인간을 역학재료로 구사하는 억센 정치정신은 메이지 초기 이토 히로부미伊藤博文 등 소수의 변혁기 정치가들에게 나타났을 뿐이고 그 후 자취를 감추었지만, '다이쇼 데모크라시'는 여전히 그 반대방향으로 향해 나아가는 것을 데모크라시라고 생각하였다. 꽤 로맨틱한 데모크라시관이다. 하토야마 이치로鳩山一郎와 같은 '우정友情 민주주의자'가 이 시대에 성장한 이유를 잘 알 수 있다. 우리 진보적 지식인 대부분이 대인관계에서 부드러운 태도를 취하면 그것이 대중 노선이라든가 민주주의적이라고 여기는 것도, 작지만 이 시대를 일본의 모범적 시대('good old day'!)라고 보는 생각을 버리지 않는 것이 하나의 이유가 된 것은 아닐까.

그러나 인간을 건축 재료로써 생각하는 것이 불가능하기 때문에 추상적 권리로 파악하는 것 또한 불가능하다. 이 양자는 모순되는 것이다. 즉, '다이쇼 데모크라시'는 어찌되었든 인간을 단순한 규정으로 환원하는 것이 불가능했던 것이다. 따라서 무샤노코지 사네아쓰武者小路實篤처럼 '인간의 묘미'에 집착한다. 일본의 정설처럼 이것이 부르주아·휴머니즘일리가 없다. 이 시대에 태어난 '전문 철학자'들이 '인격주의', '자아의 자각', '개인의 발견'을 논한 조류는 무엇보다 이러한 상황에 맞춘 것에 지나지 않는다.

이러한 사조는 그야말로 천황제 지배체제에 안성맞춤이었다. 그들에 의하면, 일본 국민은 추상적 권리보다 인정을 가진 구체적 인격으로 취급받는 것을 좋아한다. 1922년(다이쇼 11년) 2월에 열린 소작제도조사위 특별위원회에서는 농촌에 한정된 것이기는 하나 "매일 얼굴을 맞대는" 사이는 "심판소를 먼저 만들어 잘 다스릴 필요가 있다고 생각한다. 권리와 의무를 먼저 정하는 것은 좋지 않다"는 판단도 나왔다(農商務省農務局의 同会議事録, その二). 물론 이것은 소작법小作法을 향한 노선이 아니라 조정법調停法을 향한 노선에 속한다. 매일 얼굴을 맞대는 것은 농촌만이 아니기 때문에 이 원리는 고정된 인간관계가 존재하는 곳이라면 어디든 적용할 수 있다.

공동체 사상이 새로운 법제도의 이름을 빌려서 재편성된 것이다. 조정법주의가 그것이다. 1922년에 차지차가조정법借地借家調停法, 화의법和議法, 1924년에 소작조정법小作調停法, 1926년에 상사조정법商社調停法이 계속해서 제정되었다. 이 경향은 쇼와 시대 전반까지 이어졌는데, 1932년에는 금전채무임시조정법金錢債務臨時調停法이 만들어졌다. 이것이 '다이쇼 데모크라시'의 정치사회적 귀결이다. 이들 조정법은 어느 것도 "권리와 의무의 관념에 구애되지 않고, 가르치고 도와서 잘 인도하는提撕輔導 정성誠을 다해 ······ 하나는 자애를 염원念으로 하고 하나는 협조를 으뜸旨으로" 한다(1922년 5월 사법관 회의에서 행한 오기大木 사법대신 훈시). 여기서는 법이 지배자까지도 넘어선 추상적 존재로서 모든 인격을 구속하지는 않는다. 오로지 숙달된 "운용자의 적당한 재량에 일임"되는 것이다(1924년 10월 요코다橫田 사법대신 훈시). 그렇기 때문에 관료지배는 더욱더 약진한다. 이러한 정도라면 다이쇼 데모크라시의 사이비 휴머니즘은 역사적 연속의 담당자임과 동시에 일본 파시즘을 준비했던 것에 불과한 것 아닌가.

후쿠모토주의는 이것에 대해 날카롭게 대립했다. 현존하는 상태 속에서가 아니라 추상이론 속에서 사실성reality을 발견하려고 한다. 따라서 제도에 의해 생산된 지식인이 먼저 주창했음에도 불구하고 국가제도에서 배제된 가난한 자들 중에서 후쿠모토주의를 통한 사회활동가가 배출된 것이다. 제도를 통하지 않고서도 이론을 통달하면 지도력을 획득할 수 있다는 생각이 있었기 때문이다. 예를 들면 그 중 한 사람인 야마베 겐타로山辺健太郎는 그의 사상 스타일 전체가 어떠한 의미에서 유효하고 또 무효한가에 대한 논의는 별도로 하더라도, 어찌되었든 혁명적 자연법에 대한 확신을 가지고 있었다. 그는 묵비권이 전후의 일본국 헌법, 즉 실정법으로 보장되어 있기 때문에 그것을 행사한 것이라는 전후파가 가지기 쉬운 사고방식을 비판하고,

헌법에 어떻게 쓰여 있든 자연의 권리로서 언제 어느 때나 우리의 의사 여하에 따라 행사되어야 하지 않겠느냐고 주장한다. 이 사상은 '다이쇼 데모크라시'의 정반대에 위치하며 이에 대한 에너지 공급원이 된 노동·농민운동의 전개를 뒷받침한 것이었다.

(2) 초월주의

역사 과정과 단절하려고 할 때 우리가 이에 능동적으로 대처하기 위해서는 방법적 자각을 가지고 우리의 힘을 발휘해야 한다. 아카마쓰 가쓰마로赤松克麿 (국가사회주의자가 되기 이전의)처럼 "근대의 사회운동은 관념투쟁이 아니라 생활투쟁"(赤松, 「我国労働階級の當面の任務」)이라는 "느슨한 규정"에 의해 운동을 행할 때에는 아무래도 "노동자가 당면한 생활"을 고집하는 "경험적 현실주의"로 빠져버린다고 후쿠모토는 생각했다(『理論鬪爭』). '당면한 생활'에 끌려간다는 것은 역사를 창조하는 것이 아니라 역사의 결과에 의지하는 것이다. 그렇다면 또한 우리는 현재 '노동자의 다수'가 가지는 "자신의 조잡하고 극히 좁은 범위의 경험 …… 에 의해 세계를 인식하려는 경향……을 배제하는 것이 필요하다"(『理論鬪爭』).

즉 생활 그 자체가 투쟁성을 가지는 것이 아니라 생활에 잠재된 에너지에 어떤 일정한 방향이 주어져야만 행위가 발생하는 것이다. 그렇다면 행위가 있는 곳에 반드시 관념의 방향 설정이 있다. 생활투쟁주의는 이론적 자각의 면에서는 "관념 투쟁을 부정하지만, 실은 좁은 생활 내의 경험에 의한, 좁은 세계 인식에 의해 이끌리는 것에 지나지 않는" 확실히 '느슨한 규정'임에 틀림없다. 이 경우 행위는 현재의 생활을 재생산하는 데만 작용한다. 우리는 현재의 생활을 초월해 가는 것과 같은 관념의 체계를 가지지 않으면 안 된다.

후쿠모토에게 그것은 당연히 세계 인민의 경험을 유일하고 올바르게 추상하고 있다고 여긴 마르크스주의 이론이었다. 그래서 오로지 학습에 열중해야 했다. 마르크스주의를 원형 그대로 이해해야 역사를 차단하는 올바른 관념의 에너지를 만들어 낼 수 있다고 여겼다. 따라서 이 경우의 학습은 단순한 지식의 수집이 아닌 주체적인 파악이어야 한다. 계급의식의 존재를 아는 것만이 아니라 "계급의식을 인식하지 않으면 안 된다". 그래서 후쿠모토주의는 점차 학습과 함께 스스로를 일본 사회로부터 격리시켜 초월할 수 있다고 생각하게 되었다. 일본노동조합평의회 내의 마르크스주의자는 "조합원이 목이 잘려나가는데도" 파업을 내팽개치고 '이론투쟁'에 몰두하기도 했다(野田律太, 『評議会闘争史』).

그러나 학습주의에 의한 '진화' 과정의 설정은 어쩌면 후쿠모토 자신이 앞에서 논한 것처럼 일본의 교육제도 속에서 '진화'해 온 과정을 본보기로 하여 만든 것일지도 모른다. 현대 일본의 많은 이론가들이 반드시 후배들에게 자신이 걸어온 길대로, 자신과 같은 이론을 학습해서 형식과 내용이 모두 자신과 비슷한 이론가가 되어줄 것을 기대하는 것과 동일한 정신이 후쿠모토에게 없었다고 단언할 수 없다.

아니, 후쿠모토가 『혁명은 즐겁지 않다革命は楽しからずや』를 통해 학교생활에서 그가 항상 우등생이었던 것을 노골적으로 자랑하는 부분을 보면, 자신이 걸어온 과정이 최고라고 생각하는 것이 분명하다. 그가 '현지'에서 가져온 마르크스주의를 모든 점에서 유일무이의 올바른 이론이라고 생각하는 이유도 이러한 정신과 깊이 관련될 것이다. 이러한 경향은 일본의 사회 상황에서 초월하려고 이론적으로 시도한, 후쿠모토주의가 가진 사상적인 파탄에 가까운 결정적인 자기모순이다. 자신의 '좁은 생활'을 초월하는 것과 정반대로 자신의 '좁은 코스'의 형태를 실체화하는 것에 지나지 않는

다. 아니, '노동자의 다수'와 달리 자신의 생활이 '좁다'고 생각하지 않는 것이다. 자신의 초월을 포함하지 않는 일본에서 초월론, 후쿠모토주의에 내재하는 이 사이비 사상은 현대 일본의 많은 사상가들 속에 존재하는 특징의 전형적 표현이다. 우등생으로 살아갈 경우 우리는 항상 모범이 되고, 실체가 된다. 일본 사회의 지도질서는 대부분 이렇게 구체적 인간을 모델화하고 그 구체적 모델의 계층으로서 형성된다. 여기서 지도자는 스스로를 실체화해야만 지도자일 수 있다. '지도자의 자기 실체화 경향'이 지배하는 이상, 자신을 부분으로 의식하고 수비 범위와 공격 순서를 규정하여 그 곳에 에너지를 집중하는 것은 불가능하다. 즉, 민주주의 질서는 만들어지지 않는다.

그리고 분업의식이 없는 곳에서는 당연히 부분이 전체를 침식하려고 하기 때문에 분파주의가 발생한다. 더구나 앞의 '경향'에 따라서 지도자 과정이 끊임없이 후배들에게 그대로 이어지기 때문에, 동형의 인간과 동형의 이론이 언제까지나 재생산될 뿐이고, 서로 대립하고 그로 인해 서로 증식하는 것과 같은 다른 형태의 인간과 이론을 낳지 못한다. 그래서 한편으로 '민주적 토론'의 원칙은 동질적인 것 사이에서 공허한 용어 수정의 말장난이 되어 형해화形骸化된다. 동시에 다른 한편으로 집단은 어느 틈엔가 아류집단화된다. 이렇게 본다면 일본 사회는 대부분 아류사회가 아닌가. 아류들 사이에 계층이 있고, 아류가 동시에 아래를 향해서는 지도자가 되고 그것으로 자기를 실체화하려고 한다. 그렇게 해서 일본의 지식인은 독창성을 거의 가지지 않으면서 끊임없이 자신의 독창성을 의식하고 더욱이 주장하는 것이다. 따라서 이 독창주의는 분명히 자기인식이 불가능한 자기기만증을 드러내는 것에 지나지 않는다. 자신의 초월을 포함하지 않는 일본에서 초월 이론이 탄생한 것은 어쩌면 당연하다. 그리고 현재의 일본 공산주의운동은 이상의 어느 한 점에 있어서도—지도자의 자기실체화 경향에서든, 분파주의에 있어서든, 아류화에서든—일본 사회의 일반적 경향에서 완전히 자유롭지는 못하다. 국가제도적인 계급을 통하지 않고 후쿠모토주의 이후의 운동사를 통해서 적극적으로 바뀐 지식인이, 때로는 반대로 아카데미즘에 열등감을 나타내는 것은 이러한 풍토에서 이러한 방식으로 제도통과형 지식인에게 지도를 받으면서 자랐기 때문은 아닐까. 따라서 여기서는 반국가적 존재가 자신의 특수성에 끝없이 집착하여 보편에 도달하고자 하는 태도는 쉽게 발생하지 않는다.

후쿠모토주의의 이론이라기보다 오히려 사상으로서의 부정적 측면은 동시에 우리 모두의 일면이기도 하므로 타도·변혁되어야 할 대상이다.

(3) 일원 방법적 비판주의·분열주의

후쿠모토는 이론주의로 현재의 생활을 초월해서 실재reality 생활에 도달하려고 했고, 그 과정을 자각적으로 추진하기 위해서는 당연한 것이지만 현재의 생활 형태에 대한 끊임없는 방법적 비판을 반복해야 한다. "노동자 계급 의식이 그 스스로의 한계를 넘어 진실한 무산계급의 의식에까지 발전·전화하기 …… 위해서는 우선 사회적 계급=범주=집단의 생활 및 생활의 모든 형태를 유물 변증법적으로 비판하는 것을 이해해야 한다"(『理論鬪爭』). 이렇게 해서 1926년까지의 후쿠모토 전 저작을 일관하는 맹렬한 일원—元적 비판주의가 탄생한다. 그의 비판은 대상에 상응한 여러 가지 방법을 짜 맞추어 사용하는 것이 아니다. '모든 형태'를 하나의 척도로 가차 없이 재단하는 것이다. 그는 이러한 방법으로 타인의 입장을 비판할 뿐 무엇 하나 구체적인 명제를 세우지 못한 것처럼 보인다. 또한 일본 경제사에 대한 연구도 문제를 보는 시각에 대해 논할 뿐 경제사적 사실에 대한 발굴은 하나도 이루지 못했다. 그러나 그는 비판만이 가장 구체적인 주장을 낼 수 있다고 생각했고, 후쿠모토주의가 사실에 대한 방법의 우위를 일관해서 주장하는 것이기에 그것은 당연하기도 하다. 따라서 후쿠모토주의는 원론주의지 각론주의는 아니고, 적용주의기는 하지만 상황에 적응해서 방법을 변형하는 응용주의는 아니었다. 이 태도 역시 현대의 많은 진보적 이론가에게 공통적으로 나타나는 부분이다. 한 가지 방법의 만능을 믿어 의심치 않기 때문에 동일한 원리주의자지만 회의의 방랑생활을 반복하고 행동으로 부딪혀서 결단의 계기를 끊임없이 필요로 하는 『방법서설方法叙説』의 저자와는 큰 차이가 있다.

이러한 후쿠모토의 비판주의가 최고의 형태로 드러나는 것은 정치적 폭로에서다. 그에 따르면, 여기까지 갔을 때 '진실한 계급의식'이 탄생한다. "우리는 이제부터 이론투쟁에 정치적 폭로를 중첩시켜야만 한다"(1926년 10월). 즉, 방법의 순화에 의한 사상적 대립에 덧붙여 운동 그 자체의 분열을 불러일으키려고 한 것이다. 물론 일본 사회에서는 내면세계의 독립성에 대한 상식이 없기 때문에 사상적 분열을 심화시키는 것은 곧바로 집단 그 자체의 분열을 불러일으키는 경향을 크게 강화하고, 그로 인해 후쿠모토의 방법순화주의는 이미 그 자체로도 이 나라에서는 운동의 분열을 야기하고 있었다. 그러나 이 두 가지의 계기―사상적 방법의 순화와 정치적 운동의 통일이란, 본래는 서로 다른 차원에 속하는 것으로 취급해야 한다. 하지만 후쿠모토 자신도 역시 이 구별을 의식하지 않았다. 그에게 이론투쟁은 소극적인 분리고 정치적 폭로는 더 적극적인 공격에 지나지 않았다.

후쿠모토는 이러한 능동적 분리운동을 '참으로' 적극적인 통일운동이라고 생각했다. 후쿠모토는 분화야말로 더 고차원의 통일을 위한 '필연적' 전제라는 것을 삼라만상에 예외 없이 타당한 변증법적 법칙이라고 정해놓

았기 때문이다. 따라서 1925년 노동총동맹의 분열은 실은 잠재적인 참된 통일운동이나 마찬가지였다. 그래서 분열활동에 적극적일수록 자연히 그만큼 통일에 진력하는 것이 된다. 그 결과 농민운동에서도 마을에 모처럼 "농민조합과 비슷한 것이 있어도, 그것이 예를 들어 농민자치 계열의 것이라는 이유로 마르크스주의자는 곧 이론투쟁을 시작해 분열시키는 짓을 일삼았다"(小野陽一, 『共産党を脱する迄』). 농민자치 계열의 운동은 대부분이 점차 파시즘을 만드는 기동력이 되었지만, 만약 후쿠모토주의자의 분열활동이 없었고 반대방향으로 운동이 진행되었더라면 농본주의가 가지는 에너지가 파시즘과 결합되는 일은 어려웠을지도 모른다. 농본주의자로 전후 공산주의에 친근함을 가지는 자가 많았던 점을 상기한다면, 이 노선의 전개가―완전히 성공했는가 아닌가를 떠나―전혀 불가능한 일이었다고 말할 수 없다. 그렇다면 물론 일본 파시즘은 우리가 경험한 정도까지 국민의 내면적 힘을 빨아들이기가 불가능했을 것이다.

그러나 이러한 생각은 나의 철학에서 비롯된 것이다. 후쿠모토주의에서는 어디까지나 분열이야 말로 현상적으로야 어떻든 진실한 통일을 확대・심화하는 방법이었다. 그래서 '상식'을 초월하고자 노력했던 후쿠모토주의는 결국 '상식'을 무시하기에 이른 것이다. 그러나 '상식'의 초월은 끊임없이 상식에 의해 결박지어짐으로써 비로소 가능한 것은 아닐까. 반세속적이라는 것도 세속적인 생활자가 행할 때에만 반세속적인 정신으로서의 의미를 가진다. 즉, 초월이란 주체의 변증법적 활동이어서 초월당하는 것으로부터 계속해서 구속받는 상황에서만 발생하는 것이라고 한다면, 후쿠모토주의는 역사 과정에서 분화・종합의 변증법을 전칭명제로써 일원적으로 적용한 결과 결국 초월의 변증법을 잃어버린 것이다.

이러한 사고방식은 후쿠모토 뿐만 아니라 유사한 사상, 예를 들면 시

가 요시오志賀義雄에 의해 잡지 「마르크스주의マルクス主義」에서 논의된 적이 있다. 아마도 이러한 방식은 마르크스주의자에게 일반적이었을 것이다. 그리고 이 기묘한 결론이 발생되는 과정에서 이론상의 오류가 있을 리 없다. 나는 여기서 『과학철학의 형성』에서 라이헨바흐Hans Reichenbach가 헤겔 변증법의 법칙을 설명하면서 들었던 정교한 예증이 떠오른다. 우주에 관한 천문학적 개념의 역사는 프톨레마이오스의 지구중심설과 코페르니쿠스의 태양중심설로 분화되고, 이후 아인슈타인의 상대성 이론에 의해 '통일'된다는 형태로 진행되었다. 이는 변증법적 법칙에 적합한 것이었다. 상대성 이론은, 지구의 운동과 태양의 운동이 절대운동이 아니기 때문에 인정하는 것이어서, '변증법적 법칙'에 적합한 예로 상대성 이론의 성립을 설명하는 것은 이론상으로는 틀리지 않다. 그러나 아인슈타인이 과학 이론의 형성을 역사과정의 변증법적인 틀로 제시했다고 해서 그것이 그의 상대성 이론 자체의 진리성을 증명하는 것은 전혀 아니다. 아인슈타인 이론은 그 성립사에 있어서 변증법성과는 별도의 근거에 의해 그 진리성을 증명해야 했다. 후쿠모토주의는 역사적 변증법만을 변증법으로 생각했다는 점에서 이 예시를 통해 지적하는 것과 같은 잘못을 범하고 있는 것이다.

즉, 후쿠모토는 복수의 논리를 조합해야만 이론적으로 대상에 접근할 수 있다는 사상을 가지지 못했고, 따라서 조합組合わせ의 논리를 가지려고도 하지 않았다. 사상과 논리가 부족했던 것이다. 그러나 우리는 이론으로 현실을 충분히 파악할 만큼 많은 이론을 갖출 수 없다. 후쿠모토주의는 조합의 사상과 조합의 논리를 가지지 못했을 뿐 아니라, 무엇보다도 이 이론이 가진 힘의 불완전성에 대한 자각을 완전히 결여했다. 따라서 지식인이 지식인다운 점에서가 아니라, 전적으로 "존경받아 …… 이론투쟁에 참가하지 않고 조합의 실무만 꾸준히 담당하는 무리는 일말의 가치도 없는 가련

한 자로 경멸의 대상이 되는" 것과 같은 상황을 만들어낸 것이다(野田律田, 『評議会闘争史』). 행동과 존재의 의미를 완전히 이해하는 것은 불가능하다. 그것은 취급방법 여하에 따라 이론을 추출하는 무한의 보고가 되기도 한다. 이론은 이론일 뿐이라는 사실은 오히려 분명하고 뚜렷한 의미를 가지게 한다. 이론의 불완전성이 의식될 때 상식의 가치가 인정된다. 그 위에 강고한 이론정신을 갖춘다면 이론의 불완전성을 자각하게 되고, 따라서 더 완전함에 근접하기 위해 유효한 많은 이론을 조합하는 노력을 아끼지 않는다. 그렇게 해서 이론에 관한 조합 정신이 생겨났을 때 다른 타입의 인간과 공동 활동을 행하기 위한 정신적 준비가 완성되는 것이다. 따라서 하나의 이론으로 무장하려고 하는 후쿠모토주의에서는 거꾸로 강력한 이론정신이 발효醱酵될 수 없다. 자신들의 힘으로 어떻게든 역사를 개척하려는 것이 아니라 하나의 기성 이론에 의존하기 때문에, 상황 판단을 할 때 명제로부터 연역하고 추리해서 상황의 성질을 결정하는 태도가 나올 수는 있지만 인자因子 결정적인 태도는 나오지 않는다. 현실감각을 잃어가고 있기 때문이다. 학습하는 것이 가능한 장기적 역사법칙과 보는 것이 가능한 그날그날의 생활방식에 대해서는 계획을 세울 수 있지만 2, 3년 앞의 중기中期적 예견은 불가능하다. 따라서 현실 상황은 그것이 그날의 사건으로서 발생했을 때 비로소 알 수 있다. 그때가 내면적 전향의 시기인 것이다. 전향은 자신에게 외적인 일본 사회에 대해 일정한 방법으로 대결하는 초월적 이론인理論人을 현실의 세계로 끌어내리는 듯한, 외적인 사건에 연결된 내면상의 변화로서 일어나는 것이 보통이었다.

3. 전향 사상사 개설_하나

일찍이 셸러Max Scheler는 『공감의 본질과 형식』을 논하고 이것을 단순한 정서의 전파나 자신과 타자를 무한계로 연결하는 정서 융합과 확연히 구별했다. 공감同感, sympathy이란 주체의 능동적인 움직임인데, 타인을 사랑하려는 의지로 타인의 감정을 감성적으로 이해하는 것이다. 물론 이 설은 유럽에서 고안되었기에 유럽 시민의 '공감의 존재 형태'를 나타내는 것이기도 하다. 일본의 '공감' 구조는 실로 그것과 커다란 차이를 보인다. 다야마 가타이田山花袋가 간파한 것처럼 일본 사회에서 공감은 명확히 규칙화되지 않은 의식이지, 주체의 의지에 의해 매개된 감정의 움직임이 아니다. 희로애락을 함께해야 할 때와 장소에서도 세상의 관습에 의해 공감은 사전에 정해진다. 게다가 규율로서의 관습에 의해서가 아니라 개운치 않은 무규율의 관습에 의한다. 우리는 자신의 감정을 이 관습에 맞춤으로써 사회에 가입·재가입하는 의식을 매일 반복하고 상식인으로서 승인되고 있는 것이다. 그렇다면 우리 사회의 상식이란 실은 시의時宜에 따라 울고 웃는 것에 지나지 않는 것은 아닌가. 자연주의가 단연 반항하고자 했던 것은 공감이고 상식이었다. 그는 자신이라는 특수 존재의 존재 이유를 발견하기 위해 무엇보다도 감정의 주체를 현시顯示하려고 한 것이다. 만약, 이러한 시도에 의해 부정적으로 매개되는 공감이 생겨났다면, 그것이야말로 시민적 공감과 다름없었을 것이다. 그리고 우리의 행동을 결정하는 궁극적 요인으로서의 감성에 관한 사상사를 문제시 한다면, 이 자연주의의 태도 속에는 근대정신으로의 획기적인 비약이 의도된 것으로 볼 수 있다. 그러나 이 노선은 도중에 무너진 채 더욱이 지금에 이르기까지 성공하지 못하였다. 그것을 붕괴시킨 것은 두말할 나위도 없이 천황제 파시즘이다. 천황제 파시즘이 잇

달아 작은 전쟁을 일으키고 대외적 위기를 양성하면서, 공동체 국가관을 강화시켜 나가는 과정은 국가를 지배메커니즘이라 파악하는 국가기구적 사고방식을 점차 분해·흡수해 가는 과정이고, 동시에 감성의 개별성을 말살하여 일본적 공감을 확대 재생산하는 과정이었다. 전향은 여기서 발생한다. 이미 다이쇼 말기에 아카마쓰 가쓰마로 등의 '선물거래적先物買的 주체성'파(마쓰자와 히로아키松沢弘陽의 조어)는 당시 일본의 진로를 꿰뚫고 국가사회주의로의 전향을 개시했지만, 그는 아소 히사시麻生久와 함께 신인회新人会 출신의 단순한 이론 전달자였기 때문에 니시오 스에히로西尾末広·마쓰오카 고마키치松岡駒吉와 같이 다이쇼 시대를 통한 우애회·총동맹의 조합운동 속에서 태어난 조직자에게 신뢰받지 못했다. 한편 니시오 등의 노동운동은 또한 노동자의 '동료 공동체'를 만들어 '탄생', '성장', '고생', '직업'이라는 공동성을 바로 운명화하고 그 척도만으로 인간을 측정하는 이른바 공동체적 유물론의 관습을 가지고 있었다. 이 두 가지가 겹쳐지면서 아카마쓰 등은 자신의 조직적 근거지를 갖지 못하였다. 더구나 도쿄대학 출신자 모두에게 오늘날까지도 공통적으로 발견되는 엘리트주의는 그들로 하여금 한순간도 국민적 지도자(반드시 국가적이지는 않다)의 지위에서 멀어지는 것을 견디지 못하게 하였으며, 따라서 자신이 운동에서 지도성을 확보하기 위해 일본보다 단 한발 앞선 위치에서 보조를 맞추게 된 것이다. 그들이 항상 국민적 지도자가 되려고 하는 한 결코 일본적 공감에 대해 반항할 수 없다. 게다가 항상 국민적 지도자가 되려고 하는 한 눈앞의 잇속이 보이는 상황에서 물러나 있어야 했다. 이른바 일본의 큰 상황 속에 몰입하면서 작은 상황에서 초월해 그것을 조작할 필요가 있었다. 그리고 그들에게 많은 경우 자신의 공감매몰성은 의식되지 않고 자신의 상황조작성만이 과도하게 의식된다. 따라서 근본적인 자기비판은 어떤 방향에서도 불가능하고 전향의 자각 역시 미약하다. 앞에서 완전상황적응주의가 내면적으로는 애초부터 전향을 필요로 하지 않는다는 점을 언급했지만, 그 공리에 대한 나쁜 응용문제의 예가 이러한 태도 속에 극히 부분적이지만 내장되어 있다.

물론 이러한 형태의 전향이 수천 년 과거의 역사적 경험을 추체험하고 가까운 장래를 항상 염려하고 있다고 자각한 후쿠자와 유키치福沢諭吉나 하니 고로羽仁五郎와 같은 대수재大秀才가 밟아갔던 길은 아니다. 또 현재의 굴욕을 장래의 지도적 지위에 대한 보증을 확신함으로써 심리적으로 보상받으며 견뎌내는 변형된 입신출세주의 사상가(공산주의의 일부 및 제도권 밖에서 성장한 지식인에게 존재하는 형태) 조차도 이러한 길은 따라가지 않는다. 이러한 전향 노선은 가토 히로유키加藤弘之와 도쿠토미 소호德富蘇峯를 선구로 근대 일본에서 제도통과형 수재들에게 많이 보이는 전형적인 삶의 방식이다. 이 중소中小수재들이 메이지 이래 일본의 얕고 빠르게 회전하는 '진보' 코스를 담당해왔다. 그 결과 일본인의 진보관과 자유관이 크게 왜곡 되어 근본적인 부분에서 전투성을 잃어버린 것이다. 따라서 우리 제도통과형 중소수재 모두는 전쟁 책임이 없는 경우에도 최소한 일본 사상의 왜곡에 대한 책임을 져야 한다. 만약 진보가 앞을 향해 기존의 선행자를 쫓아가는 것뿐만 아니라 반대로 뒤를 향해서 지금까지 사각지대에 숨겨져 있던 의미를 발견하고 그것의 새로운 실현을 지향하는 것을 의미한다면 즉, 르네상스의 원리야말로 진보의 전형이라고 한다면, 우리는 진보를 위해서 사각지대에 놓인 과거의 의미를 기구機構적 또는 사상적 제도의 모든 것에 대해 이데올로기적 차별의 차원을 넘어서는 변혁의 힘으로 왕성하게 할 필요가 있지 않을까. 지금 일본의 진보주의자는 과거에 대해 강한 집착을 보여야 한다고 생각한다.

아카마쓰 등에 의한 전향의 움직임은 이윽고 만주사변이 일어나자 보

다 순진한 형태로 일반에게 퍼져갔다. 최근 스기야마 헤이스케杉山平助는 '하나의 고백'이라는 제목으로 다음과 같이 밝혔다. "이러한 정세에 직면하여 사상적으로 가장 고뇌하게 되고 혼란스러워 그 방도의 갈피를 못 잡는 것은 예나 지금이나 정직하면서도 소심한 지식인의 모습이다. 솔직히 고백하면 나도 그와 같은 사람이다. 나는 본능적인 인간으로서의 나에게 일본인다운 강렬한 민족의식이 골수에까지 스며있음을 고백한다. 매일 아침 신문을 펼쳐보고 건강한 병사들의 생활상을 읽으면서 아차! 하고 느꼈을 때는 벌써 눈물을 뚝뚝 흘리고 있다. 일본군이 쾌승을 거두었다는 전보는 마치 안마를 받을 때처럼 온몸의 긴장을 기분 좋게 풀어주는 것이다. 그런데 이렇게 나의 속일 수 없는 감정은 지식인으로서의 내가 평소에 간직해 온 국제적인 평화주의 '이론'과 어떻게 융화시킬 수 있을까? 나는 여기서 일부러 평화주의 '이론'이라고 했지만 그것이 반드시 의지도 감정도 동반하지 않는 핑계뿐인 것은 결코 아니다. 나는 중국인, 조선인, 미국인, 독일인에 대한 동포애를 나의 내부에서 느끼고 있다고 단언할 수 있다. 그러나 이러한 국제애愛의 본능은 자신 내부의 또 다른 본능, 즉 민족적 자기보존과는 도저히 정면으로 맞설 수 없을 만큼 나약하고 빈혈적인 것이라는 사실을 우선 직시해야 한다"(永川烈, 『春風を斬る』—강조는 후지타).

공산주의자처럼 당원과 지지자에 의한 폐쇄적인 집단 속에서 생활하면서 이론신앙을 단련해 온 자를 제외하고는 다이쇼 데모크라시에서 진보주의를 계승한 지식인은 그 진보주의 자체가 앞 절에서 말한 것처럼 인간을 단순한 규정으로 환원하여, 그것을 재료로 새로운 사회를 만든다는 식의 잔혹한 원리를 추구하는 것이 아니라, 오히려 역으로 따뜻하고 감성적인 휴머니즘에 의해 구성된 것이었다. 때문에 만주사변에서 일본군 전승 사진이 들어간 보도를 보고 마치 우리가 국제대항 경기에서 일본 선수가 승리하는 장면을 보고 있을 때와 같은 흥분을 느끼기에, 그렇게까지 커다란 장애물을 신체 내부에 가지고 있지 않았던 것은 아닐까. 여기서 전쟁의 '안마按摩'적 기능에 의해 애써 문화교양의 세계주의에 빠지려고 한 지식인의 상당수가 응어리를 풀고 일본인의 감각으로 복귀한다. 그리고 그 중에는 '안마'보다 더 급격한 충격에 의해 복귀하고 그 입장을 세계관으로 명명하는 자가 생겨난다. 만주사변의 "세계관적 순결함"에 "마음이 동요되"어 "전향이라는 형태가 아니라 정치적인 것의 어떠한 오명도 받아들이지 않는 형태로, 솔직히 이 새로운 세계관의 표현에 감명 받은" 이는 야스다 요주로保田与重郎 한 사람에 그치지 않았다. 일본적 세계관은 굳이 모든 형태를 파괴하는 것도 마다않고 동시에 온갖 계산과 속임수를 다해 오로지 실질적 에너지를 추구하는 곳에서 태어나는 것은 아니다. 그것은 오히려 이성의 교활한 꾀狡智로부터의 해방을 찾고, "솔직하고 순박한" 미감을 추구하는 곳에서 탄생한다. 따라서 조금씩 세계관의 보충공작補充工作을 쌓아가는 것과 같은 내면적 지속력을 가지지 않는다. 일본적 세계관은 일상에서는 막연히 공기처럼 존재와 비존재의 경계를 방황하고 외적인 사건이 일어나는 즉시, "이 새로운 세계관의 표현"에 "감동받아" 비로소 세계관 자체의 존재를 깨닫는다. "새로운 결의"(保田)가 이때 생겨난다. 이 결단은 상황에 대해 수동적으로 일어나는 급한 반응일 뿐 상황에 몸을 던지는 것은 아니다. 따라서 이 세계관은 "나라의 운명"(保田)을 소리 높여 노래하는 것에 지나지 않는다. 또한 대상에게서 받는 구속을 무너뜨리는 낭만주의의 미는 역사적 시간의 흐름과 역사적으로 결정되어 있는 자신의 생활공간을 넘어서 자유분방하게 자아를 마음껏 펼치는 데서 생겨났지만, 야스다는 낭만주의를 외치면서도 '국가'와 '만주사변'에 얽매였던 것이다. 야스다가 자신을 운명과 함께 기꺼이 몰락시키고자하여 그 속에서 미를 만들고자 했더라도,

악마가 되어 반항하는 대신 몰락을 감수해야 하는 것과 비교한다면 훨씬 비극성이 옅다. 거기에는 고차원적인 미의 창조가 없다고 보아야 한다.

그래서 간헐성間歇性의 감각적 세계관이 다시금 자각되었을 때 그것이 본인에게는 꽤나 깊은 실감實感이었겠지만 밖에서 보면 일본 사회에 대한 공감에 지나지 않고, 이것에 의해 일본 사회에 가입하는 비의식적 의식非儀式的儀式을 행한 의미 외에는 아무 것도 아니었다. 이리하여 여기서 실감의 의미가 명확히 전환된다. 더 이상 실감은 공감에 대결하는 것이 아니다. 따라서 복귀해야만 하는 이때의 공감은 개인의 실감에 의해 부정적으로 매개되는 것으로서, 내부에 대립을 포함하는 것이 아니라 공동체로서의 국가의 상황에 의해 지향志向되는 하나의 감정이다. 여기서 만약 근대정신이라는 것이 '분열하는 의식'이고 따라서 에너지의 자가발전장치를 가지고 있는 것이라고 한다면, 이 공감 구조는 근대정신을 지탱하는 감성구조일 수 없다. 오히려 그것을 무너뜨리는 것에 불과하다. 이 절의 서두 부분을 상기할 때, 여기서 실감은 곧 공감에 지나지 않고 내면과 외부세계의 분열의식은 조금도 없다. 그리고 '일본적 세계관'을 자각하는 기회는 전쟁뿐 아니라(그것과 결합된 운동의 탄압에 의해) 혼자 격리되는 경우에도 존재했다. 일본의 공동체 사회에서 자라난 자가 공감에 의한 결합에서 단절되었을 때, 공감의 중요함이 재발견되어 세계관의 기축에까지 거슬러 올라가게 된다. 이 경우에 해당하는 유형으로 당연히 탄압 투옥되어 전향한 공산주의자 중 농본주의적 대중사상가를 들 수 있다. 그들은 "감정 세계의 과거 비판"(고바야시 모리토小林杜人의 용어)을 행하고, 가족애의 절대성을 받아들여 "현재의 일본 국민으로서 단지 경제적으로 무산자의 입장에 있다고 해서 그것이 소비에트 러시아에 공통하는 것일까. 오히려 일본인으로서의 국가의식이 그것보다 더 강한 것은 아닌가라고 생각되었다"(小林)고 말하고, 하나

의 공감으로서의 일본 상식에 복귀한 것이었다. 이것은 동시에 사실actuality 에 대한 굴복이었다. 일본인으로서의 "우리의 존재적 사실"(小林)에 대한 자기비판 없이 충실하게 된 것을 의미했기 때문이다. 물론 이들의 경우 전향 과정은 격렬했고 그래서 또한 그때의 내면적 갈등도 격렬했다. 나는 여기서 그들 전향의 사상적인 과정과 결과를 조사해보고자 한다. 전형적인 예로써 고바야시 모리토의 경우를 오노 요이치小野陽—의『공산당을 탈퇴하기까지共産党を脱する迄』와 고바야시 모리토 편『전향자의 사상과 생활転向者の思想と生活』과『반간학료사상범 전향자 간담회 기록槃潤学寮思想犯転向者座談会記録』에 담긴 그의 문장·담화를 근거로 살펴보자.

그는 나가노長野현의 소작농가의 아들로 쇼와 초기부터 공산주의운동에 가담하여 3·15공산당 탄압에 의해 검거 투옥되어 이미 만주사변 2년 전인 1929년에 '청산·방향 전환'을 시작했다. 그 당시 전향의 사상적 축은 그가 물심양면으로 신세를 지고 있던 노부모와 형제들의 일관된 애정에 대한 "미안함으로 가득 찬" 사죄의식이었다. 그에게 "혈육 관계는 너무도 친숙해서 부모와 형제자매의 사랑을 깊이 알지 못했다가 옥중에서의 냉정한 내적 성찰을 통해 절실히 깨우치게 된 것이었다". 차단된 독방에 앉아서 생각한 것은 "나이 든 아버지가 수레를 끌다 어딘가의 절벽에서 떨어지지는 않을까"라는 불안이고, "눈물에 젖은 수척한 어머니의 얼굴"이었다. 이러한 불안 섞인 향수는 다음의 반성으로 이어진다.

> 오노(小野)—고바야시(小林) 자신—가 운동을 위해 밖으로 나가면 그만큼 집안의 일손이 줄고, 일손이 줄면 다른 사람에게 일손을 부탁해야 하고, 다른 사람에게 부탁하면 돈이 든다. 소작농으로서 돈을 쓰게 되면 경제적으로 채산이 맞지 않는다. 동생은 혼자다. 여동생들은 제사 공장에서 일한다. 따라서 오노가 하루라도 밖으로 돌면 그 짐은 고스란히 아버지의 양 어깨에 지워진다. 오노가 농민조

합운동에 종사하게 되고부터는 아버지 혼자서 밭에 나가는 일이 많아졌다. 초라한 농부의 모습으로 바깥으로만 나도는 아들에 대해 한마디 불평 없이 밭에 나가시는 아버지를 옥중에서 생각하고 눈물을 흘렸다.

지금도 틀림없이 그럴 것이다. 아니 그보다 더 "아버지는 오노가 투옥된 이후 집안의 일손이 달려 집안일을 돕게 하려고 누이동생을 제사 공장에서 불러들였던 것이다". 이에 대한 모든 책임은 완전히 "나에게 있다". "오노의 몸은 단순히 오노 한 사람의 것이 아니"였던 것이다. 추상적인 인류사에 대한 책임과 모습도 보이지 않는 프롤레타리아 일반에 대한 책임을 외치는 사이에 자신의 가장 친하고 가난한 사람들에게 얼마나 무책임한 소행을 반복한 것인가. 그는 이 무책임을 속죄해야 한다. 이제는 가족을 위해 "어떤 희생을 하더라도 조금도 후회하지 않는다". 집은 "무엇과도 바꿀 수 없는 것이었다".

감정의 세계에서 행하는 과거에 대한 비판은 이러한 가족애의 절대화와 함께 미적 환상주의를 낳는다. 향수에 의해 기억이 미화되고 여기에 가능성의 실험을 의미하는 전진적前進的인 상상력과는 반대로 오히려 기억착오에 가까운 현상이 일어난다. 기억에서 논리성이 떨어져 나가고, 그것을 재료로 하여 무의식적인 감정만이 움직임의 축이 되어 미적 심상이 만들어지고, 그 심상이 점차 절대적 가치를 차지해 가는 것이다. 후에 고바야시가 추체험에 의해 기록한 곳에 의하면 독방에서 추억하면서 '고향의 산'을 보고 있는 그의 정신은 다음과 같은 것이었다.

산은 꿈을 낳는다. 저 산을 걷는다면 얼마나 즐거울까. 산은 아름다움을 낳는다. 저 산들의 숭고한 아름다운 모습은 오노의 마음에 미적 감정을 일으킨다. 그래서 산은 정신화(精神化)된다. 산은 유토피아를 낳는다. 여러 가지 번민은 지금 옥중에 있는 그를 투쟁의 세계에서 조용한 산으로 데리고 가고, 이곳저곳을 기웃거리게 한다. 스가다이라(菅平)와 같은 오지에서 세상을 멀리하고 개간사업에 종사한다면 얼마나 즐거울까. 우선 3평 남짓한 평지를 조금씩 개간해서 새까맣게 되도록 노동에 종사한다. 그곳에는 창조적 농업, 예술적 농업이 전개되고, 그것은 땅으로 돌아가는 생활이다.

여기에 묘사된 생활형태가 파시즘으로부터 몸을 지키기 위한 기술로서 고안된 것이라면, 그것은 전투(방위)적 지향志向에 의해 일관된 상상 실험이다. 그러나 이것은 그 자체 경험적 자연과 일체가 되는 것에 의해 발생하는 정적인 미적 감정에 다름 아니다. 따라서 "마을"에서 "목욕탕의 불 때는 일"을 하면서 "일에 지친 부모의 몸을 씻겨주고, 밭가는 사내를 상대로 하는 이러한 생활은 더할 나위 없이 귀하고 아름다운 꿈이었다"고 하는 감상과 함께 나타난다. 여기서 미는 투쟁과 관계가 없을 뿐만 아니라 모순된다. 생활을 투쟁과 투쟁의 계획으로 파악하고, 그 속에서 상상력을 통해 역동적인 재미와 아름다움을 발견해가는 것과 같은 사상이 아니다. 이러한 종류의 미학주의에 선 이상 전향할 수밖에 없지 않았을까. 그가 투옥되기 전에 반드시 변혁해야 한다고 생각했던 '빈곤'의 생활형태가 지금은 절대적인 것으로 미화되었기 때문이다.

그러나 여기에는 그에게 있어서 전향을 표명하기 위한 중대한 장애가 있다. "동지에게 배신자로 추궁당하는 것은 무엇보다 힘든 일이다". 따라서 "법정에 서게 되었을 때 나 혼자만 공산주의를 포기하는 듯한 발언은 하지 않겠다고 생각했을 때 …… 필연적으로 자기분열에 빠졌던" 것이다. 가족애를 지렛대로 해서 감정을 절대화한 결과 이번에는 당연히 동지애에도 우정으로서의 높은 가치를 두어야 했다. 그러나 동지는 전향자에게 우정을 인정하지 않는다. 완전한 '딜레마'다. 이 때문에 고바야시는 신경쇠약에 걸렸지만, 하쿠인 에카쿠白隱慧鶴의 흐름을 이은 정좌법과 신란親鸞주의에 의해 이러한 자기분열에서 탈출했다. 염불에 의해 그는 '자력自力에 대한 집착'에서 해방된다. 두 개의 모순되는 감정을 연결시키려고 고심하는 것 자체가 자신에 대한 '긍지'를 가지는 것이 아닐까. "자신의 무지를 철저히 알자", "어떠한 작은 오만조차도 제거하라", 여기에 이르러 그의 사상적 전향은 확립되었을 것이다. 그러나 고바야시 모리토의 이러한 전향 과정의 사상사는 그의 전향 이전의 사상 구조와 정치적 이데올로기보다도 훨씬 깊은 곳에 연결되었던 것이 분명하다. 그것을 검증하지 않으면, 우리는 그의 전향 경험에서 사상적으로 무엇인가를 끄집어낸다는 것이 불가능할 것이다. 그러나 전향을 신념의 전환만으로 파악하는 동안 외부에서는 전향을 변절과 동일하게 보는 논의가 일어나고 내면에서는 전향 참회주의가 발생하기 때문이다. 여기서 나는 고바야시의 전향 방법을 내부에서 결정한 정신태도에 대해 정식화하고자 한다.

고바야시는 19살 때 금주禁酒주의자로서 구세군에 가입하고, 거의 동일한 시기에 주위에서 부당하게 차별받던 피차별 부락민을 동정하여 '동인회同人會'운동을 일으키고 수평사水平社 사람들과 '친구'가 되고, 계속해서 '소작농의 친구로서' 농민조합운동을 일으켰다. 이들을 통해 공산주의자가 되었고, 전향 후에는 도쿄 공소원控訴院 검사장 미야기 나가고로宮城長五郎를 회장으로 하는, 전향의 촉진과 전향자의 사상적 사회적 '구제'를 목적으로 하는 어용단체 '제국갱신회帝國更新會'의 중심적 활동가가 되어 준전시·전쟁 중을 통해서 '전향 완성'운동에 전력했다. 이 경험에서 어느 정도 추정할 수 있듯이 그는 이중의 의미에서 성실한 활동=운동주의자였다는 점에서 대표적인 일본 대중의 지도적 사상가sub-leader였다. 그는 추상원리에 의해서가 아니라 무엇이든 자신이 직접 경험(활동)할 수 있는 환경 속에서 문제를 끌어내,

그 경험적 문제를 해결해야 할 새로운 입장을 갖춘다. 그 새롭고 '올바른' 입장은 반드시 타인을 향해서 내보여야 한다(운동으로서의 활동)고 생각했다.

고바야시는 살아가면서 이렇게 쳇바퀴를 돌리듯 반성주의의 태도로 일관했다. '동인회'운동을 일으켰을 때 그 창립대회에서 그는 과거 초등학생 시절에 피차별 부락 출신의 친구에게 다른 급우들과 함께 모욕적인 행동을 한 것에 대해서 "울면서 잘못을 고백하고" "여러분, 용서해 주십시오, 이렇게 사죄합니다"라며 '동인'들 앞에서 깊이 머리를 숙였다. 이것은 누가 보아도 성실한 태도다. 그러나 고바야시의 사죄주의는 이때만이 아니었다. 그는 무엇인가 새로운 것을 시작할 때 즉, 자신의 생활사가 새로운 단계에 들어섰다고 자각한 때에는 반드시 그 자각에서 걸림돌이 될 것 같은 이전의 행적에 대해서 어떠한 작은 것이라도 반성하고, 내면적인 반성뿐만 아니라 공중의 앞에서 사죄하고 '청산'하지 않으면 전진할 수 없었다. 아니 오히려 이 사죄 과정이 새로운 단계의 운동이 되었다. 그가 목표로 삼는 곳은 자기혐오를 일으킬 것 같은 오류를 남김없이 불식하고 결백한 심정에 이르는 것이었다. 여기에 이르기까지 반성=사죄=운동을 어느 한순간도 멈추어서는 안 된다. 여기서 생활은 반성과 반성의 전시展示와의 끊임없는 연속이다. 그리고 외부세계와 내부세계가 분열되지 않고 바로 연결되어 있었기 때문에 항상 정직하다. 이러한 정신은 위장 전향을 하든가 또는 마음속의 전향을 어정쩡하게 그만두는 힘을 갖지 못한다. 교활한 책략을 자신 속에 쌓아두기 힘들기 때문이다. 이것은 감성을 축으로 하는 일본 정직주의의 전형이 아닌가.

이렇게 파악한다면 고바야시가 검거되었을 때 "한 것은 한 것이니 전부 밝히고 깨끗이 법의 심판을 받아야만 하고", "한 것을 숨기고 자백하지 않는 것은 자신에게 비겁하다고 생각했던" 것, 함께 운동에 참가해 체포된 친구들에 "대한 미안함도 더해져" 자기 혼자서 책임을 지고 싶다고 생각한 것, 더욱이 전향 후 "전향은 실생활을 통해서만 실현될 수 있다"고 하고 '사회생활'에서 '전향의 완성'을 지향하여 더없이 성실한 갱신회更新会운동을 행한 것, 더구나 그때 "일단 전향한 자가 다시금 운동에 가담하는 등의 일이 있었다면, 그러한 것은 적이든 아군이든 가장 존경할 수 없는 사람일 것이다"고 하는 근본적인 정직주의—거짓을 말한 결과가 되어버리는 행동을 해서는 안 된다고 생각하는 태도—에 의해 자신의 언행 전부를 실체화한 것 등으로 그의 사상적 기반이 이해될 것이다.

　　고바야시 모리토와 같은 사상은 옛 봉건귀족이나 부르주아 또는 근대 노동자의 정신 어느 것과도 다른 독농篤農, 중견 경작농민을 주요한 담당자로 하는 농본주의의 특징이 된다. 성실주의에 의해 사적인 활동과 사회적인 활동이 직접 연결되어 있는 이 사상이 메이지 이후의 일본 사회를 근본에서부터 떠받쳐, 위기가 다가올 때마다 그 재건의 에너지를 제공한 것이다. 따라서 이러한 형태의 사상가가 공산주의운동에 참가한다는 것 자체가 심각한 일본 사회의 위기를 가장 잘 표현하는 것이었다. 다이쇼 말기·쇼와 초기는 이러한 의미에서 전전 일본의 최대 전환기였다. 그러나 이러한 에너지의 방향 전환을 흡수해서 사회의 방향 전환을 행하기 위한 정치적 조건뿐만 아니라 정치적 지도자도 혁명의 진영에는 존재하지 않았고, 역으로 '혁신관료', 즉 파시스트 진영에 존재했다. 일본 공산주의 운동사에서 어떠한 지도자의 어떠한 문서를 찾아봐도 어딘가 미세한 어떤 부분에서 고바야시의 사상과 접촉점을 가지는 자는 존재하지 않는다. 역으로 농본주의가 역사적으로 천황제의 기반이라고 해서 그것이 전면적으로 지배체제의 이데올로기에 불과하다고 비판했을 뿐이다. 우리는 사적인 경험, 자각과 사회적인 관념, 또는 행동이 무매개적으로 연결되어 있는 사상이 존속하는 것을 우리들과 또한 일본의 장래를 향해 바람직한 것으로 허용할 수 없다. 그러나 변혁이란 변혁해야 할 대상을 즉, 변혁 목적과 반대되는 존재를 파악하는 것에서 시작된다. 그것을 지금과 다른 형태의 조직에 편입시켜 의식적으로 변형해가는 과정이라고 한다면, 전전 일본의 사회혁명운동이 농본주의를 이해하지 않고 달리 파악해야만 할 어떠한 주요세력을 가지고 있었던가(전전에는 노동자의 조직율이 최고의 시기에도 약 8%에 지나지 않았다). 역사적으로 봐서 천황제를 지지한 것에 지나지 않는 농본주의를 단지 그 이유만으로 앞으로 계속, 즉 필연적으로 천황제를 지지해야 한다고 생각하는 것은, 혹 유물사관에 적합한 경우도 있을지 모르겠지만, 적어도 전혀 혁명적이지 않다. 역사의 '흐름'을 막으려고 하는 저항정신도 흐름의 줄기를 바꾸려는 변혁정신도 그곳에는 존재하지 않는 듯하다. 대부분의 일본 마르크스주의자에게 반역사주의의 정신이 없는 것은 마르크스학주의가 되었다는 반영에 지나지 않는다. 기존의 마르크스주의 이론에 따른다면, 이것은 사상적인 의미에서도 마르크스주의자가 된다는 의미였다. 물론 그 기저에는 이론이 사상을 전달하는 최고의 수단이라 생각하는 이론주의 커뮤니케이션관이 있다. 그리고 그것은 현대의 일본 지식인 모두에게도 공통된다. 우리는 끊임없이 얼마나 이론의 비약을 경멸하고(타인에 대해) 겁내고 있었는가(자신에 대해). 그러나 인류 정신사의 발전에서 정신의 기술적 측면은 이론의 비약을 어떠한 방법으로 사용할 것인가에 대한 과제 해결의 역사에 지나지 않았다. 아리스토텔레스를 인용할 필요도 없이 논리학 또한 그 요구, 즉 비논리적 영역의 논리화에 답하는 것이었다. 그렇다면 일본에서 논리학이 발달하지 못한 원인은 실은 논리의 비약을 겁내기만 한 논리주의의 결과고, 수사학의 사상적 의미가 인정되기 어려운 것도 같은 까닭임이 분명하다. 이렇게 보면 농본주의를 사상적으로 파악하지 못한 마르크스주의의 약점은 현대 일본의 지식인 세계의 거의 일반적인 정신현상과 깊이 관련되어있음을 알 수 있다.

그런데 혁명 진영에 의해 파악되지 못한 농본주의는 혁신관료들에 의해 산업합리화운동 속으로 흡수되었다. 그 운동의 사상 과정에 대해서 여기서는 자세하게 논할 수 없지만, 요컨대 거기에는 '학력'을 내세워 도시에서 출세하려고 하든가 '집안家柄'에 기대어 기생 생활을 하려는 태도를 거부하고, "마음과 기술을 겸비한 …… 진지한 농민"이자 동시에 "조직원으로서의 자각"을 가진 인물이 환영되었다. 고토 후미오後藤文夫는 내무대신으로 1932년에 의회에서 이러한 인물이야말로 산업조합경영을 양 어깨에 짊어지고 나갈 사람이라는 의미의 연설을 행했고, 농림성은 이러한 인물이야말로 '농촌민의 의표儀表'라고 생각하였다(이상 「第六十三回非常時臨時議会議事録」, 農林省経済更生部, 「農山漁村中堅人物養成施設に関する調査」). 고바야시적인 정신은 여기에 꼭 들어맞지 않은가. 고바야시 스스로 "공산주의 전향자야 말로 '농민조직자'로 양성되기에 가장 적합한 인물"이라고 생각했던 것이다. 이 정신은 국가가 행한 농촌갱생운동이 산업조합을 지지하게 되었을 때 '농민의 자각'은 '국가조직을 통해서' 재생산되었다. 말할 것도 없이 '전향의 완성'이다. 이것은 '아래로부터의 에너지'와 위로부터의 정치적 조직화가 완전히 일치된 구상이었다. 물론 이 구상은 총력전체제가 진행되면서 국가 기구화가 파행적으로 이상異常 팽창했기 때문에 역사적으로 파탄될 운명이었지만, 만주사변 후부터 익찬운동까지는 국내에서, 이후 국내의 파탄이 현저해지면서부터는 한동안 만주에서 농본주의형 전향자를 매혹시키기에는 충분했다. 따라서 야마구치 준로山口隼郎와 가쿠다 모리히라角田守平처럼 전향 후 "아래로부터의 사회운동의 완성을 목표로—동향인의 가난을 타개하기 위해 부락의 일족과 함께 하는 것은 서로 도와

야 하는 사람들끼리 공동경영조합을 조직하는 것으로" 이러한 사람들은 한두 명에 그치지 않는다. 그 중심 이념은 '사회연대의식에 의한 공존공영'이었다고 생각되고, 따라서 조직방침은 "조합이 갖는 에너지를 투쟁보다도 건설적 방면으로 향하게 하는" 것이 되었다(『転向者の思想と生活』). 농본주의자는 질서를 파괴하는 행위를 불량한 것으로 보고 거부한다. 그들은 원래 건설 애호가였다. 점점 더 적재적소지 않은가. 생성기 일본 파시즘의 목표는 이 농촌의 '의표儀表'를 파악한다는 조직방침을 원형으로 삼고 이것을 전 사회에 이식해가는 것이었다. 성실한 전향자의 일부는 도시에서도 대중의 '의표'가 되었다. '수양 부족' 때문에 '시간에 대한 관념', '위생 사상', '정리 정돈' 능력 등을 위해 비국정 수신교과서적인 노동자 대중 속에 들어가 "노동자의 의식 향상은 공장의 한구석에서부터"라는 표어를 내세워 "진심을 다해" "화장실 청소부터 시작해"서 "절도"있는 생활 습관을 심어가는 노력을 하며 진실한 개혁운동가로서의 내면적 지지를 발견한 이도 꽤 있었다(小野義次, 『転向者の思想と生活』). 그래서 준전시체제에서 중일전쟁에 이르는 시기에 일본 파시즘은 그 기초를 다질 수 있었다.

4. 전향 사상사 개설_둘

앞 절에서는 '전향'이라는 범주를 일본에서 성립시킨 사상적 기반을 이데올로기상의 계층('일본적 세계관'의 조작자, 체득자, 실천자)과 사회학적 담당자 계층(정치적 지식인, 순수 지식인, 대중 사상가)의 복합적 요인에 초점을 두고 서술했다. 이 절에서는 '전향 시대'의 '개척자'로 전향 개념을 보편화시키는 데 결정적인 역할을 한 사노·나베야마를 중심으로 한 전향의 사상 과정과 시대 상황의 관련성을 논하고, 이어 소수의 전향자 중에서 발생한 실존주의형 복선複線사상(가명)의 의미에 대해 개설하고자 한다.

사노·나베야마의 전향은 앞에서 말한 것처럼 일본 사회의 사상 구조의 전향을 전제로 하고 그것을 전위당의 입장에서 용인하려는 데에서 일어난 것이다. "황실을 민족적 통일의 중심으로 느끼는 사회적 감정이 노동자 대중의 마음속에 있다. 우리는 이 실감實感을 있는 그대로 파악할 필요가 있다"는 의견을 제출한 그들은 여전히 "과거와 동일하게 조금도 변하지 않"고 "프롤레타리아 전위의 긍지를 가지고 죽음에 임하"려 한 것이라고 스스로 선언했다(『改造』 1933년 7월호). 아카마쓰와 아소는 일본 국내에서 자기 자신의 정치적 역할에 대한 자각을 상황에 따라서 바꾸고, 야스다 등은 마르크스주의 이론을 물리쳤으며, 고바야시형 중간 리더sub-leader는 자기 자신의 사상적 입장에 대한 자각을 전환시켜 일본적 공감 속으로 뛰어들었지만, 사노·나베야마는 그들의 전향 자체가 전위당前衛黨이 취해야만 하는 올바른 노선이라고 생각한 점에서 그들의 전향은 단순한 개인의 사상 전향이 아니다. 그들에 의하면 "여기서 제시하는 문제는 경력이 미천한 개개 당원의 단순한 심경변화와는 완전히 그 출발을 달리하는" 것이었다. 문자 그대로 공산당이 공산당으로서 전향하려고 하는 노선이 제출된 것이다. 이것은 곧 익찬체제翼贊体制로 이어진다. 그들의 전향은 현실에서는 '전향 시대'의 개막식이었지만, 사상적으로는 일본 전향 개념의 완성이었다. 아니 그 개념상의 의미 완성에 의해 '전향의 규격'이 만들어진 것을 조건으로 '전향 시대'의 대량 전향을 불러일으킨 것에 지나지 않는다. 전향이라고 하면 즉시 사노·나베야마의 이름이 떠오르는 것은 이러한 의미에서 보면 당연하다. 따라서 원칙대로 프롤레타리아 인터내셔널리즘으로 공산당을 지키려고 한 「섹키」赤旗, 공산당기관지가 가장 비판적으로 사노·나베야마를 대한 것은 당연하다. 여기에서 또한 프롤레타리아 인터내셔널리즘의 공산당을 반권력의 척도로 생각하는 일본 지식인의 세계에서 이후 전향이라는 단어는 곧 인격적 심벌로서 사노·나베야마를 의미하고, 그것은 동시에 사상적 정통에 대한 배신과 정도正路에서의 일탈을 의미하게 되었다. 사노·나베야마의 전향 이전에도 전향은 개인의 패배·탈락이라고 생각되었지만, 이후에는 이전보다 더 큰 악의를 가지고 사용되었다. 그리고 '쇼와사昭和史'의 추이 속에서 사노·나베야마의 '문제제기'는 분명히 국가권력에 대항해 어떠한 저항력조차도 가지지 못했고, 지금도 그러하며 장래에도 '아마 그러할 것이다. 그러나 그들에 의해 제기된 문제에서가 아니라, 그들이 문제를 제기하는 사상적 도정道程 속에서 정당하게 검토되어야 할 문제는 발견되지 않는 것일까. 인격주의의 원리로 일관하는 일본에서는 어떠한 정당한 문제라도 배신·악역자惡虐者의 사상 속에서 파악하는 경우에는 곧바로 논자 자신이 배신자와 전인적全人的으로 동일시된다. 따라서 지성보다도 정치사회에서 외부로부터의 평가(정치적 생명)를 중요시 하는 경향이 있는 일본의 지식인은 같은 문제를 충성스러운 정통正統자 속에서 발견할 때까지는 발언하지 않는다. 그리하여 충성스러운 인물은 점차 모든 정당한 문제를 독점하는 자가 되기 때문에 당연히 이 논구방법은 역으로 인격주의를 확대 재생산한다. 훌륭한 인물과 악인이 확연히 구분되고 앞의 「2. 이론인의 형성」에서 논했듯이 모범인물의 계열 설정에 의한 질서(지도체제)가 완성되는 것이다. 이 점에 대한 책임에 있어서 현재 진보주의 지식인은 보수주의 지식인과 다르지 않고, 지식인 전부가 대중보다 중죄를 짓고 있다. 대중들의 세계에서는 대개 '도둑에게도 변명의 여지는' 있지만, 어설픈 지식인은 인격주의를 원리화하기 때문에 사람의 사상을 그 인물에게서 떼어내 별도의 맥락 속에서 짜 맞추는 자유로운 지성의 움직임을 정지시키는 것이다.

사노·나베야마의 전향 과정에서 우리가 지적해야 할 문제는 무엇인가. 하나는 인터내셔널한 운동 속에서 발생하는 대국주의의 역기능에 관한 것이다. 나베야마는 "투옥 이후 오늘날까지의 수년간 앞날을 예견하고 여러 가지 상황을 알고자 노력해 온" 결과에 대해 "주의를 재촉하고 싶은" 점으로 다음을 이야기한다.

> 세계 정세의 변화─특히 소연방의 강제적 5개년 계획의 성공, 자본주의 사회에 대한 소연방의 독립성 강화─와 함께 코민테른 자신도 역시 변화해 왔다는 점이다. 바꿔 말하면, 세계정치의 내용과 코민테른이라는 형식의 모순은 세계자본주의 국가에서 최근 특히 거칠게 폭로되었다. 그러나 일본처럼 세력이 극히 미약한 나라에서는 그것이 한층 참혹한 상태다(「左翼運動における小ブルジョア氾濫」, 『中央公論』 1933年 8月号).

국제적 연대운동이 모든 나라에서 일어나는 동안에는 각국 운동단체 간의 국제적 평등이 제법 잘 지켜지지만, 한 나라가 지배력을 장악하고 그 나라가 강대국이 되어 다른 종류의 지배체제에 대항하는 경우에는 그 새로운 권력은 세계 운동의 보루로서 중요한 의미를 갖는 한편 그로 인해 운동단체들 사이에서 많은 특권을 획득한다. 그 결과 각국 운동단체는 새로운 권력의 국가이성에 바탕하는 국제정치상의 다양한 술책조차 종종 술책으로서가 아니라 운동이념으로써 지지해야만 하는 상황에 봉착한다. 나는 오늘날 중국 공산당에 의해 국제정치상의 범주가 된 '대국주의'라는 것은 단순히 대국이 소국을 권력적으로 압박하여 인터내셔널리즘을 파괴하는 것만 의미하는 것이 아니라, 압박 그 자체가 많은 경우 정의화되고 윤리화되지 않으면 멈추지 않기 때문에, 인터내셔널한 연대 속에 가치상의 상하서열을 만들어냄으로써 국제평등주의를 내면에서부터 파괴한다는 의미로 받아들여야 한다고 생각한다. 나베야마 등은 옥중에서 이 점을 처음으로 깨달았던 것이다. 그들은 "단순히 당이 소연방 옹호의 여론기관화하고 있다"고 생각했던 것이다(앞의 논문). 여기에서 그들은 공산당이 운동에서 자주성을 되찾기 위해서는 코민테른에서 이탈해 "일본의 조건에 입각한 사회주의를 실현하는" 노선을 찾아야 한다고 했다. 일본의 민족적 특수조건이란 "어느 나라에도 없는 국체"관이 강하다는 것이다. 적어도 대중들 속에서는 그렇다. 따라서 '군주타도론'에 열광하는 것은 소부르주아적인 자유주의 혹은 아나키즘의 입장에 지나지 않는다. 나베야마는 천황제 사회주의야 말로 대중 노선이라는 결론에 이르고 만다.

　잠시 우리는 멈추어야만 한다. 대부분의 자본주의 국가와 어떤 면에서는 다르지 않은 소비에트 러시아의 국제정치상 술책까지도 일본 공산당은 정의에 속한다고 선전해야 했고, 그 결과 국내의 정치운동 상황을 때로는 불리하게 전개시켜야 했던 것은 분명 소비에트 연방이 강대했던 1930년대에 프롤레타리아 인터내셔널리즘 내부에서 발생한 특징적인 모순이다. 이러한 관찰은 날카롭다. 그러나 이러한 인식에서 사노·나베야마 성명서의 결론에 이르기까지는 결코 단순한 길이 아니다. 우선 소비에트 국가의 국제정치상의 술책을 술책으로서 시인하는 것도 가능한 일이다. 국가가 자기보호법칙으로서의 국가이성을 자유로이 사용하는 것은 국가로서의 건전성을 나타내는 것 이외의 어떤 것도 아니다. 마이네케Friedrich Meinecke가 지적했듯이 20세기 제국주의 국가에 위기를 가져온 1차 세계대전은 국가이성의 고양에서가 아니라 역으로 국가이성의 상실과 그것을 대신한 국민이성의 앙양昻揚에 의해 일어났다. 즉, 1차 세계대전은 무엇보다 제국주의 국가의 국가로서의 상실을 의미하는 것이다. 그 국가들도 르네상스 이후 근대 국가의 발흥기에서는 국가 상호간의 술책을 뛰어난 이해계산에 근거해 전개했다. 20세기의 소비에트는 정확히 그것에 필적하는 것은 아닐까. 모겐소hans Morgenthau가 오늘날의 미국 통치자를 비판할 때에도 그들이 외교정책에서의 계획 불능증인 점, 즉 아무 계획 없이 그때그때 되는대로 행동하는 것을 지적하는 것이다. 이 비판은 사용 방식에 따라서는 미국이 정의에 반反한다는 비판보다 훨씬 더 강한 것이 될 수 있다. 일반적으로 그것은 국가로서 당연히 갖추어야 할 능력이 부족함을 증명하는 것이기 때문이다. 만약 이러한 관점을 습관화한다면, 소비에트 연방 옹호를 정의의 시점에서 행해야 하는 경우에도 소련의 정책에 대한 정의화 자체를 이른바 혁명운동의 이성에 의해 계산한 다음 자유로이 조합하려는 태도가 발생할 것이다. 이러한 태도에 충분한 자주성이 발휘된다. 이러한 운동이성은 혁명가가 되고자 하는 자라면 당연히 갖추어야 했다. 그러나 사노·나베야마는 소련 옹호의 방식을 오직 하나의 윤리화한 형태로밖에 생각하지 않았다. 여기서 그 하나의 예가 당시 일본의 대중윤리에 대해 침투력을 갖지 못한다면, 즉시 소련을 옹호하는 그 자체를 유해하다고 하는 것이다. 그들의 윤리적 유일주의는 상황추수적이다. 때와 장소에 따라 어떻게든 움직이는 '도덕주의'는 말할 것도 없이 윤리 그 자체의 파괴임과 동시에 가장 나쁜 전향 노선을 만드는 것이기도 하다. 세계정세론의 범주에서 논의를 전개해도 나베야마 등이 입장을 결정할 때까지 그 사고방법의 근저에는 반드시 상황에 따라 태도를 결정해야 한다고 하는, 상황으로부터의 유출주의가 존재하는 것을 증명하고 있지만 이것은 상황조작주의와는 정반대의 것이다. 조작을 하기 위해서는 어딘가 부동의 발판이 필요하지만, 상황으로부터의 유출주의는 부동의 지점이 필요하지 않기 때문이다. 따라서 유교와 서구 자연법사상의 한 형태 속에 있는 원리로부터의 유출주의와도 다르다. 일본의 많은 비전향 공산주의자들은 이 원리유출론적 태도를 강하게 가지고 있었기 때문에 사노 등의 상황주의와 사상적으로 떨어져 있는 것이다.

사노·나베야마의 태도를 결정짓는 '상황'은 세계와 일본을 두 축으로 하여 이루어진다. 농본주의의 경우 토대가 되는 상황은 비교적 움직임이 둔하고 사적인 성격이 강한 집안과 촌락 공동체이므로 전향의 과정도 얼마간 완만할 수 있었지만, 사노 등은 어디까지나 '전위' 지도자기 때문에 움직임이 격렬한 정치적 장소에서 '세계와 일본'만을 상대하는 태도를 취한다. 더구나 노동 대중의 전위인 탓에 그들에게 일본이란 일본 대중의 동향을 뜻한다. 그들의 상황으로부터의 유출주의는 대중주의로 나타난다.

그들 스스로가 말하는 공식적인 전향 이유의 하나는 공산당이 "주요한 노동자층에서 유리"되어 버렸기 때문에 방향을 바꾸어서 합류하지 않으면 안 된다고 생각하는 데 있다. 지배계급 중에서는 '불초不肖한 자식'이 종종 공산주의자가 되고, 소부르주아 층에서는 좌경자가 많이 나타나 저마다 시대의 움직임에 엄청나게 '경악'하기도 하고 '공감'하기도 하는데, "노동자 농민층에서는 …… 사회 상층의 경악과는 반대로 완전히 관계없다는 냉담함이 흐르고 있는 것이 아닌가"(鍋山, 위의 논문, 『中央公論』 1933년 8월호). 그것은 사실이다. 국제관계(소비에트의 강대화와 중국 혁명운동의 성장)의 변화와 지식의 좌경화에서 유래한 지배계급의 과대 공포와는 거의 정반대로 국내의 운동은 뒤쳐져있었다. 이러한 현재의 대중이 바로 실재로서의 대중이라고 생각해야만 하는가. 그 문제에 대해 사노·나베야마는 긍정적으로 대답한다. 그들은 서로 분열된 이중의 대중관을 가질 수가 없었다. 따라서 당이 '프롤레타리아트의 전위로 존재하는 한' 눈앞에 있는 대중의 '건전한 정치적 관심으로' 되돌아가야 했을 것이다. 여기서 성명서의 "우리는 대중이 본능적으로 보여준 민족의식에 충실할 것을 요구한다"는 테제가 발생한다. 만주사변 뒤의 준전시체제 상황 아래서 그것은 전쟁을

승인하는 것이 되었다. "우리나라는 전쟁에서 패할 수밖에 없다고 말하는 것은 아니다". 여기서 "패전주의가 되지 않으면서 침략전쟁에 반대하는 길은 없는가"라는 문제가 제출되어 일본 제국주의를 맹주로 하는 아시아 블록의 사회주의화 노선이 고안되었다(鍋山, 『私は共産党をすてた』).

사노 등은 실체적인 대중주의자였기 때문에 소부르주아 배제주의자가 되었다. 그들의 코민테른=공산당 비판은 철저하게 소부르주아성을 공격한다. 그들에 의하면 현실에 걸맞지 않는 급진적인 반천황제·반전주의, 코민테른 일본 지부로서의 당의 관료기관화 등 전부가 소부르주아의 성향에 합치하는 것이기 때문에 당은 점차 소부르주아에 의해 구성되는 정도가 강해졌다. 그로인해 대중성이 상실되었다. 전협全協도 전회파全會派도 모든 대중운동은 이러한 당과 완전히 관계를 끊어야만 한다(鍋山)고 생각했다.

오로지 소부르주아를 '나쁜' 자로 취급하는 사고방식의 배후에는 현실에서 일본 소부르주아가 큰 행동력을 갖지 못하여 지식과 관념의 행동성을 인식하기 위한 현실적 기반이 없었다는 사정이 있다. 그러나 동시에 이러한 사고방식의 흐름 속에 보이는 하나의 특징은 '소부르주아 급진주의'라든가 '대중주의' 등을 작은 틈도 없이 딱 맞는 형태로 사회적 계층으로서의 소시민과 대중에 결합시켜버리는 경향이다. 사상은 개인의 신념과 판단 그리고 행동 태도가 뒤섞였긴 것이기에, 그처럼 뚜렷하게 사회적 계층과 유착될 리는 없다. 사상 형성 상황으로서의 계급 관계가 커다란 영향력을 지님으로써 특정 계급에 공통되는 사상 경향이 존재한다 하더라도, 중첩되지 않고 어긋나는 부분도 상당히 많다는 점을 그들은 생각하지 못했다. 이러한 사상과 계층이 완전히 중첩되는 경향이 나타나면, 여기서 또 하나의 경향이 생겨난다. 그것은 어느 하나의 시각에서 본 사상적 입장이 서로 중첩될 수 있다는 점을 인정하지 않는 경향이다. '소부르주아 급진주의'와 '대중주의'라는 것은 각각이 종縦으로 연결되는 사회계층에 의해 구별되기 때문에 중첩되는 것은 불가능하다. 다른 각도에서 보면, 동일한 사상적 입장으로 분류할 수 있을지도 모른다는 가능성을 인정하지 않는 것이다. 이처럼 '사상 파악의 부동성浮動性'—만하임Karl Mannheim의 개념을 변형하여 전용한 표현—을 이해하지 않는 이상 마르크스주의 내부에서 생산적인 사상 분석 방법은 발생하지 않을 것이다. 분석의 방법이 발생하지 않을 뿐 아니라 이 두 경향을 적당히 이용하면 나쁜 의미에서의 이론 마키아벨리즘이 발생한다. 여러 가지 사상적 입장을 자의적으로 고정하여 하고 싶은 대로 절대 가치를 부여하고 추방하는 것이 가능하기 때문이다. 사노·나베야마는 '이론주의'에서 '대중본능 존중주의'로 이행하는 과정에서 이 이론 조작을 적용한다. 이 방법은 전후에도 적어도 한 번은 사용된 적이 있다. 그때는 사노 등의 경우와 정치적 의미에서 물론 달랐지만, 이론신앙의 태도와 지도자 실체화 경향이 강한 일본의 마르크스주의자들 사이에서는 이 이론 마키아벨리즘이 성공할 가능성은 항상 꽤 크기 때문에 외적 사회조건의 변화에 따라 언제 또다시 격렬한 대규모의 전향이 일어나지 않으리라고 장담 할 수 없다. 이론 마키아벨리즘은 사노·나베야마에게 전형적으로 나타나고 있지만, 일본의 좌익운동 전반이 자기비판해야만 할 나쁜 사상적 전통의 하나다. 사상의 부동성을 인정하는 것은 무원칙주의로 흘러가 버리는 필연적인 길이 아닐 뿐만 아니라 원칙이라는 이름 아래서 방자한 사상 조작을 행하는 길을 막아버리는 방책이 될 수 있다.

　　부동의 성좌星座로서 공산당의 인격적 심벌이었던 사노·나베야마의 전향을 많은 지식인들은 나베야가 말한 의미를 넘어서 '당의 패배'라고 생각했다. 가와이 에이지로河合栄治郎가 지적한 것처럼 이미 1932년의 고등학교 입학생부터 학생에 대한 마르크스주의의 영향은 현저히 줄어들어 점

차 허무주의적 양상이 일반화되고 있었지만(「敎育者に寄するの言」,『時局と自由主義』1937년), 그러한 경향은 이 사건을 계기로 하여 한층 증대했다. 사노 등의 전향이 이렇게 해서 반체제적인 기풍을 내면으로부터 파괴하는 것이었기 때문에 사법당국은 사노 등의 전향을 "치안유지법의 개정보다 훨씬 낫다"고 본 것이다(中野澄男, 「佐野·鍋山転向の真相」,『改造』1933년 7월호). 일본의 지배자는 법에 의하기보다 교화해서 사죄시키는 것을 질서유지의 주요한 방법으로 삼고 있었기 때문에 법치주의를 아무리 주창하더라도 그들에게 법은 교화와 사죄의 장을 한정해서 그 조작의 유효성을 증가시키기 위한 수단 가치로서만 존중된 것이다. 사노 등의 전향은 그 지배 노선에 정확히 적합하였다.

그러나 왜 그 시대로부터 4년 후에 "최근 몇 년 간의 사회사상의 변천"으로서 "주의라고 칭하는 것에 대한 욕구를 갖지 않게"되었다(河合栄治郞, 앞의 책)고 말하는 상태를 지식인이 만들어 냈는가. 여기서는 그 커다란 원인 중의 하나를 다루고자 한다.

근대 일본에서 상황에 대해 일관적인 원리를 가진 사상 체계는 마르크스주의가 유일했다. 따라서 마르크스주의 운동단체의 패배는 동시에 원리 일반의 패배를 의미하기 쉽고, 여기서 발생하는 허무주의도 하나의 원리적 상실감을 모든 원리의 상실감으로 즉시 치환하는 것이었기에, 첫사랑에 실패했다고 연애 자체를 부인하는 것 같은 안이함을 특징으로 한다. 이것은 만족스럽지 않은 탐구를 계속하기 때문에 발생하는 현실에 대한 허무주의가 아니다. 따라서 상황의 추이에 대한 저항성을 갖지 않고 질질 끌려 그만두는 성질을 갖는다. 또한 체계적인 "주의에 대한 욕구를 갖지 않는 것" 자체는 가와이 에이지로의 취향에 맞지 않지만, 유교주의를 골간으로 하는 일본 사상사의 맥락 속에서는 카메라 앵글의 부동성(정신의 자유로운 운동)을 환기하는 것으로써 유효하다. 하지만 이 당시에 나타난 허무주의는 역으로 체계주의에 대한 욕구를 전제로 하고 그것이 상실된 곳에서 발생했기 때문에 지식인 자신의 주의관을 되돌아보게 하는 힘도 갖지 못했다. 따라서 주의에서 해방된 곳에서 발생하는 '자유주의'는 다양한 주의를 자유로이 조종하는 것에 의해 정치권력의 팽창 경향을 저지하면서 역으로 사회 내의 자유를 확대해가려는 유동성을 갖는 것은 아니었다. 새로운 이념을 찾지 않는다는 것만으로 계속해서 존재하는 천황제 이념을—이것은 동시에 비이념이기도 한 대용물이지만, 그만큼 한층 더—부정하지는 않는다. 나는 이것을 천황제적 허무·자유주의라고 부른다. 위의 사정은 쇼와 사상사 속에서 충분히 실증된 것이다.

1933년부터 수 년 간은 '자유주의'가 파시즘에 대한 요새로 기대되었다. 당시 상황을 한 평론가는 다음과 같이 묘사했다.

> 마르크스주의 진영이 실천 운동에서도 저널리즘에서도 눈사태처럼 괴멸함에 따라 그때까지는 이미 제 2선 혹은 예비역으로까지 후퇴하고 있다고 생각했고 최전선의 마르크스주의자에게서 매사에 반동적 지식인이라는 질타를 받던 자유주의자가 다시 제1선에까지 동원된 형세는 이미 1932년 중의 현상에 속한다 (杉山平助, 「自由主義教授論」, 『改造』 1935년 4월호).

파시즘의 제패 과정에서 마지막 사상의 적敵은 지금까지 항상 자유주의였다. 그것은 운동 측면에서의 자주적 결사와 평행관계에 있다. 마르크스주의는 최대의 적이지만 궁극적으로는 일원적 원리로 구성되어 있기 때문에, 파시즘에게 그것은 사상적으로 어느 정도까지 이해가 가능하다. 여기서 탄압과 함께 그 모방에 의해 사이비 사회주의를 만드는 이데올로기 조작이 가능하다. 즉, 마르크스주의에 대해서는 비교적 전략전술의 수립이 용이하다. 그러나 자유주의는 파시즘에게 가장 이해하기 힘든 것이었다. 단편적이지 않고 많은 원리를 상황에 적합하게 구사하려고 하기 때문에 어느 것이 최대의 무기인지 알 수가 없다. 여러 집단, 여러 개인의 여러 가지 가치, 여러 가지 심리를 권력 목적을 위한 수단으로 동원하려는 파시즘은 자유주의가 다양한 가치를 가치의 형태인 채로 해방시키기 때문에, 즉 파시즘과는 반대의 목적을 위해 동일한 비술秘術을 행하기 때문에 '적의 배양원培養源'이라고 생각되는 것이다. 자유주의의 존속을 허용하면, 당연히 마르크스주의도 마음껏 자유를 획득한다. 뿐만 아니라 능동적인 허무주의에게 적이 될 수 있는 이념은 모두 활동의 장을 보유하는 것이 된다. 따라서 자유주의는 아무리 소량이라도 허용할 수 없다. 이 점은 일본 파시즘도 동일하다. 단지 쾰로이터Otto Koellreutter가 부러워한 것처럼 일본에는 메이지 이후 자유주의가 약했고 체제 원리는 일관되게 자유를 부정했기 때문에 파쇼 대 자유주의의 충돌은 격렬하지 않았는지 모른다. 만약 자유주의가 1933년 이후 급속히 강해지지 않았다면 말이다. 그러나 확실히 자유주의자로서 용기 있는 행동을 한 인물이 있다. 요코다 기자부로橫田喜三郎는 국제연맹을 탈퇴하고 그것을 공격하던 일본 정부를 역으로 공격하면서 '불침不侵 정신'을 각국이 스스로 자진해서 행하는 것으로 평화를 확보해야만 한다고 주장했다(『改造』 1935年 1月). 미노베 다쓰키치美濃部達吉는 제국 헌법의 틀 내에서 자유를 확대하는 방향을 유지해 왔다. 미야자와 도시요시宮沢俊義는 독제체제를 비판하는 것으로 반파시즘의 태도를 표명했다. 가와아이 에이지로는 일관되게 자유주의에 대한 확고한 신념을 가지고, 이를 조직적인 힘으로 변화시키고자 지속적으로 노력했다. 당시 그들은 모두 마르크스주의자였고, 게다가 침묵을 포함한 어떠한 방법으로도 파시즘 비판을 하지 않으려 한 사람들보다 훨씬 더 효과적인 비판을 행했다. 그러나 자유주의자

로서 가장 활발히 활동한 인물 대부분이 국가의 권위에서 문부성文部省보다 상위에 위치하는 제국대학의 교수였던 것은, 그 자체가 일본의 자유주의의 열세를 상징적으로 보여주는 사실이었다. 게다가 실질적으로도 그들 제자들의 대부분은 일본 사회의 지배적 지위에 흡수되어가는 운명에 순응하였고, 이는 그 활동을 지지하는 기반을 무기력하게 만들었다. 가와아이 에이지로가 한탄한 것은 이러한 현상이었다. 자유주의의 기반을 파괴하는 사상이야 말로 앞에서 말한 허무·자유주의에 다름 아니었다. 자유주의는 읽을거리로서는 유행했지만 행동력으로서는 역으로 많은 열매를 맺지 못했다. 1934년 천황기관설 사건이 발생했을 때 미노베 다쓰기치는 고립무원이었다. "제국대학 법학부의 동료들은 뭔가 할 수 있었을 것이다". 미노베의 제자로 제국대학을 졸업한 관료와 의원들이 원조 행동을 일으킬 때가 아닌가. '학자가 한마디 내뱉은 것은 신경 쓰지 않고' 어떠한 움직임도 일으키지 않은 '자유주의자'에 대한 비판이 당시 행해(大森義太郎, 「現代における自由主義の効用と限界」, 『改造』 1935년 5월호)졌지만, 그럼에도 여전히 허무·자유주의 무리들과 '학자'들 사이에서 큰 움직임은 없었다. "여기서 자유주의자와 마르크스주의자와의 제휴의 문제는", "이러한 무력한 것과의 제휴가 도대체 얼마만큼의 이익을 마르크스주의에 가져다주느냐이다. 최근 활발하게 전개된 원칙으로 자유주의와의 제휴를 역설하는 자들을 많이 본다. 그 논의가 타당한지의 여부보다도 무엇보다 그 자체가 번거롭고 우스꽝스럽다"(大森義太郎, 앞의 논문)는 야유로 끝났다. 통일전선의 전제조건인 자유주의의 저항력 자체가 집단적으로 존재하지 않았던 것이다. 평론가는 마르크스주의 궤멸 후, 이 시기 자유주의자의 활동을 "콘크리트 벽이 떨어져나간 뒤 적의 총탄에 대해 점토층으로 저항하는 듯한 무상한 느낌이 들었다"고 평했다(杉山平助, 앞의 논문). 이후 마르크스주

의자는 이 상태를 두고 자유주의의 야무지지 못함을 공격했고, 자유주의자는 마르크스주의의 분파성을 공격하기에 이르렀다. 이는 서로 분열을 촉진한 결과가 되어 자유주의의 저항의 장소 그 자체가 소수의, 더구나 제각기의 실체화된 개인으로 축소된다. 위에서 논한 용기 있는 자유주의자의 대부분은 가와아이를 제외하고 침묵 속에서 전향하고 비밀리에 저항을 계속했다. 그 외의 예를 들면 하세가와 뇨제칸長谷川与是閑은 반독일＝나치적 파쇼 노선을 일관하면서도 오히려 일본주의의 효용을 대상으로 논하는 행동을 취해 크게 후퇴한다. 자유주의의 장기가 원래 개인 또는 집단의 자유를 확대하기 위해 기백 있는 상황인식에 바탕하여 현실 활동의 장에서 어디까지나 개인을 기능인자화機能因子化하는 것이다. 만약 이러한 태도를 일관 했다면, 당시 일본에서 자유주의가 18년 형을 선고받을 가능성은 없었기 때문에 훨씬 더 대담한 통일행동을 계획했어도 좋았을 것이다. 일본의 자유주의는 마르크스주의의 대중관과 평행해서 가치 및 상황에 대한 선택·비판의 주체로서의 개인과, 장場에서 기능인자로서의 개인 등이 구체적인 개인 속에서 분열되지 않았던 건 아닐까.

천황제 허무·자유주의의 무리는 익찬체제를 향해 흘러갔고, 그것을 기반으로 지배체제는 천황제 허무·자유주의의 우두머리인 '중신重臣'에 의한 정부를 만들고 상황추수 아래서 점차 전쟁으로 나아간다. 그로 인해 현대 일본의 자유주의 시대란 중신 시대기도 했던 것이다. 마르크스주의자들 사이에서는 유물론연구회唯硏와 같은 학습 단체가 존재했지만, 사상적 의미에서의 통일 행동의 태도는 희박했다. 이 과제는 집단에 의해서가 아니라 하니 고로와 같은 소수의 위대한 개인 속에서 이루어질 수밖에 없었다. 그는 마르크스주의자로서 역사기술을 행할 때 단순히 현존의 것을 초월한 리얼리티로서의 '인민대중'의 관념을 창출하고, 동시에 자유주의자로

서 신화학의 해설을 행할 때 '신화 시대'로서의 20세기야말로 한층 더 오만하고 자유로운 지성이 확립되어야 한다고 주장했다. 이러한 노선이 있었기 때문에 그는 크로체를 활용할 수 있었다(1940년에 이르러서 그가 『주오코론中央公論』에 공공연하게 발표한 「메이지 유신明治維新」에는 마르크스주의자로서의 하니 고로와 자유주의자로서의 하니 고로가 훌륭하게 통일되어 있다. 그 속에서 통상의 마르크스주의자처럼 자유주의를 단순한 역사 단계의 특정한 부분에 고정된 일시적인 것으로 간주하지 않는다. 그 영원한 가치를 주장하는 것이다. 「막말의 윤리사상幕末における倫理思想」, 『도시都市』, 『마키아벨리マキァベルリ』, 『미켈란젤로ミケルアンチェロ』 등의 연구에서도 하니 고로에게서 탄생한 두 개의 기본 관념이 하나의 관념으로 통합되어 주장되고 있다). 어떤 의미에서 이것에 가까운 길은 시미즈 이쿠타로清水幾太郎에 의해, 또 어떤 의미에서 거의 비슷한 길은 야마카와 히토시, 아오노 스에키치靑野季吉 등에 의해 행해졌다. 하니가 사상 활동에 유효한 에너지의 대부분을 전전·전시·전쟁 직후에 전부 사용한 것에 비해, 시미즈는 에너지의 반 이상을 전후에 발휘한 점은 양자의 사상 유형의 차이까지도 나타내는 것이지만, 여기서 그 의미를 논하는 것은 생략할 수밖에 없다.

많은 생략법을 사용하여 논해 온 1930년대 전반의 전향을 둘러싼 사조사思潮史의 뒷면에서 은근히 중대한 사상이 자라나고 있었다. 그것은 하니야 유타카埴谷雄高, 시이나 린조椎名麟三 등에 의해 전형적으로 만들어진 관념 형태다. 이에 대해서도 여기서는 가능한 한 간략하게 논하겠다. 하니야·시이나는 전향 과정 그 자체에 대해서 말하지는 않지만, 그 후의 행동과 이시노카미 겐이치로石上玄一郎가 말한 곳에 비추어 추정하면 그들은 전향 과정에서 그때까지 가지고 있던 체계적인 주의가 분해되어, 긴밀한 법칙성을 갖는 체계안의 모든 요소 간 밀접牽連한 관계가 반대로 격렬한 모순 충돌의 관계로 전도된다는 경험을 얻었던 것이다. 장기적 가치와 현재 가치, 인류사에 대한 자기희생과 1차 집단에 대한 충성이 필연적 발전의 관계로 연결된 것만은 결코 아니다. 이시노카미의 경우처럼 보편자와 실재reality에 충실하려면, 자신의 주위와 현재 자신의 특수한 상황에 대해서는 이데올로기를 넘어선 반충실反忠實이 되지 않으면 안 된다. 그러나 이러한 경험에서 그들은 자신의 충성의 대상을 예를 들면 가족애의 절대성을 승인하는 행동과 같은 반대되는 형태로 다시금 취합하여 구원받고자 하지는 않았다. 많은 농본주의 전향자가 사죄의 전람展覽을 매개로 해서 이러한 형태로 자신을 구원하고 정신적 긴장에서 해방되는 것에 의해 다시금 "자유롭게"—실은 요구에 자연스럽게—사회적 활동을 전개한 것과 다르게, 그들은 보편가치에 대한 일원적 충성을 지키지 않았던 '죄'를 내부에서 비판하여 시간의 경과와 함께 전향 경험의 긴장을 점점 더 내부세계로 확대시키는 길을 택했다. 일부러 죄와 모순을 자신의 세계로 향하게 한 것이다. 이렇게 해서 그들은 전향의 시점에 정지해서(『深尾正治の手記』 후기 참조) 무규정적으로 외부 사회활동을 하지 않고, 무한의 저쪽에만 있다고 생각하는 확실한 절대적 이념을 확실히 찾아낼 때까지는 오로지 내부세계에서의 사회행동, 즉 내부의사소통inter-communication에만 종사했다. 전향의 비전향이라고 해야 할 길을 간 것이다. 일본에서 내면의 독립적 에너지의 가능성을 한계까지 추구해 보여준 것은 그들이 처음이었다. 하니야 유타카의 자기회의懷疑를 내적으로 만족시킨 표현에 의하면 '망상실험'(『死靈』自序)이 그들의 일거리가 되었다. 자신에 대한 것을 포함하여 철저한 회의로, 게다가 가능성의 실험을 무한히 반복해가는 이 태도가 왕성한 상상력에 불과한 것이었음은 논할 필요도 없다. 하니야는 옥중에서 칸트의 『순수이성비판』을 통해 자신의 관념의 힘 하나로 세계를 향한 주체적 사고법을 배우고 여기서부터 '자아의 오류 추리', '우주론의 이율배반', '최고 존재의 증명 불가능성'을 논증 이 상의 가혹한 의미를 가지고 읽어냈다고 하지만(『濠渠と風車』), 이들 전부 가 지금까지 논한 사정을 상징적으로 나타낸다고 생각한다. 하니야처럼 논리명제에서 주체적 의미를 철저하게 끌어내는 방식으로 칸트를 읽는 학 자는 일본에 한 사람도 없다. 하니야는 이 관념의 육체화觀念肉体化 방법을 기동시키기 위해 그의 활동 영역을 '문학'으로 한정하였다. 그는 자신의 방 법에서 적당한 분야가 발생한다면, 언제라도 '문학자'를 그만두겠다고 말 한다(위의 책). 그 결과 단순한 일상세계에서 감정의 흐름으로부터 실감을 끌어내는 방법이 아니라 기성의 논리에 따라 기성의 법칙을 해석해 가는 것으로, 비논리적 일상을 초월한다는 의미의 추상 조작이 아닌 일본에서 새로운 추상 작용의 조작 방법을 개척했다. 상상 실험으로 만들어낸 관념 을 육체화하고 감각에까지 이르도록 하는 방법이다.

그들은 위와 같이 죄와 모순을 자신의 세계로 향하게 하는 점에서 일 본에서 종교정신의 개척자기도 하다. 그들은 구원을 비종교적인 것으로 파악하여 종교적인 천황제 사회의 도덕 속에서 발견하지 않았기 때문에 현 세 초월적 구원, 즉 내면적 구원을 발견했다. 시이나는 죽음과 그리스도교 에, 하니야는 동양적 초월자의 이미지에서 그것을 구했다. 농본주의자가 반성=사죄의 공시公示에 의해 외부세계에서 구원을 구한 것과 비교해 보 면 그 의미를 알 수 있다. 따라서 많은 설명이 필요 없지만, 예를 들어 시이 나의 기독교는 일본 기독교 신자의 대부분과 철저하게 다르다. 시이나는 다른 것과 동일하게 예수에 대해서도 끊임없이 회의를 던지지만, 일본의 기독교 신자들 대부분은 일본 사회의 도덕에서처럼 예수를 의심하지 않는 다. 바꿔 말하면 시이나는 자신의 필요에 의해 스스로 발견했기 때문에 특 수하게 기독교인이 되었고 구원의 이유를 항상 재발견 하려고 했지만, 일

본 기독교 신자의 대부분은 꼭 예수가 아니라도 좋았던 것이다. 그러나 그렇기 때문에 시이나는 구원에서조차 근본적인 회의주의에서 구원되지 않는 일면을 지닌다. 순간에 구원되고 다음 순간에 구원된 것을 의심한다(『私の聖書物語』 참조). 여기서 그는 한편에서 죽음을 안정과 지속성을 가진 "가능의 세계"로 계속 탐구한다. 그에게 신은 "죽음에서만 나타나는" 것이다(『深尾正治の手記』 등). 이것이야말로 완전하고 유일한 비전향의 세계다. 이 시이나의 사상 속에 공산당의 검토가 필요 없을 모범적인 비전향자의 사상에 대한 굉장히 암묵적인 비판이 포함되어있지는 않은가. 공산당에게는 미야모토 겐지宮本顕治처럼 혼자서 조서조차 꾸미지 못하게 했다는 점에서 거의 완전에 가까운 비전향자도 있지만, 그보다는 당연히 계획적 또는 우연적인 여러 가지 조건 조작—독서를 통해서 마르크스주의의 법칙성을 실증하고 자기 설득을 반복하는 방법, 가족과 주위의 친구와 같은 감옥 내 연락 상대를 격려해주는 유형의 인물을 곁에 두는 방법, 이인삼각으로 옥중생활을 보냄으로써 혼자서 동요하고 있을 때 다른 사람이 격려해 도와주는 것과 같은 신념·체력·감정의 강도를 파형곡선의 개인차에 주목해 복수의 조합으로 파탄을 막는 방법 등—으로 전향을 막아낸 비전향자가 많다. 그러나 전후 그러한 비전향의 조건에 대한 검토는 행해진 바가 없다. 이 조작을 행하면 비전향을 어느 정도까지 기술화 할 수 있기 때문에 이후 우리가 대규모로 비전향에 가까운 노선을 가는 것이 가능할지도 모른다. 그러한 조작을 행하지 않을 때는, 시이나 식으로 말하면, 비전향자는 모두 현실의 자신이 개인으로서 신이던가 아니면 죽음에 가까운 존재라고 생각하는 것이 된다. 여기에서 '현실'이라든가 '현세'라든가 '정치적 사회' 등의 의미는 알 수 없는 것이 된다. 운동 지도자로서 실격인 것은 아닌가. 전향의 죄를 짊어진 자가 이러한 비판

을 공공연히 행할 수 없다고 한다면, 은근한 비판의 그림자를 많은 장소에서 찾아내는 것이 비전향 공산주의자의 과제라고 나는 생각한다.

하니야로 돌아가자. 그가 전향하면서 일본적 세계관에 복귀·몰입하지 않고 멈춰선 에너지는 무엇인가. 시이나에게 그것은 떠도는 대중의 감각으로부터 정수를 짜내는 데에서 발생한 것처럼 보인다. 천황제의 계층사회에서는 태어난 땅에서 착실하게 일하는 경우나 하나의 경영조직에 지속적으로 근무하는 경우라도, 어떠한 면에서 쉽게 지배체제에 포섭되는 경향이 강했기 때문에 마르크스주의의 정치적 이데올로기(또는 아나키즘)를 빼고서는 더욱더 반체제 정신을 가진 인민은 부랑자이기를 자처한=전직轉職한 전업자專業者에 한정되었다. 그 경우에는 천민정신이 없어진다. 시이나는 자신의 성년사 속에서 부랑자적 감각을 짜냄으로써 사상적으로 이러한 '인민'이 된 것은 아닐까(『自由の彼方で』참조). 그렇다면 일본의 질서도덕에 편입되어 들어가는 것은 불가능하다. 이러한 삶의 방식에 대한 원료가 되는 부랑=전직전업轉職專業 상태는 1930년대에 도시 노동자 출신의 전향자에게 꽤 일반화되었다고 생각한다. 물론 그들은 스스로 그 상태를 선택했다기 보다는 전향자의 허무주의와 최저 생활의 길을 열어갈 필요가 혼합되어 부랑하게 된 경우가 많다. 예를 들면 노다 리쓰타野田律太가 1934년에 행한 오사카大阪시의 3·15 관계자의 출옥 후 생활에 대한 보고에서도 그러한 상황이 어느 정도 엿보인다(「共産党出獄者の行衞」, 『改造』1934년 8월호). 이 부랑浮浪허무주의는 지식인의 천황제적 허무·자유주의와 달리 사회에서의 탈락자脫籍者이기 때문에 현실의 어느 경우에는 '대일본 충효단'이라고 하는 야쿠자가 경영하는 우익적인 '구제사업단체'로 흘러들어간 자도 있지만(野田, 앞의 논문), 동시에 시이나처럼 사상적으로 활용하는 것도 가능하고 또한 혹 당시 예를 들면 세틀먼트운동隣保事業, settlement, 불우이웃돕기 속에서 5년, 10년 단위의 장래에 대해서 상당히 확실한 예측을 행하고 더욱이 그것을 상징적으로 표현할 수 있는 예언자가 지도자로서 탈바꿈되었다면, 이 상황 에너지를 상당히 자유로운 방향으로 짜 맞추는 것이 가능하지 않았을까.

하니야의 경우 관학을 피해 혼자서 배운 삶의 방식, 아나키스트로서 레닌의 『국가와 혁명』을 혼자서 몇 년에 걸쳐서 단어 하나 구절 하나마다 토론을 하고 자신의 패배를 확인한 뒤 공산주의운동에 참가한 행동원리 등에서 나타나는 것처럼, 제도에 전혀 의존하지 않고 더구나 타인을 모욕하지 않는 형태로 자신의 관념력観念力의 시행착오를 행하는 것을 생활이라고 생각하는 사상적 습관이 그의 중심에 있었다. 때문에 운동에서도 자기중심으로 돌아오는 것이 여러 가지 의미에서 현실 제도에 몰입하지 않는, 이전과 다른 차원의 아나키즘을 다시 획득할 수 있었다고 생각한다. 그는 일본에서 이례적인 '전신全身 지식인'이다.

이상의 요약만 봐도 그들의 사상은 단순한 실존주의로써 단정 짓기에는 그 의미를 잘 알 수 없다. 일본에서 관념론사, 회의주의사, 종교정신사 상에서 볼 때 하나의 분기점을 이루고, 영구혁명론, 내면 대화(사색의 구조), 따라서 변증법, 방법적 추상 등 오늘날 우리가 토의해야 할 많은 문제에 대해 그들의 사상은 각각 하나씩의 좌표축을 부여한다.

'쇼와'의 혁명운동의 경험을 창조적으로 전화시켜 온 일본인은 적지만, 예를 들어 가족애의 절대화를 축으로 한 전향을 보고 자신의 가족구성을 비개인적인 것으로 바꾸는 무리함을 의식적으로 행하여 일상생활의 장에서 혁명정신을 배양하는 길을 발견한 하나다 기요테루花田清輝—일본에서 사상적으로는 수사학적 의미의 개척자—와 같은 인물과는 대조적인 사상유형을 나타내면서 그들은 또한 소수의 창조적 정신의 중심을 이룬다.

보론. 어느 마르크스주의 학자, 가와카미 하지메

(1) 문제의식

빈델반트Wilhelm Windelband는 근대정신이 최초로 생성된 것은 이중진리설의 성립에 있다고 논하였다. 이중진리설이란 중세 가톨릭세계의 내부에서 과학적 진리를 믿게 된 자가 파문이 두려워 그것을 일원적으로 주장하지 않고, 종교적으로는 교회의 학설을 진리라고 인정하지만 이와 독립되게 과학상의 명제를 부분적으로 진리라고 주장하는 사고방식을 가리키는 이 학설은, 타협의 태도에서 발생했기 때문에 역으로 가장 근대적인 정신을 만드는 기초가 되었다. 근대정신이란 신앙과 과학의 상호 독립적 이원론이라 생각하는 것도 가능하기 때문이다.

그런데 가와카미 하지메河上肇는 옥중 전향을 통해 일본 사상의 이중진리설을 만들어냈다는 점에서 독자적이다. 가와카미 하지메의 전향 과정은 일본인이 자신을 부정하고 완전히 서구화하려는 과정을 거치지 않고서도, 일본인의 육체적 사상 중의 한 부분을 살리면서 특정한 방식으로 그것을 분리시킴으로써, 과학적 사고와 신앙적 진리를 상호 독립적으로 양립시키는 이원론에 도달 가능한 하나의 과정을 보여준 것이다. 이런 의미에서 가와카미의 사상사를 조사해보면, 전위당계의 지식인처럼 그 시대 시대마다 '마르크스주의의 조국'을 모델로 해서 그 형태에 자기 자신을 맞추려는 태도와 다르고, 또한 근대주의 지식인이 순수 인식적이고 전략 결정적으로 서구와 일본의 유형적 차이를 분명히 하는 것에 그치는 것과 다르게 일본인의 사상적 탐구의 내용을 살리면서도 깊은 수준에서 근대화하는 태도를 배울 수 있다. 따라서 '마르크스주의의 조국' 혹은 '서구'에서 '일본'으로 돌아오는 형태의 급선회형 전향의 가능성을 줄일 수도 있다.

지금부터 논할 가와카미 하지메론은 이 시점에 관한 범위로 한정된다.

(2) 전향과 비전향

적어도 자신의 눈앞에 진리로서 나타난 것, 그것이 어떠한 것이라 하더라도 전혀 주저하지 않고 언제라도 즉시 그것을 받아들이고 이미 그것을 받아들인 이상 어디까지나 물고 늘어져 수긍될 때까지 하나 둘 파헤쳐 나가면서 여전히 그것이 진리라고 생각되는 한도 내에서는 …… 무조건적으로 또한 절대적이고 철저하게 한결같이 그것에 복종하고 따라가는 …… 최고의(無上) 명령에 응소하는 기분으로 목숨을 건 비약을 이루는 것을 굳이 그만두지 않지만, 그러나 이러한 마음가짐으로 몰두하다가도 진리라고 생각하고 몰두한 상대가 그렇지 않았다는 것을 확인하게 되면 그 순간 일체의 진행 상태에 구애받지 않고 단호하고도 즉각적으로 그것을 버린다. 이것이 내 인격의 본질이다(『自叙伝』II, pp.68~69).

이 구절은 가와카미 하지메의 사상적 생애의 형식적 특징을 부각시켜 보여준다. 구체적인 예를 살펴보자.

[예증1] 무아애운동에 대한 참가와 배척
그는 젊어서 성서를 읽고 얻은 "오른쪽 뺨을 맞거든 왼쪽 뺨도 내밀라"는 자기부정의 '도덕'적 등가물을 곧바로 이토 쇼신伊藤誠信의 '무아애無我愛운동' 속에서 발견하고 그 운동 속에야말로 진리=길이 있다고 여겨 몰입했다 (1905년). 그러나 깊이 들어가 살펴본 무아애운동의 사상이란 인간의 행위는 본래 아미타阿彌陀에 의해 결정되기 때문에 그 속에는 부정적인 것은 없지만, 그럼에도 불구하고 이 세상에 악이 존재하는 것은 인간의 아집으로 부처의 예정을 거스르기 때문에, 아집을 버리기만 한다면 무엇을 하든지 전부

선이다, 연애는 어떤 제한도 없이 극단적인 자유여도 좋다고 생각하는 사상이었다. 즉, 욕망자연주의의 원리를 적극적으로 추진하려고 한 것이었다. 이것은 가와카미의 금욕적 도덕에 역행하는 것이다. 가와카미는 반년 후 무아애주의를 더없는 '사교邪教'로 탄핵하고 그 운동에서 떠났다.

[예증2] 노농당에의 참가와 그에 대한 공격
1928년 가와카미는 대학을 그만두고 오야마 이쿠오大山郁夫의 노농당勞農党에 가입했지만, 그 즈음 합법 무산정당을 만드는 것은 오류고 전력을 다해 대중을 전위에 결집시켜야만 한다는 논의가 마르크스주의자들 사이에서 빈번했다.

이에 대해서 가와카미는 전위당으로의 통합은 불가피한 목표이고 강의 흐름이 결국은 바다로 모여야 하는 것이지만, 도중의 지형 변화에 따라서 한번은 호수나 연못에 모이기도 하듯이 현재 정치사회의 지형으로 볼 때 중간 조직체가 필요하다는 대단히 정확한 사실성을 띠는 설명을 하고 노농당에 가입했다. 그러나 1년 후에 그는 일체의 합법 무산정당을 철저하게 분쇄하여 전위당에 결집하자고 절규하며 노농당과 결별했다.

물론 위의 두 가지 예에 그치지 않고 그는 교우관계에서도 동일한 과정을 거친 경우가 많다.

가와카미는 과도한 진지함을 가진 전력주의의 삶의 방식과 더구나 그 전인격적 에너지의 투입이 '눈앞의 진리'에 행해진 결과, 상황의 변화에 따라 급진적인 방향 전환을 하지 않으면 안 되었다. 또한 능숙하지 못하고 '둔한' 그는 미세한 상황 변화에 편승하는 것이 불가능하므로 확실히 진리라고 판단하기 전까지는 그때까지 믿고 있던 진리에서 결코 멀어지지 않는다. 또한 국가권력과 사회적 동화작용의 힘에 의해 강요되는 문제와 삶의

방식이 진리·올바른 '길'이라고 승인되지 않는 이상 즉각적인 반응을 일으키지 않는다. 따라서 가와카미는 넓은 의미에서의 전향 능력을 가졌지만 소위 '악질'적 전향 능력은 가지지 못했다. 그의 사상은 비전향성과는 완전히 반대되며 단순한 전향성과도 다르다. 이러한 점에서 가와카미는 현재 일본의 많은 지식인과 거리가 있다. 우리는 일회의 사상적인 원시적 축적을 원천으로 해서 일생의 지적 경영을 행하는 것이 보통이다. 거의 30살 전후까지의 학습에 의거하여 그 이후는 틈새를 수리하는 정도일 뿐 토대 그 자체의 재건은 행하지 않는다. 제구실을 하는 지식인이 한 번 더 '견습'에서 '거듭나는ゃり直す' 것은 불가능하다고 생각한다. 그러나 가와카미 하지메와 같은 몇 번이나 '거듭나기'를 시도하는 집요함을 가지지 않은 자가 전향 일반을 폄하할 때는, 그 논의의 바탕에 내면적 긴장이 조금도 포함되어 있지 않기 때문에 비전향의 정당성 자체가 오히려 상실되고 만다. 능력에서나 욕구에서도 전향의 가능성을 가지고 있으면서, 특정한 상황 아래서 전향이 바람직하지 않다고 판단한 경우 일부러 자신의 전향 가능성 즉, 신념 전화와 상황 적합適合의 가능성을 스스로 잘라버리는 곳에 비전향의 사상적 가치가 있기 때문이다.

다만 가와카미의 전향 능력은, 모든 상황을 초월한 독립자존의 정신을 지님으로써 자유로운 조망이 생겨나고 거기에서 가능성이 열리는 식의 상황적합 능력은 아니다. 그의 전향 능력은 비교적 장기의 '파장'을 지닌 상황에 매몰함으로써 비롯된 것이었다. 그리고 이 점을 파악하면, 가와카미의 사상상, 행동양식상의 여러 가지 특징도 잘 이해할 수 있다. 즉 그 점이 가와카미를 이해하기 위한 하나의 핵심이기도 하다. 이 점에 대한 예증으로서 조금 돌아가는 길이기는 하지만, 가와카미와 정반대의 사상가인 후쿠자와 유키치의 자서전을 가와카미의 자서전과 간단하게 비교해 보겠다.

[예증] 가와카미의 『자서전自敍傳』이 『후쿠자와 유키치 자서전福翁自傳』과 결정적으로 다른 점은 먼저 해학의 유무다. 가와카미는 타인에 대한 일상생활상의 작은 위화감에 강하게 집착한다. 보통사람이라면 웃어넘길 만한 것에 대해서도 그러하다. '자유롭지 못한 시대도 아닌'데 가와카미는 집을 지키기 위해 수평사에서 파견되어 온 서생이 빵에 버터를 두껍게 바르는 것을 싫어하거나, 그가 1년에 걸쳐 쓴 강의안 「경제학 대강」을 3, 4일 만에 전부 읽고 다른 책을 빌려달라고 부탁하는 것에 대해 소설책 읽듯 해서 내용을 이해하지 못했을 것이고, 자신이 내용을 모른다는 사실 자체도 모를 것이라고 생각해 싫은 눈치를 주기도 했다(II권). 『후쿠자와 유키치 자서전』은 그와 정반대다. 후쿠자와의 우수함을 질투하여 그를 유학지 나가사키長崎에서 돌려보내려고 한 가신家老의 자식에 대해서조차 후쿠자와는 속은 듯한 얼굴을 하고 역으로 유쾌한 속임수를 발휘하여 복수하지만, 그 사실 경과와 경과의 서술이 모두 유머러스하다. 그의 자전은 여러 곳에 웃음이 넘쳐 어떤 경우에는 다소 사람에 대한 악의意地惡를 너무 즐기는 것 아닌가 싶을 정도다. 후쿠자와는 가와카미와 반대로 보통사람이라면 심각하게 고뇌할 듯한 사건과 맞닥뜨려도 잠시 뒤에는 태연히 벙글벙글 웃으면서 사건 그 자체를 조정하여 일의 결과를 자신의 정신상 유리한 방향으로 바꾸어버린다. 즉 상황에 말려들지 않고 오히려 초월해서 상황 그 자체의 일부분을 자신이 조작하고 좌절을 정복하는 것이다. 그에 대해 가와카미는 작은 위화감을 오랫동안 잊지 않음으로써 역사의 한 순간 한 순간이 그에게 제공해주는 교훈을 축적한다.

그 밖에 『자서전自敍傳』과 『자전自傳』 사이의 차이는 전부 해학의 유무와 관련이 있다. 가와카미는 특정의 인간관계 속에서 발생한 사랑과 증오를 반복해서 이야기한다. 그 '푸념'은 『후쿠자와 유키치 자서전』에서의 유쾌한 템포와 비교할 때 특히 두드러진다. 『자서전』은 완전히 사소설私小說 스타일이고 방법적으로 짜여있지 않은 반면, 『자전』은 서술적이고 그 서술은 방법적이다. 따라서 후쿠자와에게는 간략화하는 능력이 있고 가와카미에게는 그러한 능력이 부족하다고 할 수 있다. 이러한 특징은 자신과 자신을 둘러싼 상황에서 초월한 눈을 가졌는가 아닌가의 능력에서 발생한다. 가와카미는 자신의 진퇴를 어떠한 작은 것이라도 가족과 친구에게 상의하고 그들의 의견에 강하게 이끌리는 데 반해, 후쿠자와는 사적인 것을 타인에게 이야기하지 않는다. 얽매이는 입장과 자유로운 입장의 전형인 것이다.

후쿠자와처럼 상황 변화를 선취하는 입장이 아니라 상황의 뒤편에서 그것을 소화하는 삶의 방식은 예측과 계획성이 결여된다. 따라서 상황의 역사적 변화와 지리적 다양성, 그것에 대한 자신의 방향 전환 능력을 모두 포함해서 그것들을 짜 맞추려는 통일적 세계상을 향한 개방적 태도는 만들기 어렵다. 이성적인 비전향 사상의 구조는 아마도 이와 같은 통일된 세계상으로의 개방적 태도를 획득함으로써 한편으로 상황 적합력適合力을 갖추고 다른 한편으로는 부동의 방향성을 갖출 수 있는 것이고, 따라서 전향 능력과 비전향성이 역동적인 긴장관계를 가지고 결합되어져 있을 것이다. 후쿠자와의 사상이 이러한 이상적 구조에 좀 더 가까운 것에 반해, 가와카미의 사상은 이와 꽤 멀리 떨어져 있는 것이 분명하다.

그럼에도 불구하고 가와카미가 투옥되고서도 마르크스주의를 버리지 않았던 것은 왜일까. 그 이유는 다음과 같이 생각할 수 있다. 역사를 먹고 그것을 소화시켜가는 유형의 인물은 사물의 가치를 주로 그것이 자신의 삶에서 지나온 역사적 시간의 장단에 따라 결정하려고 한다. 여기서 "30년의 세월을 지나온 나의 학문상의 신념이 겨우 반년의 옥중 생활로 벌써부터 동요를 시작한다는 것은 있을 수 없다"는 것이다(転向声明書, 「獄中独語」).

게다가 두 번째로 이 문장에 특히 '신념'을 언급한 것에서 알 수 있듯이 가와카미는 자신의 신앙만큼은 외부현상의 작은 상황에서 초월시키려고 한다. 즉 종교적 추상능력을 가지고 있었던 것이다. 이것은 물리적 권력의 강제에 대해 강한 저항성을 보증한다.

세 번째로 그의 학문관이 철저한 재료주의였기 때문에 재료가 없는 옥중에서 학문상의 진리를 움직이는 것은 불가능하다고 생각한 것이다.

과학적 진리에 충실한 탐구자는 무엇보다도 먼저 그 연구 대상의 주요 재료를 모두 전면적으로 파악할 것을 연구상 필수의 조건으로 요구하는 것이고, 이를 위해서야말로 학자는 하나의 결론을 내리기 위해서도 몽블랑의 봉우리보다 높게 재료를 쌓는다고 일컬어지는 것이다. 그러나 이러한 요구의 실현이 옥중에 갇힌 사람에게는 가능할 리 없었다. 따라서 형무소라는 곳은 대학 연구소가 아니기 때문에 이러한 장소에서 과학상의 진리가 새롭게 파악될 리가 없다. 따라서 또한 자신의 학문상의 연구 결과가 옥중에서 어떠한 수정을 받지 않고 끝난 것은 너무도 당연하다(『自叙伝』 IV, p.246. 문장 속에서 가와카미가 그의 「옥중췌어(獄中贅語)」에서 인용한 부분에 붙였던 괄호를 여기서는 생략했다).

또한,

'재료를 상세하게 점유'(마르크스 『자본론』에 나오는 말—후지타 주)하여 객관적 진리를 발견(발명이 아니다)하는 것이 과학적으로 올바른 방법이지만, 옥중에서는 그것과 반대로 단지 팔짱을 끼고 앉아 머릿속에서 사물을 생각해내는 것 외에는 없습니다. 자연스럽게 여기서는 진정한 학문은 불가능합니다. 만약 여기서 학문이 가능하다면, 대학의 도서관이나 연구실이나 실험실은 전부 불필요하겠죠. 이러한 이유로 나는 옥중에서는 학문을 중지할 수밖에 없습니다만, 그러나 긴 옥중 생활 중에 학문에 대해서 내가 뭔가를 말할지도 모릅니다. 나의 학문은

나 자신에게 '너는 앞으로 변질할 가능성을 가지고 있다'고 경고합니다. 그래서 나는 나 자신보다도 나의 학문을 더 강하게 신용합니다(獄中書簡集, 『遠くでかすかに鐘が鳴る』1933년경).

여기서도 '학문상의 신념'이 주체의 어떠한 변질까지도 넘어선 객관성을 지니는 것으로 파악된다. 이 점은 어떤 이론의 타당성을 전부 그 이론을 구성한 사람의 실천생활 양식에 귀속시키는 경향이 있는 일본의 유물론을 분명히 넘어선다. 이론의 객관적 가치를 인식하고 있기 때문이다. 이것은 비전향에 대한 가장 큰 사상적 보증이다. 그러나 가와카미에게 그의 학문이 그 자신을 넘어서는 가치를 가지는 까닭은 그것이 30년의 세월을 통해 '모든 재료'를 동시에 수집한 결과 생겨난 것이기 때문이다. 학문이 동요와 모순으로 가득찬 생에 대한 부동정합不動整合의 논리인 까닭은 아니다. 따라서 가와카미에게는 아르키메데스처럼 손가락 하나와 사유능력만 있으면 흙과 마룻바닥 위에 도식을 써가면서도 논리의 힘으로 부동의 진리에 근접할 수 있다는 식의 학문관은 생각하는 것조차 불가능하다. 학문은 도서관과 대학 이외에서는 가능할 리가 없는 것이다. 이것은 재료에 많이 접촉하는 것으로 노고를 쌓는 과정이 유일한 학문적 성장의 길이라는 사고방식이다. 여기에 일본의 기술자와 예능인의 집단 세계에 존재하는 고통의 윤리가 학문의 세계에 번역된 형태로 나타난다. 이러한 특징은 가와카미의 문장 여러 곳에서 발견할 수 있다. 한 예를 들어보자.

[예증] 가와카미는 1917년에 쓴 『자본론資本論』의 해설에서도 마르크스의 위대함을 노고와 연륜의 두께로 증명하려 한다.

위대한 사람은 모두 고생하고 죽는다. 틀림없이 그렇다고 나는 생각한다. 만약 그들 스스로 말하게 한다면, 더러 가장 행복했다고 할지 모르지만, 그러나 장본인이 아닌 대개 위대한 사람은 모두 굉장히 안타까운 사람들이다. 경제사학 사상 위대한 칼 마르크스도 역시 노고에 노고를 쌓은 뒤 죽었다. 세상의 가여운 사람 중 한 명이다. 그의 일생은 자본론 3권을 세상에 남기기 위한 일생이었다. 그것도 그가 살아생전에 내놓을 수 있었던 것은 겨우 1권뿐이었고 2, 3권은 완성하지 못한 채 그는 영면(永眠)했다. 자본론 3권은 실로 그가 심혈을 기울이기에 부족함이 없는 것이었다(「社会問題菅見」).

이상의 연기年期주의, 신념주의, 학문의 재료주의 등이 마르크스주의의 포기를 막아내는 데 큰 역할을 했지만, 이러한 사상적인 이유 외에도 가와카미가 마르크스주의를 버리지 않을 수 있었던 조건으로 실생활상의 여러 가지 직·간접적인 버팀목이 있었다. 과거 칙임관 교수였다는 경력이 천황제 사법 관료들의 조건반사적인 경의를 불러일으키는 사정제국대학 교수의 경우, 고등문관임용시험에 합격하여 고등관 1, 2등에 오른 칙임관 관료에 상당하는 예우를 했다 즉, 가와카미가 노인이고 게다가 '동양적 휴머니스트'(쓰루미 슌스케의 표현)로서의 길을 걸은 '학자다운' 인격자인 것이 구일본인의 경로주의와 학자 존경의 의식에 딱 맞게 일치하는 사정, 옥중의 가와카미가 아름다운 가족애에 의해 처자와 손자들의 지지를 받은 것이 일본의 국가 도덕적 측면에서 모범적이라고 받아들여진 사정 등이 복합된 결과, 옥중에서의 학대가 다른 공산주의자와 비교하면 훨씬 적었다. 그것은 악질 전향을 막는 소극적이지만 중요한 조건이 되었다.

이 경우 가와카미 집안의 가족주의는 일본 사회의 저변에서 농민의 저수입과 노동자의 저임금과의 '가계보충작용家計補充作用'(山田盛太郎, 『日本資本主義分析』)을 이루는 것, 즉 고바야시 모리토형型, 혹은 도시 빈민의 경우 등과는 다른 것임에 주의해야 한다. 후자의 경우 남자가 투옥되면 즉시 가족은 생계를 위협받는다. 그 위에 '빨갱이'라면 정·촌·부락·인근에서부터 공동체적 억압을 받을 수밖에 없었다. 여기서 이들 계층의 사람이 체포된 뒤에 사로잡히는 가족애는 유족과의 사이에 순수 애정의 상호교류가 아니라 오로지 가족이 받을 심각하고도 구체적인 괴로움에 대한 피투옥자의 사죄의식으로 맺어지기 때문에 전향을 촉진하는 경우는 있어도 그것을 방어하는 심정적 버팀목은 되지 못한다. 가와카미의 경우는 그 반대다. 권력의 물리적 압력은 더해지지만 지식인 동료와의 횡적 관계에서 동정은 받아도 압박받는 일은 없고 또한 가족과의 교류는 전향을 막는 힘이 되었다. 이러한 가족주의는 대부분 지방 '명문가'의 도련님으로 자란 사람이 경제적으로 보장된 상급 지식인이 된 경우에 성립한다. 이러한 유형의 사람에게 집이란 어릴 때부터 경제적 배려를 포함하는 것이 아니라 오로지 애정에 의해 이루어지는 것이라는 표상을 가지고 있다. 이 도련님 기질은 금전을 보다 저급한 것으로 여기는 무사武士 윤리에 의해 뒷받침된다. 가와카미의 집안은 보초防長, 지금의 야마가타(山形県) 지방의 재지 중간층에 속한다. 그의 아버지는 고초戸長, 지금의 조초(町長)·손초(村長)이었다. 일본의 전통적 윤리의 재생산은 이 계층에 가장 많이 의존한다.

그러나 이 사회층에서 자라난 많은 사람은 성장하면서 집안에 대한 어린 시절의 표상을 변경해야 했지만, 가와카미처럼 학자로서 생계를 꾸리는 데 성공하고 더욱이 좋은 아내를 얻어 가계에 대한 무관심이 허용된 경우, 집안 표상은 그대로 지속될 뿐 아니라 그 표상에 따라서 자신의 가족 공동체를 만들어가는 것이 가능하다. 여기에 모범 가족주의가 발생하는 것이다. 그리고 어떤 조건하에서 가족주의가 이러한 순수 심정공동체적인 것으로 바뀌면 비전향의 보조 수단으로 이바지하는 경우도 있다.

가와카미의 학문 생활, 운동 생활, 사상방위 투쟁 등을 일상의 수준에서 지지하는 힘이 애정 공동체로서의 모범가족 속에 있었다는 것은 가와카미의 생활 사상이 인격주의였음을 의미한다. 그에게 힘이 될 만한 환경은 친숙한 인간의 애정인 것이다. 그리고 가와카미가 이 인격주의를 자신의 사상적 개성으로 자각한 것은 옥중에 있을 때였다. 이것은 그의 학문관의 특징과 종교적 의식이 모두 옥중에서 개성으로서 자각된 것에 기인한다. 사람이 온 몸으로 적과 대결해야만 할 때, 그때 자신의 특수성을 측정할 수 있는 자야 말로 사상가의 이름에 걸맞다. 왜냐하면 철학적 사상이란 인간의 육체적 사상의 자기의식에 다름 아니기 때문이다. 그렇다고 한다면 가와카미는 옥중에서 사상가로서 자신을 확립했다고 할 수 있을 것이다. 그가 그 자각을 어떻게 행했는가 하는 점을 살펴보자.

인격주의와 인간관에 대해

옥중의 고문 과정에서 가와카미는 후지이藤井라는 재판장과 니시쿠보西久保라는 판사에게 호의를 받았다. 그는 이러한 개인적인 호의에 민감한 자신을 억압하지 않는다. 오히려 하나의 철학 명제로 완성시킨다.

> 판검사라고 하는 자들에게 공산주의자는 계급적으로 명확히 적에 속하는 사람들 아닌가. 그러한 직업에 종사하는 자가 어떻게 해서 당시의 나와 같은 자에 대해 호의를 가질 수 있었는가. 이를 해석하는 것을 두고 고마워하는 것에도 정도가 있다고 조소하겠지만, 실제로 일어나는 개개인의 일들은 실로 복잡 미묘하며 결코 단조로운 범주론으로 정리 할 수 있는 것은 아니다(『自叙伝』 Ⅲ, p.53).

여기서 가와카미는 마르크스주의 계급사회론의 전면적인 적용을 거부한다. '개개인의 것'과 '일반적 법칙'을 구별해서 '단조로운 범주론'에 대해 예외 현상을 존중하려고 한다. 마르크스주의는 계급과 직업, 인간의 애증을 동일화함으로써 그로인해 단순히 계급의 존재와 분화를 인식할 뿐인 사회과학에 그치지 않고, 적대계급에 대한 인간적 증오와 동료계급에 대한 인간적 애정을 환기시키는 행동적 이데올로기가 되는 것이다. 그렇기 때문에 또한 인간적 애정에 대해 그 자체가 독립적 영역을 가진 것으로 순수화하는 것을 허용하지 않는다. 이것은 가와카미의 생활에 반하는 것이다. 여기서 그는 이 점을 수정하고자 했다. 가와카미의 방침은 자신의 사회과학상의 진리를 지키기 위해 적대계급 중의 개별적이고 예외적인 인간의 애정을 동원하려고 했던 것이다. 이것은 물론 혁명적 태도는 아니다. 그러나 고바야시 모리토처럼 진리를 애정 속에서 해소해버리는 역전과 비교하면 후퇴 전술로서는 교묘한 것이 아닐까. 가와카미는 사상의 구조 속에서 원리의 수준을 상호 독립적으로 인정하고 그 위에서 양자의 상호작용의 길을 생각하려고 했다. 그는 더 이상 일원주의자가 아니었다. 생활의 인격주의는 이러한 형태로 철학화되었다.

종교의식의 철학화에 대해

앞에서 논한 것처럼 가와카미는 학문을 대학과 연구소와 같은 특별한 작업장에서 충분한 재료와 도구가 갖추어진 상태가 아니면 안 된다고 생각했다. 그로 인해 옥중에서 할 수 있는 사색은 어떤 종류의 것인가라는 의문을 가질 수 있는데, 그것은 앞서 과학적 진리와 구별된 인간의 심정 차원에 관한 것이 된다. 안신입명安身立命의 심리적 기술, 구원 등이 문제가 될 것이다. 여기서 가와카미가 일찍이 무아애운동 시절에 체험한 종교적 사고가 활용된다. 이것이라면 "현재 일본에서 행해지고 있는 마르크스주의자들의 반종교론을 비판하는 형태가 되어, 이른바 내부투쟁의 형세가 되기 때문에 조금은 그 취지가 마음에 들지도 모른다. 그러나 이 정도의 일이라면, 나는 자신의 학문적 양심을 굽히지 않고도 가능하므로" 일거양득이다. 단지 무턱대고 마르크스주의를 비판함으로써 '그 취지에' 비위를 맞추는 것이 아닌, 큰 시야에서 보면 분명히 일본 마르크스주의의 사상적 결함을 고쳐나가는 일이 되는 것이다. "아무리 잘못되었다 하더라도 사노 편에 가담할 생각이 없는" 자들의 후퇴전後退戰에서는 가장 적합한 전술이었음은 의심할 바 없다. 가와카미가 논하는 바를 들어보자.

요즘 젊은이들이 하는 반종교운동이라는 것은 어쨌든 한쪽으로 치우쳐서 소위 종교라는 것에 포함된 종교상의 내관적(內觀的) 진리―종교적 진리라고도 할 수 있는 것을 마르크스주의적으로 지양할 수 있는 입장에 서 있지 않다. 여기에 하나의 큰 결함이 있다. 원래 인간의 사상에는 그것이 어떠한 사상이든 절대적 오류라는 것은 있을 수 없다. 한 올의 실색이 파란색에서 보라색으로, 보라색에서 빨간색으로 점점 바뀌어가는 것을 그 일부만 보고 전체가 파란색이라든가 빨간색이라고 하기 때문에 잘못되어 가지만, 파랗다든가 빨갛다고 하는 이야기가 나오는 데는 일정한 근거가 있는 것이고, 따라서 그것은 일정한 한도 내에서 타당하다고 할 수 있다. 그것을 단지 무조건 파랗다고 하는 것은 큰 문제라든가 빨갛다고 하는 것은 근본적인 오류라고 하는 등 단숨에 매도해서는 결코 상대를 승복시킬 수 없다. 천동설의 오류를 타파하기 위해서는 지구가 태양의 주위를 돌고 있다고 주장하는 것만으로는 부족하고 왜 우리의 눈에는 실제와는 반대로 태양이 지구를 돌고 있는 것처럼 보이는가를 설명해야 한다. 천동설은 실제로 태양이 지구의 주위를 돌고 있는 것처럼 보인다는 인식상의 근거에서 발생했기 때문이다. 그것과 동일하게 대개 인간의 머릿속에서 발생한 사상은 무엇이든 어딘가 인식상의 근거가 있고 지반을 가진다. 레닌이 말한 것처럼 "좌익기회주의(坊主主義)는 의심할 여지없이 하나의 쓸모없는 꽃이다". 그러나 어떤 쓸모없는 꽃이라도 뿌리는 있다. "그것은 생생하고 많은 열매와 힘에 넘치는 객관적인 인간 인식이 살아 있는 나무에 피어난 하나의 쓸모없는 꽃이다". 지금까지의 반종교론에는 이러한 점에 대한 설명이 빠져있다.―종교에서는 과학과 달리 구년면벽(九年面壁) 참선이 그 본령이고 진리파악의 방법이다. 그것은 인간을 현실의 물질 세계―외부 세계에서 분리해서 그 내면세계에 침잠하는 것을 본래의 직분으로 한다. 과학적 연구라면 형무소와 같은 곳에서는 불가능 하지만 종교적인 사색이라면 형무소는 수도원 다음으로 적당한 장소라고 할 수 있을 것이다(『自叙伝』IV, p.30~31).

당시의 마르크스주의자들은 반종교 동맹을 만들어 세계적인 종교 박멸운동을 전개하고 있었다. 일본에서도 노동총동맹조차 1929년의 대회에서 '어용 종교 및 수양단의 박멸'을 결의했다. 물론 이러한 경향에는 사회적인 근거가 있었다. 농촌에서는 토착在地 지배층에 속하는 승려가 소작쟁의를 방해하는 역할을 담당했고, 전국적인 규모로 행해진 종교운동도 대략 '애산호법愛山護法'이라든가 '엄호법성嚴護法城'과 같은 형태로 교단 유지에 전념하고 있었다. 현실의 교단은 여러 종파를 통해서 일본의 지배체제와의 유착 혹은 타협에 의해 존재했다. 마르크스주의자가 반종교운동을 전개하는 것도 당연했다. 그러나 문제는 전개 방식에 있었다. 현존하는 종파의 정치사회에서의 역할을 부정하는 것과 종교 일반을 부정하는 것은 구별했어야 했는데, 그러한 절차는 채택되지 않았다. 그러나 현존하는 종교로부터 인간 일반 수준의 종교의식이 발생하는 문제를 구별하는 지점에서 가와카미의 논의가 생겨나는 것이다. 가와카미가 스스로 마르크스주의자이고자 하는 한, 위와 같은 일본의 현실적 종파 종교를 전적으로 인정하는 것은 불가능했고, 그런 전제하에서만 그는 종교적 진리의 존재 위치를 인간의 의식과정 속에서 부여하기 때문이다. 가와카미의 이러한 방침은 따라서 종교 자체까지도 순화하는 방향을 가지고 있었다. 종교적 진리를 파악하는 방법으로 '면벽참선 구년'이라는 것은 실로 상징적인 표현이다. 그것은 첫

번째로 일본의 교단종교가 일반적으로 다소간 지니는 현세이익주의에 철저하게 대립하고 인도 불교에서 달마의 내관적 방법을 주장하고 있음을 의미하기 때문이다. 이것은 가와카미에 의해 '의식의 자기의식'의 방법으로써 설명된다. 과학적 지식이 인식 대상과 인식 주체와의 분화 대립을 전제하고 있음에 반해 종교의식은 "주객의 대립을 초월하여 …… 의식작용을 직접적으로 의식주체의 위에 되돌리는 것, 즉 '회광반조回光返照'에 의해서만 파악"되는 것이다(『自叙伝』V, p.122~24). 두 개가 서로 대립하는 곳에서 발생한 것이 아니라는 의미에서 이것은 절대의 세계에 속하고, 따라서 궁극적으로는 특수한 정신체험에 의존하며, 그런 까닭에 또한 언어에 의한 전달은 불가능하다. 가와카미는 이것을 '마음의 눈心眼'으로만 지켜볼 수 있는 '말을 떠난離言 세계'라고 부른다(『遠くでかすかに鐘が鳴る』).

이 종교 이론은 꽤 높은 수준에 있다. 예를 들면 화이트 헤드Alfred North Whitehead가 종교는 '고독성'이고 '타他'에 대한 외부행위 이전의 그 자체를 위한 '내면세계'에 관한 '예藝'와 '이론'이라 생각한 것과 비교해서 정밀함과 체계성에서는 물론 문제가 되지 않을 만큼 뒤떨어지지만, 주장의 근본적인 점에서는 일치한다(cf. A.N. Whitehead, *Religion in the making*, 1926, p.15~17. 화이트 헤드의 강의는 종교의 다른 측면, 예를 들면 의식과 교의에 관련된 부분까지도 포함하고 있기 때문에 비교는 위의 부분에 한정된다). 그러나 또한 가와카미가 무아애 시절에 고뇌 끝에 순간적으로 얻은 구원 상태를 상기하여, 종교적 체험이란 '일종의 일시적 착각' 상태에 들어가는 것이라고 논한다(『自叙伝』V, p.124). 이는 젊은 기독교 신자로서의 아리시마 다케오有島武郎가 철저한 금욕생활 속에서 일순간 '황홀'경에 들어간 체험과 아마도 같은 것이고 종파 여하를 막론하고 그것은 베르그송의 소위 '신적인 취기'이자 동양의 신비주의가 자연의 외부로 도약할 때 자주 시험하는 '심리적이면서 생리적인 방법'임에 틀림없다. 그러한 의미에서 가와카미의 종교의식은 불교 서적을 잘 읽었다고 하기 이전에 근본적으로는 동양적이다.

그런데 앞의 긴 인용문에서 흥미 있는 것은 종교적 진리의 존재 근거를 설명하는 방식이 가와카미의 이해에 따른 마르크스주의 변증법이라는 점이다. '파란색'과 '빨간색'의 예 자체가 가와카미에 의해 자주 유물변증법의 해설에 사용된다(예를 들면 「マルクス主義の哲学的基礎」, 第二章). 그러나 이전에는 변증법에 대한 가와카미적 해설은 '유물론은 무신론과 긴밀하게不可分離 결합되어 있다'라는 명제의 일환으로 행해졌다. 신을 고정시키는 것은 동적 파악에 반하는 것이라 생각하고 있었는지도 모른다. 또한 존재증명이 불가능한 신을 믿는 것은 진리를 주관적으로 만드는 것이고, 그것은 진리를 객관적인 형태로만 인정하는 유물론에 반한다고 생각했는지도 모른다. 가와카미는 자서전을 통해 마르크스주의자가 된 당시의 판단이 지나치게 주관적이었던 자신의 경향을 끊어버리고 객관적 진리의 파악을 향해서 나아갈 수 있었고, 또한 진리 속으로 자신의 종교적 경향을 집어넣는 길을 폐쇄할 수도 있었다(『自叙伝』I, p.142~45)고 말하는 부분에서도 이상의 것을 살필 수 있다. 지금 옥중에서 가와카미는 역으로 종교적 진리의 존재를 변증법에 의해 설명한다. 청년시대의 '과학과 종교의 혼입'에서 과학주의 시대를 거쳐 이렇듯 '과학과 종교의 변증법적 통일'을 획득한 것이다. 설명 방법으로 마르크스적 변증법이 사용되었다는 것은 변증법에 의한 사색자로서 시야가 확대된 것이었다. 그 의미의 이론적 측면은 인간세계를 일정한 거리를 두고 그것과 서로 대립된 위치에서 관찰한다면 유물론은 어디까지나 타당성을 가지고 성립하고, 인간세계 속에 사는 자신의 내면세계에 관해서는 종교적 진리가 인정되는 영역이 있다는 것이다. 가

와카미는『자서전』속에서 그 점을 설명한다(Ⅴ, p.137~38). 그리고 "나는 …… 일정한 진리가 기성 종교의 중핵에-그것에 붙어 있는 여러 가지 잡다한 협잡물에 의해 열 겹 스무 겹으로 뒤덮여-존재하는 것을 주장하는 마르크스주의자로서의 나를 규정한다. 나는 이것이 사상방면에서 나의 특수성이라고 자부한다"고 논하고 있다.

자서전의 여러 곳에서 말하고 있듯이 타인이나 언어까지 그것들을 역할과 맥락에서 파악하지 않고 오로지 실체화해서 파악하는 것을 특징으로 하는 가와카미는 지금은 자신의 관찰각도를 원근에, 혹은 대소에, 또는 내외에 변화시켜 가면서 인식하게 되었다. '동양적' 종교와 '서양적' 과학의 통일적 파악이라는 형태로 가와카미는 단순한 학자가 아닌 전체적인 사상가가 된 것이다. 또한 이 사상 형식은 1915년의 「조국을 회고하며祖国を顧みて」에서의 형식을 더 큰 순환에서 재생산한 것이지만, 그러한 의미에서는 확대 재생산형 비전향 노선을 만들었다고도 할 수 있다. 그렇다 하더라도 '형무소를 수도원으로 이용'하려는 방침을 세운 것은 얼마나 강인한 구도정신인가. 온갖 외적 기회를 전부 내적인 탐구의 기회로 전화하려는 점에서 가와카미의 진면목을 발견할 수 있다. 다름 아닌 옥중에서 사상가로서의 자신을 확립할 수 있었던 것은 가장 기초적인 수준에서의 태도에 기인한 것이다.

일찍이 마르크스주의 학자로서의 가와카미의 저작은 "중학생에게까지 읽혀져 …… 사회과학 연구자에게는 …… 공유물"(『櫛田民藏全集』, 第二卷, 第二章, p.77)이라고 일컬어질 정도의 영향력을 가지고 있었지만 이상과 인식을 혼동함에 따라 사회과학의 과학적 독립성을 진척시키는 방향으로 기능하지는 못했다. 그의 저작은 초기의『가난 이야기貧乏物語』에 그치지 않고 도덕주의로 일관한다. 구시다 다미쿠라櫛田民藏가 "귀언마어鬼言魔語

가 없는 대신에 선화도화禪話道話가 책 속에 넘친다"(「河上敎授著, 『貧乏物語』を読む」, 全集 第一卷, p.285)라는 명언으로 비평한 대로다. 학설상으로는 그 도덕주의가 가난의 문제를 사회문제 즉, 인간관계의 양식으로 다루는 방법에 철저하지 못하게 하여 개인적 절약을 중시하게 되고, 또한 '가치인류희생설'이 된 것이다. 그렇기 때문에 일본의 마르크스주의 학문 자체는 가와카미의 이러한 경향을 비판하는 방향으로 성장한 것이다. 그래서 가와카미의 최고 제자였던 구시다 다미쿠라가 그 역할을 담당했다. 구시다의 가와카미 비판에 고무되어 가와카미는 다이쇼 중기 이후 마르크스 연구를 계속했지만, 오히려 구시다는 가와카미 비판을 통해서 일본의 마르크스주의를 학문으로서 확립했다. 즉 마르크스주의의 내부에 한정되는 것이기는 하지만, 인식의 독립가치를 확정하고 논리의 조건법적 사용을 철저히 하여, 이론 내적인 해석 방법을 확립하고 이론의 가설성을 분명히 했다(전집 1, 2권 참조). 그것은 가와카미가 전형적인 주관주의와 언어의 실체화 경향에 대항할 때 가장 발생하기 쉬웠다. 이렇게 해서 구시다, 구루마 사메조久留間鮫造 등의 그룹은 가설 이론의 세계에서 엄밀한 조건법을 사용해 해석하는 것으로 일본 사회의 추이를 초월한 전형적인 '학자'의 생활을 보내는 노선을 발견했다. 가와카미는 그 대극 노선에서 마지막으로 종교의 독립성을 이론적으로 쟁취함으로써 마지막 순간에 정치권력으로부터 사상을 지키고 학문의 독립성을 역설적으로 확보한 것이다.

이상 열거한 가와카미의 사상적 방위 축은 물론 마르크스주의가 아닌 것들뿐이다. 옥중에서 마르크스주의 외적인 계기에 의해 오히려 그가 마르크스주의 자체를 유지했던 것은 그의 전향성명에 분명히 나타난다.

「옥중독백獄中獨語」은 이 이질적인 두 가지 계기가 유기적으로 결합된 결과로 탄생한 아름다운 문장이 되었다. 나는 이것이 가와카미의 모든 문장 중에서 가장 감동을 불러일으키는 힘을 지니는 것이라고 생각한다. 여기에는 사노·나베야마·미타무라三田村·다카하시高橋 등의 많은 지도적 마르크스주의자의 전향처럼 마르크스주의 이론을 설명수단으로 사용해 공산주의의 포기를 합리화하려고 하는 것과 반대로, 가와카미는 마르크스주의가 공산주의운동의 이데올로기인 것, 따라서 자신의 현재 입장이 후퇴임을 확인한다. 여기서 전향성명은 우선 공산주의자로서 "스스로를 장사 지내는 조사弔辭"다. "계급투쟁의 장면에서 퇴거한 한 명의 노병廢兵"은 마르크스주의자로서는 "이제는 학문의 영역에서도 2, 3차적인 노작에 만족하는 것을 자신의 운명으로 마감해야 하는" 전향의 대가를 자진해서 짊어져야만 한다.

학문의 생명이 만약 인식가치만으로 완성되는 것이라면, 실천운동을 그만둔다고 죽는 것은 아니다. 그러나 가와카미에게 학문은 그렇지 않았다. 그리고 그가 그 정도로 집착한 자신의 학문적 가치를 이후 폐기할 것을 결의함으로써 "머리 숙여 동지 제군 앞에서 처벌을 기다린다"는 그의 강한 사죄의식이 처음으로 충분이 표현되었다. 이를 바탕으로 가와카미는 구체적으로 책임지는 방식을 생각한다. 사죄의식만으로는 조금도 책임지는 것이 되지 않기 때문이다. 그는 전향해서 "자유를 얻"고 "안일함을 탐한 죄의 일부를 속죄하"는 길을 자본론의 번역을 완성하는 데에서 찾았다. 그리고 이 결의를 행함으로써 전향성명서를 "스스로를 구원하는 주문呪文"으로 바꿀 수 있었다. 그 후 자본론 번역의 완성은 실현되지 않았지만 자서전의 완성은 실현되었다. 그 자서전의 특질은 이미 밝혔다. 그러나 죄를 죄로 받아들이면서 전향 후의 의무와 과제를 전향 전의 관련선상으로 설정한 태도는 우리에게 많은 교훈을 준다.

그래서 이 전향성명이라는 한 가지 사실로 가와카미의 계획성을 결여

한 사상변천사는 통합되고 연결되어 통일적 세계상을 갖게 된 것이다. "일본인 전체의 기본적 인성과 연결되는"(桑田武夫, 『フランス的ということ』) 그는 정치적 실천에서 물러서는 전향을 행하는 과정에서 두 개의 사상적 세계를 이원론적 형태로 만들어내고, 그 양자에 두 발을 디딤으로써 정적이지 않고 동적인 비전향 사상의 체계를 만들어낼 수 있었다.

2장 쇼와 15년의 전향 상황(1940)

1. 들어가며

"인간은 누구나 하나의 무한성이다. 어떠한 학문적 파악으로도 인간을 전체로서 다룰 수는 없다. 인간은 항상 그 스스로에 대해서 인식시킬 수 있는 범주의 것을 상회한다". 즉, "인간은 누구라도 파헤쳐질 수 없는 존재다". "파헤칠 수 없음은 학문적 인식에 대해서 인간을 감싸는 본래적인 베일이다. 인간의 자유는 그의 가장 결정적인 현실이지만, 학문적 경험 인식에는 어떠한 자유도 존재하지 않는다". 왜냐하면 "학문성이란 사람이 무엇을 알고 더욱이 무엇을 모르는가를 아는 것"이어서, "지식이 갖는 그때그때의 한계를 체득한 지식", 유한적일 뿐 아니라 유한성을 한시라도 잊지 않는 지식이 학문적 지식이기 때문이다. 그렇기 때문에 또한 "비학문적 지식이란 모든 것을 꿰뚫고 있는 듯한 모든 전체 지식인 것이다".

이는 1945년 나치 붕괴 후 독일에서 하이델베르크 대학이 '재생'되었을 때 신임 학장 야스퍼스Karl Theodor Jaspers가 한 말이다(*Rechenschaft und*

Ausblick, 1951). 모든 인간 경험의 인식자는 야스퍼스의 이 말을 명심해야 한다. 특히 현대 파시즘 시대사 속에서 가장 깊은 증오와 경멸과 수치와 절망과 낙담을, 그 반대인 가장 큰 영광과 신성과 존경을, 또한 그 과정에서 모든 인간에게 철의 의지와 다양한 감정과의 갈등을 낳는 사상적 문제 하나, 즉 고자이 요시시게古在由重가 '날카로운 의미'를 지닌다는 점으로 그 특징을 표현한 바 있는 '전향'을 그 경험자의 내면에까지 들어가 인식하려는 무모에 가까운 시도를 하려는 자에게, 이 야스퍼스의 말은 아마도 일체의 행위나 표정을 동반하지 않고 말 자체가 지닐 법한 극대의 강력한 규범력으로 다가온다. 인간 인식자가 우리의 인식 이전에 인식대상을 깊이 감싸고 있는 베일이 존재하고 있다는 인식을 우선 가지고 있어야 한다는 것, 그것은 지식의 세계에서 본래는 당연한 것에 지나지 않는다. 하지만 야스퍼스가 나치 정패征覇 12년 간의 경험 위에 서서 '모든 걸 꿰뚫고 있는 듯한 전체 지식'의 기풍이 독일 문화세계에 널리 퍼져 있다. 따라서 각 전문가, 정신과학자, 신학자, 법학자, 작가, 즉 문화의 한 영역에 종사하는 것에 지나지 않는 자가 이 '전체 지식'의 독점투쟁을 전개하고 "독선적인 '궁극의 입장'에 눌러앉아 있는 상황이, 나치의 정패를 허용한 하나의 조건이 된 것이다. 이렇게 각 정신분야가 독선적으로 흘러감에 따라 분자화 되어버린 '틈 사이'로 나치는 몰래 숨어들어온 것이다"라고 했을 때 이 당연한 원칙은 단순한 당연성으로 존재하는 것이 아니다. 역으로 이상한 상태가 당연시되고 있는 상황에서, 여전히 당연해야만 할 것만 태연하게 고수함으로써 당면한 상황에서 이상시異常視되는 것도 불사하는 것과 같은 원칙을 의미하는 것이다. 그렇다고 해서 이 원칙의 본래의 당연성이 특정한 사회 상황에서 통념으로 타당하다는 의미가 아니라, 언제 어디에서도 즉, 어떠한 상황에서도 보편타당하게 유지되어야만 한다는 의미에서의 당연성이다. 그러한

이유 때문에 이 당연한 원칙은 특정한 상황에 대해서는 자주 급진적인 저항을 나타내는 것이다.

　이러한 의미를 포함하고 있기 때문에, 이 원칙이 전향 사상사를 서술하려고 할 때 요구하는 규범성이란 결코 단순히 구체적이고 직접적인 휴머니즘일 수는 없다. '전체 지식'적 단정을 억눌러 유한적 인식의 자각을 가지고 나아가야 하는 것은 단지 대상이 된 전향 경험자에게 사회적, 심리적으로 폐를 끼쳐서는 안 된다는 이유 때문만은 아니다. 그러한 의미라면 오히려 더 이기적이라 할 수 있는 관점에서, 이 인식의 윤리라고 해야만 하는 것을 받아들이고 있는 측면이 강하다. 즉 우리의 인식방법 그 자체에서 우리의 비인간성화가 무의식중에 발생하고 비대해져 스스로 파쇼의 문화지배와 같은 문화과정의 조건이 되는 것에 대한 강한 경계심이 발동하는 것이다. 그러나 물론 이것은 정치적 반파쇼 진영 속에 존재하는 통념에 의해 전향 사상의 평가를 행하는 것을 의미하지는 않는다. 오히려 이 통념이 '전체 지식'적 발상에서 나올 경우에는 가능한 급진적으로 이에 저항하지 않으면 안 된다. 인식의 윤리는 윤리주의가 아니라 역으로 윤리주의가 초래하는 독선성에 대한 저항이어야 한다. 게다가 이 경우 '전체 지식'적 평가에 대한 저항이 반대의, 혹은 다른 종류의 '전체 지식'적 평가에 의해 행해졌다고 한다면 우리의 전향 연구는 그 의도와 목적을 거의 상실하고 마는 것이 된다. 야스퍼스의 논의가 강한 규범력을 가지고 압박해오는 이유는 바로 여기 있다. '구체적 휴머니즘'도, '이기주의'도 실은 규정적인 이유는 아닌 것이다. 게다가 또한 유난히 착잡했던 익찬翼贊시대의 전향 상황을 하나의 구성상像으로 서술해야 하는 처지에 놓였을 때 위와 같은 원칙은 근본적인 의미를 가지고 다가온다. 전향의 기준 자체가 혼란을 드러내고 '공산주의'에서뿐만 아니라 '자유주의'에서도 '일본주의'에서도 전향이 요구되며, '자유주의'

라는 것도 요컨대 요구된 입장에 정확히 일치하지 않는 경우에 '자유주의'
로 불렸을 뿐이다. 이는 부정적인 규정에 지나지 않기 때문에 시대의 요구
가 바뀌면 다시 그 요구를 하는 사람이 어떤 사람인가에 따라 전향을 강요
하는, '악한 입장'이라는 것의 정의 또한 변한다. 그 위에 거의 모든 자료는
단편적이고 그것도 수많은 단편으로 여러 방면에 산재하여 그것들이 전부
그 시기와 장소의 다양하고 구체적인 배려에 의해 기술되고 있다.

　이런 종류의 개별적 배려가 미세한 상황 차이에 의해 완전히 반대 방
향을 향해서 이루어지는 것과, 일상에서는 눈에 띄지 않을 극히 작은 개성
적 심리경향에 의해 크게 작용하는 것이 종종 일어난다고 해서 개별적 배
려에 대해 일일이 세세한 분석과 비판을 행하고 그 비판 위에 계통적 사상
과정을 거듭 판단하는 일은, 방법론적으로는 가능하겠지만 실질적인 과정
에서는 절망적인 과제다. 물론 나는 일반적으로도 방법과 창작 과정과의
동떨어진 관계를 원리적으로 받아들인다. 창작 과정이 행동 과정인 것이
다. 즉, 여기에는 창작자의 방법 이론에서 연속적으로 묘사할 수 없는 비약
의 계기가 들어갈 수밖에 없는 것이고, 따라서 주체적 결단의 계기가 요구
되는데, 그런 까닭에 그 경우에 한해서 주체적 '행동'인 것이다. 종종 작품
이 사회적으로 영향력을 행사하기 때문에 '쓰는 것'을 행동이라고 말하지
만, 그러한 것은 단순히 작품이 창작자의 사회적 행동의 일부분을 이룬다
는 것을 의미하는 데 지나지 않는 논의다. 창작자도 '사람'이기에 각각의 장
소에서 다양한 사회적 행동을 한다. 그 다양한 행동 중 하나가 창작인 셈이
다. 그렇다면 사회적 영향을 갖지 않도록 즉, 읽히지 않도록 혹은 보이지 않
도록 한다면, 단지 그러한 조작만으로 창작은 행동이 아닌 것이 되고 마는
것은 아닌가. 창작이 예술작품이든 학문이든 창작(작품 만들기)으로서의
행동임은 주체적 결단의 계기를 그 과정 속에 포함하기 때문이다.

따라서 방법론과 창작 과정의 동떨어진 관계란 작자의 주체적인 결단에 의해 서로 매개되는 것이 가능한 관계를 말한다. 즉 하나의 결단이 투입됨으로써 창작 작품이 완성되었다면 그 속에서 방법을 읽어낼 수 있고, 역으로 방법적 틀에서 그것의 형상화로 태어난 실제 작품이 대충은 짐작이 간다는 관계가 성립해야 비로소 동떨어진 관계가 강하게 의식되고 문제로서의 첨예함을 가지게 되는 것이다. 양쪽의 대응이 처음부터 존재하지 않을 경우 어떠한 도약을 해야 서로 교통할 수 있겠는가. 상호 교통은커녕 방법론 그 자체가 애매해 질 수밖에 없을 것이다. 방법적 틀은 어느 정도 창작 과정의 진행에 따라 비로소 발생하기 때문이다. 지반이 약해 불안정한 벼랑밖에 없고 거기에 대응하는 다른 벼랑이 존재하지 않는 경우에는, 도약은 무너지는 듯한 추락에 지나지 않는다. 즉, 자살이고 작품 실패다. 이것은 창작에서의 도조東条 이데올로기의 표현 형태고, 그것을 무자각적으로 안이하게 감행하는 정신에는 야스퍼스가 말한 '모든 것을 꿰뚫고 있는 듯한 전체 지식'이 깃들어 있는 것이다. 실재하지 않는 건너편 벼랑이 망상 속에서 완전히 명료한 형태로 주어질 뿐만 아니라 계곡 그 자체가 종종 평탄한 지평으로 변하고 지식의 불완전성에 대한 자각 자체가 사라져 태연히 자살 계곡으로 한발을 내디디는 것이다. 방법적 이론 모델에서 창작에 동반되는 대부분의 작은 판단, 중간 판단, 큰 판단이 연속적으로 발생한다고 생각하는 일종의 전체 지식이 여기서 성립한다.

내가 지금 작자로서 서 있는 지점은 이러한 대응점을 아직 발견하지 못한 느슨한 방법의 물가다. 이론적 모델만을 논하는 것이고 한 인간에 대한 그의 사상적 경로를 거슬러 올라가는 것이라면, 그리고 그것이 이 착잡한 상황을 반영하여 복잡하게 얽히더라도, 아직 얼마간은 나의 무능력에 추적의 여지를 제공해줄지도 모른다. 하지만 그 복잡한 개별적 경로들이 거의 우발적으로 복잡한 여러 관계를 연결 맺는, '복잡의 복잡'으로 구성된 상황을 앞에 두고서는, 그것을 像으로 묶어야 하는 과제를 과제로서 손에 늘어뜨린 채 그저 우두커니 서 있을 수밖에 없다. 태평양 전쟁의 경험으로 봐서 자살적 결단을 가장 강하게 경계하고자 하는 자에게 해야 할 무엇이 있는 것일까. 像의 구성 그 자체를 단념하든지, 아니면 긴요한 점을 철저하게 가설로써, 즉 필요 이상의 회의를 나 자신에게 맞춰서 서술하든지, 거의 두 가지의 해결책 밖에 없는 것 같다. 그러나 어느 쪽을 선택할 것인가는 지금도 결정할 수 없다. 현재 위치가 지반이 약한 방법의 절벽인 까닭이다. 어쩌면 더듬거리는 발걸음 속에 그 양자를 섞어가면서 나아가는 방법 밖에 없을 것 같다.

일찍이 분트Wihelm Wundt와 리케르트Heinrich Rickert가 정당하게 인정했듯이 철저한 불가지론不可知論은 인식론의 중요한 추진력이었지만, 경험과학에서는 반대로 일정 정도의 '단정'이 오히려 인식을 추진했다. 근거 있는 '단정'을 기대하고 비로소 그 주위에 유동적인 소재가 모여 경험적 인식이 성립하는 것이다. 나의 당면 과제에 대한 '인식론적 불가지론'이 그대로 이어져, 경험적 인식에서의 불임으로 떨어지지 않기를 바란다.

추가 보론

야스퍼스는 '대학의 재생Erneuerung der Universität'이라는 상징적 주제의 강연 중에 이러한 주장을 했다. 그는 이 강연에서 대학의 두 기둥으로 '학문성과 인간성'을 들고 양자를 '서로가 서로를 필요로 하는' 것으로 깊이 관련지우고 있다. 내 생각에 이 관련은, 본문에서 논한 바로도 추정할 수 있겠는데, 학문적 지식이 자신의 유한성을 자각할 수 있는 것은 다시 말해 애초부터 지식이 학문적 일 수 있는 것은 인식의 대상인 인간의 '파헤칠 수 없는 불가능성'을 믿기 때문이고, 역으로 또한 인식능력의 유한성을 자각함으로써 인간성의 '무한성'이 비로소 강하게 의식된다는 관계인 것이다. 여기서 유의해두고 싶은 것은 우선 그가 인간성과 '밀접하게 결합되어 있는' 이러한 지식을 '학문'이라 부르지 않고 '학문성'이라고 부르는 점이다. 뛰어난 학술 논문과 학문상의 기술은 조금도 비인간적인 것과 모순되지 않는다. 그것이 나치즘 아래에서도 '학문'이 존재할 수 있었던 까닭이다. 더욱더 파고들어 말하자면 학자는 존재할 수 있었던 것이다. 따라서 그가 일부러 추상성을 표시하는 '성'lichkeit, ~적인 성질이라는 단어를 덧붙여 부른 학문을 만드는 정신인데, 그것은 대개 인간에게 추상적인 의미를 불러일으키는 것인 한 '신학'이든 문학이든 아마도 그 범위에 들어오는 성질의 것이다. 일본의 학자가 학문적인 것을 존중하는 경우, 생산물로서의 학문적 측면을 의미하는 경향이 너무 강하고 유한적 자각정신을 의미하는 측면은 지나치게 약하다. 뿐만 아니라 생산물로서의 학문도 그것이 학문성의 구체적 상징으로 평가받는 것이 아니라 종종 학자의 세계('학계', 엄밀한 의미에서 학자 집단 學者界)에서의 입신출세의 계기로 실용적으로만 받아들여진다. 물론 그것만이 아니다. 그것만이라면 특별히 학계學者界에조차 들어갈 필요는 없다. 그러나 그러한 측면이 학문에 대한 관심과 혼연일치하고 더구나 그때그때 우위에 서는 것은 부정하기 어렵다고 본다. 한편 이러한 학계의 풍토에 심정적으로 반발하는 '반아카데미즘'은 그 심정 윤리적 결벽에 의해 학계뿐 아니라 그야말로 학문성 그 자체까지도 단호히 거절해 버리고 결국은 비인간적 파시즘에 동화되는 경우가 많았던 점은, 뒤에서도 논하겠지만 일본 현대사의 한 특징을 이룬다. 이러한 상황 속에서 그 속에 포함되면서도 그로부터 초월을 시도하려는 자에게는 야스퍼스의 '학문성'론이 간과할 수 없는 의미로 다가올 것이다.

이상의 것과 관련하여 두 번째로 유의하고 싶은 점은, 보편적 인간성과의 내재적인 상호제약성을 상실하고 '전체 지식'이고자 하여 제각각 분화하고 독선화한 전문 문화의 '틈'으로, 파시즘이 '잠입하여' 쐐기를 박은 후에 야만스러운 맹위를 떨쳤다는 그의 인식이다. 그 파시즘의 지배 과정은 그야말로 정치 세계에서 파시즘의 정패征覇 과정과 완전히 대응관계를 이루고 있지는 않은가. 우선 사회집단 간의 틈새에 쐐기를 박고 그것을 고립시켜, 그 후에 모든 자주적 집단을 분쇄하고 분화된 개인에 대해서 직접적인 공포 지배를 감행하는 과정과 거의 완전히 일치한다고 생각할 수 있다. 공통의 정치 이론이 관통하고 있는 것이다. 그렇다면 문화 세계에서의 정치 과정과 보다 직접적인 정치 세계에서의 정치 과정 중 어느 쪽이 다른 것에 비해 규정적인가를 묻는 것도 좋겠지만, 오히려 어느 세계에서나 각자의 방식으로 공통의 논리에 대한 투쟁방식을 생각하는 편이 보다 현명하지 않을까. 사상적 의미는 다른 구체적인 제 영역 속에서 다른 형식으로, 게다가 어느 정도 공통으로 발견할 수 있는 것이다. 일정한 분야의 문법 형식에 따라 표출된 구체적 문제를 그 형태대로 직접 추구하려는 태도가 원점 상실·무갈등·사상학의 유행(얼마나 상징적인가)이라는 일련의 상황을 만들어내는 것은 아닐까. 문제를 더 깊은 추상적 차원에서 다시 파악하고, 구체적 제 영역 혹은 제 문제 사이에서 상호 번역하는 것이 필요하다. 외국어를 일본어로 번역하는 데만 기교를 부리고, 사상의 형성 그 자체의 상호 번역은 실로 졸렬한 것이 일본 정신의 한 특징은 아닌가. 앞에서 말한 '학문성'의 형성도 이 상호 번역 방법의 주체적 형성 없이는 불가능하다.

2. 집단 전향

1942년쇼와 17년 여름, 부락회·조나이카이町內會 등의 '지역 자치기구'를 내무성 감독에서 분리하여 대정익찬회大政翼贊會의 지도권 아래로 편입시키는 결정이 정부에 의해 내려졌다. 이와 비슷한 시기에 직역職域 조직까지도 행정 관청에서 분리하여 익찬회로 통합해야 한다고 결정하였다. 익찬회의 제도적 확립은 여기서 완성된다. 익찬회의 기관지『다이세요쿠산大政翼贊』 83호는 이 결정에 대해 "일억의 국민조직이 이제야 완성되다"라고 외쳤다. 일반적으로 보면 절규나 성난 외침은 "빈 깡통을 두드리는 소리"(호아시 게이帆足計,『통제회의 이론과 실제統制会の理論と実際』, 1943년, 이 책 자체에는 저항의 의도도 실행도 전무하다)처럼 서로 실효 없이 반향을 하면서 당시의 일본 전체를 가득 채우고 있었지만, '국민조직이 이제야 완성되다'라는 말에는 하나의 현실감이 깃들어있다. 메이지유신 이후의 역사적 과제를 지금 여기에 우리가 실현하고 있다. 2대의 유훈을 달성하려고 한다는 일종의 자부가 거기에 있었다. 장년단, 청년단, 공장위원회 등 기존의 '국민적' 운동단체를 전부 제도적으로 통합한 것이기 때문에 유신의 염원이었던 국내의 '화和'와 고노에近衛의 신체제운동인 '총 친화總親和 이데올로기'(『革新』 1939년 1월호)를 여기에 실현했다고 생각하는 것도 당연했다. 따라서 이 익찬제도가 확립될 즈음에 행해진 총재 담화는 "국민운동은 가능하면 그것을 국민의 자발적 운동으로 이행시켜 …… 본연의 모습으로 되돌리려고 한다"고 밝히고 부총재도 동일하게 '익찬회 본래의 성격'이 자발성에 입각한 운동임을 강조했던 것이다(『大政翼贊』 71호).

제도의 건설자는 거의 민주주의에 대한 일정한 단념을 가진 자들이다. 그것은 민주주의국가의 건설자에게 있어서도 다르지 않다. '인민'의 자발적인 활동 결과가 제도적 결과를 갖는데 이르기 위해서는 거의 영구적 시간이 필요하고, 제도의 건설은 그 무한 과정의 중단 위에 성립한다는 사고 방식은 「사무엘 기記」에서 근대 국가의 건설자, 더욱이 사회주의 국가 설립자에 이르기까지 일관된다. 거대한 건설자에게 종종 인간 '성악설'이 채용되는 것은 그들이 이 단념의 질과 정도에서 강하게 그 원리화를 이루었기 때문이다(「사무엘 기」, 홉스 철학, 아메리카 건국자의 철학, 마키아벨리즘 등을 상기하라).

그러나 일본의 익찬회 건설자에게는 그것이 없다. 고노에에게도 물론 없고 도조 또한 위의 담화에서처럼 오히려 자기 이전의 운동이 국민적 자발성을 환기시키기에 부족했다고 생각하였고 데모크라시에 대한 단념은 추호도 없었다. 이것은 일본 지배자의 정신적 특성을 보여줌과 동시에 익찬체제 성립의 사정이 준엄한 독재성을 필요로 하지 않는 형태로 이루어졌다는 것까지 나타낸다. 장년단 외에 기존 집단은 각기 집단적으로 전향하고 그 집단 전향의 구심체로서 익찬체제가 생겨난 셈이다. 어딘가에 운동의 기점이 있어서 그로부터 전략전술의 전개가 익찬체제를 초래한 것이 아니라 제 세력이 "서로 복잡하게 얽힌 채 그대로 대정익찬회로 발전했던 것이다"(『翼贊国民運動史』). 그렇기 때문에 그 성립 과정에서 고노에처럼 우파나 좌파, 자유주의자, 군부, 관료에게서도 일정한 기대를 받았던 것처럼 '사리분별이 뛰어난' 관백關白 귀족이 최고 지도자로서 운동의 상징이 될 필요가 있었던 것이다. 만약 전략전술적인 전체 통합이었다면, 이러한 실체로서의 인물이 중심에 놓이지 않아도 통합은 상징 조작에 의해 즉, 정치 선동에 의해 이루어질 수 있었다. 그리하여 상징과 실체와의 분리는 상징 조작의 원점이 존재한다는 것을 전제로 한다. 이 원점 즉, 주체가 부재하는 곳에서는 시국 상황에 잘 어울리는 인물이 실체인 채로 상징으로 작용하는 것이다. 익찬회 성립사는 이 상징과 인물과의 미분리성이라는 일본 정치의 특질을 그야말로 상징적으로 보여준다.[1] 이상의 고찰을 통해 나는 익찬 시대의 전향 사상사의 서술을 집단 전향에 대한 기술부터 시작하고자 한다.

(1) 그 관념의 원형

사노·나베야마가 취한 전향의 형태는, 단순히 개인의 사상이 국가권력과의 충돌·사회 상황과의 새로운 접촉을 통해서 전향했다와 같은 것이 아니고, 혁명운동의 전위 정당이 만주사변 후의 새로운 상황하에서 취해야 할 새로운 강령을 제시하는 형태로 이루어진, 하나의 집단 전향의 유형이었음을 나는 이미 1장에서 밝혔다. 그리고 이 점에 전향에서의 하나의 지배적 경향의 숨겨진 출발점이 있다. 그러한 의미에서 전향사의 분기점은 형식적이 아니라 중층적이었다. 그렇다면 어떠한 의미에서 사노·나베야마의 전향이 익찬시대형 전향의 내면적 특질을 드러내는 것일까. 역사적 차원의 배후에서 재고할 때 드러나는 '새로운 의미'를 논할 필요가 있다.

1933년 6월의 전향에서 사노 등은 공산주의자 개인으로서 대외적으로 행동한 것이 아니라, 어디까지나 당을 대표하는 지도자 다시 말해 초인

---

[1] 이 일반적 특질에서 예외는 메이지유신의 국가건설자들, 특히 전형적으로는 기도 다카요시(木戶孝允)에게 보인다(藤田省三, 『天皇制国家の支配原理』, 초고는 『法学志林』 1956년 9월). 또한 다이쇼 정변에 있어서 교순샤(交洵社), 특히 다케고시 요사부로(竹越与三郎)에게도 보인다. 현재의 조직론 연구에 있어서는 이 특질에 대한 자각이 강하지는 않다. 인물의 조작상징화라는 현상은 지도자의 자기실체화와 반드시 일치하지는 않는다. 우두머리에 있는 인물을 뒤에서 조정하는 '흑막'은 일본의 조직에서는 꽤 많기 때문이다. 인격주의는 이와 같이 사람의 행동양식을 결정하는 기본적 상징이 있는 그대로의 인물인 것 같은 문화 경향을 말한다. 그리고 사실에서의 상징의 독립과정은 우선 그것이 있는 그대로의 인물에게서 떨어져 중세 유럽에서 전형적으로 나타난 것처럼 사원건축이나 벽화, 성서 등의 객관적 '물건'이 되는 것에서 시작해 점차 언어, 더욱이 순수기호(A·B·C)와 같은 추상적 상징으로 수렴되는 것으로 확립된다. 마키아벨리, 디즈레일리나 레닌과 히틀러는 각각 사상을 달리함에도 불구하고 모두 추상적 상징으로써의 언어를 조작해 선전 선동을 행했다. 이 사람→물건→추상적 기호로의 각 과정은 현실적으로는 항상 공존하면서 어느 것인가가 결정적인 상징 형태가 되고 있다. 그것에 의해 문화 체계의 특질과 '단계'가 측정된다.

격적인 집단의 전체 인격성을 체현하는 자로서 당에 전향을 요구하였다. 그러한 의미에서 그들은 자신의 전향과 당의 전향을 동일시하는 지도의 병리현상을 드러냈다. 이 병리는 개인적인 집단, 특히 공동체적 모임과 카리스마·교조에 이끌리는 집단에서는 병리로서가 아니라 극히 일반적인 보통의 것으로 존재한다. 그러나 조직을 비인격적인impersonal 것으로 파악하는 고전·근대적古典近代的인 사고의 바탕에는 지도는 특정한 지도자에게 속하는 기능이 아닌 우연히 특정한 지도자가 품고 있던 지도 방침·지도 강령·지도 정신이 완수되는 활동이다. 따라서 그것은 특정 인간에게 전체적으로 얽혀있지 않다는 점에서 객관적, 또는 추상적인 것이기도 하므로 위의 병리는 진정한 의미에서의 병리로서 자각된다. 그때 한편에서 모든 올바른 의견을 항상 선취할 수 있는 보편인이 개인으로서는 존재하지 않는다는 생각과, 게다가 개인의 의견은 상황에 따라 유동하는 것이 아니라는 생각이 조직원 사이에 널리 퍼져있으면, 조직 강령의 변화와 함께 지도자도 바뀌게 된다. 현대의 각국 공산당이 지니고 있는 '미덕'의 하나는 이 원리를 고수하고 강령을 객관적인 것으로 간주하며 강령의 개폐改廢에 따른 이유에 의해 지도자의 교체가 이루어지고 있다는 사실이다. '누구의 무슨 테제'라 부르지 않고 '몇 년 테제'라 부르는 것은 다른 이유도 있겠지만, 적어도 이러한 사정을 나타낸다. 일본 공산당의 '좋은 점'도 역설적이지만 27년 테제, 31년 테제, 32년 테제와 함께 혼란스럽게 지도자의 교체가 이루어졌다는 데 있다. 정치가 인간관계의 조작인 한 이러한 인간조직의 철저한 비인격화가 완전히 실현되는 일은 있을 수 없고, 그 점에 대한 배려를 잃어버리면 정치적 리얼리즘은 사라지게 된다. 따라서 '어지러운' 교체는 명백하게 정치적으로는 개운치 않은 면을 포함하지만, 그러나 또한 이 원리적 지향 없는 리얼리즘은 누구의 리얼리즘이라는 것뿐이어서 목적을 갖지 못하고 규제 원리도 갖지 못하여, 따라서 현실의 주체적인 집적과 조합은 일어나지 않고 리얼리즘은 일회성에 그치고 말아 아무짝에도 쓸모가 없게 된다. 즉 무익한 리얼리즘에 지나지 않게 된다. 정치적 리얼리즘이라 불리는 것은 무언가 비인격적인 목표를 향한 인간 상황의 파악활동에 다름 아니다. 일본 공산당은 그런 면에서 보자면 거의 영에 가깝다. 그렇다면 앞에서 언급한 원리의 고수야말로 일본의 정치 세계 속에서 정치사상적으로 빛을 발하고 있는 거의 유일한 점이 아닐까(윤리적 절조에서의 광휘光輝와는 별도로).

사노 등이 그 점을 부숴버렸다는 점에서야말로 비난받아 마땅하다. 27년 테제의 지지자로서, 그에 대한 책임 있는 실행지도자로서 활동을 시작한 그들이 전향한 후에도 여전히 당을 지도하려고 한 것은 도대체 무슨 의미인가. 그들 개인의 전향 자체는 그들의 자유지만, 전향의 방법과 전향 형태는 지금까지 그들이 서 있었던 공식적 입장에 제약되어야 한다. 그들은 우선 전향과 동시에 지도적 지위를 사임해야 했다. 또한 그와 더불어 어쩌면 탈당서를 제출해야 했으리라. 그 후에 비로소 천황제 사회주의운동의 강령을 발표했어야 했다. 당 중앙과 다른 방침을 가진 자가 한정적으로 단순한 당의 일원으로서 존재해도 된다면, 사노 등이 전향의 순간에 탈당 절차를 밟아야 한다는 것에는 얼마간의 문제가 있다. 당 중앙의 방침·강령에 대해 어느 정도까지의 차이가 일반 당원에게 허용될 것인지 좀처럼 일의적으로 결정할 수 없기 때문이다. 그런데도 전후 15년의 현재적 상황에 서라면 아직 그 문제를 결정할 방향성은 얼마간 주어져 있지 않을까. 흐루시초프Nikita Sergeevich Khrushchyov의 방미연설 중에서도 이데올로기와 사실관계의 구별이 강조되었지만, 그 선을 원리적으로 파고들어 가면 마르크스주의에서 이념이데올로기의 차원과 사회과학의 차원, 현실 판단의 차원이 구별

될 것이다. 그렇다면 극단적으로 말해서 사회과학의 면에서 '마르크스 경제학'이 아닌 '근대 경제학'을 채택하는 자라도 이데올로기 면에서 마르크스의 이데올로기에 찬성하는 자는 어떤 의미에서 마르크스주의자라는 것이, 현실의 상황판단이 달라도 이념상에서 동일하다면 당원일 수 있다는 것이 될지도 모른다. 물론 이 경우에도 마르크스주의 이데올로기에 찬성하고 자민당自民党의 정책에 찬성하는 식의 인물이 제외되어야만 함은 당연하기 때문에 이념이 현실 판단에 어느 정도 구체화 되어야 하는가를 결정해야 하고, 게다가 그것은 일의 성질상 애초부터 측정 자체가 불가능하다. 따라서 여전히 문제인 채로 남는 면이 많기는 하지만 그렇다 하더라도 전전에서와 같이 이념은 현실로부터의 완전한 추상이어서, 현실은 그곳에 다다르는 극점이어야 하고, 따라서 과학은 현실이 이념을 향한 필연적 운동법칙을 현실로부터 끄집어내는 작업이듯이, 삼위일체화 했던 상황보다는 결정하기 쉽게 되었을 것이다. 그렇다면 전전에 특히 삼위일체성을 자기 스스로 선전했던 장본인인 사노·나베야마는 자신의 현실 판단이 삼위일체의 체현체로서의 당과 달랐던 경우 당연히 탈당해야만 했을 것이다. 삼위일체론자로서의 사상책임에서도 그렇게 해야 했을 것이다. 특히 천황제 사회주의를 설파하게 되어서는 혁명정당에 머무르는 것 자체가 사리에 어긋나는 일임은 이상과 같은 어려운 논의 이전에 자명한 일이다. 혁명이란 어디까지나 '국가와 혁명'인 것이어서 국가권력과의 대항에서만 존재하는 것이기 때문이다. 그럼에도 불구하고 예를 들면 나베야마의 전향기『나는 공산당을 버렸다私は共産党をすてた』를 봐도 그들은 지도적 지위를 사임하기는커녕 전향성명 자체를 '옥중 중앙위원'회에 "가능하다면 옥중 중앙위원 전부의 일치를 꾀하고 싶다"고까지 생각하고 있던 터였다.

이리하여 사노·나베야마는 그들의 전향 그 자체보다도 그들의 전향을 처리하는 절차에서 그들의 입장이 당연히 요구하는 규준으로 보았을 때 더 많이 잘못된 것이었다. 절차 감각 그 자체가 그들에게 빠져 있었던 것이라고 밖에 생각할 수 없다. 그래서 절차의 실제적, 또는 사상적 의미를 자각하는 것이 다름 아닌 근대 조직 속에서 살아가는 에토스ethos다. 앞서 말한 조직의 근대적 유형도 구성원의 그러한 에토스를 전제조건으로 생각했던 것이다. 그렇다면 사노 등은 그들 자신이 형성 확립하고자 노력했던 조직의 에토스에 대해서는 전혀 알지 못한 것이 틀림없다. '조직의 철학'이 빠진 '조직의 형성'이 이루어진 셈이다. 그러나 이 점에 대해서 무자각적이었던 자들은 사노·나베야마만이 아니다. 그들의 전향을 '배신'이라 하여 격렬하게 비난했던 비전향 공산주의자들 또한 무자각했다고 본다. 만약 그들이 공산당의 '미덕'이 지도자 교체에서 객관적 원리를 고수하는 데 있다는 점의 의미를 충분히 알고 있었다면, 그들은 사노 등의 전향 자체를 공격하기보다는 오히려, 때로는 그 공격과 동시에 사노 등의 절차에 대한 오류를 보다 격렬하게 공격했을 것이라 생각되기 때문이다. 아무리 지도자라 하더라도 개인으로서 물리적 압박에 굴복하는 일이 절대로 있을 수 없다고 규정할 수는 없다. 신뢰하는 특정 지도자에 대한 심정에서는 무턱대고 따를지도 모르지만 이론적으로는 무턱대고 따를 수 없다. 따라서 사노 등의 전향은 동지감정에서 봤을 때는 '청천벽력'이었을지라도 이론적 반성에서는 '있을 수 있는' 것이고, 그런 까닭에 있을 수 있었던 것이라고 여겨질 터이다. 그러나 정말로 이론적이라 하더라도 있어서는 안 될 일은 위의 '좋은 점'의 파괴다. 사노가 지도적 지위를 사임하고 이어서 탈당하기 위해서는 그가 엄청난 고문을 견디고 비전향을 관철하는 데 요구되는 것은 의지력도 체력도, 신앙의 깊이도 아니다. 단지 조직 지도자의 진퇴에 관한 절차를 중시하는 정신만 있으면 된다. 따라서 절차에 대해 사노 등을 비판하는 것은 달성할 수 없는 요구를 하는 것이 아니고, 또 개인적 인신공격도 아니며, 역으로 그러한 비판 자체를 통해서 당으로서는 사노 등의 개인의 전향에도 불구하고 그 '미덕'을 지켜나가는 것이기도 하다. 전향 자체를 공격하는 것은 사실상 초인적인 의지력과 체력과 깊은 신앙을 사노 등에게 요구하는 것이다. 혁명정당의 최고 지도자라면 그만한 자질이 요구되는 것은 당연하다. 그러나 공산당에게 중요한 것은 특정 지도자보다도 당 그 자체가 아닐까. 아니 사실상 현존하는 당 조직보다도 오히려 당의 원리는 아닐까. 그 원리를 지키기 위해 현실의 당 세력을 거의 괴멸시키는 것도 마다하지 않았던 것이 공산당 역사의 중요한 특징은 아니었는가. 이 때 그 원리를 가장 순수하게 드러내기 위해서는 격렬하게 공격하기보다 냉철하게 조직 절차의 유린을 지적해야 했던 건 아닐까. 아니 사상적 배신을 격렬하게 비난하는 것도 물론 허용된다. 그러나 후자의 비판을 행하지 않는 것은 허용될 수 없는 것이었다. 하지만 실제로 후자는 행해지지 않았다.

주지하는 바와 같이 1933년 6월 16일자 이후의 「섹키赤旗」는 사노 등의 '당 파괴 계획'을 일관되게 공격하고 있지만 어떤 점에서 당 파괴를 행하고 있다고 여겨지는 것인지를 세밀히 살펴보면 "우리당이 소부르주아 당으로 변하고 있다고 트집 잡음으로써 일본 공산당을 노동자 대중에게 신임할 수 없게 하기위해 온갖 악 선전을 뿌린" 점, 즉 실질적인 '트집 잡기'가 '당 파괴'로 바뀐 내용이다. 그 논법은 점차 실증적으로 전개되기에 이르고 '시전(東京市電自治会)'과 '시종(東京市從業員組合)'의 '타락한 간부'의 전향 및 전향확대운동이 사노 등의 전향의 영향 아래에서 일어난 것임을 주로 문제시하게 된다. 즉 사실상 당 세력이 사실상 타격을 받은 면만 보고 '당 파괴'라 부르는 것이다. 물론 그렇게 하는 것을 이해할 수는 있지만 그래도 여전히 절차원리상의 당 파괴가 문제시되지 않았던 것의 사상적 약점은 숨

길 수 없다.

이리하여 공산당은 자신들의 자랑스러워해야 할 지도자 교체의 원리성에 대한 자각이 전全당을 통틀어서 없었던 것이 된다. 적어도 교체 절차가 가지는 원리적 의미에 대해서는 무자각했던 것이다. 이점은 전후의 현상으로도 방증 가능한 일관된 특징이다. '규약'의 체계적 해석에 대한 논쟁이 너무 적다. 어쩌면 한 번도 없었을 것이라 추정될 정도로 적다는 것은 그러한 절차 정신의 결여를 나타내는 것이다. '강령', '정치 방침', '정세 판단'에 대해서는 그만큼 부단하게 또한 스콜라적이라고도 보일만큼 미세하게 대논쟁을 반복하는 정열을 드러내는 한편, '규약', '절차'에 대해서는 당 중앙에서 결정된 것이 마치 자명한 것인 양 '엄수'만 될 뿐 전혀 그 의미에 대해 논쟁이 일어나지 않는 것 자체가 법과 절차에 대한 감각의 현저한 부족을 말해주는 것이다. 여기서는, 당 조직의 철의 단결은 규약에 대한 격렬한 논쟁을 통한 해석·재해석·재재해석再再解釋의 동적 과정 위에 확보된 것이 아닌, 공산주의자인 이상 당연히 인정해야만 하는 것으로서 소위 '자연'의 안정성으로 확립하고 있다. 탄력을 갖지 않는 정태적인 철이다. 조직의 경화가 이것이다. 따라서 정치지도자는 언제라도 이 안정된 조직체 위에 눌러앉아 '강령 논쟁'에 판정을 내릴 수 있기 때문에 '정세 판단' 논쟁 자체가, 당원 개인의 당원 생명에 대한 위기감으로 이루어지는 데 그치고, 채택된 정치 방침 여하에 따라서는 당 자체가 괴멸되어 파산해 버릴지도 모른다는 위기의식을 걸고 이루어지는 일은 결코 없는 것이다. 공산주의 신봉자가 존재하는 한 방침의 미세한 차이에는 영향을 받지 않는 형태로 항상 의존할 수 있는 안정된 조직이 존재하는 것이다. 극히 주의해야 하는 위기는 그러한 '강고'한 주의자 집단에서 내 몸이 추방되는 것뿐이다. 정치 목적 쪽은 사회의 필연 법칙이 반드시 달성으로 이끌어 줄 것이고, 그 법칙에 대한 인식에 입각한 큰 방침은 세계적 지도자가 제시하게끔 되어 있다. 뭔가 고민해야 한다. 고민해야 할 것은 혁명의 영웅에 이르는 자연스러운 궤도에서 벗어나는 것이다. 앞의 논쟁주제 간의 '불균등발전'은 운동 조직으로서 갖게 되는 병리의 하나인 중대한 근원처럼 보인다.

이리하여 절차정신, 바꿔 말하면 규칙의 구체화 감각이 전향을 둘러싼 대립 속에서 서로 결여되어 있다고 하는 연관(바로 Zusammenhänge!)이 사노 등의 전향을 계기로 집단 전향의 형태를 취하게 한 하나의 중요한 이유였다. 물론 이 경우 사실상 집단 전향이 이루어진 것은 아니다. 사노·나베야마 자신의 전향 방식이 그 형태를 취하였고 그들이 그것을 원했을 뿐, 사실상 그들의 영향하에서 괴멸적 타격을 받으면서도 공산당 집단이 비전향을 관철하게 된 점은 두말할 나위도 없다. 오히려 그렇기 때문에야말로 이 전향의 경우가 그 이후 익찬 시대로의 진행시기에 사실상 광범하게 전개된 집단 전향의 사상사적 맹아로 보이는 것이다. 실제로 하나의 집단이 자신의 활동목적과 약관을 견고하게 확립하고 끊임없이 반추反芻하면서 움직이는 원리적 목적 집단이라면 집단 전향이라는 현상은 자연스럽게 일어나기 힘들다. 아니 원리적으로는 있을 수 없는 것이다. 활동목적을 거의 정반대의 것으로 뒤집었다면 그때는 이미 지금까지의 집단은 소멸되고 전혀 새로운 별도의 집단이 성립해 있는 모양새가 되는 것이기 때문에, 그 사이에는 당연히 해산과 결성이라는 절차과정이 중요한 원리적 의미를 지니고 개입하는 것이어서, 전향일 수는 없는 것이다. 목적과 약관에 대한 법의식이 날카로우면 날카로울수록 그러하다. 그러나 대부분의 집단은 집단 목적의 '방향 전환'에 필요한 절차 규정을 가지고 있다. 그것은 정확히 국가에서의 헌법 개정의 경우와 동일하다. 따라서 통상의 집단 운영 절차와는 달리 실현이 보다 곤란한 규정이다. 이 규정에 따라서 형식적 합법성을 획득하면서 집단의 활동방향을 정반대의 것으로 '전향'시키면 형식적 합리성과 이념적 합리성(집단의 목적 이념) 사이에 분열이 생기고 여기에 규칙관념에 뒷받침된 혁명적 상극이 생겨나는 것이다. 이른바 '헌법규정에 의해 헌법 정신 자체를' 전향시키는 것이기 때문에 그 '헌법규정에 의한' 절차 자체에 합법성을 인정하는 것과 '헌법 자체'의 추상적 원리에 합법성의 근거를 구하는 것과는 전혀 완전히 양립하지 않는 상황에 도달한다. 자신의 규율에 따라 '자기 내재적으로 발전'하는 것을 원리로 삼는 자율적인 집단은 본래 이러한 혁명적 위기에 대한 만남을 전제하고, 예측하며, 각오하고 있는 집단인 것이다. 물론 자율성이 갖는 이러한 잠재적 혁명성은 개인의 차원에서도 동일하게 존재한다. 그리하여 이 과정을 사회구조 전체의 차원에서 역방향으로 추구하고 혁명을 일으키기 위해 사회집단의 운동법칙을 '자기발전성'과 '자기모순성'에서 파악하려 한 점이 마르크스적 방법의 더할나위없는 예리함이었던 것이다.

이러한 상황에서 외견적 합법성을 확보하면서 집단 목적의 전향을 이루어지게끔 했을 경우에, 따라서 원리적 차원에서는 집단을 파괴하면서 사실상 그 집단이 집단으로서 가지는 힘만을 획득하려고 하는 데에 허허실실의 정치적 수법이 전개되는 것이다.

나치가 바이마르공화국 국방국과 관료제에 대해 펼친 전술이 그것이고, 보르흐Hervert von Borch가 특징지었듯이 그야말로 '옆으로 미끄러진 혁명'인 것이었다(*Obrigkeit und Widerstand*, 1954; 秋元・佐野 譯, 『權力と抵抗』). 나치체제의 성립을 종종 일종의 '혁명'으로서, 더 정확하게는 사이비 '혁명' 즉, 반혁명으로서 평가되는 것에 의미를 두는 것은 단순히 '아래로부터의' 운동을 통해서 권력을 획득했다는 것만이 아니라 정말로 이 이념적 합법성과 외견적 합법성의 첨예한 투쟁을 통해서 외견적 합법성이 마침내 원리적 합법성을 압박했다고 하는 하나의 과정을 포함하기 때문이다. 이 것이 반혁명의 정신 과정이고, 그 역의 관계가 되는 것이 혁명이다. 그렇다 면 혁명이란 규칙과 규칙, 법과 법, 질서관과 질서관, 궁극적 가치와 궁극적 가치 사이에서 체계적으로 투쟁하는 것이라 말하지 않을 수 없다. 무엇이 든 실증법의 규정을 반역한다고 해서 그것이 혁명적인 것이 아니고, 추상 적인 법체계를 현실화하려는 데에서 발생하는 현존 실증법체계에 대한 근 본적이고 체계적인 반역만이 혁명적 행동임은 말할 것도 없을 터이다. 두 법의 분열적 존재에 대한 강렬한 의식이 없는 곳에서 조직적 통제를 가지 는 반역 행위라는 어떤 의미에서는 역설적인 행동양식이 생겨나는 것일 까. 거기에는 처음부터 법과 규칙에 대한 민감한 감수성이 전제되어 요구 된 것은 아닐까.

그렇다고 해서 사노·나베야마의 전향에 얽힌 집단 역학이 이 '애초의 전제' 차원에서 혁명적 상황을 형성할만한 것은 아니었다. 그 사상사적 전 통 아래 그야말로 집단적으로 발생하는 집단 전향은, 어떻게 해서 혁명과 반혁명 사이의 전환일 수 있는가. 아니면 전환일 수 없는 것인가. 일본 파 시즘 성립사를 특징짓는 '질질 끌기'가 이 점에 집중적으로 표현되었을지 도 모른다. 나는 수많은 집단 전향 중 내가 본 한도 내의 소수의 사례에서 더욱이 내 판단으로 전형적이라 생각되는 것을 선택적으로 고찰해 보고자 한다.

(2) 집단 전향의 전형

1933년 6월 이후 주지하는 바와 같이 '전향 시대'가 찾아와 대량 전향의 경 향이 점점 강해졌다. 7월 말까지 옥중 공산주의자의 3할 이상, 35년 말까지 는 거의 9할이 전향했다는 것만으로도 그 기세를 알 수 있다. 이것이 앞에서 밝힌 사노 등의 전향 방법에서 집단 전향 방식을 단순한 관념상의 존재에서 사실상의 존재로 발전시킨 하나의 조건이 되었다. 대량 전향이 곧바로 집단 전향이 되어야 한다는 논리적 필요는 전혀 없지만, 집단 전향이 일반적으로 일어나기 위해서는 대량 전향의 존재가 필요조건인 것이다. 그리하여 그러한 필요조건을 만들어내는 데 사실상 압도적 영향을 준 것도 사노·나베야마의 전향이었다. 그들의 전향은 이렇듯 자기 형태상의 원리를 현실화하기 위한 조건까지도 자기생산한 셈이다. 물론 자기생산이라는 것은 인격으로서의 사노 등이 혼자서 생산했다는 것이 아니라 그들의 전향을 둘러싼 제 대립과 제 관계에 의해 생산되었다는 의미임은 앞의 서술을 통해서도 이해할 수 있을 것이다.

그러나 대량 전향이 하나의 필요조건에 지나지 않는 것 또한 논하지 않을 수 없다. 그 바탕에서 집단 전향이 생겨나려면 전향 자체가 사회의 '집합표상' 속에서 하나의 목적 관념이 되어야 한다. 그때서야 비로소 전향이라는 상징 아래서 집단이 형성되기도 하고, 혹은 기존의 집단이 새로운 전향을 위해 활동하기도 하는 것이다. 이리하여 일본 전역에 걸쳐 사회의 각 영역을 망라한 집단 전향의 분출은 전향이 '시대적 요구'가 되었을 때, 일본 내에 있는 모든 요소가 방향 전환을 강요받았을 때, 따라서 전향이 '표어'(『革新』)가 되었을 때 일어났다. 그 '때'가 중일전쟁과 태평양전쟁 기간이었음은 두말할 나위 없다. 고도국방과 총력전의 요구가 사회 만물의 활동 형태를 결정지어야 했을 때, 모든 입장은 목표를 부여받고 그 목표를 향해 전진轉進할 것을 강요받는다. 이렇게 해서 전향은 이전처럼 단순히 마르크스주의·반국체주의·혁명운동'에서의' 전향일 수만은 없게 되어, 총력전이 부여하는 목표'로의' 전향이 되었다. 전전이라면, 물론 완전 전향이 끊임없이 요구되고 있다고는 하지만 혁명파에게서 한발 물러서는 것이 전향이

었고, 그 전향 후에는 혁명운동에 복귀할 가능성이 보이지 않는 한 동일지점에 선 채로 있거나 다른 여러 가지 활동을 '자유로이' 행하는 것도 허용되었다. 그러나 전쟁의 개시·장기화에 따라 그러한 경향은 완전히 없어졌다. '적극적'인 '보국報國' 행동이 요구되는 한 '무위'도 '제멋대로'도 '망상'도 허용되지 않는다. 방관주의, 자유주의, 관념적 태도에서 특정한 행동 그 자체로의 전향이 촉구했던 것이다. 극단적으로 말하면, 여기서는 만인이 그들의 일상에서 항상 전향의 과제 앞에 서있는 것이 된다. 무위의 순간, 제멋대로의 욕구를 갖는 얼마간, 망상에 빠진 일순간, 관념적 정열의 몇 시간, 그러한 순간들은 모두가 각각의 사람이 전향할 수밖에 없는 인간이 되는 것이다. "이리하여 전향 문제는 그저 단순하게 소위 전향자의 전향 문제에 그치지 않고 일본 국민 전체의 반성을 포함하는 훨씬 큰 전향 문제로까지 발전하는 것은 아닐까"라고 전향계 관료로서 '전향의 새로운 발전적 현 단계'를 규정하게 한 까닭은 여기에 있다(東京保護観察所補導官, 中村義郎, 「転向を要求されてゐる者は思想事件関係者のみではない」, 『革新』1938년 12월호). 따라서 전향이 시대의 '표어'가 되고 '국민적 보편윤리'화 되는 것이다. 독일의 총력전 국가에서의 '유대인'은 우리 고도국방국가高度國防國家에서는 '전향 전의 사람'이고, 그러한 까닭에 전향이라는 말은 일본 파시즘 국가체제를 기동시키고 재 기동시키는 주제어의 하나였다. 부단한 '반성'과 '실천'에 대한 분발이 그것을 지렛대로 삼아 발생하는 것이라 여겨졌던 것이다. 전향 행동은 부단하고 무한한 과정이 되어야 한다.

'~에서의 전향'에서 '~로의 전향'으로 전향 개념 그 자체를 전향시킨 전향사에서의 전기는 1937년 12월 '인민전선파', '노농파' 400여 명의 검거와 일본 무산당 및 전국노동조합평의회의 결사금지였다. 이들 '합법 좌익'은 공산주의로부터의 질적인 거리에 의해 존재허가증이 부여될 때까지는 한

계선상이기는 했지만 검거를 피할 수 있었다. 그러나 '시대는 변했다'. 합법 좌익은 합법이라는 가면을 쓴 좌익인 것이다. 역점은 비합법 좌익과 떨어져 있는 것이 아니라, 국책國策에의 실질적인 접근거리에 놓인다. '현상'보다도 '본질'이야말로 문제인 것이다. '현상'은 종종 가장된다. 이러한 '변증법적 논리'를 일본의 지배자는 인민전선 전술의 채용에 대한 코민테른의 결정에서 배웠다. 그 결정을 듣고 난 이후, 그들의 눈에는 당면한 정치적 상황이 이렇게 보였다—파시즘에 반대하는 전 요소와 결합하자고 하는 방침 아래서 전 세계의 통일적인 조직운동은 '빨갱이'에 의해 전개되고 있음에 틀림없다. 이미 히틀러는 유럽의 정치적 현실을 다음과 같이 설명하고 있지 않은가. "돌연 스페인에 나타난 디미트로프Georgi Mikhailovich Dimitrov가 모스크바에서 제3 인터내셔널을 좌지우지하고 있는 디미트로프와, 또한 베를린에서 볼셰비키혁명을 선동하고 있는 디미트로프, 마지막으로 소피아에서 볼셰비키적 암살 계획을 조직하고 있는 디미트로프가 동일 인물임을 깨달아야 한다"라고. 볼셰비키의 투쟁은 전 세계에 걸쳐서 "그 모두가 하나의 통일적인 계획에 따라 이루어지는" 것이다(1937년 9월의 나치 제9회 대회에서 히틀러가 행한 연설). 유럽에서는 한 명의 디미트로프가 네 명의 분신으로 손오공처럼 활동하고 있다. 역시 만주사변 이후 전개된 중국 공산화의 처절함을 이로써 알 수 있다. 그렇다면 일본에서도 당연히 신출귀몰한 기동성 정도는 아니더라도 각종 단체 속에 잠입하여 분신활동을 하고 있음에 틀림없다. '자유주의적' 단체가 국책에 반대하는 경우, 그것은 대부분 공산주의자의 분신이 저지른 행위라 의심해 보아야 한다. 즉 그러한 단체는 본질에서는 공산당의 위장 단체일지도 모르는 것이다. 자유주의 단체에서 더욱 그러하고, 말할 것도 없이 같은 마르크스주의를 신봉하는 사회민주주의 단체에서도 그러하다. 물론 '사민'과 '공산'은 쌍생아기 때문에 그야말로 형제 간 다툼에서 구태여 사소한 대립을 서로 강한 대립의식으로 받아들이는 관계가 있을 것이다. 때문에 오히려 자유주의와 공산주의 쪽이 정치 전술적으로 결합이 용이하다고 생각되기도 한다. 그러나 일본 자유주의는 온갖 선입관의 비생산적인 속박(편견의 생산적인 사용과는 다른)에서 해방된 자유로운 사고방법으로 특징 지워지기 보다는, 마르크스의 사고체계 그 자체를 비판하는 것을 주된 임무로 하는 자유'주의자'이고, 그런 의미에서 마르크스주의에 대항하는 일정한 선입견의 체계를 만들려는 것이기 때문에, 마르크스를 신봉하는 자는 공산주의자든 '사민'이든 동일하게 구체적인 문제에 대한 해결책 여하를 자유롭게 논하기 전에, 신념 체계의 차원에서 이 자유'주의자'에 대해 반감을 가진다. 이 사정을 생각하면 이러한 자유주의 단체조차도 공산주의의 위장 단체일지 모른다고 본다면 '사민'도 물론 그렇다고 생각할 수밖에 없다. 지배자의 당시 이미지를 정리하여 이념형으로까지 구성하면 이상과 같이 된다. 그리하여 전국 특별고등경찰特別高等警察 과장회의에서 '인민전선 단속' 방침이 생겨나 "소위 인민전선이 대외관계적으로는 제3 인터내셔널의 위장 전술이고, 대내적으로는 미노베 학설의 사실상의 부활을 지향하는 것"이라는 생각이 점차 일반화되어 갔다(『帝国新報』 1936년 9월 8일호; 警保局図書課, 「出版警察資料」 16호).

　국가 전체 속에 위장한 공산주의가 널리 퍼져있을지도 모른다는 공포는, 오로지 공산주의 이데올로기와 코민테른의 전술에 대한 수동적 이해에서 생겨난 것인 한에서 이데올로기에 의한 공포·이데올로기적 공포라 불러 마땅한 것이다. 그렇다고 근거 없는 유령에 대한 것과 달리 세계의 '전체상全事象'을 포괄하는 체계로서의 공산주의에 대한 경우에는, 일단 그것을 두려워하기 시작하면 두려움의 현실적인 근거가 차례차례로 보이기 시작해, 공포는 실재성을 띰과 동시에 현실의 법칙화가 우리들의 이론이기 때문에 우리들의 인식대로 현실세계는 움직인다고 하는 공산주의자의 명제 자체가 정말인 것처럼 느껴진다. 따라서 이데올로기에 대한 공포 자체가 증대되는 공포의 확대재생산 방식으로 귀결된다(그 과정은 물론 공산주의를 믿기 시작해 더욱이 신앙을 심화해가는 감성적 납득 과정에 대응하는 것이다). 공포의 확대 순환은 대략 공포라는 것이 가지는 일반적 경향이라 해도, 그 공포가 가지는 일반적 경향을 그대로 갖춘 듯한 확대 재생산형 공포를 적대자 속에 환기하도록 만들어진 데 공산주의가 단순한 이론으로 머물지 않는 까닭이 있다. 또한 마르크스주의가 그리스도교가 성립한 사상적 전통 속에서 생겨났다고 하는 이유도, 그것이 인간의 감성적인 여러 힘을 빨아들이는 이론으로 만들어졌다는 점에서 가장 잘 나타난다. 일본에서는 그러한 이론적 전통이 없다. 따라서 감성적 여러 힘을 동원할 수 있는 사상 작품은 대체로 감성적 형상이고, 어쩌다 그러한 감성적 인력을 가진 '이론'이 나타나도 그것은 그 이론 주체의 감성적 충동인 채로 '이론화'된 것으로, 이론의 문법과 이론의 무시 위에 서 있기 때문에, 적어도 보편적 타당성의 근거를 가지고 주장할 수 있는 것은 아니다. 따라서 국민적 또는 국제적인 확대를 기대할 수 없다(소카갓카이創価学会의 '가치론'을 상기하라, 이러한 종류의 이론은 실은 대중의 세계에서는 항상 어느 정도의 규모로 재생산되고 있는 것이다). 이러한 '풍토' 속에서는 '학學'은 역으로 이론의 문법과 논리에만 매달려 '보편적 타당성'만 주장하는 것이 된다. 이러한 전통에서 마르크스주의는 경이적 이론인 것이고 따라서 여기서 받는 충격도 큰데다, 일본 사회의 지배적 경향에서 그 이론이 가지는 동원력을 현실적으로 측정하는 일은 매우 곤란했다. 이러한 사회에서의 일종의 '신비성'이 이데올로기적 공포와 그것을 뒷받침하는 세계적 상황에서 파생된 추리의 귀결로서 공포를 더욱 확대시켰다. 이러한 종류의 '신비성'이 존재할 때에는 아무리 괴멸적 타격을 공산당에 준다 해도 결코 안심할 수 없다. 게다가 당은 지하의 비합법당으로 그 자체가 신비스러운 존재기 때문에 공포는 더욱 더 커지고 신비적 공포가 되어 지배자를 괴롭힌다. 당 세력이 강하지 않게 보이는 것 자체가 위장의 결과인 것인지, 아니면 현실인 것인지, 현실이라고 해도 가능적可能的으로는 강한 것인지, 메이지 이후 항상 일본의 진로를 제시하는 표식으로서 찾아온 유럽의 정세가 그것을 나타내고 있는 것은 아닌지, 그렇다고 한다면 가능적 공산주의라 생각되는 것은 모두 파괴해야 한다. 아직 공산주의자가 되어 있지 않은 마르크스 학도와 같은 직접적인 가능 공산주의자뿐만 아니라 가능 공산주의를 낳는 가능성을 가지고 있을 법한 간접적 가능 공산주의도 또한 괴멸시켜야 한다. 그리하여 공산주의를 적발하는 과정은 무한 과정이 되고, 개인의 미세한 행동 속에 자유주의, 즉 잠재적 공산주의가 발견되어 공산주의의 미분자微分子가 온갖 일상 속에서 단속됨으로써, 앞서 밝힌 상황이 발생했던 것이다. 이러한 사고방식이 마르크스주의자 사이에서 이루어지는 부르주아 자유주의의 적발 과정과 완전히 정반대임은 말할 것도 없다. 그리하여 위장 공산주의론은 지배자의 공포에서 생겨나 그 맥락 속에서 1937년 12월 사건이 발생했던 것이다. 어떠한 의미에서는 잘 알지 못하는 타인에게 적극적으로 접촉하는 자, 즉 사회적 활동을 하는 자가 일본 사회에서 공공연하게 존재할 수 있으려면 자신이 공산주의자가 아님을 아무리 증명해도 의심받을 수밖에 없다. 적극적으로 '일본인'임을 증명하지 않으면 안 된다. 그리하여 구로다 히사오黒田寿男 등 3명의 구속자를 낸 전농全農은 즉시 '전향성명'을 냈다. "우리는 과거의 운동방침을 재검토하고, 소작조합형을 포기하고 후방 농업생산력의 확충과 농민생활 안정을 위해, …… 나아가 산업조합, 농회 그 외 대중단체와도 제휴"한다는 것이다. 이 일본 농민조합의 신강령도 물론 거의 동일하고, 그래서 '합법 좌익'의 전면적 붕괴가 일어났던 것이다. '산업보국운동'이 일제히 발생한 것은 그러한 상황에서는 당연한 것이었지만, 그것이 중심이 되어 산보연맹産報聯盟을 만든 협조회協調會는 그 과정에서 도대체 어떠한 방식의 집단 전향을 했던 것일까.

협조회는 1938년 2월 시국대책위원회[2]를 만들고,「노사관계 조정방책에 관한 건 건의労使關係調整方策に関する件建議」를 정부에 제출하여, 7월 귀족원의원 가와라다 가기치河原田稼吉를 이사장으로 하는 산업보국연맹을 만들어, 그것에 의해 그 후 1940년의 '근로 신체제 확립'을 위한 국가사업으로 추진된 '산보운동産報運動'의 역사적 발기인이라는 지위를 차지하였다. 그 과정에서 항상 가와라다의 "숨은 상담역이 되어, 이렇게나 큰 운동을 민간인(?!) 중심으로 꾸며낼 수 있었던" 이는 당시 전산련全國産業團體聯合會, 오늘날의 닛케렌(日経連)에 해당을 장악하고 있던 상무이사 젠 게이노스케膳桂之助였다 (森田良雄, 『戰爭と勤勞』). 한편 젠은 일본의 각 '실업가'를 설득하여 산보연맹에 가입하게 하고 한편으로는 가와라다에게 조직 형성의 현실적 방책을 할당하고 있었다. 그렇기 때문이겠지만, 노동운동사에 대한 각종 문헌

---

2 시국대책위원회의 전문위원회에 참가한 것은 전산련, 노동단체의 대표인 총동맹, 총연합, 산업노동단체, 애국노농동지회, 더욱이 회사의 노동관리자 중의 주요한 대표 및 관계 관리, 일부 노동문제 전문가다. 위원회에서는 반드시 '전원 일치'는 아니고 총동맹 대표인 마쓰오카 고마키치(松岡駒吉)가 '노동조합주의·일공장 일조합주의'에 귀착되는 의견을 가지고 노·사·정의 일체를 주장하는 협조회 안의 '지도 정신'에 대해서 소극적인 태도를 취했다. '고상하고 원대한 이상'과 전국적 통일보다도 '눈앞의 노사관계'와 직접적인 현장의 문제를 중시해야만 한다고 하는 생각이다(森田良雄, 앞의 책). 그러나 이것은 자본가와 관리 쪽에서보다 다른 노동단체의 대표에게 거부되었다. 단체로서의 총동맹도 이 원리의 차이에 대한 과정에 집착해 타협이 불가능하다면 탈퇴할 것인가, 타협이 가능하다면 유보 의견을 붙여서 그 범위 내에서 적극적으로 활동할 것인가를 명확히 하는 행동 태도를 표하지 않았다. 과정에 대한 무관심은 이 대립 의견에도 불구하고 여전히 관통하는 것이다. 결정되었기 때문에 어쩔 수 없는 것일까. 우리들 현대인은 어떤 방식으로든 집단에 관계하기 때문에 개인의 삶의 방식뿐만 아니라 이 '집단의 삶의 방식'에 강하게 주의하지 않으면 안 된다.

을 찾아보아도 산보형성 과정에서 나타난 연표적 사실이나 공식적인 강령은 알 수 있어도 그 원리는 조금도 알 수가 없는데, 젠의 이야기를 추적해보면 그 원리가 분명해진다.

1938년 5월 10일, 정확히 협조회가 산업인 간담회를 전국의 공장에서 조직하여 산보연맹으로까지 규합하고자 조직 활동을 시작한 지 12일 후, 신오사카 호텔에서 간사이 실업가 간담회를 열었는데, 그 자리에서 그는 다음과 같은 '인사'를 한다.

'산업보국운동'은 누구의 안도 아니고 위원의 의견이 우연히 일치하여 이러한 안이 되었다고 이야기됩니다만, 정말 말 그대로, 이 안은 전산련의 안도 아니고 정부의 안도 아니고 협조회의 안도 아니고 정부, 사업주, 종업원의 일치된 의견을 문자로 쓴 것이 이러한 안이 된 것입니다.

이제 막 처음으로 제출되어 설명된, 그리고 이 이야기의 바로 다음 부분에서 '협조회의 이 안'과 젠 자신이 부르는 '안'이 '누구의 안도 아니'라는 것은 자주 써먹는 수법이지만, 역시 어이없는 이야기다.

기원과 과정을 분명히 하지 않고 출처도 불분명하며, '따라서' 전체에서 '우연히' 나온 안이 가장 적당한 안이라고 생각하는 발상이 이정도로 그럴듯하게 드러난 것도 드물다. 또한 이렇게 말하는 쪽이 일본에서는 찬성을 얻기 쉽다고 생각하는 일본 문화 형태의 자기인식, 즉 선전·선동관의 일본형이 이렇게까지 선명하게 나타나고 있는 점도 흥미롭다. "해당 지역의 여러분들에게서는 위원으로서의 출석 희망이 없었던 것 같습니다만, 해당 지역의 여러분들이 만약 참가하셨더라도 의견은 이 안과 동일했을 것이라 생각합니다"라고 이어서 밝히고 있기 때문이다. 누구의 안도 아니기 때문에 전체의 안이고, 따라서 참가하지 않은 구성원의 안이기도 하다는 의미로 슬그머니 '여러분'을 감싼다. 이 자료에 맞닥뜨리고서 처음으로 나는 산보운동이 형성되는 과정에 대한 의사록적인 것이 적어도 우리들의 눈이 다다르는 범위에는 아무리 찾아도 존재하지 않았던 이유를 이해할 수 있을 것 같았다. 또한 일본의 '노동운동사' 책이 강령과 성명서와 연표를 '자본주의의 발전단계'나 일본의 '정치사적 시대 구분' 등에 대한 틀을 이용해서 도식화하는 것만으로 이루어져 있다고 하는 사정의 절반의 이유도 이 점에 있지 않을까 생각하였다. 안의 기원과 경과를 분명히 보여주지 않는 것이 훌륭한 조직화라 인식되고 있기 때문에 의사록 경시의 사고가 당연히 생겨나는 것이리라.

　비밀운동단체의 경우에도(이것은 요구할 수 없는 어려운 것이지만) 그 운동단체 내부에서 필요한 한에서의 구성원이 서로 이해하기에 충분한 만큼의 의사록을 만들어 두었다면, 전전의 비밀 대부분이 비밀의 필요를 잃어버린 전후에는 조금 찾아보면 발견될 것이다. 하물며 비밀단체는커녕 대단한 위세의 산보단체, 그것도 그 중추가 정확한 의사록을 상당 부수 남겨놓지 않았다는 사실은 분명히 그 운동 자체가 그러한 것을 필요로 하지 않았음을 웅변한다. 사회 대중당의 구성원, 각종 노동조합, 여러 기업 등은 가입할 때에도 그 후에도 기원과 경과를 정확하게 추구하려고 하지 않았고, 중앙의 구성원 대다수도 시국대책위원회의 의사議事를 면밀하게 검토하려는 관심자체가 없었던 것이 분명하다. 오히려 역으로 일본적 리얼리스트 젠의 방침이 성공한 것에서 역산하더라도 분명히 특수형 '전체일치주의'가 받아들여지고 있었던 것이다. 이 전체일치주의는 결코 전체를 일정한 목적에 맞추어 구성하려는 데서 발생하는 적극적 전체일치주의는 아니다. 그 경우에는 목적을 분명히 해서 그에 대한 반대자를 가려내고 그것을 탄압해서 굴복시키던가 아니면 설득하여 납득시키든지 하는 절차가 없어서는 안 될 중대한 과정으로서 나타나지만, 이 전체일치주의는 일치가 어디에서 발생한 것인지 알 수 없기 때문에 전체에서 발생한 것이 된다는 소극적 전체일치주의다. 반대자가 없다는 것은 심정적인 면에서는 종종 역으로 전체일치감을 증대시키는 것이고, 그것을 노련하게 사용하고 있다는 뜻이다. 이러한 정신이 미립자가 되어 일본의 여러 방면에 침투해 있다고 한다면, '운동사'가는 의사과정에 대한 자료를 손에 넣기 어려울 것이고, 또한 스스로도 그러한 과정 자체에는 자주 관심을 나타내지 않게 될 우려가 있다.

이러한 상황 속에서 의사 경과는 오로지 계획에 참여한 당사자들의 가슴속에만 자리잡게 된다. 의사 경과의 경시 내지 의사록 경시란 실은 경과를 상호주체적인 것으로서 어떤 범위에서 공물화公物化하고, 문서화하여 객관화하는 것을 거부하는 것이다. 따라서 당사자인 '나'에게는 역으로 경과가 실로 중요한 것이 되는 경우가 많다. 집단·조직이 근원에서 항상 사물화私物化되는 경향, 또한 중추 당사자 외에는 집단 그 자체에 충성심을 가지지 않는 경향은 실은 여기에서 나온다. 따라서 조직이 공식명칭상으로는 몇 십 년이고 지속되지만, 자도자만 바뀌면 완전히 운영방식이나 조직 원리에서 돌연변이를 반복하면서, 게다가 그 '혁명'에 대해 무자각인 것은 조직의 '개인'성, 비객관화성, 의사록 부재성에서 유래한다. 혹은 역으로 학생운동 단체처럼 구성원이 몇 년 만에 교체될 수밖에 없는 운명을 가지는 경우 같은 '오류'를 항상 반복하는 경향을 현저하게 가지는 점도 동일한 원인 때문이다. 의사록이 정비되어 있고 의사 경과에 대한 예민한 주체적 관심이 존재하는 경우에는 조직 원리는 전통화되기 쉽지만 동시에 단순한 '오류'는 반복되기 어렵다. 따라서 조직 원리의 변혁은 원리의 주체적 변혁으로 자각되기 쉽다. 즉, 조직 자체의 역사(전통·발달·혁명의 자각적 영킴)가 성립하게 되는 것이다. 이미 조금은 분명하고, 나중에 점점 분명해지 듯이 익찬 시대의 일대 특징이 집단 전향의 집합임에도 불구하고 그 집단 의 전향 내면과정이 조사 불가능한 것은 각종 기술적 조건 외에도 그 조직 자체의 역사 부재라는 원리적 이유에 의한다.

물론 집단학, 즉 조직론이 아무리 유행한다 해도 본격적으로는 성립하 지 않는 하나의 이유도 여기에 있다. 조직론 형성의 노력은 반체제운동의 광범위한 조직화의 목표가 사라진 현상에 대한 비판적 의도만으로는 결코 결실을 맺지 못한다. 그것은 직접적, 현재적인 실천상의 의도에 지나지 않 는 것이다. 조직 자체의 역사 형성이라는 원리적 조건의 정비가 필요하다. 그 점에 대한 배려는 많은 관학 또는 역 관학(마르크스주의 학자에게 많이 나타나는 사고형태상의 관학성)의 조직론 학자에게 현시점에서는 결여된 것처럼 보인다. 자주 지적되는 일본의 정치 지도에서의 무책임 역시 이 경 과에 대한 무관심과 집단의 '개인'성에서 유래하고, 또한 조직 자체의 역사 부재성에서 발생한다. 따라서 이점을 생각하지 않고 무책임성만을 비판하 려고 하면, 자주 보이는 것처럼 어떤 시기 어떤 사람의 말꼬리만을 그때의 토론 맥락에서 떼어내 '책임 추궁'을 벌이는 결과를 낳는 것이다. 과정을 중 시하는 정신이 있다면, 그러한 단어의 실체화에 바탕을 둔 '정쟁'은 일어나 지 않는다. 문맥에 의해 말이 가지는 역할과 의미를 살피게 되는 것이다. 사회적 책임이란 본래 그러한 역할에 관한 것이기 때문에 단어비난형의 책 임 추궁은 오히려 책임의 소재지를 흐리게 하는 기능을 수행하고, 따라서 '책임을 추궁'을 함에 따라 더욱더 지도의 무책임성을 재생산하게 되는 것 이다. 그리하여 기억은 항상 피부로 실감한 어떤 하나를 고정화하는 것이기 에 의사록을 가지고 있지 않을 경우 단어비난형 책임 추궁은 아무리 해도 그 치지 않는다. 의사록을 중시하는 정신이란 이러한 배려를 갖는 것이다.

그런데 우리는 과정을 상호주체적인 것으로 천착하는 정신과 하나의 사이비 유사물을 구별하지 않으면 안 된다. 산보형성의 과정에 대해 그 정도로 불감증이었고, 무천착했던 일본 사회에서 '산업보국운동은 언제 어떻게 해서 생겨났는가?'라는 문제가 관심을 끈 것은 태평양 전쟁이 개시되면서부터였다. 다시 말해 그 '운동'이 국가체제의 일상이 되고 나서 처음으로 이러한 체제는 언제부터 일어난 것일까라는 진무神武 창업을 묻는 것과 비슷한 관심이 생겨난 것이다. 지금 이 서술의 자료가 되는 모리타 요시오森田良雄의 책도 그러한 관심에 의거해서 쓰인 것이다. 이 경우의 역사적 관심은 행동 주체가 행동의 방향과 방법을 결정하기 위해 자신이 서 있는 상황에 대한 과정을 가능한 한 면밀히 밝혀내려고 하는 종류의 과정 탐색과는 전혀 다른 것이다. 오히려 스스로 상황 전체에 대한 시인이 전제가 되어 있다. 향토사 탐구에서나, 일본의 소위 '실증주의' 역사가에게서 자주 보이는 것처럼 장소와 상황에 대한 운명적 수용이 기초가 된다. '상황'이라는 개념은 '존재'에 대항한 개념이어서 과정적인 것을 의미하지만, 여기서는 상황이 완전히 존재화되어 있는 것이다. 이 역사 관심은 존재의 역사에 대한 관심이기는 해도 상황의 과정에 대한 관심은 아니다. 따라서 주체적이지 않다. 그렇다고 해서 우리가 현재 행해야 하는 역사 파악은 존재사적으로 쓰인 문헌을 상황사적인 맥락으로 바꿔놓는 작업에 의해서만 달성되는 것이다. 그것에 의해서만이 역사 속을 살아갈 수 있기 때문이다.

그런데 젠 게이노스케는 이 '인사'에서 국가와 사업가와 종업원의 일체화를 설득하는 협조회의 산보안産報案에 찬성해야만 하는 이유를 네 가지로 들고 있는데, 그 중에서 '이 안을 추천하는 세 번째 이유'는 "이 지도 정신의 문구는 대단히 간단하고 평이하다, 말이 간단하기 때문에 어떻게든 해석할 수 있다, 이러한 것이 좋다고 생각한다, 빤한 것을 장황하게 적는 것보다 불경의 문구처럼 짧은 문구로 평이하고도 함축적으로 쓰는 것이 좋다, 사람들에게 알기 쉽다는 것이 무엇보다도 장점"[3]이라는 것이었다. 이 문구도 앞에서 본 안案의 공표 방식과 나란히 일본의 조직이 성립하는 과정에 특징적인 안의 구성과 그에 대한 가치판단 등을 여실히 보여준다. 이 문구보다는 품격이 높은 형태의 같은 문구가 일찍이 메이지 천황제 국가가 성립하는 마지막 순간에 사용된 것을 떠올릴 수 있는 사람은 그 점을 즉시 알아차릴 것이다. 즉 '가르침의 법'으로서의 교육칙어를 만들어 도덕적으로 국가통일을 완성하려고 했을 때 모토다 나가자네元田永孚와 나란히 칙어안 문구의 실질적인 제작자의 한 사람이었던 이노우에 고와시井上毅가 칙어 구성에 대한 기본 원리를 "왕의 말이 구슬과 같은 것은 단지 간단하기 때문이다"고 하고 칙어를 해골처럼 살을 쪽 뺀 영양이 없는 간단한 명제의 집합이라 하여, 정말 그렇게 함으로써 "주의 주장에 대한 논쟁의 발단", "철학상의 반대 사상", "하나를 기쁘게 해서 다른 것을 화나게 하는 말투"를 완전히 방지하려고 한(메이지 23년 6월 20일 야마카타山県에게 보낸 이노우에의 서간) 것과 젠의 이 생각은 거의 동일한 것이다. 여기서는, 한편으로 '어떻게든 해석할 수 있는' 다의·애매함을 귀결하는 듯한 그러한 간단함으로 '여러분' 모두의 개별적 의견을 흡수해 버리려고 하고 있음과 동시에 다른 한편, '평이함'으로 허용되지 않는 영역, 배제해야 할 입장을 명료하게 해두려고 하고 있는 것이다. 교육칙어의 경우 '비정사화非政事化', '비논리화', '비종교화'와 같은 부정적인 경계를 명확한 원칙으로 삼고 있었듯이 여기서도 '산업일체화'를 '불경의 문구'처럼 불쑥 말함으로써 구체적으로 어떤 타입의 일체화를 진행하려고 하는가라는 문제의 해명보다도 오히려 일체화하지

---

3 젠이 말하는 '지도 정신의 문구'란 협조회의 노자관계 조정안의 '지도 정신'의 항목이다. 인용할 필요가 없을 정도다.

않는 것, 하려고 하지 않는 것을 배제한다는 의미를 명확히 하였다. 더욱이 그렇게 하려고 하는 점이 좋다고 밝히고 있다. 그 한계 내에서는 어떠한 구체적인 의견도 전부 포함된다는 뜻이다. '불경'의 해석은 자의적으로 이루어지게 되고, 각자가 자기 자신의 해석을 절대화하여 결국 내적으로는 수없이 분열할 가능성이 크다. 교육칙어의 경우에는 그 가능성이 현실화하여 천황제의 내적 불통일을 낳았다.[4] 그러나 조직을 만들 때는 이러한 방법이 가장 쉽고 가혹한 토론 등을 필요로 하지 않는다. 그리고 적극적인 활동을 행하는 조직이라면 완성된 이후의 활동 속에서 내적 분열이 나타날 가능성이 크지만, 성립한 그대로의 형태로 단지 연맹이 있다는 것만의 소극적 조직이라면 모순조차 현재화顯在化하지 않는다. 따라서 그 경우에는 젠과 같은 방법으로 조직 강령을 만드는 데 한한다는 것이 된다. 일본 사회에는 이러한 집단이 많다.

우리는 복잡한 상황을 표현하기 위해 자주 애매어曖昧語를 사용한다. 그러나 그 경우에는 이노우에와 젠의 애매어 이용 방법과는 완전히 다른 형태인 경우도 많다. 우리는 종종 여러 가지 다른 요소를 동시에 파악했다는 것을 상징적으로 나타내기 위해 다양한 의미를 내포하는 다의어多義語를 사용한다. 단순히 여러 가지 요소를 파악했다는 것을 표현할 뿐이라면, 하나하나의 요소에 대응하는 단어를 나열하면 된다. 또한 동시에 파악했다는 것을 명기해 두는 방법도 있다. 그러나 이것으로는 복수의 서로 다른 것을 동시에 파악할 경우 주체의 내면적 긴장이나 리듬, 힘찬 느낌을 표현할 수 없다. 그러한 인식 주체의 내면적 역동성까지도 표현하고 싶을 경우에는 반드시 문법에 따르지 않고 어쩔 수 없이 다의어와 다의 문장을 사용하

---

4 교육칙어의 성립 과정에서 이 문제에 대한 해명은 졸저『천황제 국가의 지배원리(天皇制国家の支配原理)』참고.

2장 쇼와 15년의 전향 상황 119

는 것이다. 그렇게 함으로써 역으로 단어를 우리의 통제하에 둘 수 있다. 다의어가 갖는 내적 긴장을 이용하는 것이다(cf. Empson. W., *Seven types of ambiguity*, chap. Ⅷ. 내친김에 말해 둔다면, 자주 '학자'가 논리적 표현을 자랑하는 것은 애매어에 의해 표현해야 할 정도의 정신적 역동성을 인식 과정에서 경험하지 못했기 때문인 경우가 많다). 이러한 인식 결과를 인식 과정의 정신적 움직임과 함께 표현하려고 하는 경우에 대응하는 바의, 조직화에서의 애매어 사용법이 존재한다. 지금은 이 점을 예를 들어 설명하지 않지만, 그 경우에는 여러 계층·여러 지역의 사람·여러 의견을 가진 사람 등을 동시에 감성과 이성 양면의 바닥에서 파악하기 위해 다의성을 지닌 추상을 사용한다. 그것은 이른바 정치에서의 애매어 적극적 이용인 것이다. 그렇다면 산보운동에서의 젠 게이노스케의 경우는 그러한 이용이었을까. 그렇지 않다. 앞에서 논한 소극적 전체일치주의와 대조해 봐도 알 수 있듯이 동시 파악이 아니고 반대자가 없는 것을 노린 데서 발생한 애매어의 이용인 것이다. 산보형성운동은 이러한 소극성에 의해 특징지을 수 있을 것이다.

그도 그럴 것이 젠은 다음과 같이 말하였다.

'산업보국회 및 산업보국연맹'은 각 직장마다 산업보국회를 만드는데, 그것은 가능한 한 각 공장의 특수 사정에 맞게 만든다고 합니다. 이 의미는 기존의 기관으로 하여금 그 목적 기능이 산업보국회의 목적 기능과 동일할 경우에는 기존의 기관을 이용해도 좋고, 새로운 기관을 설치하기에는 맞지 않다는 것입니다. 이것은 굉장히 탄력성 있는 제안이라고 생각합니다.

'특수 사정에 맞추라'는 것에 대해 젠이 부여한 의미는 '새로운 기관을 설치하기에는 맞지 않다'는 것이다. 여기에는 산보운동 조직의 역사적 타협성이 잘 드러난다. 그러나 산보의 입안에서 애초부터 그러했던 것은 아니다. 따라서 안을 발표할 당시 "지방청 경찰 당국이 자칫하면 '산업보국회'를 기성 개념에 의한 '공장위원회'의 우두머리로 해석해, 공장 위원회에 단지 '산업보국'의 간판을 덮어씌운 것을 지도 장려하려는 경향이 있었던 것", 그리고 8월의 후생, 내무 양 차관 통지의 요강 속에도 '사업장의 사정에 따라서는' 노자勞資 간담'만을 행하는 단체도 괜찮을 것'이라 되어 있었던 것에 대해 협조회의 시국대책 전문위원의 '유지有志'가 모여, 산업보국회는 그러한 전통적 기관만으로는 성립할 수 없다는 점을 강조한 규약의 예를 만들어, "'간담懇談'은 산업보국회 사업의 하나이고, 산업보국회 그 자체는 결코 단순한 '간담'을 위한 기관이 아님을 …… 분명히 한 것이었다"(森田, 앞의 책). 그것이 실제 조직화에서는 젠과 같은 사고방식으로 옮겨가는 것이다. 이상과 현실과의 불일치가 아니라, 규약과 운동 사이의 원리적 배반인 것이다.

아니, 실제로는 규약의 예를 만든 위원회 자신도 원리상의 변혁은 바라지 않았을지 모른다. 대부분 집단사集團史의 경우 원리의 교체는 이전의 원리에 새로운 원리를 추가하는 형태로 진척되는 것이 아니라 이전의 것에 대한 파괴와 새로운 것에 대한 점유에 의해 진행된다. 이 점에서 협조회는 어떠했는가를 알기 위해 협조회의 사상사와 그 사회적 기반상황의 관련을 논해보자. 간단히 하기 위해 협조회의 출발점과 문제 시점과 비교사를 살펴보고자 한다.

협조회가 시부자와 에이치渋沢栄一에 의해 조직된 것은 1919년이었다. 쌀 소동의 다음해로 조선·제철·광산·군공창 등의 기간산업에 잇따라 발생하여 '뜻밖의 무질서한 변동'(하라 다카시原敬 수상)이 우려되던 와중이었다. 이 상황하에서는 지배 양식이 변화하지 않으면 안 된다. 메이지 시대

에는 성실 유덕한 관료가 개인적으로 피치자被治者에 접촉하면서 '목민牧民'
해 가는 방법이 최선의 '치도'라 여겨졌다. 근대적 지식과 유교적 윤리를 겸
비한 관료가 짚신을 신고 다니면서 다스린다는 것이 모범적인 정치상이었
다. 그러나 문제는 이미 '목민'적 치도로는 해결할 수 없다. '변동'을 일으키
고 있는 에너지는 사람으로서의 인간 집단이 아니라 객관체로서의 인간 집
단이다. 한 사람 한 사람에 대한 설득은 유용하지 못하고 사회기구적인 해
결이 요구된다. 이렇게 해서 '사회 문제'는 모든 사람들에 의해 문제가 되기
에 이르렀다. 그때 메이지 유신 이후 산업 국가를 만드는 일을 유일한 목적
으로 활동해 온 시부자와가 이러한 상황에 대처하여 산업을 지키고 발달시
키려 고안한 프로그램이 협조주의였던 것이다. 따라서 그의 협조주의는
우선 일본 지배자의 온정주의를 비판한다. "자본가가 가지기 쉬운 편견은,
임금을 주면 주인이고 그것을 받으면 종이라는 식의 봉건적 관념이다. 이
전에 내가 경영하고 있던 은행업에 대해서도 처음에는 이러한 편견이 늘
따라다녔다. 이것도 옛날에는 영업적 대부가 적었기 때문에 대금貸金에는
얼마간의 은혜 관념이 동반되어 있었다. 이것이 은행 거래에까지 미쳐 빌
려주는 자는 귀하고 빌리는 자는 천하다는 생각이 없어지지 않은 것이다.
…… 자본의 전제하에 사업이 존재하고, 사업의 전제하에 노동이 존재함과
동시에, 노동의 전제 위에서만 사업이 존재하고, 사업의 전제하에 자본이
존재한다. 자본과 노동의 공동 활동이 곧 산업이다"(渋沢, 「労働問題解決
の根本義」, 『社会政策時報』 1920년 9월 창간호). 더불어 "오늘날 세상에
서 말하는 온정주의에는 때때로 우수한 자가 열등한 자를 회유한다는 뜻이
스며들어 있는 듯이 보인다. 이와 같은 것은 협조주의와 상당히 차이가 있
는 것이라 말하지 않으면 안 되는"(「協調會宣言」) 것이었다. 분명히 지배
방법으로서의 인격주의는 부정된 것처럼 보인다. 그러면 시부자와는 그것

을 대체하기 위해 무엇을 가지고 왔을까. 같은 인격주의다. 단 그에 따르면 그것은 신분적 우열을 유지하는 이데올로기로서의 온정주의가 아니라 교류를 촉진하는 이데올로기로서의 '교온주의交溫主義'여야 했다(渋沢, 위의 논문). 이른바 종적 인격주의를 횡적 인격주의로 부정하여 이루려고 한 것이었다. 종적 인격주의는 '위'에 있는 자가 임의로 온정의 상대를 선택하기 때문에 계급으로서의 노동자 일반에 대한 기구적mechanical 대책을 세울 수 없다. 따라서 '사회문제'의 해결능력을 갖추지 못한 이데올로기다. '교온주의'에 입각할 경우 '임금을 제공하는 자가 귀하면 노동을 제공하는 자 역시 귀하다. 아니 그 어느 편도 제공하는 것이 아니고 자본과 노동과의 추렴일 뿐이다'라는 사고가 생겨나고, 따라서 '자본가와 노동자와의 인격적 상호작용'이 가능하게 되므로 "노동자 주제에 태만하다든가 피사용자 주제에 반항한다든가 즉, 이 '주제에'라는 …… 근본적인 잘못"을 없앨 수 있다(위의 논문). 신분주의로부터 발생하는 심리적 콤플렉스를 제거했을 때 비로소 사실적 상황인식과 그것에 대한 합리적 대책이 가능하다. 즉물적即物的으로 보는 눈이 열린다는 뜻이다. 그것이 '사회정책' 발달의 필수조건이고, 시부자와의 생각에 따르면 "시대의 문명과 야만, 민중의 지혜와 우둔함에 관계없이 치세의 핵심은 항상 사회 정책의 실행에 있다".

일본에서는 상하의 사회관계를 횡적인 사회관계로 바꾸려고 할 때 기동력을 발휘하는 관념이 종종 이 '추렴주의持寄り主義'였다. 8·15 이후 가족관계에서의 남녀의 평등은 무엇에 의해 보장되고 있는가. 그 버팀목의 하나는 '남자가 번 돈을 여자에게 주는' 관계에서 '맞벌이'에 의한 추렴의 관계로 이행한 것이다. 적어도 가장 '급진적'인 전후 민주주의파는 이 맞벌이 추렴주의자에 많다(이것은 경제적 궁핍과는 별개의 문제다. 전전파 보수주의자라면 맞벌이를 하지 않고 버틸 수 있을 정도의 궁핍에 대해서도 전후파 민주주의자는 맞벌이를 한다는 점에서 정신구조의 차이가 드러난다. 그 차이에는 물론 소비관심의 차이도 포함되어 있다). 또한 촌락 공동체에서의 전통적인 '계講'와 '회합寄合い' 등에 존재하는 '평등한' 교제에서도 음식의 '추렴' 관행이 그 '평등성'을 지지한다. 즉, 일본의 민주주의는 전통적으로 추렴 민주주의인 것이다. 이것은 횡적인 사회관계를 등가 교환의 관계로, 받는 자와 주는 자와의 동일 규준에 의한 비교를 축으로 한 관계로 완성시키려 하는 것이 아니라, 교환의식 그 자체를 배제한 형태로 구성하려고 한다. 이질적인 '능력·일·사물'을 비교할만한 환산규준을 발견할 수 없는 사회에서는 구체적인 같은 물건·같은 일을 추렴하는 방식으로만 평등을 의식할 수 있다. 소집단주의에도 이 원리에 입각한 것이 많다. 여기서는 분업적 평등이 성립하지 않는다. 분업적 평등은 구체적, 직접적으로는 불평등하면서 추상적, 간접적 방법으로 계산해 보면 평등하다는 평등이기 때문이다. '분업에 입각한 협업' 관계가 사회를 관철하기 위해서는 직접적으로는 도저히 비교, 계량 불가능한 것을 어떻게 해서든 계산하려고 하는 끝없는 계산벽과, 이물질 상호 간의 추상적인 동일 기준을 어떻게든 찾아내려고 하는 추구정신이 필요한 것이다.

그러나 추렴된 평등의식은 신분심리적 콤플렉스나 이데올로기적 대립의 전신전령화全身全靈化와 같은 사회심리상의 긴장을 푸는 기능을 다할 수 있다. 시부자와는 이 기능을 사용해서 실업가의 '사회정책'안眼을 넓혀 노동자의 '자제自制'를 형성하기 위한 조건을 정비하려고 한 것이다. 인격주의 사회 속에서 어떤 종류의 특정 인격주의를 부정하기 위해 정면으로 대립하는 기계적 사고로 하지 않고 방향이 조금 다른 기존의 인격주의로 하려는 데에, 최소 저항선상에서 개량을 이루려고 하는 '시대적 감각이 있는 자본가'(渋沢)로서의 그의 진면목이 있다. 그리하여 이 추렴주의에 의한 인격적 공동에 '협조회 선언'은 칸트주의의 외피를 입고 항상 인간을 목적으로 대하는 바의 '인격주의'라 명명했다. 따라서 이 인격주의에는 칸트가 가지고 있었던 것과 같은 예리한 긴장은 없다. 인간관계를 한편으로 상품교환 관계와 동일하게 물화된 관계, 즉 인간을 서로의 도구로 이해하면서 다른 한편으로는 권리 관계로 보고 인간 수단화를 단연코 거부한다는 이원적 사고는 없다. 원리적 긴장은 결여하고 있었지만, 그래도 성립 당시의 협조주의는 어떤 종류의 긴장이 존재하는 상황에 놓여 있었다.

　　"협조주의는 사회에 투쟁의 흔적을 없애려는 것을 공상하는 것은 아니다. 단지 투쟁에 의하지 않으면 도저히 노동자의 지위 향상을 기대할 수 없다는 관념, 투쟁을 위한 투쟁이라는 주의 즉, 현재의 사회에는 협조의 여지가 없다고 여기는 절망적 사상은 본회가 분명히 부정하는 바다"(協調會宣言). 대립상황을 막으려고 하는 것이, 자신의 노력을 효과 있게 하려는 것이라면 당연히 대립상황의 존재 그 자체를 어느 정도 당연한 것으로 인정해야 한다. 거기서 상황파악과 전략목적 사이의 긴장이 발생하는 것이다. 만약 이 긴장을 계속 유지하여 협조회 정신의 고유한 원리로 삼고 싶다면, 협조회는 모임의 인적 구성 속에 대립상황을 들여와서 사회 일반이 평온하게 되어도 모임 속에는 의견과 이데올로기의 대립이 항상 존재하게 해야 한다. 그렇지 않으면 사회 상황의 일반적 변동에 의해 긴장을 잃게 될 것이다. 이 나라의 많은 집단이 그러한 배려를 결여하고 있기 때문에 '시대의 운'에 따라 정신적 긴장을 얻기도 하고 얻지 못하기도 한다. 개인에 대해서도 대부분 마찬가지다. 역사적 경험의 추체험을 반복함으로써 끊임없이 내면을 다원화하려고 하는 배려를 결여하고 있기 때문에 내면적 긴장은 오로지 '시대의 운'에 따르는 경향이 강하다. 전중파·전후파 논쟁에 보이는 것처럼 세대주의는 이러한 정신풍토에서 특히 강하게 나타난다. 서로 '시대의 운'

을 자랑하고, 한탄하고, 노여워하고, 증오하고, 타도하는 과정이 '사상적 혁명'의 과정인 것이다. 이 나라에는 세대 혁명만이 혁명인 것인가. 물론 인간 세계에서는 어디에서건 시대정신을 개인이 완전히 초극하는 것은 불가능하지만, 그 초극에 대한 노력이 동시에 인간의 정신사를 형성하는 동인임도 의심할 나위 없다. 역설적이지만 이 영원화에 대한 노력 중에 시대상황의 특수정신이 가장 예리하게 나타나는 것이다.

협조회는 모임의 구성에 대하여 어떠했던가. 회장 도쿠가와 이에타쓰德川家達, 부회장 기요우라 게이고清浦奎吾·오오카 다쓰조大岡育造·시부자와 에이치渋沢栄一(실질적 지도자), 이하 귀족·관료·정치가·실업가에 의해 임원이 채워져 있다. 물론 참가하고 있는 실업가는 무토 산지武藤山治와 같은 개명적인 경영자, 관료는 고토 신페後藤新平·오카미岡実와 같이 사실적인 상황파악하에 정치의 합리화를 추진하려고 한 사람이 많다. 이러한 사람들이 '물정에 밝은' 귀족과 결합하여 협조회라는 집단이 생기고, 거기에『사회정책시보社會政策時報』라는 고토 신페에 의해 만들어진 만철 조사부에 견줄만한 면밀한 조사사업이 완성되었던 것이다. 그러나 노동조합 대표가 들어가지 않은 것도 사실이고, 공산주의자는 물론 사회민주주의자가 들어가지 않은 것도 사실이다. 시부자와는 1919년 8월 16일의 발기인 대회에서 "본 회의 발기인 중에 노동자 대표가 더해지지 않은 것을 이유로 본 회의 취지를 의심하는 경향이 없지는 않습니다만, 말씀드릴 것도 없이 본 회는 자본가를 위한 기관이 아닙니다. 자본가의 방자함에 대해서는 충분히 감시할 생각입니다"라고 자신만만한 연설을 했는데(渋沢秀三,『父渋沢栄一』下卷), 여기에는 최소한으로 봐도 개인 사상과 집단 원리와의 동일화가 있었다. 이것이 앞서 논한 집단의 '사물화'는 아닌가. 집단의 건강은 그 조성 원리에 달린 것이지 집단을 만든 사람이나 최고 지도자의 의견·활동에 관계없는 면이 많다. 조직자가 항상 주관적 행동에서 벗어난 객관적 결과의 책임을 물어야 하는 것은 그러한 이유에서고, 또한 혁명적 지도자가 혁명 과정에서 거의 항상 자신의 정신이 배신당해 가는 고립감을 통감하면서 한층 더 그것을 견뎌내야 하는 것도 그러한 이유다. 조직 운동과 지도자 정신과의 차이는 아무리 면밀하게 조성 원리를 만들어 두어도 피할 수 없을 정도의 모순이다. 시부자와가 자신의 대단함에 얼마의 자부심을 가지든 그것은 자유다. 그러나 자기의 자신감을 자기가 만든 집단에 그대로 옮기는 일은 조직자로서의 배려를 결여한 방식이다. 조직자는 자신이 만든 조직에 대한 비관주의를 가져야 하는 운명을 짊어지고 있는 것이다.

그리하여 협조주의는 어떤 종류의 미세한 상황 변화에 의해 노자勞資 일체주의가 될 수 있었던 것은 아닐까. 그러한 상황 변화란 말할 것도 없이 대립적 상황에서 협조적 상황으로의 이행이다. 그것은 1936~37년에 출현했다. 1926년 노동쟁의 조정법이 성립했을 때의 사회 상황은 한참 대립이 격화한 시기였다. 따라서 조정법에 의한 타협, 혹은 법에 의하지 않고서도 어떤 기관에 의한 사실조정이 실제로 성립하는 사례는 적었다. 그러나 그 후 10년 간은 점차로 사실조정이 중대하는 경향을 보이고, 그것이 1936~37년에는 정점에 달했던 것이다. 1925년도에는 총 쟁의건수에 대한 조정건수의 비율은 15%에 지나지 않았지만, 27년 이후에는 양쪽 모두 30%에 가까워지더니 36년도에는 41%의 '최고 기록을 나타'냈다. 1937년도는 10월까지의 중간계산에 따르면, 쟁의건수 1997건 중 조정 건수는 756건, 즉 38%를 차지했다. 이것은 전년도 같은 기간의 42%에 비해 비율은 4% 내려갔지만, 절대수에서는 67건의 증가였다. 법에 의한 조정은 26년 이후 11년 간 전국에서 겨우 6회에 지나지 않았기 때문에 전체적으로 사실 조정이 압도적으로 많았는데(공연公然한 자각을 가진 대립이 얼마나 적었는지 여실

히 드러내고 있지 않은가), 특히 37년의 조정은 하나도 남김없이 모두 사실
조정이었다. 물론 사실조정의 조정자는 경찰관인 경우가 많았고, 36년은
57%, 37년에는 63%로 절반 이상을 차지하고 있다(『社会政策時報』1938
년 3월호, 「昭和十二年社会運運動概観」 중의 坂井隆治, 「労働争議の概観」
에 의함). 또 그것과 함께 조정되지 않은 쟁의에 대해서도 '단기간 타협 해
결'이 많다는 것(위의 논문), 산업 내에서의 '간담회' 제도가 발전해 온 것은
노·사·정의 어쩔 수 없는 것이었지만, 사실상의 협조화가 사회적으로 일
반화하고 있음을 보여주는 것이다(이 점은 종래의 진보주의 역사가에게조
차 거의 중시되지 않고 있었다).

　　여기서 협조회에 남겨진 독자적 역할은 무엇일까. 하나는 사소하기는
했지만 일찍이 선언된 이원주의, 즉 투쟁과 대립의 존재를 사회적으로 근
거 있는 것으로 인정한 다음 그 대립의 지양을 도모하려고 하는 태도로써,
현장적 사실조정화의 경향에 반대하고 '조종위원회'에 의한 공적 조정을
중대시키고자 활동하는 것이다. 정당한 근거와 근거의 대립은 단순한 사
실상의 대립이 아니라 권리상의 대립이기 때문에, 그 조정 또한 법 원리의
차원에서 이루어져야 한다. 그렇게 된다면, 협조라면 뭐든 좋다고 하는 것
이 아니라 어떤 일정한 원리에 입각한 협조주의를 주장하는 것이 된다. 협
조회는 거기에서 사회운동 단체로서 자기 독립성을 나타낼 수 있었을 것이
다. 또한 메이지 시기에 개진당改進党이 제출한 '한발 한발 전진하는 사고방
식'을 계승한 개량 정신의 새로운 담당자가 되었을 것이다. 시부자와 히데
조渋沢秀三는 협조회에 주목하여 "현재의 중앙노동위원회와 동일한 정신의
것"이라고 지적하고 있으나(위의 책), 지금 논한 것처럼 본다면 최소한으
로 봐도 이 정도의 사상적 의미는 가질 수 있었을 것이다. 또한 전중에 전후
의 중앙노동위원회의 정신을 가지고 활동했다면, 그것은 현재의 중앙노동

위원회보다 훨씬 중대한 의미를 지닌 것이 되었을 것이다. 그러나 협조회는 그 길을 택하지 않았다. 앞에서 서술한대로인 것이다. 그의 독자적인 역할이란 노·사·정의 사실상의 협조회를 총괄해서 더 한층 추진하는 것이었다. 젠 게이노스케膳桂之助에 의하면, 이것은 '협조해야 한다'에서 '일체가 되어야 한다'로의 '대단한 진보'였다(앞의「挨拶」). 그리하여 당시의 일반적 관념 또한 "노동조합보다 사회조합으로, 사회조합보다 공장위원회로의 경향은 산업보국운동 없이도 이미 일반적 경향이었다고 말할 수 있음과 동시에, 이 일반적 경향이 오히려 보국회와 그 운동을 탄생시킨 기초라고 할 수 있다"고 생각되고, 이 '공장위원회·노자간담회'(공장위원회와 간담회가 동일시되고 있는 점을 주목하라)가 산보운동으로 성장함으로써 경찰관은 "외부에서 그것을 감시하는 것이 아니라, 운동의 동지로서 한편으로는 권력을 가지면서 다른 한편으로는 같은 입장에 선 지도자로서" 간담회에 가담하게 된 것, 이것이 "참으로 쟁의조정법의 훌륭한 발전이"라 생각했던 것이다(津久井竜雄編,『日本政治年報』第一輯, 1942). 여기서도 물론 법의 사실에 대한 초월성[5]과 공적 절차에 입각한 제도가 단순한 '모임'(간담회)에 대해 갖는 질적 단절성이라고는 인식되지 않고 있다. 협조회는 그 경향을 비판하지 않고 거꾸로 그 선두에 섰던 것이다.

스스로의 집단에 대해 그 조직 원리를 중시하지 못한 조직은 결국 사회적으로도 규칙의 의미를 주장할 수 없었다. 의미의 세계를 잃어버리고 남는 것은 사실상의 과정뿐이지 않은가. 산보연맹은 사실상 모여든 것을

---

[5] 법을 사회사실로 환원시켜 이해하는 입장은 항상 법의 초월규범적 의미를 잊어버릴 위험이 있음에 주의해야 한다. 법의 사회적 기능에 대한 측정이 요구되는 것 자체가 법의 초월성을 전제로 한다. '법이라는 것의 사고방식'(渡辺洋三)에 대해서 말할 때 '법 사회학자'는 자신의 시각 속에 잠재하는 이 내적 위험을 어느 정도 강하게 의식하고 있는 것일까. 더욱이 본문에서 인용한『일본정치연보(日本政治年報)』는 종종 뛰어난 상황 파악을 보여준다.

모은 것에 지나지 않고, 모여야 하는 것과 모여서는 안 되는 것에 대한 구별과 그 구별의 방식에 대한 논쟁을 거치지 않았다. 이것은 지배체제로서도 결코 순조로운 결과만을 발생시키는 것은 아니다. 국민 전체의 전향을 요구하는 시기에 맞춰 지배체제가 기대한 것은 이전의 사회주의 집단, 노동조합, 자유주의 정당 등이 그대로 산보운동에 가입하는 것이 아니라 그러한 집단의 해체를 거쳐 개인이 '완전 전향'한 뒤에 다시금 산보운동에 참가하는 것이었다. 그렇지 않으면 밑으로부터 힘이 발휘되지 않을 뿐 아니라 간판만 바꾼 이전의 집단 속에서 이전의 그 사회운동가가 이전부터 내려오는 정신을 가지고 은밀하게 운동을 지속할 수 있다. 즉 집단 전향의 그늘에서 개인은 비전향인 채로 있을 수 있다. 물론 집단의 한 구성원으로서 집단 전향에 찬성한 이상 완전한 비전향일 수는 없지만, 일본 집단에서는 구성원의 적극적 토론 속에서 전환방침이 생겨나는 일이 별로 없기 때문에 간부가 정한 방향을 말없이 인정하는 것은 적극적인 전향의 의미를 거의 가지지 않는다. 따라서 일종의 위장 전향임에는 틀림없지만, 전향성명을 발표하는 것으로 스스로 자신을 위장할 필요는 없기 때문에 가장 쉬운 위장 전향인 것이다. 가만있기만 하면 자연스럽게 위장할 수 있다. 부작위不作爲 위장 전향이 성립하는 셈이다. 위장 전향은 우선 초월적 보편자를 철저하게 내면화해서 소유하는 것이 무엇보다 필요하다. 그 위에 한층 더 연기력을 필요로 하고 또 그 연기의 효과가 보는 시각에 따라 거꾸로 되는 것을 예측·설정하는 힘을 필요로 한다. 대부분의 서로 다른 관중의 상황에 들어맞는 시나리오를 쓰고 동시에 그것을 정확히 스스로 연기하고, 더욱이 그 연기 과정의 순간순간에 스스로 감독이 되어 수정, 검증해야 한다. 그 세 가지 과정은 동시에 이루어져야 하고 더구나 시시각각의 상황 변화에 맞게 세 과정 전체를 바꿔야 한다. 따라서 성공하기 위해서는 넓은 시야와 빠른 회

전, 깊은 통찰, 민첩한 행동력과 다른 과정을 동시에 파악하는 다의多義 인식의 힘, 게다가 그 다의 인식을 자신의 내면에서는 하나씩 명확히 분리해 두는 능력을 필요로 한다(여러 다른 관객의 눈을 동시에 자신이 가지고, 또 그 여러 시선을 연기하는 쪽과 또한 연기시키는 쪽에서 동시에 포착해야 하기 때문이다). 보통사람은 성공하기 힘든 것이다. 그러나 여기에 부작위 위장 전향이 성립한다고 한다면, 가만히 있는 것만으로 다시 말해 주변 사회의 변화만으로 성공할 수 있는 것이기 때문에 누구라도 실행할 것이다. 어떤 조건만 정비하면 일본 전체가 위장 전향을 할지도 모른다. 위장 전향에 대한 공포에서 비롯된 1937년 탄압의 결과로 산보운동이 일어나고, 그로인해 저절로 성공 가능한 위장 전향이 대량으로 출현한 것은 놀랄만한 악순환이 아닌가. 참으로 "협조회가 보국연맹 결성에 앞서 행한 각 노동단체와의 회담은", "사회대중당을 비롯하여 동일 계열의 노동조합으로 하여금 …… 단체를 해소하고 사회민주주의를 포기시키는" 것이어야 했다. "그런데도 협조회는 무슨 이유에서인지 관련 방책을 취하지 않은 채 산업보국연맹의 조직을 진척시키고 지난 7월 30일 이사를 선출하여 결성을 보기에 이르렀으며, 마침내 그들로 하여금 완전 전향의 기회를 놓치게 하여 그대로 각 연맹에 참가시킨 것이다. 이 완전 전향을 이룰 수 없는 사회민주주의 단체를 포함해서 결성한 산업보국연맹의 정책이 과연 그 근본 목적인 노자관계勞資關係의 조정을 달성할 수 있을지를 의심함과 동시에 그것이 또한 궁극적으로 황혼적 정책이 될 수밖에 없는 상황에 이를 것임을 걱정하는 바다"(西山仁三郎,「産業報国連盟の課題」,『革新』1938년 10월 창간호). 여기서 말하는 '황혼 정책'이란 본래는 사회주의 계열의 노동조합이 "주위의 사정이 너무 불리했기 때문에 일시적으로 전향을 했지만, 조직이 있는 관계상" 그러한 전술적 전향과 혼동해서 받아들이는 것은 곤란하다는 이유에서 "갑작스럽게 …… 전향성명을 할 수밖에 없는 입장에 있는" 자가 내놓은 애매한 전향 정책을 가리킨다. 따라서 그것은 '암흑 정책으로 전환될 위험이 있는' 것이다. 그리하여 지금은 사회주의자의 완전 전향을 추진할 절호의 기회를 놓친 협조회·산보연맹 자신이 위험한 변환을 내포하는 황혼 정책을 갖고 있다는 이유로 지탄받는다. 위장 전향에 대한 공포는 집단 전향을 통해서 점차 확대되어 간다. 그래서 파쇼집단 자신이 공격받게 되는 것이다. 익찬회는 공산주의의 소굴이라는 유명한 비난도 이 계열의 결말로 생겨난 것에 지나지 않는다.

(3) 집단 전향의 결말

산보운동은 노동자를 종래 최고 7%의 조직률밖에 유지하지 못했던 노동조합과는 다른 형태로 조직하고 '경영에 대해 따라서 임금 그 외의 노동 조건에 참여하는 것을 가능하'도록 했다. 그것을 이루기 위한 조건은 국가기관의 '내면적 알선'을 승인하고 그 지도하에 서는 것이었다(『日本政治年報』第1輯, 1942). 분명히 국가에 의존함으로써 개별 자본가와의 교섭을 유리하게 하려는 노동자의 관심을 동원하려고 한 것이다. 따라서 그 성격상 운동이 협조회 '설득력'에 주로 의존하고, 정부가 '겨우 지지하고 협력하던 것에 지나지 않은' 동안에는 커다란 발전을 나타낼 수 없다. 국가에 대한 의존, 관심을 흡수하는 운동은 그 운동 자체가 '국책으로 확고하게 정해지지 않으면' 노동자에게 의미가 없다. 소위 '정동화精動化(국민정신운동)는 당연한 것이었다. 그리하여 산보운동의 본격화(제2의 전향)는 1939년 4월 내무·후생 양성의 개입으로 비로소 시작되어, 1940년 11월의 '근로 신체제 확립안 요강'에 의해 전국적인 성립을 알린다. 1939년 4월의 통첩은 각 지방 장관에게 산보운동 지도의 합리성을 부여했다. 그 이후 "본 운동의 지도에 즈음하여 정부가 중심이 되고 산업보국연맹이 정부에 협력"하게 되어, 성격은 '역전'되었다(5월 10일의 통첩). "경찰관의 맹렬한 활동"이 시작되고 "전국 대부분의 사업장에서 …… 반 강제적으로" 조직설립이 추진되어(『日本政治年報』第1輯), '산보'의 전국중앙본부 위원장은 후생대신이 되었다. 이 과정은 "대정익찬회가 창조의 전기前期에 있고, 총리대신이 총재로 있음에도 불구하고 민간적인 운동 형태를 취하고 있었지만 …… 후기, 즉 쇼와 16년1941년 4월 조직 개편으로 관헌적인 것이 된 것과 동일한 과정"이어서, 당시에도 '참으로 흥미로운' 현상으로 여겨졌다(위의 책). 즉, 익찬체제 고유의 '발전 법칙'이 나타나고 있었던 것이다. 여기에는 말할 것도 없이 강제 없이는 노자勞資 간담체제조차도 불가능한 개별 자본 상태와 당시 노동자 일반의 국가의존성이 나타난다. 그러므로 총력전 국가체제가 진행되면, 산보조직이 진척되고 '숙련공 부족' 경향의 증대와 더불어 노동자 '우대'·'만능'의 시대가 도래했던 것이다.

당시 일본에서 부족하다고 일컬어지던 '숙련공'이란 예를 들면 서구에서 20세기가 되고나서 부족해졌다는 '숙련공'과 범주적으로 다른 것이었다. 서구에서 문제가 되었던 것은 "일반 기계공의 작업을 지도하고 선반 그 외의 공구의 설계 제작을 할 수 있는, 각종 공작 기계의 조정에 숙달된 진정한 고급 기계공이다". 즉 다케타니 미쓰오武谷三男식으로 말하자면, 물건을 만드는 '감勘'을 습득한 '기능'상의 숙련자에 그치지 않고, 기능의 이유와 생산수단의 구조를 알고 있고 나아가 그것을 타인에게 전달하는 능력을 가진 새로운 '기술자'인 것이다. 그런데도 당시 일본에서 부족했던 것은 "일종의 기계 조종 및 그 기계에서 이루어지는 공작업에 일반 경험을 가진 자, 초보가 아닌 자, 즉 평균적인 기계공"이었다(相馬十吉, 「最近における労働事情」上, 『社会政策時報』1938년 1월호. 2월호에 하下가 수록된 이 논문은 뛰어난 것이다).

여기서 얼마간의 기계 조작의 경험을 갖고 있다고 간주되는 사람은 갈 곳이 남아도는 상태가 되었다. 인력 부족이 심해질수록 요구되는 경험의 정도도 낮아지기 때문에 그 사정은 확대 재생산된다. 한 부분에서 실력이 외견 이하라고 판명되어도 곧 또 다른 군수공장에 취직할 수 있었다. 임금은 '숙련공의 쟁탈경쟁'과 국가의 '후방 전사' 우대에 의해 이전과 비교하면 높아진데다, 배급식량은 보통 '시민'의 2배 가까이 많아졌다. 군대에 징집될 때까지의 기간이므로 대부분의 사람들에게는 비교적 단기간의 벌이에 지나지 않는 것이었지만, 그만큼 "임금의 할증이 있기 때문에 노동자 측이 시간 연장을 환영하는" 경향이 강했다(『日刊工業新聞』 1938년 1월 7일, 앞의 논문에서 인용). '과로'에 의한 재해가 증가했다. 이는 국가로서도 노동력 보전상 반드시 바람직한 것은 아니었다. 내무성 사회국은 '이 모순'을 두고 계속 고민했다. 경영에서 산업평화가 실현되어 태업권도 박탈당한 상황에서 임금을 충분히 올리는 것은 자본가의 세뇌가 아닌 한 불가능하기 때문에 "문제의 해결은 오로지 행정적 조치에 맡겨졌다"(相馬十吉). 국가에 대한 의존성이 이렇게 해서 재생산되어 간다. 이 국가에 대한 의존성을 국가 측에서 파악했을 때 그것은 '자발적 협력'으로 나타나고, 여기에 이 절의 앞부분에서 논한 익찬체제 지배자의 자발성 신앙이 생겨난다. 국가는 국민에게 의존하고, 국민은 국가에 의존하는 상호의존체계가 이렇게 성립하는 것이다. 여기에서 대두되는 '자발적 협력'이란 각자가 스스로의 프로그램에 따라서 상대와 분업을 이루는 것이 아니라, 스스로의 구제를 상대에게 구하는 '상호의존적もたれ合う' 정신현상이었다.

그런데 이러한 산보형 의존성과 조금 다른 국가에 대한 의존성이 다른 곳에도 있었다. 그것은 장년단·산업조합운동가·혁신농촌협의회 등에 보

이는 바의 기존의 사회권위의 일부를 파괴하는 힘을 가진 것이다. 이러한 종류의 국가의존성 구조에 대해서는 이전에 논한 적이 있다(藤田, 「天皇制とファシズム」, 岩波講座, 『現代思想』5; 「天皇制ファシズムの論理構造」, 『近代日本思想史講座』1). 또 이들 집단의 전향 과정에 대한 문제점을 구체적으로 추적하는 것도 여기서는 다루지 않는다. 한마디로 농본주의운동이라 불리는 이들 집단의 원리를 총괄적으로 구성할 것이다. 대공황 이후 농본주의운동의 기본 태도는 한결같이 '유한자有閑者'의 배제였다. 농산물 가격이 폭락한 결과, 아침부터 밤까지 일해서 반년 만에 겨우 초등학교 교원 월급에 필적할만한 수확을 얻어도 그 농사꾼은 굉장한 독농으로 여겨졌다. 여기서 일하지 않고서도 먹고사는 자에 대한 맹렬한 증오가 축적되어 폭발한다. 우선 기생지주寄生地主에 대해, 그리고 기계적 사무로 살아가는 월급생활자와 그것을 낳은 메커니즘인 근대 문명에 대해, 그 우두머리인 부르주아에 대해, 그와 동시에 이 '일'과 '보수'의 현저한 차이를 합리적으로 해결해줄 것이라 믿는 '국가'에 대한 기대가 중대한다. 그 증오와 기대를 파악하려고 한 것이 고토 후미오를 비롯한 혁신관료의 한 계열이다.[6]

이 관계는 대정익찬회 성립 과정에서 '의회주의'의 파괴, 정당정치가의 타도 욕구가 되어 의미를 갖는다. "국가 참여의 상태를 보면, 이 추악한 상황은 거의 말하지 않으면 안 될 정도다 …… 일이 이 지경에 이른 것은 당연히 잘못된 당원 내지 직업 정치 브로커의 탓이다"(「壯年団結成趣意書」, 『翼賛国民運動史』에서 인용. 청년단은 1929년부터 존재했다)라는 이유에서 의회를 정당이 아니라 기대하는 '국가'에 맡기려고 한다. '당쟁' 배재의 사고는 공동체 특유의 것이고 과거로부터 존재하지만, 특히 지방자치제도가 야마가타에 의해 만들어진 이후 그 기본 강령이 되었다. 보통선거는

---

6 따라서 혁신관료와 농본주의의 관계를 상반적인 범주에서만 파악하는 것은 잘못된 생각이다.

'당쟁'을 중대하는 것이 아니라 오히려 일억의 '정치적 총동원'(上杉慎吉)을 귀결하는 것으로 받아들여졌다. 그것은 부락과 마을의 '보스' 즉, '직업 정치가'의 사적 이해에서 국정 참여를 해방할 것으로 기대되었다. 그러나 그 기대 속에서 탄생한 제도가 역으로 정치 참여를 "단순한 기성 정당인과 직업 정치가의 이합집산"(『翼贊国民運動史』)으로 만들어버렸다. 이것은 파괴되어야 한다고 생각되었다. 정치를 '유한자'의 손에서 탈취하려고 하는 이 방향은 막스 베버가 말하는 '통속적 도덕주의'에서 발생한다(politische Schriften). 정당정치는 그 원초부터 금전상의 부패를 희생cost으로 하고 대신에 지도자 고정화를 막아 정치에서의 상하 규칙적 유동을 가져올 수 있도록 고안된 것이다(막스 베버, 위의 책). 일본에서도 다이쇼 시대에 선거 운동이 상공업조합 등의 직능 단체를 기반으로 이루어지게 된 것은 이 원리의 실현 가능성이 생겨나고 있음을 말해준다. 또한 바바 쓰네고馬場恒吾는 1940년에도 그 원리를 내세워 정당정치의 특색이라고 공공연하게 생각하고 있었다(전전의 일본에서는 이 사람뿐이다). 이유인즉 "정치가 한 사람의 책임"은 "역사를 움직일 정도의 인물" 다시 말해 지도자를 "찾아내는" 것이지만, 그 지도자 찾기 방법이 정당정치에서는 "이시다 미쓰나리石田三成가 시마 사콘島左近을 끌어안고, 유비가 제갈공명을 필요로 했던 것과는 다르"다. 즉 '기성품'을 물색하는 것이 아니고 역으로 '양성'하는 것이다. 유능해 보이는 인물을 '의원代議士 후보'로 정하고 "이들을 위해서는 상당한 돈을 내준다. 응원 연설도 해 준다". 그것이 의회 활동을 통해 '이백, 삼백' 명 중에서 도태되고 남은 자가 '간부'가 되어 지도자가 된다는 뜻이다(『時代と人物』). 의식적으로 '양성'된 것이기 때문에 당 활동이 있는 한 지도자의 고정화는 결코 일어날 수 없다. 현실적으로는 그 과정에 금전상의 부패가 거의 항상 따라다닌다. 그러나 바바에게 있어서, 그렇다고 이 지도자 양성의 사이클을 버리고 구식의 기성품을 찾는 방법으로 돌아간다는 건 용서할 수 없는 일이었을까?[7] 그와 반대로 그 부패 때문에 정당정치 그 자체를 혐오하고 파괴하려는 것이 우리가 자주 빠지는 '통속적 도덕주의'다. 그것은 우리가 청빈하면 청빈한 만큼 강해지는 심리상태다. 따라서 당시의 농본주의는 그 길을 택했다. 그리고 중정中正한 '국가'에 의한 해결을 바랐다. 근대 국가의 '중성성中性性'이란 국가가 내면적 가치 세계에 개입해서는 안 된다는 의미를 가지고, 따라서 국가의 일을 순수하게 형식적인 기능 영역에 끊임없이 밀어 넣는 활동을 동반하는 것이지만, 여기서는 국가가 실질적인 해결사로서 중정임을 전제로 한다. 이것을 이어받은 혁신관료는 '직업적 정치가'의 존재를 없애고, '안분비율按分比率 인사', '나열적 장식 인사'를 '지양하고'(후쿠모토 가즈오福本和夫의 번역어가 이처럼 활약하고 있다!) '모든 직능의 각 구성원', '각계의 실질적 지도자', '광부 한 사람 한 사람'에게 '지도자 의식을 확립'하자고 말하면서 국가주의를 실현하려고 했다(야쓰기 가즈오矢次一夫, 기시 노부스케岸信介 등의 '국책 연구회'의 신체제안). 경직된 입신출세의 길을 헐고 지위혁명status revolution을 일으킴으로써 재지在地·재직在職 중간층의 힘을 흡수하려고 한 것이다.

이러한 연관이 익찬체제 속에서 작용할 때 발생하는 일반적 정신경향은 무엇인가. 말할 것도 없이 '실생활' 제일주의고 '활동働き주의'다. 그것은 직접적 물질생산만을 존중하는 정신이었다. 당시의 신문을 보아도, 또 대

---

[7] 정당정치의 이 원리는 물론 새로운 부르주아가 점점 더 대두할 수 있는 발흥기 자본주의에 더 적합한 것으로써 발생한 것임에 틀림없지만, 그러나 다른 한편 당 활동이 조직적으로 된 현대에 있어서는 부패 없이 이 원리를 실현할 수 있는 가능성도 커지고 있다. 전후 일본의 자유당(自由党), 개진당(改進党), 자민당(自民党) 등의 이른바 '보수당'이 '기성품'의 관료를 영입해서 지도자로 삼고 있는 것은 정당 원리를 완전히 잃어버리고 있는 것이 된다. 부패라는 코스트만 대량으로 소유하고 지도자의 양성과 교체에 대한 원리에 비추어서 그것은 정당이 아니라는 시점이 필요하다. 그러나 일본에서는 여전히 금전과 인사의 직결 즉, 부패한 면에만 주목해서 비난하고 있다.

정익찬회의 '중앙협력회의' 의사록인『국민총상회지国民総常会誌』를 보아도 그 점을 잘 알 수 있다. '실생활에 입각한 총력전'(1942년 9월의 중앙협력회 의록中央協力会議録)이 위에서도 요구되고 동시에 아래에서도 요구된 것이다. '경제위반을 했다는 마음가짐이 없는 자', '이익지상주의 정신'은 '정직하게 땀 흘리는 자'에 대해 '실생활에 대한 감각'을 갖지 않는 자로 간주되어 국가로부터 '공평하게' 처단되어야 할 것으로 요구되었다. '정직한 자에게 당치않은 것을 보이지 말라'(니이가타현新潟県의 마을간사世話역 야마모토 히사히라山本久平가 1942년 9월의 총상회総常会에서 밝힌 의견), 자신만이 손해를 보는 것은 싫다는 주장 아래서 대중의 이기주의적인 도덕주의가 폭발하고, 이 또한 이기적인 일본의 중간 착취자를 국가의 손을 빌려 배제하려고 하는 운동이 체제 내부에서 범람하게 되었다. 국가의 조치가 이기주의를 만족시키지 못할 때 그 칼은 당연히 정부를 향하게 된다. '조령모개朝令暮改', '부자에 대한 규제 불충분', '유언불실행有言不實行'의 비판이 분출한다. 그 결과 국가에 대한 '소극적이고 수동적'인 '무관심'이 발생한다. 국가에 대한 열광적인 기대가 단순한 불평등이라는 사회심리적 병리에서만 발생할 때에는 기존의 제도를 어느 정도 바꿀 수 있는 힘을 가지지만, 일단 새로운 제도가 성립하면 내셔널리즘 자체가 운산무소雲散霧消해버린다는 전형적인 예가 이 익찬회의 역사에서 보인다. 따라서 전후 일본의 내셔널리즘 부재 상황은 결코 전후에 시작된 것이 아니라, 익찬 내셔널리즘 그 자체의 구조적 성격으로서, 그럴 수밖에 없었고 상당한 정도에서 전쟁 후반기에는 이미 그러했던 것이다. 물론 모든 집단에 대해 이 명제는 해당된다. 보편적 이념에 의해 결합되어 있지 않은 집단은 돌발적 에너지 밖에 갖지 못한다.

그러나 그 사정은 국가가 '활동주의'로 되지 못했다는 의미는 아니다. 농본주의 대중에게 보이는 도덕주의의 외피를 쓴 이기주의는 이기주의여서 총력전 국가의 모든 조치와 어긋날 수밖에 없는 것이다. 총력전 국가는 그 윤리적 이기주의를 기동력으로써 전 사회에 '활동주의'를 확대하려고 했다. 그러나 '활동주의'로 전환시키려 한 중간착취자 역시 '가족 개인주의'[8]로서의 이기주의였기 때문에, 가업이 뿌리째 뽑혀버리면 국가주의적 '활동주의'로는 바뀌지 않는다. 내셔널리즘이 이렇게 해서 광범위하게 상실되어가는 것이다. 국가가 요구하는 '활동주의'가 기계적인 것이 될 경향이 여기에서 발생한다. '기계 실동률實働率 증진운동'이 그것을 상징한다. 물론 그것도 익찬체제의 운동이기 때문에 표면상으로는 '자주자발운동'의 일환이될 수 있지만, 그 근간은 "기계의 운전 상황을 조사하고 그 조사에 기초한 기계의 '정지' 원인을 물심양면으로 검토하여 …… 각 직장에서 그 해결책을 실천함으로써 '정지' 원인을 배제"하는 '취지'에 있었다(日本国民運動研究所編, 『日本国民運動年誌』 제1집, 1943년). 기계의 실직적인 가동률을 증대시키는 과정에서 '마음'의 헤이함까지도 단속하여 '일하는 정신'을 만들려고 한 것이다. 채플린의 「모던 타임즈Modern Times」(1938)와 조금은 비슷하지만, 여기서의 노림수는 '물심양면'에 있기 때문에 '감독'의 유무와 관계없이 기계의 운전강화에 의해 기계적으로 필연적인 노동이 강화되는 등의 냉혹함은 전혀 없다. 기계적 강화라기보다 기계적 교화인 것이다. 이점은 원리적으로 다르다.

　이리하여 장년단형 집단은 익찬체제를 만드는 힘이 되고, 동시에 자기 파괴의 원리상의 기원이 되기도 했다. 또한 전업 '집단전업'(『社会政策

---

8 1942년의 제3회 중앙협력회의에서 가타히라 시치타로(片平七太郎)가 '제안' 속에서 잘 정식화한 단어다. 그는 '가족국가'주의를 '사이비 가족개인주의'와 구별해서 후자로 '흘러가지 않도록 해야만 한'다고 논했다. 이 '가족개인주의'는 이전에 야마지 아이잔(山路愛山)이 중국 가족주의의 특징으로써 열거한 것과 동일한 것이다(「日漢文明異同論」). 가족주의는 잘 사용하면 국가에 대한 개인의 보루가 되는 면도 있다. 물론 그렇게 되기 위해서는 가족주의가 아닌 원리를 한쪽에서 견지하고 있어야 한다.

時報』 1939년 2월호의 시보란時報欄에「集団転業による力強い甦生」을 논하고 있다)의 결과도 체제의 파괴를 이끌었다. 역설적으로 말하면 국가에 기대하려는 이기주의기 때문에 즉시 국가로부터 이탈해버렸던 것이리라. 이기주의는 그 누구라도 수단으로써만 다루어야 그 나름의 일관된 힘을 갖는다.

3. 집단과 개인

이상에서 논한 것처럼 익찬체제는 엉성한 방식으로 이루어진 집단 전향의 합류체였던 탓에 그 이데올로기 상황은 굉장히 유동적이었다. 예를 들면 '일진월보日進月步를 의미하는' 단어로서의 '혁신'은 '정당정치 타파'의 '혁신' 및 사회변혁을 지향하는 '혁신'과 서로 유동하는 애매한 상징이 되었다. 이처럼 유동적인 상황에 대한 개인의 대처방법은 무한에 가까운 다수로 존재한다. 공공연한 반천황주의자·반국가주의자, 공공연한 공산주의자로서 완전한 비전향의 길을 선택하는 것은 거의 죽음을 의미했기 때문에 죽음으로써 사는 삶의 방식을 취하는 사람이 아니라면 불가능했지만, 그러한 전략적 상징을 제외한 행동양식의 전술적 차원에 대해서는 대단히 넓은 궁리와 선택의 여지가 있었다. 유동적 상황을 빠져나가는 방법은 원래 다각적인 것이다. 물론 다각적 가능성이 존재한다는 것이 반드시 안이하게 행동 태도를 결정할 수 있다는 뜻은 아니다. 일상의 변변치 않은 행동 태도를 통해서도 위장 공산주의가 발각되기 때문에 그것을 피하고 동시에 자신에게 가장 적절한 방법으로, 그것도 지배체제에 완전히 말려들지 않고 역으로 그것에 실질적인 저항을 꾀하는 방식으로 행동 태도를 결정하기에는 가능한 길이 많으면 많은 만큼 원려탐모遠慮探謀를 필요로 한다. 그 점은 주의해야 한다. 따라서 익찬 시대의 개인 사상사를 추적하는 것은 대단히 풍부한 결과를 낳는 일이다. 아마도 근대 일본사 중에서 가장 많은 사상 형태가 은밀한 유형으로 내포되어 있는 시대의 하나가 아닐까. 공포된 문서가 획일적인 외침으로 가득 차 있는 것에 반해, 오히려 그렇기 때문에 해석과 반응의 다양성이 표출되었던 것이다. 그리하여 그 반응들 대부분의 틀은 각각 의미를 가지기 때문에 그 중에서 어느 하나만을 끄집어내어 다른 모든 것을 대표하게 하는 것은 오히려 풍부함을 잃어버리는 꼴이 된다. 따라서 우선은 가능한 한 많은 유형을 수집하는 것이 필요하다. 여기서는 불충분하지만, 익찬시대 사상사의 유형학을 시도해 보기로 한다. 하나하나의 유형에 대한 자세한 분석과 의미부여는 다른 기회로 미루고 간단한 주석을 달면서 도식화하고 싶다. 의미 부여를 심화해 가는 것과 새로운 유형을 더해 가는 작업이 앞으로 필요하다.

(1) 익찬 이론의 몇 가지 형태

앞에서도 분명히 밝혔듯이 익찬체제에는 중심 기둥이 없다. 서로 의지함으로써 완성된 것이기 때문이다. 이 경우에 나타난 타자에 대한 의존성은 전국戰國시대의 유능한 여러 세력들이 행한 것처럼 자신의 눈으로 자신의 기준에 따라 다음 시대의 선수를 간파하여 이에 의존하는 방법으로, 자신의 권력을 강화해가려고 하는 것처럼 어디에 의존할 것인가를 결정하는 원리, 이른바 의존의 정신적 원점을 가지는 의존은 아니었다. 따라서 의존의 상대도 일정한 것이 아니었다. 그것은, 전국시대의 예에 비추어 말하자면, 아시카가足利 최후의 나약한 장군 요시아키義昭가 행한 것처럼 모든 현존하는 세력에게 닥치는 대로 의존하는 유형의, 정해진 견해가 없는 의존성에 속하는 것이었다. 따라서 익찬운동에는 정통의 전략전술은 없었다(여기서 결국 기존의 물리적 '힘'인 군부의 실권이 사실상 강해지는 것만으로 끝난 것은 당연한 흐름이었다). 그 운동을 지탱할 전략전술이 몇몇 나왔으나, 그것들은 모두 조금씩 서로 달랐고 또한 제각기 체제의 사실상의 흐름과도 달랐다. 모든 익찬 이론은 방계 이론이었다는 점에 이 체제의 특징이 있다. 정통도 없고 그렇다고 해서 이단도 많지 않은 대부분이 방계로, 방계의 집합이 이 체제를 만들고 있었다. 이 방계성이야말로 참가자의 책임에 대한 자각을 약하게 하는 대단히 큰 조건인 것이다.

이상주의적 익찬 이론
_ 아리마 요리야스 · 센고쿠 고다로 · 고토 후미오와 그에 연결된 것

신체제운동 개시기의 중추이자 소위 '선의'의 농본이상주의자고, 익찬운동에서의 대중주의와 자발성 신앙의 사상적 대표자였던 아리마 요리야스有馬賴寧와 그 집단에 대해서는 다른 사람이 자세하게 논한 바 있다(『共同硏究転向』中巻 참조). 이때의 문제는 ① 그의 현실 제도 운용에 반드시 적합하지는 않은 이상주의적 측면이 익찬체제의 제도적 확립과 더불어 필요 없게 되면서 익찬회 중추에서 제외되었다는 점, 즉 익찬운동을 만든 인물이 익찬체제에서 일종의 방계에 지나지 않았다는 것이다. ② 그러나 동시에 그러한 면이 '농민문학 간담회' 혹은 종합 잡지나 저널리즘 등의 조직 · 기관을 통해서, 시마키 겐사쿠島木健作 및 같은 종류의 대중주의자의 기대를 끌어들이고, 거기에 전향을 자기 나름의 최소한으로 저지하면서 저항하려고 생각한 사람들을 익찬운동에 연결하려는 작용이 발생했다는 것이다. 구체적인 예를 들면 시마키는 농민문학 간담회에 "다른 이가 대신大臣이라면 가지 않겠지만, A씨여서 간다"고 생각하고 출석한 것이다(『或る作家の手記』). 이러한 경향은 사상적으로는 하시모토 에키치橋本英吉, 마미야 모스케間宮茂輔와 그 외의 대중주의자에게 공통되어 있었다. 또한 산업조합 내부의 혁신파에게도 그러한 경향이 강했다. 이 경우에는 "인간이 종종 선의라고는 해도, 그러한 모임의 성질을 객관적으로 보면 그와 같은 …… 사고방식은 지금의 그는 하지 않는다"(島木健作)라는 전향이 전제조건으로 되어 있었다. 개인적인 선의의 결합에 의해 사회제도의 어떤 방향에 저항하려고 하는 원리가 익찬 중추와 저항 지향파를 이어주는 사상적 고리가 되고 있다. 여기서는 집단을 만든 인간에 대한 신뢰와 그 집단 자신을 신뢰하는 것의 구별이 없다.

앞의 「2. 집단 전향」에서 논한 것처럼 집단 그 자체의 행동양식에 대한 자각이 전혀 없다. 그 구분은 마르크스주의에 입각하지 않아도 생기는 것이다. 즉, 모든 집단을 경제적 계급 집단으로 여기고 그 점에 집단의 속성을 환원하여 평가함으로써 구성원 개인에게서 독립한 집단의 존재를 의식하지 않아도 양자를 구분할 수 있는 것이다. 따라서 마르크스주의에서 전향했다고 해서 인격에 대한 충성과 집단에 대한 충성의 구분을 철폐할 필요는 조금도 없다. 이러한 구분을 해두지 않으면 집단에 참가하고 난 후부터 여러 가지 불만이 나온다. 시마키가 "농민문학회의 발족에 즈음하여 연설을 한다. 그것이 이후에 회보에 실렸고, 오해받고 있음을 발견한다. 그러한 일이 세상에서는 있을 수 있는 일이지만 그는 도저히 그냥 지나칠 수 없었다. 그는 오해의 원인을 마치 소중한 보물이라도 찾듯 밝혀내지 않고서는 견딜 수 없었던" 것이다(小林秀雄, 『作家の顔』—강조는 후지타). 간과할 수 없는 것은 당연하다. 그 자신이 언명하고 있듯이 그는 인간의 선의만 믿었고, 사람은 모두 선한 존재라 생각하려고 했기 때문이다. 철저한 성선설에 서 있기 때문에 인간관계에서 '성악'적인 결과에 대한 예방도 각오도 전혀

없었던 것이다. 시마키가 '만주개척민 시찰 여행'을 떠난다. 그의 담화가 신문에 보도된다. 자신의 입장에서 봐도 역시 '오해'였다. 이쪽의 선의가 집단·모임·조직·기구에 의해 배신당하고 있음을 발견하고 발을 동동 구른다. 그 순환경로를 반복한다. 그것은 이러한 일원적인 인간에 대한 충실주의와 선의에 대한 무한신앙의 결과다. 따라서 아리마에 대한 이러한 인간적 신뢰가 익찬조직으로 이어진다고 해도 그 연결이 익찬조직의 힘이 되는 일은 없다. 조직 내부에서 항상 조직에 대한 환멸을 지속적으로 느낄 뿐이어서 조직운동을 추진하는 힘이 되지 않는다. 동시에, 신뢰하는 사람, 예를 들면 아리마를 그 조직에서의 예외자·방계로 만들어 버린다. 방계이론은 점점 더 방계화 한다. 그러나 이단이 되지는 않는다. 그는 익찬운동 중추에서의 공로자인 것이다. 이단이 성립하기 위해서는 유무를 막론하고 모든 사람의 모든 행동을 통제하는 것과 같은 보편적이면서 부동의 교의 체계가 우선 존재해야 하는 것이다.

그리하여 방계에 속하기 때문에 점점 더 저항지향파와 연속하게 된다. 익찬 이론의 방계성과 중추와 저항지향파 사이의 연속성이란 계통系 관계에 있다. 이 경우 저항 지향파의 전향은 완전 전향으로 한층 더 나아간다.

보수주의적 익찬운동_하세가와 뇨제칸 · 미야모토 쓰네이치

아리마나 센코쿠 등의 생각 속에는 주지하는 바와 같이 촌락 공동체의 관행(교제·동족)을 이용하여 농민 조직화를 추진하고자 하는 경향이 강했다. 이 생각은 일본 사회의 전통 유지를 주장하는 보수주의자의 사상과 당연히 연결된다.

일본의 특수성·독자성을 찾아내기 위해서는 사회의 선진적 부분의 변천 방식, 변화의 경향성에 주목할 필요가 있지만, 동시에 사회의 최 말단에 깊이 침전하여 거의 변화하지 않는 것, 변화하더라도 아주 천천히 오랜 시간을 거쳐 그것도 조금밖에 변화하지 않는 것을 인식할 필요가 있다. 후자의 방향을 일면적으로 고집하는 곳에서 전통 보수주의의 태도가 나온다. 그것은 아리마 등의 사고와의 관련성을 도외시해도 익찬체제와 연결된다. '국민의 자발적 협력'을 환기할 것을 요체로 삼고 일본의 특수성을 과장할 의도를 갖고 있던 익찬운동으로서는 하나의 유력한 버팀목이 되기 때문이다. 이 맥락에서 하세가와 뇨제칸長谷川如是閑은 지방 민중의 공동체 속에는 제도적으로 따라서 획일적인 교육기관에 따르지 않는 교육 방법이 보존되고 있음에 착목하여, '민요', '이야기', '춤盆踊り', '축제' 등이 가지는 자연 귀결적 교육기능에 의해 세상에서 고급문화라 여겨지는 것과 동등 이상의 문화가 생겨난다고 생각하여, 이점에 일본의 특수성이 있다고 주장했다(『改造』1940년 5월호). 제도와 인위적이고 기계적인 것에 대한 저주는 시마키의 경우처럼 결과로서 발생한 것이 아니라 처음부터 원리로서 조정措定되어 있어, 나타나는 경로는 다르더라도 그 강렬함에서 서로 양보하지 않는 것이 있다. 물론 이 발현 방식의 차이는 중요하고 그 차이의 결과, 그들이 기대를 거는 것이 달라지게 된다. 시마키형은 인간의 선의밖에 없기 때문에 오랜 기간 동안 선의善意 신앙이 모조리 배신당하고 모든 타인에 대한 완전한 절망에 빠져 은둔할 수밖에 없을지도 모른다. 그 경우에는 선의의 인간이 자신뿐이라고 생각한다. 그러한 극한 상태가 되지 않아도 배신당할 때마다 새로운 선의의 소재지를 찾아서 유랑하게 된다. 따라서 시마키형의 사상은 언뜻 보기에 농촌정착형인 것처럼 느껴지지만, 실은 인간관계를 맺는 상대를 끊임없이 바꾸어 가는 경향을 가지는 것으로 이런 측면에서 원래 전향형인 것이다. 일본의 부락과 마을 내부에서 인간관계의 친밀함과 소원함의 변화를 보면 역시 이 유형이 많다. 여기서는 사물에 대한 사회과학적인 견해가 나오지 않는다. 뇨제칸의 경우에는 기계적인 제도나 개념을 원리적으로 거부하는 대신에 유기적 인간관계나 자연스러운 행동 양식을 존중하고, 거기에 문화의 생산성을 인정한다. 그가 기대를 거는 것 자체가 인위적 제도의 자각을 갖지 않을 뿐 역시 제도인 것이다. 반대로 말하면 인간에 대해 힘을 갖는 제도란 그 제도 속에서 살아가는 인간의 육체에 녹아들어 있기 때문에 기계처럼 간단히 조작할 수 없는 것을 말한다. 간단히 조작 가능한 제도는 인간의 정신을 고양시키는 것과 같은 작용을 가질 수 없는 사고방식이다. 그리하여 그처럼 육체화한 제도는 몇 백 년, 몇천 년 계속되는 과정을 통해 완성된다. 전통적인 것을 찾아 그것을 중시해야 한다고 생각하는 것은 당연하다. 이 사상 자체는 전향형이 아니고 비전향형이다. 사실 뇨제칸은 메이지 시대부터 그러한 생각을 가지고 있었다. 단지 공공연히 협력하는 상대를 파시즘 성립사 속에서 권력이 바라는 방향으로 바꾸었다는 점에서 전향했던 것이다(1934년). 익찬 시대에는 그 운동 속에 있는 전술한 대중주의와 결합하는 경향을 부정할 수 없었다. 다만 거기서도 뇨제칸의 주장을 자세히 살펴보면 알 수 있듯 전통적인 예능遊芸을 중시함으로써 직접 생산주의를 의미하는 '활동주의'와는 분명히 단절되어 있었다. 따라서 전통에 의존하는 저항이 여기서는 가능하다. 그러나 그 가능한 측면에 충분한 역점을 두고 활동했다고는 분명히 말할 수 없다. 그렇게 하기에는 일본 문화의 특수성에 깊이 정통함으로써 세계의 보편적인 정신이나 문화에 다다를 수 있는 길을 명확하게 밝혀야 한다. 전통의 문제를 자국의 독자성에 특수화하고 독선화獨善化하는 방식으로 받아들인 것이 익찬체제의 정신이기 때문에, 이것에 저항하기 위해서는 특수를 통해 보편에 이르는 방식으로 전통을 살리는 것이 필요했다. 뇨제칸의 사상에 입각하여 말하면, 영국의 경험론과의 관련 속에서 일본 전통문화를 문제시하는 것이 가장 쉽게 그 길에 도달하는 방법이었을 것이다(후술하는 야나기타 구니오柳田国男와 비교하라).

사상적으로는 약간 시마키에게 가까운 노선에 있으면서 뇨제칸과 서로 닮은 길을 간 사람으로 미야모토 쓰네이치宮本常一가 있다. 그는 잘 알려진 바와 같이 뛰어난 일본 민속의 발굴·수집·기록자다. 그는 활자문화와 제도적 문명의 급속한 변화의 바닥에 계속 잔존하는 구비전승문화와 전통적 지혜를 하나하나 발굴하는 작업을 전쟁 중에도 한결같이 진행했다. 그의 1943년의 저서 『시골마을을 가다村里を行く』는 다키노滝野의 낚시 바늘 생산이 행상과 결합하여 발달하고 그 행상이 '문화의 전파와 진보에 공헌한 실상'을 조사한다든가 또 농작물을 서리 피해에서 방지하는 지혜가 나가노현에서 히로시마현으로 전해지는 교류에 대해 조사했다.

그러한 조사와 기록 작업을 조금씩 축적하여 축적한 것을 조합하고 분류하는 과정을 거치기 때문에 당연히 점진적인 사고가 길러진다. 일거에 전체가 성취되는 극적인 과정을 바라는 것이 아니라 한발 한발 확실하게 더 나아지도록 하는 것 외에는 없다. 이러한 점진주의는 메이지 초기의 후쿠자와 유키치 등의 근대적 자유주의의 유형에도 있었지만, 그와 더불어 묻혀있는 것 속으로 깊이 침잠해 들어가는 방법 속에도 있는 것이다. 전자가 진보주의적인 점진적 사고이고, 후자는 전통 보수주의적인 점진적 사고다. 단, 전자는 미래사회에 대한 목표를 가지지만, 후자는 사회적 목표에 대한 감각에서 약하다. 그것은 수세적 입장이다. 그것은 전통의 유지가 목표기 때문에 기계적 문명의 진전에 대한 한탄이 따라다니고, 동시에 전통 유지를 지지해 줄 어떠한 세력과도 결합하기 쉽다. 그리하여 『시골마을을 가다』는 익찬운동과 결합하였다. 그 책 말미에는 주고쿠中國 지방의 한 늙은 이田中梅治가 다음의 말을 '세상에 전하고 싶다'고 하여 특별히 기록했다. "장

남인 우리 집안의 상속자여, 절대로 이 귀중한 농민百姓을 버려서는 안 된다. 이 농민의 응어리진 신고辛苦는 우리 대일본제국의 국초國礎임을 잊어서는 안 된다. 특별히 선언한다". 장남만이 농민을 끝까지 지키고 차남 이하는 도시에 나가도 좋다고 하는 것은 사상적인 지방정착주의로서는 결코 원리적이지 않고, 따라서 도쿄 집중주의를 파괴할 힘도 없다는 데 미야모토 쓰네이치는 주의한 것일까. 어찌되었든 이 부분은 서투르다. 익찬체제와 중복된 지점에서 은밀한 형태로 자신의 원리에 따라 우리의 환경을 '좋게' 만들고자 하는 지향이 여기서는 무너진 것이다. 앞에서 논한 익찬 제 이론에서의 방계성과 연속성이 지배적인 상황에서 외견상으로 익찬 제 이론의 어떤 것과 중복되면서 실질적으로 그것과 단절되기 위해서는, 일정하게 이것만은 '하지 않는다'는 결의가 필요하다. 그리하여 종종 뭔가를 '하는' 적극적 결의보다도 '하지 않는다'는 소극적 결의 쪽이 결의에 대한 충분한 의식을 필요로 하고, 나아가 끝없는 긴장을 동반하는 것이다. 세상 대부분의 사람이 '할 것'을 행하는 경우에 결의는 충분히 의식되지 않지만, 그것을 '하지 않는' 것은 습관화 되지 않는 성질의 것이어서 부단한 불안정과 긴장을 동반하고 따라서 항상 자각하지 않으면 안 되는 것이다. 익찬 시대의 개인 사상사는 한편에서는 이 무엇을 '하지 않았는'가를 조사하고 거기에 해당 인물의 사상 원리를 찾아내는 방식으로 이루어져야 한다. 적극적 원리와 소극적 원리의 양측을 발견해야 한다는 것은 일반적으로 인간 인식의 철칙이기는 하지만, 이 시대는 상황상 특히 후자에 역점을 두어야 한다. 다시 말해 당시를 살아간 사람들이 얼마만큼 소극적인 원리를 강하게 자각하고 있었는가에 대한 인식을 다루는 것까지도 포함한다. 물론 무엇을 하지 않았는가를 측정하기란 극히 힘든 작업이다. 이를 위해서는 해당 인물의 이전부터의 경향·버릇 등 거의 전부에 걸쳐 그 버릇이 나타나는 상황과 관련지어서 파악하고 있어야 한다. 그가 자신의 일정한 버릇을 능숙하게 사용하여 무엇인가를 '하지 않을'지도 모르고, 또 자신의 무엇인가를 '하는' 경향을 딱 끊는 형태로 '하지 않는' 결의가 나올지도 모르지만, 그것은 그의 버릇과 버릇의 자각 방식에 정통해 있지 않으면 파악할 수 없다. 따라서 충분한 이해는 불가능하다. 그러나 이해를 위한 노력은 필요하다. 현대 사상사는 그러한 면에서 향상되지 않으면 쓸모없게 될 것이다.

그런데 뇨제칸이든 미야모토 쓰네이치든 이 소극적 결단의 원칙적 의미를 자각하는 점에서 필요한 만큼 강하지 못했다고 생각된다. 때문에 익찬 이론의 방계가 된 것이다. 물론 미야모토 쓰네이치가 익찬체제의 어떤 면에 대해서 내재적 비판을 하지 않은 것은 아니다. 예를 들면 그는 조사에 임해서는 각 지방의 '친절한 사람들'을 찾아 그 사람 집에 묵고 '직접 부딪침'으로써 전승문화를 보족補足했는데, '여관 발달'의 영향으로 '마을의 젊은이들'이 '묵으려면 여관으로 가면 된다'고 하여 이러한 '고풍스런 여행'을 거부하게 되었다. 그에 따르면 문제는 '이러한 변화'가 '총친화總親和 등으로 언급되면서' 일어나고 있고 '이번 전쟁'이 '이미 여행자에 대해 커다란 제한을 더하고 있'는 것이다(『村里を行く』). 그렇다면 익찬운동이 전통문화를 존중한다는 것은 새빨간 거짓말이 아닌가. 익찬운동은 자신의 확고한 강령을 갖지 않고 현존하는 모든 입장에 바짝 의존하려 했기 때문에 편입한 하나하나의 입장 모두에게서 이러한 비판이 일어날 수 있는 것이다. 일정한 조건하에, 일정한 한계 내에서 각각의 입장과 협력한다는 것이 통일전선형 공동이라면, 이것은 그 반대인 것이다. 미야모토는 이러한 익찬체제의 무한정성無限定性의 모순을 비판한다. 그러나 그는 이 면을 물고 늘어져 지배체제를 비판하는 것을 하나의 활동 목적으로 삼고 자각적으로 행한 것은 아니다. 그것은 전통적 지혜가 기계 문명의 기술로 바뀐 것에 대한 하나의

일반적인 한탄 현상이었다. 예를 들면 세토나이카이瀬戸内海의 농민이 해초를 따서—모바키리藻葉切り로 불린다— 비료로 쓰기도 하고, 전마선傳馬船, 화물을 운송하는 데 사용하는 배의 해충 방제를 목적으로 배 밑바닥을 태우는 데 쓰기도 하는 풍습이 점차 약해져 화학비료 만능 풍조가 성행하는 상황에 대한 한탄과 같은 차원에 있는 것이다. 전통보수주의에 선 저항은 충분히 이루어지지 않았다고 생각된다. 그러나 시미키처럼 자신의 선의를 몰라준다고 해서 발을 동동 구르거나 절망하는 행동은 하지 않는다. 어찌 되었건 객관적으로 존재하는 '민속'이라는 사회적 사상事象을 오로지 문제시 하고 있는 미야모토는 타인의 오해나 그릇된 인식에는 상당히 강하게 버틸 수 있다. 그렇게 버티기 위해서는 오래된 민속을 만나는 것이 좋다.

만약에, 이 경우 미야모토의 한탄이 노여움으로 바뀌었다면, 답사 여행은 동시에 사회 전체의 전통에 대한 쇠퇴 기미를 소생시킬 목적으로 이루어지는 조직여행이 된다. 미야모토 쓰네이치보다 더 정치적 저항 감각이 있는 인물이 그의 원리를 익혔다고 한다면 가능성은 충분히 있다. 미야모토의 원리는 '친절한 사람들'과 직접적으로 이야기할 기회를 각 지방에 만들어가는 것이기 때문에 이른바 소그룹의 핵을 전국에 심어 가는 방식인 것이다. 이러한 소그룹 연합체야 말로 존재해야 할 사회상이라 생각하여 순회모임 만들기의 목표를 단순한 발굴과 기록이 아니라 전통의 유지, 확대로 치환하면 거기에는 전통보수주의의 입장에서 행하는 저항운동이 생겨난다. 이것은 일본주의인 점에서 익찬체제와 연결되면서 실질적으로는 총력전체제를 불가능하게 할 수도 있다. 또한 이 조직 원리를 진보적 혁명운동이 원용할 수도 있다. 그 경우에는 전통 속에 근거지를 두고 한 걸음 한 걸음 운동을 확대시켜 가는 유형의 진보적 혁명주의가 성립할 것이다. 그러한 의미에서 미야모토 쓰네이치식 사상은 조금씩 끌어내어 의식적으로 활용해야만 할 많은 재료를 포장하여 갖추고 있다. 그러나 단지 이 조직 원리를 활용하는 것이 보편자의 부재라는 일본 사상사의 나쁜 전통을 바꾸는 데는 도움이 되지 않는다. 이 조직 원리 자체가 고지키古事記 이후의 직접적 인격주의기 때문이다.

반아카데미즘형 익찬 이론

「2. 집단 전향」의 결말에서, 익찬운동 특히 농본주의적인 그것에는 사회적 특권을 타파하려고 하는 지향이 존재하고 있었음을 논했다. 그렇기 때문에 그 운동의 실질적 담당자 중 한 사람이었던 가토 간지加藤完治의 도장에서는 철저한 '사제공동주의師弟共働主義'가 실행되어, 생산노동이든 청소든 모든 행동에서 스승의 솔선수범이 이루어졌고, 그로 인해 구체적 평등(추렴적 데모크라시)이 실현되었다. 그러한 상황이 지배적으로 되면 당연히 그에 서로 상응하는 지식영역에서의 움직임이 다양한 형태로 나타난다. 그하나가 정치적 세계에서 국민총상회国民総常会가 개최되어 마을과 촌락의 자기 과시욕을 가진 '수완가ゃり手'가 하고 싶은 대로 이기주의를 드러내 보일 기회를 구가謳歌한 현상에 정확히 대응하여, 지금까지 무명이었던 사람들 중에서 저서를 출판하거나 저널리즘 논단에 등장함으로써 '출세하는' 것, 즉 사회적 활동을 하는 것이라 생각하는 경향이 있는 사람들이 이 기회를 놓칠세라 일제히 뛰쳐나온 것이다. 여태껏 '학자'나 연공을 쌓아온 '평론가' 등 어쨌든 일정한 전문적 훈련을 거친 자만이 독점하고 있었던 논단의 신분 질서를 뒤집어 저널리즘계의 지위혁명을 일으킬 수 있는 절호의 기회였던 셈이다. 물론 등장 조건은 익찬체제의 찬미와 기존의 '유한有閑 문화인'이 가지는 '자유주의'성에 대한 공격이다. 이 시대만큼, 단순히 저자가 자신의 존재를 드러낸다는 의미밖에 없는 저서가 범람한 시대는 드물 것이다.

전후 민주주의하에서도 출판 부수의 급진적인 상승이 보이지만(익찬체제의 연속!), 그러나 이 경우에는 그 내용이 서로 다른 것이 많았다. 익찬 시대에는 같은 내용을 그것도 말하지 않아도 알고 있는 것들을 쓴 책들이 넘쳐났던 것이다. 사실상으로는 표제와 저자명을 가지면서 의미상으로는 이름을 갖지 않는, 의미적 익명성의 문화 행위가 대량으로 발생한 것은 현대사에서 이 시대가 최대였다. 바람직한 민주주의에서는 거꾸로 사실상의 익명행위가 의미상의 특성을 항상 가진다. 그렇다면 이 상황은 익찬체제의 가짜 민주주의성을 잘 표현하고 있는 일례임에 틀림없다.

익찬 시대의 사회적 기득권 타파 사상에 대한 지식계에서의 어설픈 현상은 재야주의·반아카데미즘 이론의 융성이었다. 주지의 야스다 요주로는 그런 종류의 평론가 중 걸출한 인물이었다. 그는 1941년의 『민족과 문예民族と文芸』에서 '재야에 현인이 많을 때 나라는 번영한다'는 초망草莽, 재야주의 사고를 일본 전통문예의 탐색 속에서 일관되게 추출해 낸다. 거기에서 공격의 대상이 되는 것은 '현대의 직업적 사상가'나 '현대의 국문학자'의 '독선적 특권의식'과 그들이 '과학적 방법', '합리적 설명'에 얽매여 '설화' 속에 존재하는 진실이나 그대로의 형태로 믿을 때에만 발견할 수 있는 낭만적romantic '사실'의 가치를 말살시키는 행위였다. 그에 따르면 '직업 학자'의 "합리적 해석은 자신이 가지고 있는 지식의 단편적 조합이고, 알지 못하는 것을 어떻게든 지배하려고 하는 사고방식의 표현"이다. 그러나 예를 들어 도조지道成寺 전설의 진실은 이러한 전문지식으로 그 전설을 지배하는 것만으로는 결코 이해할 수 없다. 그는 이 점을 통렬하게 비판한다. 그에 따르면 잘못의 원천은 '직업'으로서 사상가가 성립하고 있다는 점에 있다. 중요한 것은 직업적 훈련에 바탕을 둔 지식의 조합에 있는 것이 아니라 '정신의 절대적 상태'를 파악하는가 그렇지 않은가에 있다는 것이다.

'전문 지식의 조합에 의한 지배'가 가장 전형적으로 원리화되고 있는 것은 관료제다. 따라서 야스다는 당연히 급진적인 반관료주의자다. 때문에 그는 항상 '교무당국'을 비판하고, 또 그가 서민들 사이에 전해지는 이야기를 '주제로 일본 문예에 대해 말하는 것'이라도 그것이, '유행 작가 나니와부시浪花節의 대본을 쓰고, 육군성이 만화 잡지를 후원'하는 등의 것과는 '근본이 다르다'고 주장한다(그의 관료적 계층성과 특권성에 대한 반대를 특히 반봉건주의라는 식으로 이해하는 것은 잘못이다).

말하자면 야스다는 문화영역에서 '직업'이나 '전문'의 존재 자체를 용인하지 않기 때문에 이른바 모든 문화제도 자체에 반대하고, 제도를 타파하는 것에 진실성을 인정하는 것이다. 예를 들면 '유언비어造言飛語'에 담긴 '극히 중요한' 의미를 인정하고, '장난삼아 지은 작품戲作'의 '생생한 불로불사'성을 인정하는 것이다. 이것은 실로 반시국적 발언이 아닌가. 그리고 그에 따르면 '소문'은 "저널리즘에서 국민적 정의론과 재야의 의지가 배제될 때 …… 그것을 불완전한 형태로 대행하는" 것으로서 생겨난다. 또한 "사회의식에서 수사법을 생각할 때는 희작자戲作者가 당대 민중의 즐거움과 희망하는 바의 소식에 가장 정통해 있다고 해야 할 것"이다.

그리하여 야스다는 이러한 맥락 속에서 모든 사회적 현상을 제도와의 관련을 통해 이해하려 하고, 더욱이 그 이해방식이 '합리적 해석'이며 나아가 현존 관료제와 조직적으로 닿아 있는 '쇼와연구회'에 대해서는 끊임없이 비판의 날을 드리웠던 것이다. 아니, 그의 사고에 따르면 아마도 사회과학 그 자체가 파괴되어야 하는 것이다.

야스다에게 철저하게 결여되어 있었던 것은 실현되어야 할 규율 체계로서의 제도상像이다. 그것으로써 현존 제도를 파괴함과 동시에 그것으로써 대체해야 할 규칙 체계가 결여되어 있었다. 따라서 그의 반아카데미즘은 현존 아카데미즘에 대한 혁명이 될 수 없는 운명을 가지고 있었다. 그것을 제거한 곳에 천황과 민중의 자연 공동태共同態가 탄생되길 기대했을 뿐, 이를 극복함으로써 상대를 깨트릴 방법이 야스다에게는 없었다. 이와 같은 사고는 그의 '정신의 절대적 상태'에 대한 관념에서도 나타난다. '정신의 절대적 상태'가 그에게는 그야말로 하나의 '상태'이자, '사실'이고 따라서 직업적 전문지식과 대립한다. 그러나 그것을 추상적이고 초월적인 것이라 이해한다면, 그것은 어떠한 직업이나 어떠한 전문분야에도 내재할 수 있기 때문에 그러한 입장에 선 쪽이 '정신'을 내면에 갖지 않는 전문 지식인을 오히려 급진적으로 비판할 수 있는 것이다.

　이러한 '아카데미즘' 비판의 시점상 약점은 익찬운동의 지위혁명이 결국 유효한 힘을 발휘하지 못한 사정과 대응한다. 또 일본의 '아나키스트' 대부분의 반아카데미즘과도 비슷하다. 다이쇼 시기의 아나키스트가 익찬체제에 흡수된 경우는 이 경로를 통한 것이 많다. 이에 관해서는 다른 사람의 개별연구에서 자세하게 다루어지리라 기대한다.

　반아카데미즘 익찬 이론의 유사형은 아사노 아키라浅野晃에게도 보인다. 이것은 야나기타 구니오柳田国男의 민속학에 덤벼들어 문자문화筆는 언어문화口·耳가 낳은 것을 형식화한 것이므로 항상 언어문화 위에 서 있지만, 역시 형식화한 것에 지나지 않기 때문에 장기적으로는 반드시 언어문화에 의해 변화된다고 하는 사고에 따른다. 이러한 것에 의해 민중문화가 아카데미즘적인 문화에 대해 근원적 우위를 차지함과 동시에 일본의 아카데미즘적인 문화의 외래물外來物적인 측면을 강조하는 것과 결부시켜 익찬적 내셔널리즘을 환기한다. 이 경우는 야나기타와 오카쿠라 덴신岡倉天心을 양축으로 한다(浅野晃,『詩歌と民族』, 1941). 그러나 그에게는 비판의 눈보다 현상 구가謳歌의 심정 쪽이 우세했다. 민중에게든, 일본에게든, 그리고 아시아에게든 '때가 다가오고 있다'(위의 책)고 느낀 것이다. 이것은 나중에 논할 야나기타가 당시 견지하고 있던 태도와 은밀한 형태에서기는 하지만 반대된다. 비교하기에 충분한 가치가 있다. 또한 앞서 밝힌 하세가와 뇨제칸 등의 보수주의 이론과도 비교해야 한다.

　같은 유형으로 일본 문화의 현상에 대해 더욱 날카로운 비판을 가한 이로 하기와라 사쿠타로荻原朔太郎가 있다. 그는 일본에서 지방 관료의 문화가 도쿄의 관료제 문화를 모방한 것이고, 더욱이 이것과 같은 관계로 도쿄 문화는 서구를 모방한 것에 지나지 않는다는 점을 정확히 포착해 비판하고 현대 일본은 '세계의 시골'에 다름 아니라고 논한다. 이 상태에 대한 그의 극복책은 이러한 관계와는 반대되는 관계를 일본 속에서 발견하는 것이었다. 지방 민중의 문화가 여전히 유지하고 있는 독자성에 주목하여 이것의 도쿄판을 그들 일본 회귀주의자가 만들어내려고 했다. 그것이야말로 독일의 칸트를 이식하는 것이 아닌 '일본의 칸트'를 낳는 길이고, 따라서 일본이 세계 속에서 독자성을 획득하는 길이라 생각했다(「日本は世界の田舎か」, 『改造』1940년 3월호). 이러한 생각 속에는 문화와 지식은 창조의 자각적 토착점을 잃지 말아야 한다는 사상이 있다. 그것은 가령 나치 치하라 하더라도 자기 창조를 위해서 조국 독일에 머물러야 한다고 생각한 푸르트벵글러와 통하는 사상이다(Curt Riess, *Wilhelm Furtwängler*). 다만 후자는 일관된 사상의 소유자고, 전자는 전향의 결과 회귀한 자에 지나지 않는다. 또한 후자는 그 때문에 나치와 조국 사이에 끼여서 내적인 분열과 긴장을 경험했지만, 전자는 비교적 손쉽게 익찬체제에 동화한다. 그 원인의 하나는 익찬체제 그 자체가 비초국적인 요소를 많이 갖고 있지 않았고, 먼 옛날 천상의 바위문 앞에서 수많은 신들八百萬神이 모인 것과 같은 형태로 성립한 것이어서, 애초부터 객관적으로 현실 국가와 조국의 분열이 적었다는 사정에

있다. 그러나 총력전 국가체제를 거쳐 기구화가 진행된 후에는 이러한 형태의 사상은 저항성을 더욱더 드러낼 수도 있었을 것이다.

사회과학적 익찬 이론

지금까지 예를 든 보수주의적 익찬 이론과 반아카데미즘형 익찬 이론은 인간관계나 사회를 메커니즘으로써 파악하는 사고와 대립하는 것이었는데, 쇼와 연구회와 국책 연구회는 서로 입장을 달리하면서 양쪽 모두 메커니즘으로서의 일본 사회를 어떻게 운전·조작할 것인가라는 문제를 주제로 삼은 사람들이 모인 단체였다. 따라서 거기에 모인 인물들은 정치가의 경우에도 사회과학적 인식방법을 정책 입안의 기초로 가지고 있었다. 그들이 자신들의 태도를 '혁신적'이라 생각한 이유의 하나도 이것이다. 쇼와연구회는, 2장 2절의 집단 전향의 전형에서 논한 '목민형' 메이지 관료에서 '기구 운영·지도형' 현대 관료로의 전환을 이 시기에 확립해야 한다고 보았으며, 그 경향을 추진하는 핵으로서 이루어진 조직이었다. 그 구성원이 거의 대부분 다이쇼 시대의 '사회문제' 발생의 조류 속에서 사상을 형성한 인물들이었다는 사실은 그러한 점에서 흥미롭다. 사회를 전체 구조적으로 파악하는 사고 형태가 전 국민 익찬의 입장에 접근했다고 하는, 마치 자신의 입장을 두고 말놀이를 하고 있는 듯한 사태는 익찬체제에서의 이데올로기적 유동 상황을 가장 잘 표현하고 있는 것이다. 그와 동시에 그 사태는 일본의 사회과학적 사고에서의 '전체 구조'관의 특수성까지도 표현한다. 구조적 파악이란 일정한 시각의 한정과 그 다음으로 이어지는 추상에 의해 성립하는 것이므로 그것은 어디까지나 재구성 즉, 재고 과정을 거친 것이고, 따라서 결코 존재하는 것의 전체를 덮는 것이 아니다. 그런 의미에서 사실 그 자체의 '전체적 종합'은 있을 수 없고, 정확하지는 않지만 이른바 '부분적 종합'인 것이다. 이 점에 대한 자각이 일반적으로 일본의 사회과학에서는 강하지 않다. 그리하여 한정적 전체상과 구체적 전체와의 명확한 구분의식이 없는 경우에 앞서 언급한 말놀이와 같은 연결이 종종 생겨나는 것이다(이 점을 전형적으로 보여주는 인물이 다히라 데이조平貞蔵다. 상세한 논의는 생략한다).

이 문제를 사회과학자의 사상적 태도의 차원으로 치환하면, 정책과 이론 사이에 존재하는 단절 의식의 문제가 된다. 정책은 구체적인 전체에 관한 것이고, 이론은 한정에 의해 성립되기 때문이다. 마르크스주의가 처음으로 '현실과학'으로서의 사회과학을 형성(특히 그 획기적인 첫발은 『일본자본주의 발달사 강좌日本資本主義発達史講座』이다)했음에도 불구하고, 그때 '현실과학' 관념은 '실천과학' 관념과 맞닿아 거의 동일시되고 있었기 때문에 앞의 단절의식은 강하지 않았다. 학자·이론가를 직업으로 하는 자와 정치가를 직업으로 삼는 자가 사회적 현실 속에서 나뉘어 있는 한에서 그 단절을 인정할 뿐이어서 주체적 태도로써는 오히려 '현실과학'에 의한 실천을 지향했다. 그런 의미에서 일본의 사회과학은 '정치경제학'적인 것이어서, '정치경제학 비판' 이전적以前的이었다.

쇼와연구회에 속한 오코치 가즈오大河内一男는 그 자신의 연구에서는 냉철함의 관철을 유지했음에도 오히려 그런 까닭으로 위의 점에 대해 가장 뛰어난 익찬 이론을 제공하고 있다. "전환기에는 경제 이론이 …… 정책 현상을 객관적인 현상으로 관상観想하는 자의 입장에서 전망하는 데 만족해서는 안 된다 …… 전환기의 경제학은 결코 '중성적'인, 이른바 성격을 갖지 않는 것이어서는 안 될 터이다"고 논하고, '정치적 과학으로서의 경제학'의 방향에 긍정적 평가를 부여한다(「転換期の経済思想」, 『スミスとリスト』, 1940).

그의 말에 의하면 이 경제 이론의 '주체성'을 담당하는 인간적 윤리적 요소란 "각자 생산의 '장소'에서의 생산자 윤리고", "올바른 직능적 윤리"
다. 이것은 아담 스미스의 '경제인'처럼 "추상적 윤리가 아닌 오히려 생산력
요소인 '장소'에서의 구체적 담당자로서 인간을 이해하는 것 위에 선 윤리"
다(위의 책). 여기서 문제가 되는 것은 '주체'관이다. 주체의 자각은, 추상
적 '인식 주관'이 '행동 주체'와 분리될 때 생겨나는 것이라고 한다면, '추상
적 윤리'의 부정이 주체의식 그 자체의 부정으로 이어지는 것은 아닌가. 인
간을 '장소'에 결박하는 것은 향토주의와 같이 초월적 보편자의 사상적 형
성을 불가능하게 하는 것은 아닌가. 따라서 '시대'를 비판하는 관점을 상실
하게 하는 것은 아닌가. 막스 베버를 모방하여 경제양식과 그것을 담당하
는 윤리적 정신과의 관련을 탐구하려고 할 때 그 주체적 정신을 '중성화'하
고 객관시하는 방법을 거부한다면, 베버의 학문에 나타나는 긴장은 전혀
계승되지 않는 것이 아닌가. 그리하여 '장소의 윤리'에서 보이는 무긴장 윤
리주의는 익찬체제의 지역·직역職域 이데올로기의 특색 그 자체가 아닌가.
따라서 오코치 이론은 익찬 이론이 된다.

오코치 이론 자체에 대해서는 다른 사람에 의해 상술된다(『共同研究転
向』中卷 참조). 여기서 지적해 두고 싶은 것은 그 이론이 가지는 의미의 복수
성이다. 예를 들면 생활로서의 경제를 주장한 고틀Friedrich von Gottl-Ottlilenfeld파
경제학자 사카에다 요시타카酒枝義旗, 나카가와 도모나가中川友長의 공저인
(그야말로 파시즘과의 협동)『국방생활론国防生活論』(1943년)에서도 오코
치는 소비생활과 '휴양'과 놀이가 가지고 있는 생산적 의미를 역설하고, 기
록을 갖지 않는 서민생활의 일상적 궤도를 '논리적'으로 파악하는 것에 대
한 경제정책상의 필요를 주장한다. 그것은 당시의 '활동주의'에 대해 분명
히 대립하는 일종의 저항이었다. 또 민속학이 '축제'나 '명절' 등과 같은 특
별행사의 발굴을 통해 국민생활에 접근하려고 했기 때문에 오히려 때때로

박식한 박사들의 구체적 사례주의에 빠져서 그 속에 있는 모순점과 발전 핵을 적출摘出하는 것이 곤란하게 되는 것에 대해, 그것의 '합리적'이고 '기구적'인 파악 방법을 제출한 것은, 국민생활의 어디를 어떻게 개량하고 통제하는 것이 가능한가라는 문제에 대한 해답의 열쇠를 포함하는 이론을 만들고자 한 뜻도 된다. 그렇다고 해서 그 관점에서 현존 체제가 행하는 '통제'가 오히려 무효화되어 거꾸로 전시 생산력이 황폐화할 수도 있다는 점을 과학적으로 계속해서 비판할 수 있었다. 그것은 그야말로 내재적 비판체제에 대한 적용의 훌륭한 예다. 대체로 생산력 증대가 모든 사회의 경제체제상 목적이 된 이상, 특히 근대 제 국가에서 그렇다고 생각되는 이상 이러한 오코치적 방법은 항상 체제 자체의 일정한 입장에 내재하면서 그것을 비판할 수 있게 하는 유력한 시점이다. 이것을 기술적으로 계승해 두는 것은 필요하다고 생각한다.

오코치에게 비교적 미약했던 사상적 요소는 아마도 체제의 일정한 입장에 내재하는 것과 자신의 궁극적 입장을 고집하는 것 사이에 있어야 할 긴장 의식이었다. 물론 그것이 전혀 없었던 것은 아니다. 또 당시의 인간관계나 각종 집단과의 관계에서 내적 알력까지도 많이 경험했을 것이다. 그러나 문제는 체제에 대해 정면으로 부딪히고 싶어 하는 자기 원리의 발표를 억누르고, 그 억제 위에 서서 적의 원리 속으로 들어감으로써 오히려 적의 발을 걸 때 존재하는, 원리와 원리의, 내면에서의 가혹한 투쟁이 있는가 없는가라고 하는 것이다. 오코치에게 충분한 강도로 그것이 있었다고 하기에는 그의 입장이 요구하는 것 이상으로 편승적 발언을 너무 많이 했다고 생각된다. 「전환기의 경제사상轉換期の経済思想」은 그 대표적인 예다.

이 점은 전후의 오코치의 활동양식을 통해서 검증되어야 할 것이기 때문에 3장에서도 논하고 싶다. 그의 이론에서 발견되는 내면적 긴장의 형태를 조사하고 논하는 것은 가혹하기도 하고 모험이기도 하다. 그러나 뛰어난 내재적 비판 이론을 만들어 낸 '이론가'에게만 그것을 조사할 수 있고, 또그렇게 해야만 일본에서의 사상적 긴장에 관한 존재 형태를 그 대표적 예를 통해서 밝혀낼 수 있는 것이다.

4. 맺음말

계속해서 메이지 이후의 근대 일본 속에서 하나의 정치적 일본인의 전형적인 유형이었던 동아경륜인東亞經綸人이 익찬체제에 대해 어떠한 사상적 반응을 보였는가를 논하고자 한다(이것에 가장 역점을 둘 예정이었는데 3장으로 돌렸다). 그리고 익찬운동이 일상 세계에서 일정한 범위로 '인습 타파', '소비 생활의 합리화'를 주장하는 상태와 결합하여 여러 사람들에 의해전개된 가정학·가정소비경제학 등의 영역에서의 익찬 이론을 논하고, 이를 발판삼아 익찬 이론의 유형에 대한 제출을 매듭짓고, 이어서 항을 바꾸어 이들 제 유형에 대응하는 저항 이론의 제 유형을 얼마간 논할 계획이었다. 그러나 그 도정은 까마득하게 멀기 때문에 이정표만을 약술하는 것으로 이 시대 상황에 대한 서술을 마치고자 한다.

(1) 야나기타 구니오. 특히 주목해야 할 것은 미야모토 쓰네이치의 앞의 책과 같이 '총서'로 1942년에 재판된 『작은 자의 소리小さき者の声』 및 『국사와민속학国史と民俗学』이다. 전자에서 전통적 민속이 종종 세계 보편적이고, 넓은 국제적 범위에서 유통되고 있음을 강조하는 점은 미야모토, 또는 하세가와의 같은 시기의 논의와 대조를 이룬다. 동시에 그것은 전통을 깊이

탐구하여 시간적으로 반영구적이고, 공간적으로 거의 세계 보편적인 것에 접근하는 방법이 있음을 시사한다. 보편적인 것에의 도달이 추상에 의한 초월에 의해서 만이 아니라 구체적인 것의 깊은 잠행潛行에 의해서도 어느 정도 가능하다는 것을 보여준 점에서 시대비판에 머물지 않는 의미를 가진다.

(2) 자유주의자 바바 쓰네고, 사카이 도라키치酒井寅吉. 이들은 반제도주의자·반아카데미즘이 종종 익찬 지위혁명에 포섭된 것에 대립한다. 바바는 한결같이 '평범한 의식에 의한 평범한 판단'을 주장하여 정당정치의 원리를 지켰다. 『일어서는 정치가立上がる政治家』, 『의회정치론議会政治論』, 『시대와 인물時代と人物』, 『국가와 인물国と人物』 등에서 그가 펼친 전시 중의 정치평론은 아마도 전전 일본에서 최고의 정치학일 것이다. 물론 그것들은 이론의 형태가 아닌 구체적 비평의 형식으로 전개된다. 거기서도 제도의 고정화를 내면에서 풀어헤쳐 사회를 자유화하기 위해 일반 시민의 시각文法으로 표현할 것을 염두에 둔 바바 철학의 표현이 있다. 사카이 도라키치는 거의 동일한 철학으로 익찬체제에 저항한 인물이다. 그의 저서 『저널리스트ジャーナリスト』(平凡社, 『人間の記録双書』)를 추천한다. 예를 들면 그는 군대제도 자체에 반대하려고는 하지 않았지만, 그 질서를 인정하면서 그 속에서 '시민의 언어'로 '시민으로서의' 감정이나 의견이 상호 논의될 수 있도록 노력했다. 온갖 제도를 시민적 제도로 내면에서부터 바꾸어가는 태도가 일관되게 있었던 것이다. 저널리즘 속에는 본디 여러 가지 질서를 사상적으로 시민화함으로써 자유화하는 방향이 더 많이 있어야 할 터이다. 그것을 활용하는 것은 역으로 일본에 존재하지 않는 자유로운 시민을 '층'으로서 창출해 가는 하나의 길이기도 하다.

이들 뛰어난 저널리스트 자유주의자와 관련하여 '이해利害 외교'를 주장하고 '이데올로기 외교'의 불건강성을 비판한 기요사와 기요시清沢洌, 또 자연과학의 국제성에서 인터내셔널리즘을 주장하고 마르크스주의와 파시즘의 양쪽을 지속적으로 비판한 이시하라 준石原純을 주목해야 할 것이다.

(3) 대정익찬회의 위헌성을 대단히 논리적으로 도출한 사람으로 사사키 소이치佐々木惣一가 있다. 정부의 설명만을 재료로 해서 그것을 논리적으로 해석하고 헌법의 정의와 짜 맞추어 가면, 그 논리적 귀결로서 정부가 설명하고 싶어 하는 것과 반대의 결과를 이끌어 낼 수 있는 경우가 있다. 이 기술을 그가 보여준 것이다. 이것은 '현실과학'으로서의 익찬사회과학의 대척점에 서는 논리적 절차에만 집착하는 학문 유형이 저항의 관점에서 보면 일정한 상황에서는 유효할 수 있음을 보여주는 예다.

(4) 사회과학적 익찬 이론 및 동아경륜인 사상 속에는 위장 전향의 이론과 사상이 포함되는 조건이 있었고, 실제로도 어느 정도 포함되어 있었다. 이 것들에 대해서는 미묘한 경로를 분석하면서 논하는 것 외에는 전달할 방법이 없기 때문에 여기서는 전부 생략한다.

(5) 전향 공산주의자의 후퇴 전술로는 나카노 시게하루中野重治를 들 수 있다. 그에게 나타나는 과정 중시의 정신·결단의 본래적 부재·끊임없는 결단에 대한 동경(의지) 등의 상호연관이 수세에 강한 사상적 자세를 만든 점에 주의해야 할 것이다. 공격에 강한 사상과 수비에 강한 사상에 대해서 말이다.

(6) 복잡한 현대 사회의 상황 속에 존재하는 위장의 기회를 활용한 다양한 경우를 추출해 볼 필요가 있다. 광고가 실체를 왜곡하는 기능을 가지고 있다는 점을 잡아챘다면, 예를 들어 가자하야 야소지風早八十二의 『일본사회정책사日本社会政策史』, 오쓰카 히사오大塚久雄의 『주식회사 발생사론株式会社発生史論』 등이 만주사변 개시 후의 『사회정책시보社会政策時報』로 현실에 즉응하여 편승적으로 광고됨으로써 통용될 수 있었던 것처럼 활용할 수 있다(현대 사회의 초근대성에 뿌리내린 기구의 중첩성을 이용). 이 경우에는 출판 단체·편집자와 필자 사이의 의식적 결합이 필요하다. 또한 일본에서 대학 사제 관계의 특질, 즉 스승에 대한 사회적 평가가 그대로 제자에 대한 사회적 평가로 이어지기 쉬운 경향과 그것을 역이용하는 경우도 있다. 예를 들어 오쓰카 히사오가 혼이덴 요시오本位田祥男의 제자였기에 자신의 사상을 어느 정도 보호할 수 있었던 것처럼 말이다. 이것은 보다 넓게 일본 사회의 모든 상하관계에서도 끄집어 낼 수 있을 것이다(일본 사회의 전근대성 이용). 권력으로부터 자신을 지키는 데 유용한 여러 가지 보호막을 가능한 한 많이 끄집어내어 자각해두는 것이 필요하다. 그렇지 않으면 자연히 일본 사회의 부정적인 면과 연결되어 가짜偽態가 자연스럽게 진짜實態로 바뀌기 때문이다. 아니, 가짜 의식 자체가 성립하지 않고 위선화하기 때문이다.

(7) 반체제적이지 않은 비전향 사상, 그 전형은 극우 가게야마 마사하루影山正治다. 종종 천황제로서도 그의 천황주의가 '지나치다'고 할 만큼 종종 곤란한 행위를 한다. 일인주의로 귀결되는 소수자주의(「昭和十七年中ニ於ケル社会運動ノ状況」, 内務省警保局, 가게야마의 문장을 참조). 기능적이지 않은 실체적 개인주의다(가미시마 조로神島二郎가 말한 독신주의로서의 일본의 개인주의라는 것 또한 실체적 개인주의의 일례에 지나지 않는다).

(8) '태도 바꾸기'의 일본형. 전향한 사상가가 '돌변하여' 자신의 비전향의 측면을 주장하는 경우가 있다. 이때의 '태도 바꾸기' 방식 속에 그 사람에게 근원적인 정신형식이 나타난다. 스스로의 인격 통일성에 대한 자기인식이 거기에 나타나기 때문이다. 다카하시 신키치高橋新吉는 자신은 전쟁 중 익찬적이었으나, 육체적 감성에서는 비전향이었다고 주장한다(高橋新吉, 『虚無』). 이점은, 슈미트Carl Schmitt가 정치 권력은 원래 인간의 내면에 개입할 수 없는 것이어서, 100%의 전체성은 사회학적 문제에만 관련되며 정신 영역에 관여할 수 없다고 주장함으로써 이전의 나치에 대한 협력이 사상적 전향을 의미하지 않는다고 '돌변'하는 것과 비교되어야 한다(C. Schmitt, *Ex Captivitate Salus*). '태도 바꾸기' 사상사, '태도 바꾸기' 비교사상사는 전향을 규명하는 데 필요한 하나의 분야일 것이다.

3장 쇼와 20, 27년의 전향 상황(1945, 1952)

1. 전후의 전향 개념

전후 전향에 대한 연구는 특수한 어려움을 갖고 있다. 그 중 하나는 전후 전향이 일정한 상신서로 국가권력에 대해 서약한다는 전전의 전형적인 '옥중 전향'처럼, 누가 봐도 확실한 객관적 규격성을 가지지 않는 데서 비롯된다. 스기우라 민페이杉浦明平가 전후의 전향론에서 "민주주의운동은 실천을 통해 스스로 배우고 날마다 강화되어 진보하고 있다. 그러나 적도 코를 골면서 낮잠이나 자고 있는 것은 아니며 필사적으로 방해한다. 따라서 전향 또한 진보하고 교묘해진다"(『近代文学』 1948년 7월호)고 한 것은 이 측면을 자신의 입장에서 비판한 것이다. 아마도 전후 '민주주의'는 전향까지도 '자유'롭게 하였는데 여기서의 '자유로운 전향'은 종종 전향자 자신에게 조차 그 궤적을 확정할 수 없을 정도로까지 전향 자체의 객관적 규준을 잃고 있는 것이다. 경영기구 내의 지위 상승에 따라 자연스럽게 전향하는 경우 등은 특히 그러하다. 만약 자유와 민주주의가 자신의 주체적 결단과 책임에서 행동하는 인민의 자율성을 의미하는 것이라면, 위의 사정은 전후 일본의 '자유'와 '민주주의'가 얼마나 충분한 자유와 민주주의가 아닌지를 나타내고 있는 것은 아닌가. 여기서 '자유'란 '내'가 하고 싶은 것을 '내'가 하는 것만의 사적 자유로 되어 있다. '나'의 행동을 규제하는 초주관적 규준을 '내'가 소유한다는 자유를 말하는 것이 아니다. 이사야 벌린Isaiah Berlin은 자유의 개념을 '나'에 대한 무간섭을 욕망하는 소극적 자유 개념The notion of negative freedom과 '내'가 '나' 자신의 지배자임을 욕망하는 적극적 자유 개념 The notion of positive freedom 두 가지로 나누고, 양자는 "표면적으로 보면 동일한 것을 소극적으로 말하는가, 적극적으로 말하는가의 차이에 지나지 않는 것이어서, 서로 간에 커다란 논리적 차이는 없는 듯 보이지만 이 두 가지 자유 개념은 분극적分極的 방향으로 발전하여 결국에는 서로 직접적으로 충돌하는 데까지 이르렀다"고 말한다(Isaiah Berlin, *Two Concepts of Liberty*, 1958, p.16). 즉, 적극적 자유 개념에 의거하여 경험적 자기를 자기지배하려고 지배 주체로서의 경험을 넘어서는 '진정한 자기'를 설정하는 경우, 그 '진정한 자기'는 추상적 존재이기에 다른 사람들과의 사이에서도 타당한 것으로서 쉽게 보편화된다. 그리하여 '진정한 보편적 인민 의지'의 만인에 대한 강요가 일어나는 것이다. 루소주의에서 오는 전제도 혁명독재도 약간의 내용적 차이를 사상捨象한다면, 이 유형에 포함된다. 이 경우에는 무간섭을 욕망하는 소극적 자유 개념이 위기에 빠지기 때문에 당연히 그것들에 저항하게 된다. 벌린이 말하는 '직접적 충돌'이란 그러한 것이리라. '보수적 입장'에 속하는 것으로 평가되는 이 옥스포드의 정치철학자 벌린에게서도 전제專制와 프라이버시와의 역사적 격투는 자유에 대한 두 가지 측면의 드라마로 파악되고 있는 것이다. 전제도 하나의 자유 개념에서, 프라이버시의 주장 또한 하나의 자유 개념에서 발생한다고 생각하는 이 사고법 속에는 영국 근대사의 특징이 반영된 듯하다. 혹은 '고전적 근대'의 역사적 갈등이 추출된 것 같기도 하다. 그 점에서 보면 전후 일본 사회의 일반적 경향으로서의 '자유'는 물론 분명히 소극적 자유 개념에 속하는 것이기는 하지만, 그것은 다른 종류의 자유로서의 적극적 자유 개념의 존재를 전제로 하는 것은 아니다. 일본 현대사에서 전제專制는 오로지 군국주의·천황제 파시즘이 독점하고 있었기 때문에 우리로서는, 전제와 '강압'은 전부 군국주의나 천황제와의 관계 속에서 받아들여진다. '좌익 천황제'라는 말이 그 전형적인 예의 하나다. 자유 개념에서 나오는 전제 등 현대 일본인에게는 생각할 수도 없는 것이다. 또한 실제로도 현대 일본에서 전제와 강압이 나타날 때는 확실히 천황제적 전제와 아주 닮은 특징을 구비한 경우가 많다. 여기서 자유라고 하면 사적이고 소비적인 자유밖에 생각할 수 없다. 다시 말해 소극적 자유 개념이 그 본래의 상대성에 대한 자각을 상실하고 실체화되어버린 것이다. 소극적 자유라고 일컬어지는 것 자체가 적극적 자유를 전제로 한다는 증거기 때문에 여기서 그러한 호칭이 생겨나지 않는다. 그저 '자유'라고만 하면 그 한 측면의 것으로 정해진다. 물론 소극적 자유 개념과 적극적 자유 개념의 쌍방을 어떻게든 결합시키고자 하는 이념·목표가 발생할 여지도 없다. 자유는 단지 경험적 존재로서의·지금 있는 그대로의 '나'의 자유를 의미할 뿐이다. 그것이 나쁘다는 것은 아니다. 그것은 중요한 획득물의 하나지만, 그것밖에 없을 때에는 하나의 측면이 대항 측면 없이 일반화되기 때문에 소극적 개념 조차 완성될 수 없다는 커다란 한계를 갖고 있는 점에 주의하고 싶다. 물론 거기서도 소극적 자유 개념이 갖는 저항 작용은 나타난다. 경직법警職法반대운동이 그 전형이고, 또한 안보반대운동은 '사私'적 자유주의 속에서도 점차 객관적 '규칙' 의식이 생겨나는 것을 드러낸 점에서 한발 진일보한 것처럼 보인다. 그러나 여전히 '나'의 경험적 생활영역 속의 무간섭지대를 찾아 도피하는 상황이 지배적이다. 오히려 점점 더 확대되고 있는 것인지도 모른다.

이러한 상황에서의 전향 궤적은 그때마다의 의견을 어떤 형태로든 발표하는 경우를 제외하면 사적 자유의 세계 속에 녹아들어가 불분명한 것이 된다. 그때마다 '내'가 하고 싶은 일을 자유롭게 했을 뿐이라는 것이다. 더욱이 이러한 전후 전향은 여전히―제2의―현재진행형이다. 그때마다의 의견을 공표하는 사람에게도 그 개개의 의견 차이가 최종적으로 어떠한 맥락을 구성하는가는 아마도 나중에 결정될 것이다. 그러한 의미에서는 전후 전향이 아직 완결되지 않았기 때문에 그 종합적 인식이 불가능할 뿐만 아니라 대강 구성적으로 이해하는 것도 어려운 일이다.

이리하여 전후 전향은 전전과 비교할 경우 상대적으로 '자유스런 전향'이라는 이유로―제3의 조건이지만―권력에 대한 '굴복'이기보다는 오히려 '막다른 상황의 타개'이기도 하고, '환멸'이나 '좌절', 혹은 '성장'이기도 하다. '나'의 이동이 '나'의 자유라고 한다면 '환멸'의 책임은 오로지 상대에게 놓이게 된다. 따라서 일본의 전후 전향은 저 '현대 정치의 문제아'(도이처Issac Deutscher)인 아더 케스틀러Arther Koestler와 앙드레 말로Andre Malraux와 루이 피셔Louis Fischer와 제임스 번햄James Burnham의 경우에 성격적으로 접근한다. 예를 들면 공산당의 응원단에서 반공의 응원단으로 이행한 하야시 겐타로林健太郎의 경우 어떤 의미에서는 이것들과 동일한 종류의 문제를 가진다. 물론 차이는 크다. 케스틀러와 말로는 정치・이데올로기 운동의 기수지 응원단이나 팬은 아니다. 같은 문제아라도 한쪽은 종종 오만하고 다른 한쪽은 종종 겸허하다. 같은 이행점으로 옮겨간다 하더라도 한쪽은 환멸시킨 상대의 책임을 소리 높여 추궁하지만, 다른 한쪽은 부드러운 어조로 '옮겨가는 자의 그림자모습'로써 스스로를 말한다. 그런 의미에서는 전향 자체의 성격이 비슷하다고는 해도 그 바닥에 가로놓인 자아관의 커다란 격차, 정치적 또는 사상적 기능의 장렬함에서의 질적인 차이는 놓칠 수 없다. 단지 이 성격의 어떤 공통성을 일부러 들먹이는 이유는 일본의 전향을 인식할 비교 기준이 전전처럼 일본 속의 비전향만으로는 적어도 불충분한 것이어서 방금 예를 든 것처럼 '현대 정치의 이단아'를 그 규준의 하나로 추가해야 했음을 나타내기 위한 것에 지나지 않는다.

이상과 같이 상대적으로 '자유로운 전향'은 전향이라는 개념 그 자체의 상대적으로 '자유로운 사용' 위에서 이루어지고, 반대로 '자유로운 사용'을 촉진한다—이것이 제4의 조건이 되지만—. 그러므로 이전의 명확한 일의성—義性을 지닌 전향 개념을 염두에 둔 사람은 전후의 전향을 따옴표가 붙은 '전향'으로 부른다. 하야시 겐타로는 자신의 '여정'을 말할 때 반드시 그렇게 한다. 그렇게 하는 데에는 자신의 사상 이동은 전향이 아니라는 주장이 포함되어 있다. 이것이 "인간의 성장과 '전향'"이라는 표제어가 붙는 이유고, 또 "학문상의 입장 변화를 전향 등의 말로 부르는 것은 옳지 않다. 다소나마 학문이라는 것을 업으로 하고 있다면, 연구가 진행됨에 따라 생각이 바뀌는 것은 당연하다. 그것은 진보나 발전이라고 불러야 할 것이다. 물론 퇴보라는 것도 있을 수 있다. 그러나 적어도 나의 경우에는 퇴보가 아니다"라고 논하는 까닭이다(『移りゆくものの影』 p.156). 사람들은 전향을 '학문상의 사고 변화'라는 의미로 부르는 것이 아니라 정치사상상의 변화를 그렇게 부르는 것인데, '학자'로서 '정치적 이데올로기'의 응원단에 가담한 것에 지나지 않는 사람은 자기에 대해서 그러한 구별이 서지 않을지도 모른다. 특정한 정치적 입장에 대한 응원단에서 그와 반대되는 정치적 입장의 응원단으로 옮긴 것에 대한 책임 추궁에 대해 '학설은 원래 변하는' 것이라고 대답하는 것은 논리적으로는 오류다. 논리적 오류를 알아차리지

못하는 점에서 학문하는 사람답지 않다. 그러나 하야시가 자신의 이행을 전전적 전향 이미지와 비교하여 전향이 아니라고 생각하는 데에는 일정한 근거가 있다. 그는 전쟁기간 동안 반군국주의자로 살았다. 적극적인 저항 운동을 한 것은 아니지만, 사상적으로는 확실히 반파시스트로 일관했다. 전전 전향의 전형은 국가권력의 강제와 향도嚮導 아래 반국가주의에서 국가주의로 이행하는 것이었다. 하야시는 그것이 벌어지고 있었을 무렵 비전향이었던 것이다(단, 하야시와 동시대인 대부분이 당시에는 아직 전향을 강요받을 만큼 정치적으로 거물이 되지 않았다는 조건이 있지만). 그리하여 하야시가 전향한 것은 국가권력의 직접적 강제가 없어진 상황에서 자신의 '인간적 성장'과 함께 새로운 입장에 공감한 시기다. 하야시는 이것을 치욕과 죄의식을 동반한 전전적 전향 개념으로 부르기를 거부한다. 이러한 이유로 그는 전향에 따옴표를 붙이게 된 것이다. 그러나 여기에는 하나의 착오가 있다. 전전의 전향 현상에 대한 책임은 전향한 개인보다는 국가권력에 훨씬 더 있다. 반대로 전후의 전향은 상대적으로 '자유'였던 만큼 개인의 사상책임은 전전과 비교해서 훨씬 크다. 그것이 '성장'이든 '퇴보'든 마찬가지다. 그러나 소극적 자유 개념하에서는 종종 사상의 초주관적 성격을 상실하고, 따라서 그에 대한 공적 책임이 사적자유 속에 매몰된다. 이러한 경향 속에서는 전향이라는 말이 타인의 입장 변화나 식언에 대한 도덕적 비난을 행하는 경우에 쓰이지만, 자신의 '자유로운 이동'에 대해서는 쓰이지 않는다. 전전적 전향의 이미지에서 나오는 어떤 의미를 일부러 전후적 행위에 부여하려고 할 때 이용된다. 일상적 행동과 친구와의 사이에서 사사로운 식언을 서로 야유할 때 전향이라는 말이 튀어나오는 것도 그러한 관련의 결과다. 여기서 하나의 역설이 발생한다. 자기 및 자기집단에 대하여 공적인 의미에서의 전향이라는 단어의 적용이 거부되고, '자유로운 이행'이 주장되면 될수록 넓은 공사의 영역에 걸친 실로 다양한 각종 행동에 대해 전향이라는 말이 적용된다. 어떤 측면에서 보면 일본 사회 속에 전향이 완전히 없어져버리고, 또 다른 측면에서 보면 온갖 곳에서 전향이 만연하고 있다는 뜻이 된다. 전전·전중의 특정한 상황 속에서 만들어진 역사적 개념으로서의 전향이 이전에 부여된 의미를 내세워 전후의 상황 속에 존재할 경우, 거기에 전향 현상이 영으로까지 수렴된 의식 세계가 전향 현상이 전체로까지 확산된 의식 세계와 서로 제휴해서 나타난다. 또 거기서는 여러 가지 다양한 '자유로운 전향' 간의 객관적인 구별을 자칫하면 잃기 마련이다. 예를 들면 하야시 겐타로와 쓰쓰미 세이지堤清二의 전향을 전향 기준으로 삼으면 이노우에 미쓰하루井上光晴(46년 이후)는 거의 비전향이라 해야 할 정도의 질적인 차이가 양자의 사이에 있지만, 그러한 규준에 대한 관념이 없어져 여러 가지 전향이 자칫하면 무차별적으로 전향으로서 취급될 수 있다. 거기에는 입체적으로 사회를 파악하는 시각이 무너져 잡다하고 볼품없는 사회관이 발생한다. 그에 대한 정치적·사회적 기능은 '사회를 만드는 주체'를 없애는 방향으로 움직인다.

이러한 의식 상황 속에 있으면서 전후 전향에 대한 연구를 행하는 나는 우선 이러한 영에서 무한까지 이르는 전향 개념의 다의화多義化 과정이 전후 어떠한 단계를 거쳐 진행해 왔는가를 전전 전향에 대한 여러 가지 반성적 인식 속에서 찾아내는 것에서부터 서술을 시작하려 한다. 전후 공공연하게 나타난 전향 경험의 반성—반성이라는 것은 반드시 도덕적 의미에서가 아니라 반사reflection라는 것이지만—의 다양한 방법 속에서 전향 개념이 일의적인 것에서 다의적인 것으로 옮겨가는 사상 단계를 이론적으로 가정假設할 수 있다. 이 작업을 마친 다음 전중의 집단 전향 상황의 연장이라고 해야 할 패전시의 제도 전향에 대해서 논하고 싶다. 여기서는 국가인國家人

과 제도인制度人—국가와 제도의 담당자—의 전향을 다룬다. 그리고 마지막 은 주로 마르크스주의 집단과 마르크스주의자의 '전후 전향'을 분석하는 것으로 하겠다. 왜 이러한 순서를 취하는가에 대해서는 각각의 서술 속에서 차차 명확히 할 것이다.

(1)

전후에 전개된 전전 전향의 반성reflection은 크게 두 가지 경향을 보인다. 하나는 이전의 전향에 대한 반성으로부터 다시 한 번 전향 이전의 입장으로 돌아가 사상의 단련을 꾀하고 이로써 새로운 시대를 비전향으로 살아가려고 하는 것이고, 다른 하나는 전향의 경험 속에서 새로운 사상적 세계를 발견하고 그것을 향해 이전의 전향을 새로운 시대 아래서 변형하여, 그 변형 행위를 계속함으로써 전향을 극복하려고 한다. 그리하여 이전의 입장에서는 전향 개념이 여전히 일의성을 보전하여 이후의 입장으로 이행함에 따라 그것은 다의화한다.

　　우선 처음의 입장에 대해 살펴보기로 하자. 예를 들면 1933년에 '옥중 전향'을 하면서 이미 그 직후부터 재기의 노력을 거듭하고 이후 전중을 통해서 지속적으로 비전향의 반군국주의자를 고수한 모리야 후미오守屋典郎는 최근의 회상이기는 하지만 다음과 같이 말한다.

　　나는 공산당원이면서 본의 아니게 적에게 굴복하여 자신의 인간성에 먹칠을 했습니다. 나는 이 일을 부끄럽게 생각하여 다시 한 번 처음부터 자기를 재 단련하는 것에 자신의 노력을 한정하고 집중하려 했습니다. 그리하여 나는 출옥 이후 자신의 활동을 이론 활동으로 제한했습니다(전향 연구회의 설문조사에서 모은 모리야의 회담 중의 한 구절. 모리야의 양해를 얻어 인용[9]−강조는 후지타).

9 연구회의 설문 조사에 대한 모리야의 회답은 사상의 과학 연구회 편『공동연구 전향』(平凡社刊)의

이 생각은 모리야에게 이미 1934, 35년에 일어나고 있었던 것이고 그렇기 때문에 이후 반군국주의자로서 계속 활동했던 것이지만, 전후가 되어서도 조금도 변하지 않을뿐더러 보다 공공연하게 반성 활동과 자기 개인의 내면적 재단련으로 일관한다. 이것이 "나는 전후 1945년 12월 2일 다시 공산당에 가입했지만, 지금도 스스로를 인간적으로 단련, 성장시키는 것을 제일로 생각하고 있습니다. 나는 나의 약함을 알기 때문에 지도자가 되는 것은 피하고 최하부의 당원으로서 살아야겠다고 생각합니다"라고 한 이유다. 또한 오늘에 이르러서도 "나에게 전향은 여전히 상흔입니다. 이 상흔은 치명적인 것이기는 했지만, 내가 그 후 조금이라도 성장했다면 그것은 이 무서운 상흔을 끊임없이 반성해왔기 때문이라고 생각합니다. 그러나 이 노력이 나에게는 최대한의 것이고, 여기서 나의 한도를 여전히 느끼고 있습니다"라고 한 이유기도 하다(위의 문헌). '지금도', '여전히', '끊임없이'라는 말이 '최대한', '한도'라는 말과 함께 끊임없이 나오는 곳에서, 이 노력이 그에게 영구 과제화되고 있음을 엿볼 수 있다. 정말로 '제일'의 과제인 것이다. 이것은 확실히 윤리적 과제다. 그러나 그 윤리는 '교육칙어'와 같은 권력이 교육하는 가짜 윤리가 아님은 물론이거니와 사회 내부에 마찰을 일으키지 않도록 하는 사회윤리三綱五倫와도 전혀 다르다. 더욱이 현대 일본에 많은 타인에게 일체 폐를 끼치지 않고 친절을 베푸는 것과 같은 이른바 대인관계에 대한 배려로서의 윤리도 아니다. 이것이 '자기' 개인의 내면적 훈련 규율이라 하여 만약 윤리를 엄밀한 의미에서의 내적 자율성이라고 생각한다면, 그야말로 '진정한' 윤리인 것이다. 그렇다면 '계급'을 세계의 궁극적 단위로 생각하는 마르크스주의자 중에서 이러한 급진적인 개인의 '내면

하권 권말 「약력(略伝)」의 저자가 정리한 것을 사용했다. 따라서 이 항은 그 저자에게 신세를 지고 있다.

성의 윤리Innerlichkeitsmoral'가 생겨나는 것은 왜일까. 모리야에게 계급주의자인 것과 윤리적 개인주의자인 것이 어떻게 해서 양립하고 있는 것일까.

공산주의자는 마키아벨리주의자여서 거기에는 개인으로서의 윤리성이 완전히 결여되어 있다는 식의 '비판'은 이 사례를 앞에 두고 침묵해야 한다. 물론 윤리가 극단적으로 내면화해버림으로써 역으로 외적 사회적 행동은 오로지 전략 전술적 유효성에 따라서 이루어지는 것이 가능하고, 공산주의의 그러한 측면은 간과할 수 없다. 바로 여기서 조르게Richard Sorge와 같은 위대한 저항가가 나타났던 것이고, 보다 정통파의 예를 든다면 고리키Maksim Gor'kii에게 레닌의 말을 관철시킨 저 가열한 긴장이 생겨났던 것이다. 마르크스주의의 위대함은 거기에 있음과 동시에 위험도 거기에서 일어나고(내적 긴장을 잃어버렸을 때의 스탈린주의) 앞에서와 같은 평범한 '비판' 또한 이 측면의 오인에서 일어난다. 때문에 이 측면은 의의 깊은 별개의 문제를 구성하는 것이지만, 그러나 모리야 후미오가 그러한 긴장의 길을 지나가려 하는 것은 아니다. 그는 내면세계를 어떠한 권력에 대해서도 흔들리지 않도록 견고하게 하는 것 자체를 '제일'의 활동목표로 삼은 것이다. 그 윤리성은 내면에 감춰진 것이 아니라 역으로 모든 외적 행동을 다해 내면윤리를 위해서 헌신하고자 한다. 이 태도는 마르크스주의에서 내재적으로 나오는 것일까, 혹은 모리야의 독특한 성격에만 속하는 것일까. 확실히 모리야 후미오는 원래 윤리적이었다. 청년 모리야가 '관념론적인 개인주의(니체Friedrich Wilhelm Nietzsche, 니시다 기타로西田幾多郎, 아리시마 다케오)'에서 마르크스주의자가 된 것은 '이 이론에 개성의 발전―인간적 성장의 길을 발견했기 때문'이었다(위의 문헌). 그러나 이러한 과정을 통해 마르크스주의자가 된 것은 모리야 한 사람만이 아니고 동시대의 지식인과 마르크스주의자에게는 상당히 일반적인 코스였다. 그렇다면 당연히 모리야가 말하는 '이 이론', 즉 마르크스주의 이론 그 자체 속에 일본의 지식인으로 하여금 '개성의 발전―인간적 성장의 길'을 발견하게 하는 근거가 있었다고 생각할 수 있으리라. 그 근거는 무엇인가. 내 해석에 따른 대답을 한마디로 말한다면 마르크스주의 계급 이론이 가지는 역설적인 계급 초월의 가능성이 그것이다.[10]

마르크스주의 계급 이론이 보편적 원론의 형태로 완성되었을 때 그 사회적 성과는 몇몇 방향에서 나타났다. 예를 들면 국가권력에 대한 반항은 그 덕분에 어느새 기질이나 계시나 직접적 이해에서만 이루어지는 것이 아니게 되었다. 아니 역으로 기질상 반항을 싫어하는 사람에 대해서도, 또한 신앙상 계시를 받을 기회를 갖지 못한 사람이나 자신의 직접적인 이해관계상 노동계급과 행동을 같이 할 수 없는 사람에 대해서도, 소위 '개념의 힘万力(장치), vise'(막스 베버)로 납득시킬 가능성이 이때 발생했던 것이다. 이론이라는 것이 가지는 보편화의 경향, 즉 '먼 곳에까지 사물을 결합하는 힘'(만하임)은 한편으로는 국경을 초월한 노동계급의 세계적 연대를 낳았지만, 태어난 것은 인터내셔널리즘만이 아니었다. 다른 한편으로는 일정한 목적의식적 계급 이동의 가능성조차 만들어졌던 것이다. 직접적 이해利害에서는 '소부르주아'에 속하는 지식인이 의식적으로 이해상 다른 계급인 '프롤레타리아'에게 자신을 귀속시키는 길이 열렸던 것이다. 여기서는 가령 출신이 부르주아라 하더라도 프롤레타리아가 될 수 있다. 하나의 이론이 제 계급의 경제적 구조, 사회적 행동양식, 정신적 특성, 역사적 운명을 논리적으로 설명함으로써 얼마나 거대한 결과를 낳은 것인가. 계급이 만사를 결정한다는 이론이 완성되었을 때 그 이론의 결과로서 다름 아닌 계급 이

---

10 마르크스주의 계급 이론이 계급 초월의 가능성을 부여했다고 할 때 그래도 나는 마르크스주의에서는 계급 규정이 일관된다는 것을 전 사회적 규모는 물론 개인에 대해서도 조금도 부정하지 않는다. 나는 사람들이 그 '가능성'을 마르크스주의에서 추출할 수 있음을 말하고 있을 뿐이다.

동의 자유가 인류에게 주어진 것이다. 여기에는 우리를 놀라게 하는 역설이 있다. 계급의식은 마르크스의 이론적 규칙定則에 따라서 훈련하면 자신 속에 만들어낼 수 있다. 그리하여 자신 속에 만든 계급의식은 단순히 직업이나 국가의 차이를 초월하게만 하는 것이 아니다. 그뿐이라면, 계급의식이 아닌 계급 자체가 완수할 것이다. 계급의식은 계급 자체를 넘어서는 힘을 가진다. 물론 이론적으로 사색하는 경우의 의식만을 프롤레타리아적이라 하고 행동과 생활 의식을 생태적 계급에 속하게 하는 식의 기만을 마르크스주의는 허용하지 않는다. 계급의식이 육체 전체를 관통하게 되었을 때 비로소 생태 그대로의 계급을 넘어서기에 이르는 것이다. 마르크스주의 윤리학이 여기서 생겨나고 마르크스주의자의 자기 훈련은 여기서 시작된다. 그리하여 이론적 학습에 의한 새로운 계급의식의 획득과 획득한 의식의 육체화라는 이 관련이 마르크스주의의 한 측면으로써 존재하기 때문에 모리야 등은 마르크스주의 속에서 '개성의 발전—인간적 성장'의 길을 찾아냈을 것이다. 이 관련에 주목했을 때 비로소 모리야가 '처음부터 자기를 재단련하려'고 결심한 경우에 왜 '그러므로(당연히) 자신의 활동을 이론 활동에 제한'했는가를 이해할 수 있을 것이다. 전향에 나타난 사상의 동요는 '소부르주아' 지식인에게는 학습에 의해 획득되었을 새로운 계급의식이 몸에 배어 있지 않았음을 의미한다. 모리야의 말을 빌리면, "아쉽게도 내 속에는 아직 많은 소부르주아적 잔재가 불식되지 않았고 특히 관념적인 엘리트주의가 바닥 깊숙이 물들어 있었다. 이것은 1933년 내가 검거되고 때마침 사노·나베야마의 전향 시대와 부딪혀 비참할 정도로 나타났다"(守屋典郎, 「私の思想改造」, 『読書の友』 1961년 9월 15일호)고 생각되어질 수밖에 없는 것이었다. 재기再起를 마르크스의 이론적 규칙에 대한 재학습에서 시작해야 했던 이유다.

이러한 관련을 가진 마르크스주의의 한 측면에 관심을 집중하는 것은 왕년의 후쿠모토주의였다. '계급의식을 의식하는' 것에 철저한 노력을 경주하여 오로지 '계급투쟁'을 전개한 사실은 거의 주지하는 바에 속한다. 거기서의 '계급의식'의 중시가 '소부르주아적 편향'이라고 치부되는 근거가 된 것은 당연하지만, 그럼에도 불구하고 이 운동이 '프롤레타리아' 외의 계급 출신자들에게 새로운 세계를 제공한 것은 부정할 수 없고, 또한 '프롤레타리아' 속에서 지식성intelligence을 키우는 역할을 한 것도 부정할 수 없다. 즉, 부분적인 범위에서 개개인에 대해서 귀속 계급의 자발적 선택을 가능하게 한 것이다(후쿠모토주의의 적극적인 면과 부정적인 면의 관련에 대해서는 1장을 참조). 개인 인생의 새로운 선택 즉, 윤리와 계급 이론이 결합된 것은 여기에서다. 그러한 의미에서는 모리야 후미오가 역시 다이쇼 말·쇼와 초기의 후쿠모토주의의 자식이라고 할 수 있다. 물론 모리야 뿐만 아니라 전전의 지식인 공산주의자는 대부분 그러하다. 비전향 공산주의자는 운동으로 단련한 자신의 '계급의식의 세계'를 국가권력과 일본 사회의 압박에 대해 지켜낸 이들이고, 전향 공산주의자는 다양한 원인과 조건 때문에 자신의 '계급의식의 세계'를 포기한 사람이다. 그리하여 전향의 책임은 궁극적으로는 말할 것도 없이 국가권력과 일본 사회에 있지만, 전향 공산주의자 자신에게는 다른 것에 전가할 수 없는 '자신의 의식세계'의 나약함 때문이라고 생각되어지는 것이다. 그때 다시 이전의 후쿠모토주의가 설명한 마르크스주의의 한 측면으로 돌아가 자신이 선택한 계급의식으로의 재귀속 훈련을 행하려 하는 것이었다. 그러한 의미에서는 이전의 후쿠모토주의가 개척한 일면이 재기의 노력을 거듭하는 전향 공산주의자에 의해 계승되어 재생산되고 있다. 더욱이 그러한 의미에서 일본의 공산주의사상 자체의 일관성을 보증하고 담당하는 것은 이러한 사람들이라 할 수 있다.

덧붙여서 후쿠모토주의 시대 이후의 후쿠모토 가즈오 자신은 이전의 후쿠모토주의의 흥미로운 측면과는 거의 관계없는 일에 종사하였다. 저서를 보면 알 수 있다.

　문제를 하나 뛰어 넘어 앞으로 나가보자. 강좌파 이론의 충실한 계승자로서 저명한 경제이론가 모리야 후미오의 전향에 대한 반성적 인식의 세계가 이상과 같다고 한다면, 우리는 당연히 지금 본 것과 같은 주체적 세계와 그의 사회경제 이론 사이의 내적 맥락을 문제로써 고찰해도 좋겠지만, 전후의 전향 상황을 개괄적으로 논해야 하는 저자로서는 여기서 흥미 있는 문제를 하나하나 해명하는 길을 피하고 다음으로 옮겨가야 한다. 다음의 문제란 무엇인가. 이 모리야 후미오와 같은 경우에 속하는 공산주의자는 전후를 통해서 어떠한 행동을 취하게 되었는가라는 점이다. 대답은 '공산당주의'라고도 부를 수 있는 행동방침이 나타났다는 것이다. 모리야 후미오 개인의 일은 모르겠으나, 일반적으로 이러한 경우에는 개인의 전향 책임을 계속해서 강하게 느낌으로써 오히려 당 중앙부의 방침이 다소 자신의 생각과 달라도 결코 당 중앙부를 비판하지 않는 경향이 발생한다. 여기서는 사상이 가지는, 조직체를 초월한 추상성이 이해하기 힘든 것으로 다가온다. 이는 계급의식의 재건에 전력을 다하는 것과 모순되는 것일까. 그렇지 않다. 당사자인 그 자신에게는 자신의 계급의식의 세계─공산주의사상─는 아직도 '여전히' '한계'를 가지는 것이고, 그렇기 때문에 '영구과제'로써 전력을 다하는 것이다. 그러나 '당'과 당의 비전향성을 지킨 사람들은 그러한 한계를 드러낸 적이 아직 없다. 그렇지만 당과 자신의 의견 차이는 이후에 다시 '자신의 나약함'에서 발생할지도 모르는 것이다. 그렇다면 자신의 현재 의견을 주장하기보다는 오히려 자기비판에 의해 당과 하나가 되려는 노력을 하는 것이야 말로 '자기를 단련하는' 길이 아닐까. 이렇게 해서 자신의 의견에 따라 행동하고 그 행동결과에 비추어 자기비판하는, 원래의 자기비판에서 일탈하여 우선 자기비판을 하는, 더구나 추상적 진리에 대해서가 아니라 구체적 조직체인 '당'에 대해서 우선 자기비판하는 이른바 과잉된 자기비판의 경향이 나타나는 경우가 많다. 그렇지 않더라도 끊임없는 보류의 태도가 발생하는 경우가 많다. 보류가 의미를 가지는 까닭은 한정된 조건 하에서 '이것'과 '저것'에 대해 일정한 '보류'를 하기 때문이다. 끊임없는 보류는 결과적으로 쫓아가는 것 외에는 아무것도 아니다. 그러므로 일정한 공산주의자가 만들어 낸 높은 윤리적 개인주의는 전후의 운동 속에서 다시금 독립된 개인의 사상을 버리고 당과 동일화되는 길을 걷게 된다.

이러한 과정의 바닥에는 아마도 전향 경험의 반성이 당 중앙부의 비전향자에 대한 인간적 속죄 의식과 연결되어 있는 사정이 있을 것이다. 또한 국가권력이라는 외적 상황의 힘에 굴복하여 '탈당'한 것을 두고 통렬히 반성하게 하면 할수록 결코 다시는 '탈당'하지 않겠다는 의욕이 생겨서 거기서 제명되거나 탈당하지 않으면 안 될 것 같은 가능성이 포함된 길을 피해가는 행동방침이 생겨나는 것이리라. '전전형 탈당' 중에서 반공화反共化하지 않는 유형의 하나는 이러한 특징을 갖는다. 즉, '탈당' 경험이 역으로 당에 대한 동일화(심리적 결합)를 강화시키는 것이다. 이러한 행동 태도는 심리학적으로는 충분히 이해할 수 있다. 그러나 다른 한편으로 그러한 것 때문에 전후 일본 공산당이 '성숙한' 당원에게서 '간쟁'을 받을 기회를 잃고 있는 것도 간과할 수 없다. 그러한 상태가 일상화常態化되면 '간쟁'의 기회를 내부에 지니지 않는 것이 '단결'이라도 되는 양 착각하게 되는 경우가 있다. 만약 그렇게 되면 우연히 '간쟁'을 하는 자가 나타났을 경우, 그 자는 '간쟁의 동지'로 인정받는 것이 아니라 간단히 '야심가'나 '반공가'와 같이 취급되어 제명된다. 그러므로 '간쟁'할 것을 결의하는 경우에는 미리 제명을 각오하게 된다. 단순한 '충고'를 하기 위해서 미리 '절교'를 결심해야 한다면, 그 '충고'는 동시에 '절교 선언'의 의미를 갖게 되므로 '충고' 자체가 원래의 '충고'에 어울리는 절도를 넘어선 격렬함을 갖게 되는 것이 자연적인 경향이다. '전전 탈당'과 같은 경험이 없는 관계로 당에 대한 강박관념을 품지 않은 '순수 전후파'에게서 격렬한 비판이 일어나는 것은 이 때문일 것이다. 그들은 특히 당에 대해서는 솔직한 자연인이다. 그만큼 또한 자기억제력이라든가 다른 종류의 넓은 배려 등을 종종 결여하기도 한다. 격렬하게 비판하더라도 그러한 것들을 거친 뒤의 비판이라면 거기에 강한 결단 의식이 존재하는 것을 의미하기 때문에 어디로 귀착할지 알 수 없는 '분방한 자유아'의 위험성을 갖지 않는다. 공산당 중앙부나 세상이 동일하게 보고 있음에도 불구하고 예를 들면 '전학련全学連'과 1960년 당시 요시모토 다카아키吉本隆明의 차이는 여기에 있다. 그러나 '자유아'는 그러한 결단의 자각에 강하지 않다. 거기에 전술한 불확실함이 있다. 이러한 관련은 저항운동의 집단으로서 결코 건강한 것은 아니다. 그리고 이 병리를 낳고 있는 근원은 '간쟁'의 기회가 공산당 내에서 아직 관습화되어 있지 않다는 사정에 있다. '간쟁'의 기회가 일상적으로 확보되는 것은 물론 집단 민주화의 필수요건이다. 아니, 근대 민주주의 세계가 아니더라도 고대의 명군名君이든, 중세의 명군주이든 뛰어난 정치지도자는 모두 '간쟁의 신하'를 좋아했다. 그런데도 현대 일본에서는 민주주의의 '민' 자도 모르는 지배자가 자신의 지배방법을 '민주주의'라고 참칭僭稱하고, '민주주의'를 위해 '공산주의'와 '사회주의'를 타파하라고 외치는 것이다. 공산주의 단체나 사회주의 단체가 이것이야말로 민주주의라고 하여 그 범례를 제시한 것은 지배자의 참칭을 타파할 뿐 아니라 가장 확실한 자기방어법의 하나다. 물론 일본 사회의 민주주의를 위한 큰 기여이기도 하다. 이렇게 본다면 공산당이 '간쟁'을 살려낼 수 있게 된다는 것은 대단히 커다란 의미를 가진다고 할 수 있다. 따라서 그렇게 되지 못한 상태의 하나의 조건으로써 재기를 위해 노력하는 '성숙한' 공산주의자의 '당주의'가 있다고 생각된다. 물론 그 책임이 전부 이들에게 있다고 말하는 것은 아니다. 조건으로 되어 있을 따름이다. 그러나 그에 대한 자각만큼은 아마도 소홀히 할 수 없는 것에 속할 것이다. 왜냐하면 '자신의 한계'를 끊임없이 의식하기 위해 노력하는 진지한 사람은 윤리적 한계뿐 아니라 스스로의 사회적 기능에서의 한계에 무자각적이어서는 안 되기 때문이다. 그 자각이 강할 경우에만 사람은 독립된 개인으로서의 존엄을 유지할 수 있는 것 아닐까.

(2)

지금 논한 제1의 입장에서의 '전향' 개념은 대단히 명석한 일의성을 가진다. 그것은 "본의 아니게 적에게 굴복한" 것을 의미할 뿐이다. 어디까지나 저항해야만 할 천황제 국가권력에 굴복함으로써 '세계 인민'과 '당'과 '동지'까지 배신한 사실, 그것만을 의미한다. 그것은 "장래에 걸쳐서도 지워지지 않을" 영구불변의 의미를 갖는다(中野重治, 「『文学者に就て』について—高司山治へ」). 따라서 앞에서 본 모리야처럼 그 극복도 역시 영구의 일의적 과제가 되는 것이다. 여기서는 '전향'을 흔들리지 않는 것으로 생각함으로써 비로소 재기의 노력 자체를 고정된 것으로 받아들여 그 노력의 과정에서 비전향성을 획득할 수 있었다. 따라서 이 입장에서 보면 '전향'이라는 단어를 사용하는 것 자체가 그 의미를 불분명하게 하는 점은 비판되어야 한다고 생각되었다. '전향'이 이전의 후쿠모토주의하에서는 부단한 상황 추수를 낳은 '협의의 경험주의'를 넘어서 불변의 사고思考 세계를 만들고 그에 입각하여 '목적의식적'인 사회에 대해 노력을 기울이게 되는 것을 의미

했다. 그것은 이른바 혁명운동의 '비전향적 상황적응'의 길을 다시금 자주적으로 만들 것을 의도한 말이었다. 그것이 국가권력에 의해, '굴복과 변절과 배신'을 마치 자발적인 사상의 발전인양 보이도록 역으로 전용되었던 것이다. 이러한 눈속임을 인정해서는 안 된다. "당국자도 신문사도 변절이라고는 부르지 않고 현실성을 사상한 전향이라는 새롭고 듣기 좋은 숙어로 받아들였지만, 그 사실이 배신이고 제일의第一義의 길을 버린 것임을 덮을 수는 없었다". 또한 덮어서도 안 되는 것이었다(杉浦明平, 「転向論」, 雑誌 『近代文学』 1948년 7월호. 덧붙여 말하면 스기우라 민페이는 전향 경험이 있는 것은 아니고, 나카노나 모리야와 거의 동일한 입장에서 전향론을 펼칠 뿐이다).

그러나 모든 전향 경험자와 전향론자가 '전향' 개념의 이렇듯 명석한 일의적 의미를 계속 유지했던 것은 아니었다. 가혹한 고전적 '전향 시대'가 막을 내림으로써 쥐어진 논의의 자유는 전향 경험의 다각적인 해석을 가능하게 했다. 그뿐 아니라 사실로써도 이전의 전향에서 탄압에 대한 '굴복'과 함께 '자유로운' 전향까지도 동시에 병행한 전향 경험자도 있었다. 이러한 경험의 다의성은 당연히 전향론에서의 다각적인 해석 태도를 가져와, 동시에 '전향' 개념에 다의적애매한 의미를 부여하기에 이르렀다. 그리하여 이 입장에서 비로소 제1의 입장에서는 보이지 않았던 전향 상황의 어떤 의미가 파헤쳐진 것도 사실이다. 그러한 경우에 속하는 전후 최초의 전형적인 예로 가메이 가쓰이치로亀井勝一郎의 전향론 「죄의식罪の意識」이 있다(잡지 『新潮』 에 1946년 1월호부터 5월호까지 연재된 「前編」). 가메이의 사실상의 전향 과정에 대해서는 이미 『공동연구 전향』 상권에서 다른 사람에 의해 다루어진 바 있다. 여기서는 오로지 전후 전향 개념의 다의화 과정에서 가메이가 가지는 의미에 대해서만 논할 것이다.

가메이의 전향론이 전향 개념을 다의화한다는 것은 무엇을 의미하는가. 그의 전향의식 속에는 '굴복＝배신'과 결합되어 '회심回心'과 '복귀' 등이 복잡한 교향곡이 되어 울려 퍼지고 있음을 말한다. ─지금부터 이것을 하나하나 밝혀나갈 터인데─다른 것과 결합되어 있다고 해서 그가 자신의 전향 속에 '배신'을 강하게 느끼지 않는다는 것은 물론 아니다. 변절을 못 본척한다는 것도 아니다. 단지 그것들은 "본의 아니게 저지른 배신"이 아니라 "감옥과 죽음, 이 절대 확실한 것 앞에" 서기 이전에(3월호) 이미 무의식 안쪽에 준비되어 있던 '배신' 정신의 발로였다고 생각된다. 원래 자신은 '공산주의자'여서는 안 될 사람이었으나, 상황의 힘은 자신에게 '본연'의 천성을 자각시키지 않았고, 따라서 공산주의자다운 '정치적 자세pose'를 취하는 가운데 자신의 미적 반역 정신의 실현을 위한 길을 발견한 것이라 생각할 수 있다. 그런 의미에서는 가메이가 '감옥과 죽음 앞에서' 굴복했을 때 단순히 공산주의자로서 굴복한 것만은 아니다. 공산주의자로서 행동하고 있던 자신의 발밑에서 이미 자기 본래의 사상이 굴복당하고 있음을 동시에 발견한 것이다. 현재의 굴복이 과거의 굴복을 자각시켰다. 오늘 굴복당한 것이 어제까지는 굴복시키고 있었던 것이다. 오늘 굴복시킨 것은 '절대 확실한' 물리적 권력이고 그로인해 굴복당하고 나서야 비로소 어제까지 자신의 '정신'을 바쳤던 이데올로기가 억압에 지나지 않았던 것임을 이해한 것이다. 여기에는 이중의 굴복감이 있다. '참패'의 마음을 안고 자신의 역사를 되돌아보았을 때 거기에 시체처럼 겹겹이 쌓인 수많은 '참패'가 보였던 것이다. 하나의 '배신' 경험에 견디기 힘들어진 정신에게는 과거의 '배신'에 대한 기억이 거듭 생생하게 겹쳐질 뿐만 아니라 이전에는 '배신'이라고 느끼지 않았던 것에서 조차 '배신'을 발견한다. 이른바 '배신' 사관이 성립한다. '참패'와 '배신'이라는 각도만으로 인생과 세계를 보게 된 것이다.

그리하여 "그때부터 자신은 십 수 년 간 언제나 이것을 확대경에 비추어 모든 가능성에 대해서 생각해 왔다. 죽음에 위협받고 자신을 구하려는 번민 속에서 인간은 어떤 망설임에 빠지고, 나약한 정신은 어떤 교활한 꾀를 부리며, 또한 얼마나 비겁하고 나약하게 되는 존재인가"라는 단테의 지옥편 '비열한 자의 무리'를 읽고 성서의 유다를 쫓으며 또 큰 악당과는 다른 작은 도둑의 '노예정신'을 고찰하기에 이른다(5월호). 나카노 시게하루와 모리야 후미오가 한번의 '배신'에 견뎌냄으로써 고군분투하면서 다시 원래의 '제일의적 생활'을 향해 떨쳐 일어난 것과 대조적으로, 가메이의 느끼기 쉽고 견디기 힘든 정신은 한 번의 확실한 '배신'을 계기로 몇몇 은밀한 '배신'을 '확대경'으로 캐내지 않고서는 마음이 풀리지 않았다. 이른바 모리야처럼 '배신'을 한번으로 그치는, 그러한 의미에서 부분화하지 못하고, 역으로 모든 장소 모든 곳의 여러 행위 속에서 자신 혹은 자신과 동일한 '배신'을 보고자 한다. 전자에 흔들리지 않는 정신이 있다면, 후자에는 상심의 예민함이 있다. 또 전자에 자신의 '배신'에 대한 책임을 한 몸으로 받아들이려고 하는 기백이 있다면, 후자는 다양한 현세적인 것에 포함된 '배신'을 간파하고 인간의 책임 능력이 한정된 것임을 감지한다. "사람은 인생에 대해 '모든 책임'을 질 수 있는 존재는 아니다"(5월호)라고. 그러므로 전자는, 한정되고 확실한 자신의 것에 대해서는 책임을 지려고 노력하고, 후자는 자신의 좌절에서 인간의 책임능력의 나약함에 대한 관찰로 나아가 자신의 상심을 세계의 상심과 연결시킨다. 어쩌면 너무도 상심한 사람은 '자기붕괴'(5월호)에 굴하지 않고 버티기에 자기억제력만으로는 부족하고 세계 그 자체 속에서 자신과 동일한 상처와 상처 입히는 것을 발견하고 나서야 비로소 체념할 수 있기 때문은 아닐까. 당연히 현세 초월적 '종교'의 세계가 이곳에 열리는 것이다. 모든 현세를 초월한 종교의 관점에 설 때 현세적인 모든 것은 완전히 동질적으로 보인다. 사람이 평지를 갈 때 마음을 성가시게 하는 언덕이나 골짜기의 높낮이가 높은 산의 정상에서 내려다 볼 때는 어느새 완전히 동일 평면상의 것으로 바뀌듯이, 그러한 초월 종교의 세계에서 현세를 볼 때에는 그곳에 존재하는 모든 것이 평등한 죄성罪性을 띤다. 그러한 관련은 예를 들면 그리스도교에서는 종교의 일면에 지나지 않지만, 그 일면에 관심을 가질 때 현세 속의 '죄인'은 더할 나위 없는 구원을 얻는다. 자신의 죄는 인간 일반의 원죄와 연결된다. 그것이 신이 인간에게 부여한 구원의 토대로써의 시련인지 아닌지는 차치하고라도 타인과의 비교 속에서 괴로워하는 개인에게 타인과의 공통성을 부여해 안정된 지속성을 갖게 하는 것은 분명하다. 물론 이러한 측면만 주목할 때에는 원래 현세 사회 속에서 자기에게만 속할 것 같은 성질의 죄까지도 원죄로 해소해버리는 개인으로서의 책임회피를 낳는다. 만약 그렇게 된다면 원죄 관념을 갖는다는 것만으로 이미 구원되고 만다. 현세 속에서 살아가면서 구원되는 셈이다. 그것은 이미 현세 초월적 종교가 아니다. 이러한 원죄관이 가져다주는 역설적 관련은 물론 그리스도교 본래의 것은 아니다. 사실 그리스도교 속에는 항상 그와 연관된 비판운동이 나타난다. 오히려 그리스도교의 역사란 그때마다 본래의 모습으로 돌아가려고 노력하는 운동의 역사라 해도 좋다. 그럼에도 불구하고 다른 한편으로는 종교세계 자체로의 퇴폐는 거의 항상 현세적 개인의 현세적 죄를 인간 일반의 원죄로 해소해버린다는 관련의 출현으로 나타난다. 특히 현세 이익주의의 비종교적 종교 풍토에서는 이러한 경향이 나타나기 쉽다. 기독교인 중에 교회에 나가는 것만으로 그렇지 않은 사람보다 이미 구원받은 듯한 얼굴을 하고 있는 신자가 많은 이유다. 중세 유럽에서 조차 이 말기적 증상은 교회생활 자체를 구원이라 느끼는 경향이 나타나고 있었던 듯하다. 이 현세적 개인 책임의 해소라는 관련이 퇴폐한 종교세계의 사상적 핵심이기 때문에 초월 종교의 부패에 대한 항의는 예를 들면 한편으로 종교를 보다 강하게 개인의 내면과 현세적 직업생활에 뿌리내리고자 한 프로테스탄티즘으로 나타나고, 다른 한편으로는 현세적 행동을 가장 존중하는 르네상스적 현세 개인주의로 나타나는 것이다.

설명의 편의상 전향에 의한 가메이의 새로운 경지를 현세 초월적 종교인 것처럼 논했지만, 가메이가 도달한 지점은 그리스도교는 아니다. 초월이라는 이름이 딱 들어맞는 경우는 신과 세계가 수직적 구조를 가지는 그리스도교에서지만, 가메이의 경우에는 '신'(부처)과 현세가 이른바 수평적 단절을 갖는 불교에 다다른 것이다. 일본에서 신란親鸞의 불교가 불교의 여러 종파 중에서 가장 그리스도교적인 성격을 농후하게 띠고 있음은 주지한 대로다. '원죄'라는 관념이 불자佛者 가메이 속에 살아있었던 것도 아마 이 때문일 것이다. 왜 그것을 선택했는가는 여기서 논할 문제는 아니지만, 일본으로의 회귀자回歸者가 그리스도교와 불교의 중간적 형태를 취한 토속종교 세계를 선택한 것은 서구적이지도 않고 동양적이지도 않고, 동시에 서구적이고 동양적인 부분의, 일본 문화 그 자체의 성격을 상징적으로 보여주는 것처럼 생각된다. 회귀자가 전통 속에 매몰되어 살아온 것이 아니기 때문에 전통에 복귀할 때 가장 독자적인 전통을 선택하는 것이다.

이렇게 해서 새롭게 도달한 먼 세계에서 이전에 봉사한 공산주의 이데올로기를 볼 때 그것은 어떻게 바뀔 것인가. 우선 그것은 단순한 하나의 정치적 이데올로기로 전락한다. "모든 시대에는, 저항해서는 안 될 것처럼 보이는 유행어가 있다. 유행어의 특징은 반드시 많은 사람들이 그것을 사용하는 데 있지 않고 본질적으로는 사고를 생략한다는 점에 있다. 사고를 생략하기 때문에 보급화 되고 회의가 없기 때문에 일종의 정치적 강력함을 가지기에 이른다. 그 몇 가지 조합에 의해 어휘의 어떤 형식이 완성되어 전제적인 힘으로 모든 것을 제단하려고 한다. 그런데도 인간은 거만한 표정을 지으면서 유행이 아니라 영원한 진리라며 스스로 그러한 말을 뱉어냄으로써, 그 말에 위협당하고 농락당한다. 청년은 이 마술적인 폭력 앞에 약하다". 그리하여 "문화를 동경하여 상경한" '내'가, "무성격이 자아내는 이상한 떠들썩함喧騷 속에서 이른바 '군중 인간'이라는 현대인의 유형으로 다시금 주조되어가면서 세례를 받은 공산주의"는 이러한 현대형 정치적 이데올로기의 일종에 지나지 않았다. 아니, 그에게는 하나의 전형이었다(3월호). 현대 사회에서 정치적 이데올로기가 일반적으로 슬로건화 하고 있는 것은 현저한 사실이다. 그 지적 자체는 날카롭다. 대중매체의 신속한 발달로 사건이 너무도 신속하고 생생하게 개개인에게 전달되기 때문에 개인은 끊임없이 생생한 정보에 의해 스포츠의 실황 방송처럼 사건을 동시적으로 감지한다. 다음 순간에는 다른 종류의 사건이 동일하게 모든 관심을 흡수할 정도의 압도적인 생생함을 가지고 찾아온다. 각 순간은 각 사건과 한 조가 되어 다른 순간과 다른 사건으로부터 독립한다. 사고思考가 각종 사건을 재구성하고 상像을 형성할 틈은 없다. 급격한 기술 발달에 병행하는 새로운 사고 방법은 아직 생겨나지 않고 있다. 이 사고의 불변성 혹은 지행성遲行性과 기술 보급의 급격성 혹은 고속성의 차이를 뚫고 '이데올로기'라는 명찰을 붙인 제각각의 슬로건이 인간에게 날아든다. 논리적으로는 제각각이지만 정치적 의도에서는 하나의 목표를 가질 수 있다. 논리적 관련을 갖지 않고서도 조건반사를 만들 수는 있다. 오히려 사고가 슬로건 사이로 개입하여 들어오지 않기 때문에 제각각인 슬로건을 인간의 육체 속에 생리적으로 연관 짓는 일이 용이하다. 이렇게 해서 비합리적 행동을 비합리적 목표를 위해 집단화하고 조직하는 것이 가능하다. 어쩌면 조건반사의 형성에 의한 생리적 연관 짓기가 불가능한 경우에는 개인 개인이 비합리적 행동을 제각각 벌이는 것에 지나지 않으며, 하나의 집단으로 조직화하는 일은 불가능하게 되는 것이다.

그런데 전형적으로 이러한 성격을 갖는 '정치적 이데올로기'는 과연 공산주의인가. 분명 아니다. 이 성격은 거꾸로 파시즘에 고유한 것은 아니었는가. "끝없이 마르크스에게 상담하고 …… 가장 곤란한, 정세가 급변을 드러내고 있는 시기에 또 다시 마르크스의 재독再讀에 착수한다"고 일컬어지는 레닌 속에서(크룹스카야Nadezhda Konstantinovna Krupskaya, 「레닌에 대해서」) 어떻게 '사고의 생략'과 단순한 생리적 행위의 조직화를 찾아낼 수 있을까. 거기에는 역으로 사고의 생략이 가장 일어나기 쉬울뿐더러 어느 정도 그것이 요구되는 시기에서도 여전히—아니 그렇기 때문에 무차별적인 충동에 대한 최대의 경계심을 가지고—이미 현신現身이 아닌 사상 그 자체가 된 마르크스에게 상담하는 것이다. 그것은 그때 레닌의 사고가 단순한 정치적 전술에 대해서만 이루어지는 것이 아님을 나타낸다. 마르크스주의의 원리와 급변하는 현상 사이의 복잡한 관련을 어떻게든 발견하려고 하는 사고가 이루어지고 있음을 드러낸다. 이것이 마르크스주의에서의 이데올로기적 사고다. 역시 특정의 이데올로기가 신을 대신하여 정치권력을 행사할 때에는 한쪽에서는 확실히 가메이의 소위 "당파와 주의主義의 이름으로 정신에 가해지는 잔학행위"가 일어나기도 한다(3월호). 그러나 다른 한편으로는 정치권력을 이데올로기에 의해 규제하는 가능성도 존재한다. 지도자의 강한 자기규제도 일어날 수 있고, 또 타자에 대한 자의적 강제를 이데올로기의 이름으로 정당화하는 위선도 생길 수 있다. 그러므로 어쩌면 사고하는 공산주의자라는 그 위선을 경계하고 자기 규제에 애쓰는 사람일 것이다. 그러한 공산주의 세계 속에서 가메이는 '사고의 생략'만을 보고, 역으로

『나의 투쟁』 속에서는 그 전형적인 예를 하나도 끄집어내지 못했다. 그 결과 현대의 정치사상 상황의 일면에 관한 날카로운 지적도 그 일면을 너무 확대하여 오히려 그 일면에 대한 집중적 체현자를 간과하게 되었다. 그것은 왜인가. 가메이는 서로 대항하는 정치 세계에 대해 그 내면에 잠겨서 '사고하는' 것을 '생략'한 것이다. 초월 세계에서 봤을 때 정치 세계는 어느 것이나 정치 세계라는 것만으로 평등시 되고 자신이 경험한 정치가 정치 일반의 특징과 동일화된다. 공산주의자는 '정치적 동물'에 지나지 않고 그 이상의 것이 아니라 여겨진다. 종교가 만물의 궁극 원인으로서 신을 창조한 것은 무한 영위營爲한 행위가 되는 궁극 원인의 지적 탐구를 인간에 대해 '생략'한 것을 의미하지만, 가메이는 이 점에 대한 자각은 기울이지 않고 오로지 정치 세계의 무사색성을 추구한다. 물론 종교는 인간 이성에 의한 무한한 원인 추구를 생략하고 궁극 원인을 미리 설정함으로써 오히려 다양한 결과인 현세의 만물이 어떠한 의미에서 신과 연결되어 있는가에 대해서 무한히 계속 사고를 지속하는 길을 인간에게 부여했다. 원인 추구가 아닌 원인과 결과의 관련 의식을, 그리고 고대의 대화와는 다른 종류의 변증법을 부여한 것이지만, 여기에는 당연히 신과 다양한 정치와의 관련 또한 고찰의 대상이 되어야만 했다. 사실 사고의 역사는 이것을 이루어 왔고 정치 투쟁의 역사는 신 앞에서 어떤 정치를 선택할 것인가의 차이에 따라 전개되어 온 것이다. 전향론「죄의식」에서의 가메이는 그러한 정치적 선택을 거부한다. 그 경우에도 어쩌면 그는 일정한 정치적 선택을 한 것이다. 만약 적극적으로 그것을 행하지 않았을 경우에는 적극적으로 행하지 않음으로써 현존 정치양식을 소극적으로 승인한다는 의미에서 선택했다. 그러나 가메이는 그 선택을 그의 종교적 세계와 관계 맺기를 거부한 것이다. 신 앞에서는 어떤 정치도 선택할 여지가 없다는 것이다. 일시동인一視同仁의 '정치적 동물' 비판은 자신이 가장 잘 알고 있는 정치에 대해서만 행하면 된다. 다른 정치는 모두 그것과 같기 때문이다.

　그 점에서 '공산주의의 수련도장이라고도 할 수 있는' 신인회의 합숙 본부는 그의 새로운 경지에서 봤을 때 어떠했을까. 거기에는 혁명가를 소리 높여 부를 때 '청춘의 숨결'과 '감격'과 더불어 '금욕적인 생활 안에서 서로가 서로를 훔쳐보고 서로 감시하는 듯한 공기'가 있었다. 그 속에서 가메이는 "자기도 모르는 사이에 자신을 속이는 것을 느낀다. 항상 혁명적 언사를 부리고 항상 용감하다는 것을 동지들 앞에서 경쟁적으로 증명하려는 거짓된 태도를 나는 몸에 익히고 보였던 것 같다. 사람이 보고 있는 곳에서 혹은 다른 사람의 얼굴을 보고라는 식으로 자신의 마음은 움직여 간다. 그것은 말할 나위 없이 자신의 마음속 깊은 내면을 성찰하는 능력의 정지를 동반한다. 정신 본래의 모습인 단수성單數性은 여기서 치명상을 입고 '나' 고유의 문제라는 것은 소멸한다. 이것은 당파의 사람이기 때문에 필연의 조건이었다"(3월호)고 회상을 체험하는 것이다. 그 '거짓된 태도' 아래서 혁명의 이름으로 "인간을 '이용하는' 것"을 알았고 그 '정치적 자세' 아래서 기분좋게 눌러앉아 있었노라고 회상한다.

　이러한 상황이 당시의 공산주의자 집단에 없었다고는 보지 않는다. 아마 지금도 가지고 있을 것이다. 그리고 일본에서는 군건한 의견일치를 요구하는 조직생활 속에서 타인지향형 행동양식이 일어나는 것에 대해 공산주의자 자신의 손에 의한 비판이 일어난 적은 별로 없다. 가메이의 비판은 그러한 의미에서 귀중하고, 공산주의자 스스로가 이에 대답해야 할 것이다. 그러나 여기에서도 동일한 것을 논해야 하는데, 내면적 자율을 상실한 타인지향형 행동 양식이 왜 '당파의 사람이기 때문에 필연의 조건'인 것인가. 어떻게 해서 자립정신을 잃지 않으면 공산주의자가 될 수 없는 것인

가. 그 설명은 조금도 이루어지지 않았다. 가메이는 당연한 경험의 소유자로서 결론짓고 있지만, 그것은 그의 경험에서 그러했던 것이지 그의 가능성에서 한 것은 아니었다. 더군다나 이것이 모든 당파인의 필연은 아니다. 만약 그가 한 번의 경험상 그러했던 것은 아니고 그의 가능성에서도 '필연적인 것'이었다고 한다면, 그것은 그 자신이 강고한 조직생활에서는 절대로 자율성을 유지할 수 없는 인간이라고 스스로 말하고 있음을 의미한다. 더욱이 그것은 내면적 자율성 관념의 주창자일 수 없는 자라고 스스로 말하는 것이다. 왜냐하면 내면적 자율성의 관념은 국가와 조직의 시대가 된 근대에서 강고한 행동규율 체계와 관련하여 비로소 인류의 자각을 가져오고 주창되기에 이른 것이기 때문이다. 물론 사실로서는 그 이전부터 존재하고 있었다. 그러나 기구와 조직체 속에서 생활하는 개인이 그러한 행동에서 엄밀한 규율에 따르면서도 자기 고유의 정신과 세계를 유지하려고 했을 때 내면의 자립성이 인간 고유의 속성으로서 자각된 것이다. 엄밀하고 강고한 행동규율 체계와 맞섰을 때 비로소 그것에 대항할 수 있을 만큼의 강고함을 가진 독립된 내면세계가 자신 속에 존재한다는 사실에 눈 뜬 것이다. '금욕적인' 규율생활 속에서 그것에 대항할 수 없는 내면세계는 자립적인 것이라고 할 수 없다.

산골생활처럼 자신의 외적행동에 대한 생활 자체를 고립시키면 정신이 고립되는 것은 당연하고, 그것은 결코 내면의 독립이 아니다. 하지만 엄격한 조직생활과 대항함으로써 그와 양립하는 듯한 모범적인 내면의 독립은 사실상 부단한 과제일 것이다. 그러나 애초에 내면의 독립이라는 관념은 그러한 과제를 포함하는 것으로서 인류사상사 속에 등장했다. 마르크스주의는 그 전통 위에서 그의 조직론을 만든 것에 지나지 않는다. 그 전통을 '지양aufheben'하고 있는 것이다. 지양에 의해 한정되어 일정한 것으로 되는 것은 당연하지만, 일정한 개인정신의 독립을 전제로 포함하지 않는 것과 같은 마르크스주의 사상은 이 세상에는 없다. 현실의 공산당 조직생활에서 그 원리가 실제로 얼마만큼 붕괴되어 있든 사상에서는 확고하게 존재한다. 오히려 무너뜨리고 있는 사람들 자신의 사상적 확신이 되어 있기 때문에야말로 무너진 현실이 보이지 않는 경우가 많다. 이러한 사상적 확신을 가진 자들만이 모여 있어서 조직에 독립된 개인의 정신이 사라지고 있다는 뜻은 아니다. 사라지고 있는 것처럼 보이는 것은 단순히 '현상적'으로 그렇다는 것이지 본래 우리당은 '본질적으로' 그것을 '지양'하고 내부에 지니고 있는 조직이라 생각함으로써 현실의 병리에 대한 자기비판을 하지 않고 끝내는 경우가 많다. 그러나 그것은 역으로 정신적 개인주의라는 요소의 필요성을 거의 모든 공산주의자가 자명한 것으로 인정하고 있다는 것까지도 의미한다. 따라서 현실의 당 생활에서 그것이 상실되고 있음에 대한 비판도 항상 내부에서 일어날 수 있다. 사실 그러한 비판이 제기된 적은 몇 번이고 있었다. 물론 실제로 일어났던 비판이 그때그때의 상황 속에서 '바람직한' 정치적 역할을 다했다고는 할 수 없다. 또한 마르크스주의에서 '일탈'하는 측면을 가진 것도 있겠지만, 어쨌든 원래 가능한 것이다. '민주적 집권제'라고 하는 긴장으로 가득 찬 원칙 속에서 그것은 상징적으로 드러난다. 공산주의자의 문제는 긴장과 모순에 무자각적으로, '민주'와 '집권'이 선험적으로, 따라서 항상 '변증법적으로 통일되어 있다'고 생각하기 쉬운 데에 있다. 그렇지만 그러한 확신이 있기 때문에야말로 타인이 대량으로 전향해도 자기만은 부동의 비전향을 지켰다는 생각을 가진 사람이 현실적으로 발생한 것이다. 자신의 사상 속에 모순을 느끼지 않는 것은 모순에 대한 인식 위에 서서 그 속에서 하나의 방향을 어떤 상황 아래에서 선택한다는 자의식을 키우지 못하고, 따라서 결단의 자각과 현실성을 종종 잃게 하지만, 어떤 경우에는 단연코 강한 힘을 발휘한다. 비전향의 이상적 형태는 자신의 내적 모순을 충분히 알고 모순이 야기하는 긴장의 생산성까지도 알고 난 다음에 이루어지는 '흔들림 없는 행위'일 것이다. 그러한 이상적 비전향자가 실제로 어느 정도 있었는지는 알 수 없다. 그러나 어쨌든 타인의 전향에 조금도 끌려가지 않은 사람이 '내면적으로 자립'한 사람이 아닐까. 그리고 그 사람은 '당파의 사람'이 아니었을까. 그러한 사람을 단순히 '정치적 동물'이라 할 수 있을까.

그러므로 가메이는 일찍이 자신이 헌신한 공산주의를 내재적으로 파악하고 있다고는 할 수 없다. 그 속에서 얼마간의 체험을 얻었다고 해서 그에 대해 잘 안다고 말할 수 없는 전형적인 예일지도 모른다. 전향에 의해 그가 얻은 참패와 새로운 경지는 이전에 헌신한 공산주의를 내면에서 비판하는 방법을 취하지 않고 그 속에서 오로지 자신의 참패 원인을 찾아내게 한다. 그 집단의 병리현상을 비판할 때 예리함을 드러내지만, 병리현상은 거기에서 마치 그 집단에 원래 존재했던 상태인 것처럼 설명된다. 그러나 병은 그것이 얼마나 일상화하고 만성화되든 간에 병리에 의한 것이지 결코 원래의 상태는 아니라는 것을 가메이는 잊고 있다. 따라서 그 비판은 반드시 생산적으로 기능하지는 않는다. 현상에 대한 비판이 있어야만 하고 더욱이 있을 수 있는 상태를 드러냄으로써 비로소 의미를 가진다. 그러나 가메이로서는 생산적 비판을 행하는 것이 필요하지 않을지도 모른다. 견디기 힘든 상심에 대한 치유야말로 귀중한 것인지도 모른다. 또한 새로운 경지에서는 "자신이 믿지 못하는 것에 봉사하는 것, 이것이 죄악의 모태다"(5월호)라는 말의 전형으로서 자신의 공산주의 체험을 후회하는 것이기도 하리라. 그렇다면 자신의 공산주의 비판이 공산주의 자체에 도움이 되는 성질을 가질 필요는 조금도 없다. 공산주의 체험 속에 경솔과 기만, 요컨대

'죄악의 모태'를 발견하는 것이 중요한 것이다. 가메이가 공산주의자로서 생활 속에서 적극적으로 '청춘의 숨결'밖에 보지 못한 것은 당연하다. 가메이가 공산주의에 들어간 동기와 과정을 어떻게 회상하고 있는가는 생략하고 싶지만, 거기서도 "성급하게 자기한정욕限定欲, 하나의 입장에 서둘러 의존하려는 심리상태"의 기능을 풀어내는 부분 등에서는 하나의 날카로운 통찰을 엿보게 한다(3월호). 그러나 그 '하나의 입장'에 어떠한 의혹도 가지지 않고 의존함으로써 그의 마음 속에 영구히 살아있는 어떠한 요소를 배웠는가는 부정형으로밖에 말할 수 없다. '피안彼岸' 세계의 존재를 안 사람으로부터는 '차안此岸'의 어떠한 활동도 보편으로의 고리를 가지지 않는다는 것일까. 지상 만물 속에 영원한 신의神意의 상징을 발견하려는 수직적 초월종교와 다른 점은 여기서도 발견할 수 있을 것 같다. 그는 공산주의 세계를 모든 차안적인 것과 함께 관찰함으로써 이전의 자신의 심리를 냉정하게 통찰하는 여유를 얻은 것이다. "내가 만약 정치적 동물로서의 공산주의자로 오늘날 머물렀더라면 이들 마음속의 아픔에 관해서는 불감증이 되어있거나, 내지는 정치적 태도로 얼버무렸을 것이다. 단지 종교를 생각함에 따라 그것이 명확해 진 것이다. 나에게 불성이란 마음속 비밀에 대해 명석함을 요구하는 일종의 지성이었기 때문"(5월호—강조 가메이)이라고 밝히는 까닭이다. 자신의 '마음속의 비밀을 명석하게 하는 종교적 지성'이 감옥 경험으로 향할 때, 공산주의 경험으로 향했을 때와 달리 새로운 의미를 발굴하게 된다.

그렇다면 의미의 발굴이란 무엇인가. 물리적 권력 구조가 인간에게 미치는 심리적 기능에 대해 그는 다른 전향 반성자가 이룰 수 없었던 독자적인 일을 했다. 공산주의자가 국가권력의 그러한 작용에 제지당해서는 안 된다고 생각하고 노력함으로써 오히려 인식하지 못했던 것을 가메이는 참패를 용인한 지점에서 인식한다. 그는 공산주의 생활을 회상할 즈음에 조직이라는 것이 수동적 추종자인 그에게 어떠한 심리적 왜곡을 주었는가에만 주목하여 공산주의사상을 믿는 자로서 조직에 대해 무엇을 해야 했는가라는 문제제기 방식을 잊어버렸다. 그에 따라 전 성원의 적극적인 자발적 참가를 원칙으로 삼고 있는 특징, 즉 자주적 집단으로서의 특징을 잘못 파악했다. 그러나 국가권력에 대한 인식에서는 같은 방법이 유효한 결과를 야기한 것이다. 감옥은 자발적 사회가 아니다. 따라서 감옥 기구가 그에게 미치는 심리적 결과를 수동적 입장에서 미세하게 인식하는 방향으로 시야를 정해도 인식상으로는 앞의 경우만큼 커다란 실수를 일으키지 않고 끝난다. 오히려 새로운 각도에서 국가기구에 대한 인식을 할 수 있다. 여기서 수동적인 약자는 역으로 명령하는 강자의 비밀을 폭로하는 자가 될 수 있다. 전후의 가메이가 하야시 후사오林房雄처럼 국가기구 측에 사상적으로 다가가지 않았던 것은 아마도 이러한 인식이 있었기 때문이다. 또한 이 인식은 장차 권력의 탄압에 견뎌내려고 결의한 사람들의 정신적 준비 자료로서 중요하다고 생각된다.

　　가메이는 국가권력의 전형적인 물리적 측면인 '형무소라는 장치' 속에서 '인류가 발명한 위협 예술', '권력이 낳은 공상'을 발견한다(4월호, 이하 동일). 단단한 벽이 기계적인 규격성으로 둘러싼 작은 방에 어째서 조그마한 창문 하나만이 뚫려 있는 것일까. 보란 듯이 인위성을 드러내고 있는 감방에 왜 단 하나의 '창공과 구름'이 가끔씩 보이는 창을 만들었을까. 그것은 꼭 따뜻한 배려에 의한 것만은 아니다. 따뜻한 배려를 할 바에는 감방 자체를 그토록 냉담하게 만들지 않으면 될 터이다. 이 '창'은 '일종의 교묘한 고문'을 위해 만들어진 것이다. 적어도 일본인에 대해 창이 가지는 기능에서는 그러하다. 이 창을 통해서 자그마한 '자연'이 주어진다. '주어진' 자연의 단편은 "나 자신 속에 있는 모든 자연을 일깨우고 떠오르게 하여 자연에 대한 동경欲情을 격렬하게 선동한다". 형무소는 이 '창'을 통해 '자연에 대한 시위운동'을 하게 하는 것이다. 자신의 일상적인 삶 속에서 분명히 자연에서 독립된 이러한 방을 가지고 있지 않은 일본인에게는, 이 '창'의 기능이 세계 최초로 지금과 같은 형태의 형무소를 만든 권력자가 계산한 것 이상으로 큰 것이다. 만약 거기에 건강과 인권에 대한 형식적인 배려가 조금 들어갔다 하더라도 그것조차도 실질적인 고문을 가중시키는 것으로 작용한다.

서구의 근대 국가를 흉내 내어 국가기구를 만들면서 사회만큼 근대화시키지 못했던 메이지 이후의 지배자는 그렇게 함으로써 예상한 것 이상으로 국가기구의 지배 능력·억압 능력을 획득했다고 보아야 한다. 통상의 일본인은 직접 탄압받지 않아도 자연과 연속한 일상 환경에서 완전히 분리된 외래의 인위적 구축물에 들어간 것만으로도 이미 심리적으로 위축되어 스스로를 교묘한 고문 속에 두는 것이다. 심리적으로 위축된 인간을 다루기란 아주 쉬운 일이다. 일본의 관료는 자신이 그러한 쉬운 일을 하고 있다는 자각을 갖고 있지 않지만, 아무 것도 없이 감옥이라는 주거 구조의 격차에 바탕을 둔 심리 구조의 차이 위에 앉아서 무자각적으로 도취되어 있을 뿐이다. 평등한 조건하의 인간을 통치하고 있는 것은 전혀 아니다. 가메이의 회상은 이러한 것을 이면에서 들려주고 있다.

가메이에 의하면 '창'과 비견되는 기능은 '죄수복'에 의해서도 이루어진다. '수인囚人'은 자기 고유의 복장을 가질 수가 없다. 머리카락도 수염도 영양도 햇빛 섭취량도 모두 제한된다. 엄밀한 사회 규범이나 조직 규율 속에서 내면적 독립을 획득하는 훈련을 그다지 경험해보지 않은 근대 일본인은 특히 이러한 상황 속에서는 자신을 비참하다고 느낄 것이다. 가메이에 의하면, 수염이 자란 '악당 얼굴'을 한 자신을 보면 자신이 정말 악당인 것은 아닐까 생각하게 된다. 가메이처럼 외형과 내면이 연속하는 정신구조에서는 특히 그러하리라. 그리하여 "결국 '죄인'이라고 생각하게 만드는 것이다"(가메이). 가메이에 따르면 "깨끗이 수염을 깎고, 두발을 자로 잰 듯 양쪽으로 나눈 얼굴에 가슴팍 주머니에는 하얀 손수건을 보이도록 꽂거나, 더러는 향수를 뿌리고 반지를 낀" 검사나 예심 판사를 대면했을 때 이러한 심리상태가 한꺼번에 터져 나온다. '이 대조의식'이 한쪽은 '우월감'을 높이고 다른 한쪽은 죄인 의식感을 확대한다고 한다. 그리하여 이 '연극적 조건'이 완비된 상황에서 '범죄인'이 창조되기 때문에 '모든 재판은 일종의 비평이다'에 이르게 된다. 이 결론은 정말로 그럴 것이라 생각되지만, 세 겹으로 접은 손수건을 주머니에서 꺼내 반지를 반짝반짝 빛나도록 닦고 있는 이가 판·검사라고 한다면 그보다 더 현대 일본의 지배계급다운 우스꽝스러움이 어디 있겠는가. 또한 그들 앞에 서면 창백하고 수염 난 얼굴을 한 자신이 느닷없이 죄인처럼 느껴진다는 말이야말로 전중 일본의 피지배자다운 자세 아니겠는가. 관료도 대신도 장군도 대원수도, 복장만 바꾸면 모두 동일하고 그 내용은 빈 깡통이라는 것을 이 보고는 여실히 말해준다. 이는 전후 천황제의 붕괴에 따른 다양한 현상 속에서 우리 눈으로 실제 확인한 바이기도 하다. 고대적인 제왕의 존엄도 중세적인 치자의 덕도 근대적인 냉철한 권력 이성도 아무것도 없다. 봉건적인 정신을 일소하자고 해도 봉건지배자가 갖추어야 할 덕조차 없는 것이다. 있는 거라고는 복식과 화장의 등급뿐이다. 지배자는 옷 만들기에 광분하고 피지배자는 지배자가 만든 일정한 등급의 기성복을 입고, 그 지위에 어울리는 특권을 휘두르고 그에 필요한 비굴함을 보이는 것이다. 일본 인민이 우선 복장의 내면 규제력制約力으로부터 자신을 해방해야 하는 이유가 여기에 있다. 그러나 경제적 안정은 다시금 외적 장식의 질서가 정신의 등급을 결정하는 경향을 만들어 내는 것은 아닐까.

가메이는 이러한 장치 속에서 일상 사회를 완전한 '자유의 세계'로 여기는 '공상'에 사로잡힌 나머지, 그것을 사실이라도 되는 양 '착각'하기에 이르는 과정을 밝힌다. 정치적·사상적 자유가 당시의 일본 사회에 전혀 없었다는 건 알고 있다. '여행의 자유', '독서와 대화의 자유', '음식물의 자유'도 완전할 리는 없다. 그런데 그것을 완전한 것인 양 '상상'하기 시작한다는 것이다. 제1장에서 고바야시 모리토의 경우는 이 공상에서 발생하는 '기억 착오'가 어떠한 기능을 수행했는지 논했지만, 가메이는 이 과정을 정말 잘 대상화하여 인식한다. 그에 따르면 형무소의 기능이 성립하는 것은 그것이 이 '공상적 착각'을 생산하기 때문이다. 이것은 아마도 일본 사회의 특징을 그다지 포함하지 않는 보편적 현상일 것이다. 가메이는 "감옥이 자유에 대한 공상을 자극함으로써 수인을 괴롭힌다면, 이 고통에서 벗어나 감옥생활을 견디는 방법이란 그와 같은 조건을 역이용하는 데서 나올 터이다. 즉 공상을 바꾸면 되는" 것이다. 그 경우 비전향자는 "두고 보게, 생각했던 것보다 빨리 우리가 바라는 사회가 출현할테니"(国領五一郎)라고 공산주의사회의 출현을 공상하고, 그것을 위해 여러 현실적 계기를 얼마 되지 않는 정보 속에서 읽어내려고 한다(『特高月報』1940년 5월호, 잡지『みすず』1961년 6월호 참조). 가메이는 어떻게 했을까. 그는 "문학적 공상력을 극도로 활용해서 견디는 방법을 …… 몸에 익혀나갔던" 것이다. 여행기를 읽고 화집을 본다. "그리고 서양의 고성을 연상시키는 이 '여관旅舍'에서 역시 먼 조국을 그리워하듯 봄의 사쿠라와 가을의 벌래 소리 등 일본적인 풍경을 추억한다. 일본, 그 나라에 반역한 나는 지금 먼 타향의 고도孤島에 있는 것만 같다. 1, 2년 세월을 쌓아가는 사이에 이 거리감은 점점 더 강해진다. 아득히 멀어져 가는 것일까. 나는 여수旅愁를 느꼈다"는 말이다. 서양으로 유학을 떠난 대부분의 지식인처럼 감옥이 내포하는 '거리감'이 떠나온 고향으

로의 심리적 회귀를 야기한다. 일본 낭만파는 여기에서 탄생하였고 그때 풍경 내셔널리즘이 발흥한다. 가메이에 의해 뒤바뀌기 전의 공상은 아마도 음식 내셔널리즘(스시가 그립다)과 가족을 흠모하는 마음을 만들어냈을 터이지만, 추상적인 것으로 뒤바뀌었다 하더라도 그 결과는 겨우 풍경이라는 특정한 자연에 대한 향수일 뿐이다. 이로써 일본으로의 회귀에 의해 일어난 내셔널리즘의 성격이 명확해진다. 그리하여 '거리 의식'이 현대 일본에서는 어떠한 구조를 갖는가라는 문제를 찾는 데에 초점을 맞춘다. 앞의 '창'의 기능에서 본 일본 건축물의 이중구조는 감옥의 거리감을 더욱 확대하게 될 것이다. 또한 일상 사회에서는 교통·통신수단의 급속한 발달에 따라 지리적 거리가 심리적으로는 현저하게 축소되어온 만큼 투옥에 의해 일단 의사소통의 수단이 제한되면 역으로 심리적 거리가 굉장히 멀어진 것처럼 느끼는 것 아닐까. 앞의 고쿠료 고이치로国領五一郎의 경우를 생각해보면, 그는 이러한 일본의 일상사회와 급속히 멀어져가는 느낌으로부터 오히려 사회주의사회의 도래가 가까웠음을 느꼈는지도 모른다. 아마도 마르크스주의자는 역사법칙을 필연이라고 믿었기 때문에 일본 사회가 현재의 상황에서 멀어지려고 하자, 이를 다음 역사단계로의 혁명을 위한 기회가 근접했음을 의미한다고 생각했을 것이다. "두고 보게, 생각했던 것보다 빨리 우리가 바라는 사회가 출현할 터이니"라며 의연히 비전향을 지킨 그들의 심리 밑바닥에는 감옥의 '거리감'에 대한 이러한 해석이 깔려있었던 것은 아닐까. 그러고 보면 가메이에게서 '거리감'의 작용방식은 마르크스주의자의 그것이 아니다. 가메이 속에 있던 거리에 대한 철학은 마르크스주의의 그것과는 달랐다. 그때 그는 처음으로 그것을 알아차렸을 것이다. 나는 애초에 무엇인가라는 질문이 여기서 나오게 된다. "바쁜 정치행위 속에서 자신의 가슴 밑바닥에 억눌러 온 여러 환상, 지도자나 동료들의 눈이 무서워 마음속에 감추어 두었던 의혹, 지금 그것들이 갑자기 고개를 쳐든다".
그것에 몰두할 때 "나는 단지 혼자서 자발적으로 사물을 생각하는 순수 시
간을 가졌다". 그리하여 "나는 옥중에서 처음으로 개인의 자유를 얻었다".
그와 동시에 "자신이 속하는 당파, 자신이 품고 있었다고 생각한 주의는 물
론 이 일본, 그리고 전 세계가 가령 어떻게 되든 그때의 나에게는 무관심한
것이었다". 물리적 칸막이벽으로 인해 혼자가 되었을 때 처음으로 주어진
'개인의 자유'가 과연 개인의 자유인가 아닌가는 앞에서 논한 바를 통해 알
수 있다. 그러나 공간적 격리에 의해 비로소 자신의 시간을 얻을 수 있다는
점은 일본 사회구조의 전형적 표현이다. 안과 밖, 공과 사가 지속적으로 밀
접한 인간관계를 쌓아올리는 이 사회의 일상에서 '자신의 시간'은 화장실
과 심야에만 획득할 수 있다. 감옥은 화장실과 심야의 이러한 기능을 확대
한다. 모든 시간이 타인과의 공유하에 놓여있는 사회에서 강제적으로 격
리되었을 때 개인의 시간이 성립한다는 것은 얼마나 역설적인가. 그러한
사회에서는, 일상사회에서의 초월이 감옥이나 은거에 의해 비로소 가능할
것이다. 가메이에게도 형무소는 괴로운 감옥임과 동시에 모든 외적인 것
에서 자기를 해방하는 거점이기도 했다. 그는 여기서 '본래의' 자기로 '복귀'
하고 '전 세계'에 '무관심'한 형태로 모든 현세적인 것에서 벗어나는 방식으
로 불교적인 '회심回心'을 수행한다. 그의 전향 과정을 관통하는 삼중창이
여기서는 긴밀하게 결합된 것이다.

(3)
가메이에게 전향은 '배신'임과 동시에 '자유의 자각'이기도 하고 또한 그 '자
유'의 위에 선 '회심'이기도 했다는 것은 이미 거기에 전향의 전후적 형태에
대한 하나의 원형이 포함되어 있음을 의미한다. 그것은 상대적으로 '자유

로운 전향'에 대한 자의식을 낳고 있기 때문이다. 우리는 앞에서 전후 전향에 대한 하나의 경향으로써 전향을 '소극적인 사적 자유'의 문제만 생각하는 것을 논했다. 만약 적극적으로 '자유로운 전향'이라는 것이 있을 수 있다면, 그것은 권력의 사상에 대한 강제를 완전히 거부했다는 전제하에서만 성립한다. 그러한 의미에서 비전향성을 포함한다. 그러나 가메이의 전향은 그렇지 않다. 만약 사람이 정말로 '자유의 자각'하에서 '회심'한다고 하면, 그 과정은 정치권력이 요구하는 코스와 직접적으로는 조금도 관계하지 않을 터이기 때문이다. 그렇지 않다면 '자유'가 아니다. 가메이의 경우로 말하면, 어쩔 수 없는 한계에서 이루어진 권력과의 타협(=전향)과 그의 '회심'을 명확히 분류할 수 있다면 그의 '회심'은 보다 확실한 '회심'일 수 있을 것이다. 물론 그렇게 할 수 없었던 것의 책임은 가메이에게도 있지만 일본이라는 국가에도 있다. 그러나 전후에는 '사적 자유'주의의 측면뿐 아니라 국가권력의 자의적 비대나 사상 내부로의 침입에 대해 저항을 계속하면서 자주적인 탄력성을 획득하는 것 또한 가능하게 되었다. 그것을 전향이라 부를 것인지의 여부는 직접적으로는 정의에만 관련된 것이어서 역사적 개념으로써의 전향과는 직접적인 관련을 갖지 않지만, 만약 그러한 비전향형 전향의 원형을 찾는다고 한다면 그것은 어디에서 찾을 수 있을까.

두 가지 방향으로 생각할 수 있다. 하나는 세찬 권력의 압박 속에서 외면적인 추종의 형태를 취하면서 권력의 사상 내부로의 침입을 거부한 위장 전향이고, 다른 하나는 권력에 대한 저항과 인간에 대한 기여를 보다 적극적으로 꾀할 수 있는 지점으로 전향하는 것이다. 어느 쪽이나 권력에 대결하는 기능에서 사상의 존재 형태를 문제시하는 방법이 생겨난다. 형태도 무기도 가지지 않는 추상적인 사상이 어떠한 사회적 존재 형태를 취해야 당면한 상황에서 국가권력의 비대함에 저항할 수 있을까 라는 의문이 여기에 있다. 그리하여 사상의 존재 형태가 문제시되었을 때 비로소 내적으로 충만한 '사회적 침묵'의 사상적 의미 즉, '일부러 표현하지 않은 것'이 무엇을 표현하고 있는가라는 것이라든가, 논문·문자·언어 등의 정통 표현 수단에 따르지 않고 다른 수단을 통해서 나타나는 사상 등이 문제가 될 수 있는 것이다. 또한 그러한 것을 조직해 냈을 때 비로소 사상은 거대한 사회적 힘으로 전화한다. 위에서 든 두 가지의 방향 중 후자의 역사적 실례는 다이쇼 말·쇼와 초기에 일어난 마르크스주의로의 전향과 전후의 가능성으로만 존재하고 '전향 시대'에 대한 반성적 제 인식 중에는 전자의 예만 있다. 따라서 여기에서는 위장전향론만 등장한다.

그래서 하야시 다쓰오林達夫가 명작 「반어적 정신反語的精神」(『新潮』 1946년 6월호)을 들고 나오게 된다. 그는 대정익찬운동에 대한 '지식계급이 행동결정을 하는 모습'을 보고 '만사가 끝났다'는 것을 간파했을 때부터 데카르트에게서 배운 '위장된 순응주의'를 자신의 사상적 '행동 강령'으로 삼아왔지만, 그 경험을 사색함으로써 '위장 전향'의 형태로 권력에 도전하는 '정신의 정치학'을 수립했던 것이다. 물론 출발점은 방어에 지나지 않았다. '신체제운동'에서의 '주술적인 정치의 명령적인 말'에 의해 '경박한 행동을 저지르는' 지식인 무리를 봤을 때 그는 "진정한 철학은 이미 끝났다"고 생각하고 "향후 사상가에게 남겨진 길은 감옥과 죽음이라는 소크라테스적 운명을 감수할 것인가, 아니면 데카르트처럼 위장된 순응주의의 전략을 취할 것 외에는 없다"고 비판, 언명하여 후자의 길을 선택한 것이었다. 그러나 하야시는 사색을 통해 한걸음 한걸음 '방어' 속에서 '공격'의 방법을, '순응' 속에서 '비판'의 방법을 발견해 갔다. 물론 그 과정이 시간적 경과일 필요는 없다. 그러나 어쩌면 시간의 흐름과 함께 그의 '정신의 정치학'적 사유는 두께를 더해갔을 것이다. 우선 하야시는 스스로 자신의 운명을 거부한

소크라테스에게서 그가 취하려고 하는 '사상의 전술'을 발견한다. 하야시는 소크라테스에 대해 "그는 아이러니스트ironist, 反語家임에 틀림없지만, 그러나 항상 다수파인 척한다. 대중과 하나 되어 소리에 맞춰 합창을 한다. 군중의 선두에 서서 시치미를 뚝 떼고 선창조차 마다하지 않는다—그러나 그렇게 하면서 실은 온갖 통념, 정통, 권위를 와해시키고 조롱했던 것이다"라고 말한다. 소크라테스가 가장 자신있게 내세운 교육방법, 즉 깨닫게 해야겠다고 상대의 이야기 속에 들어가서 상대가 아직 깨우치지 못한 참된 지혜를 추출하고 대상화하여 보여줌으로써 소크라테스 스스로를 계발함과 동시에 '오류'에 대한 비판을 소크라테스가 아닌 상대 스스로의 손으로 자주적으로 전개하도록 하는 방법적 태도 속에서 하야시는 소크라테스의 교지와 전술을 읽어냈다. 그러한 태도를 장켈레비치Vladimir Jankélévitch의 말을 따라 '반어적 순응주의'라고 이름붙인 것이다. 그러나 여기에는 여전히 의문이 남는다. 전 사회를 건 '정치적 순응주의'에 대해 '반어적 순응주의'로 대항하는 데 왜 '대중과 함께 합창'해야 하는가. 기미가요君が代를 '합창'하는 동안에 소크라테스처럼 합창 자체를 국제적인 합창으로 바꿔버리는 힘을 하야시가 가지고 있다는 말인가. 만약 가지고 있지 않다면 '반어irony'로서의 힘, 즉 참다운 지혜를 촉발하는 힘은 전혀 나타나지 않고 결국 '반어적 순응주의'는 '정치적 순응주의'에 대항할 수 없게 되는 것 아닌가. 하야시 다쓰오의 위장전향론이 이 지점에 멈추어 있는 한, 그것은 후퇴의 정당화에 지나지 않는다. 물론 그 정당화는 당시의 상황 속에서는 일정한 정당성을 가진다. 그야말로 어쩔 수 없는 상황이었다.

그러나 하야시의 위장전향론은 거기서 멈추지 않았다. 전쟁 중의 일본에 한정된 정당성을 주장할 뿐 아니라 역사의 20세기적 상황에 넓게 타당한 바의 '저항과 비판의 한 방법'을 제출하는 것이다. '순응' 속에서 '비판'을 발견

하려고 하는 그의 사색은 한 발 더 나아간다. 하야시는 폴 발레리Paul Valery의 인용을 통해서 다음과 같이 말한다. "모든 것이 멸망에 임박하여 그로 인해 야기될 일체의 것, 내일 닥치게 될 일체의 것들이 분명히 우려스럽고 거의 절망적인 것처럼 생각될 경우에는, 도대체 스스로의 최후 희망을 어디에 두어야 하겠습니까. 재해 속에서 시시각각 만들어지는 다양한 정세나 사건의 총체 속에서 유일하게 존재하는 불확실한 지점을 어디에서 구해야 하겠습니까. 생각하건데 이 최후의 거점, 이 더없이 좋은 기회는, 적대자의 마음속에만 존재하면서 또한 존재하지 않는 것입니다. 최상의 유리한 정세 한 가운데 있고 대부분 승리를 거머쥐려고 하는 사람의 마음속에도 힘을 잃어버리기에 충분할 만큼의 것이 포함되어 있는 것입니다 ……"―강조는 후지타. 하야시는 대중에게 추동할働きかける 힘이 없는 경우에 동원되는 '대중과의 합창'이라는 이른바 자위적 위장에 만족하는 일 없이 공격해야 할 목표점을 여기에서 찾아낸 것이다. 승리자의 '신명' 속에 깃든 위기를 공격하려는 방법이 20세기에 거대하게 집중된 총력전 국가와 대결할 경우 어디에 표적을 두어야 하는가. 하야시에 따르면 '전쟁의 두뇌'·'군국주의의 신경 중추'인 '대본영 회의실에서의 지적 승부' 속에 그 표적이 있다. 조직 시대의 전쟁에서는 "피투성이로 싸우는 군대나 군단, 밤낮으로 고생을 다하는 처참한 후방의 생산진生産陣이라고 해도, 결국 무표정한 장기판 위에 놓인 말이라는 하나의 추상적인 의미밖에 없다". 위장된 저항자는 지적 승부의 방식 속에서 작전지도를 만들어 이 말들을 조정하는 '조국의 대표자이자 동시에 조국의 적인 거만한 지도자'에게 '감추어진 최대 약점'을 발견하고, 그 한 점에 지성의 일격을 가함으로써 총력전 국가 그 자체에 치명상을 입히려고 하는 것이다. '권력 없는 지성'이 '단결 없는 투지'만으로 혈혈단신 전 사회의 권력 체계를 상대로 한 이 저항 방법의 논리는 조르게의 활동을 생각나게 한다.

물론 하야시가 「반어적 정신」을 쓴 1946년에는 아직 조르게의 기록이 공표되지 않았으므로 그를 염두에 두고 있었다 하더라도 거의 추리에 의한 것이었음에 틀림없다. 하야시 다쓰오는 어쩔 수 없었던 스스로의 후퇴전에 대해 사색한 끝에 하나의 적극적인 저항 방법을 발견하고 이론화한 것이다. 위장 전향의 이론은 여기에 거의 완벽에 가까운 형태로 제출되었다고 할 수 있다. 우리는 이미 고쿠료 고이치로나 미야모토 겐지에 의해 하나의 정신, 혹은 신념이 용케 전 국가권력과 대결하여 견뎌낸 예를 보았지만, 지금 하나의 정신이 지성의 정치학에 의해 방비되었을 때에는 권력의 정치학에 대해서 역전승하는 것조차 불가능하지만은 않다는 논증을 얻었다. 이 방법이 전쟁 중에만 적용 가능한 것은 결코 아니다. 국가 이외의 부분적인 사회 기구 속에서 한 사람의 민주주의자가 고립무원의 상황에서 옴짝달싹 못하고 있는 광경은 오늘날의 일본에서는 오히려 일상적이다. 그는 물론 한발 한발 횡적인 연대를 만드는 데 노력할 것이다. 그러나 인민의 연대에 아직 기대할 수 없는 상황에서 저항해야 하는 상황이 발생했을 때, 그는 혼자서 이 '지적 승부'로 권력에 도전해야 할 것이다. 단순한 '론論'의 영역을 넘어서 지성의 정치학이 권력의 정치학에 대결하는 '실례'는 오히려 이후에 나타나는 것이 아닐까.

하야시 다쓰오의 「반어적 정신」의 도달점을 이상과 같이 해석할 수 있다 하더라도 거기에 지적해야 할 한계가 없다는 것은 아니다. 그것이 '하나의 방법'에 지나지 않고 또한 '단결'을 기대할 수 없는 궁지에서의 방법임은 그 자신이 이미 밝힌 대로고 거의 자명하다고 할 수 있지만, 물론 이것이 하야시 다쓰오의 한계는 아니다. 위장 전향 혹은 그것을 독촉하는 상황 그 자체의 한계다. 하야시 다쓰오의 「반어적 정신」의 약점은 소크라테스의 '반어적 순응주의'와 '위장 전향'과의 차이를 이해하지 못하는 데 있다. 소크라테스의 반어적 순응주의는 민중을 회의와 비판으로 자각시켜가는 방법이다. 그런 의미에서 지성으로 대중을 조직하는 지적조직화의 운동 방법이라 할 수 있다. 이것이 교육학적 측면을 포함하는 까닭이다. 본래적인 의미에서의 계몽 방법이라고 해도 좋다. 그것은 하나의 정신이 지성의 전략으로 권력체계의 중추를 공격하는 것에 전력을 다하는 방법과는 완전히 다르다. 또한 하나의 정신이 자신을 방어하기 위해서 행하는 데카르트적 '위장된 순응주의'와도 다르다. 후자는 위장의 결과 「방법 서설」을 체계화하고 그 결과로써 커다란 지적조직화를 이루어냈다 하더라도, 지적조직화 자체를 목표로 하는 소크라테스의 방법과는 여전히 질적으로 다른 것이다. 소크라테스적 방법은 아마도 항상 필요한 정통적인 지적조직화의 길이고 그것을 굳이 위장 전향의 유형에 집어넣을 필요는 없다. 그는 위장을 통하지 않고 옥사의 길을 택한 비전향자인 것이다. 그에 반하여 운동 방법으로써의 '반어적 순응주의'는 일정한 상황적 근거 위에서만 타당성을 획득할 수 있다. 만약 그것이 영구히 계속되는 경우라도 특정한 상황적 기반이 바뀌고 교체되어 나타날 때에 한해서다. 소크라테스가 그러한 것으로서의 '반어적 순응'을 이용하기는 했다. 그러나 민중의 지적조직화라는 영구히 필요한 고전적 방향에서다. 권력 중추에 잠입해 그것을 혼자서 타도한다는 방향에서가 아니다. 하야시가 소크라테스조차도 그의 '반어적 순응주의' 속에 집어넣은 것은 조금 부당한 일반화다. 하야시에게는 '반어적 순응주의'가 취미가 되고 자기목적화하는 경향이 있다. "자유를 사랑하는 정신에게 반어만큼 매력적인 것이 또 있겠습니까. 어떤 자유라도 적대자의 연기를 연출하는 것, 하나를 갈망하면서 그것과 정반대의 것을 할 수 있을 정도로 자유로운 것은 없"는 것이다. 따라서 그는 세계의 자유로운 정신 속에서 반어적 측면을 찾아내어 그것을 수집한다. 그런 까닭에 소크라테스도 데카르트도 조르게도 동일한 '반어적 순응주의자'가 되어버렸다. 이는 소크라테스적 방법, 데카르트적 방법, 조르게적 방법 각각이 가장 효력을 발휘해야 하는 일정한 상황적 기반에 대해 명료한 구별의식을 갖지 않았음을 의미한다. 여기서 그의 명작이 지닌 제2의 약점을 이해할 수 있다. 그는 혼자서 권력체계를 공격하는 조르게적 방법을 설명하면서 그것이 단결을 기대할 수 없는 경우에 한정되는 점은 논했지만, 그것이 얼마나 곤란한 길인가에 대해 밝히는 일을 잊어버렸다. 하야시는 조르게적 방법 속에서 '자유로운 반어정신'을 발견하면 그것으로 만족했다. 그러나 그것을 저항의 일반적 방법의 하나로 이해하는 자에게는 그 방법이 가능하도록 하기 위해서 필요한 사상적 특질이 문제가 된다. 허허실실의 기만적 기술의 세계를 걸어갈 때 그 투쟁 기술의 세계에 매몰되지 않고 역으로 그것을 철두철미하게 내적으로 부정하면서, 게다가 테크닉을 관철하기 위해서는 어떠한 정신구조가 필요한가. '자유를 사랑하는 정신'만으로는 부족하다. 어쩌면 자신의 인생을 초주관적 이념의 도구로 보고 자신의 생을 지속적으로 성패를 예측할 수 없는 실험에 제공하는 지향이 최소한으로 요구될 것이다. 그러한 사상적 배경이 일본 사회에 없다면 하야시가 말하는 지적인 정치가가 일본 내에서 차례차례 나오는 일은 있을 수 없는 것 아닐까. 고전적 지적조직화에 의해 끊임없이 그러한 사상을 포장하는 사회가 계속해서 만들어지지 않으면 하야시의 방법은 현실적 상황 기반을 획득할 수 없다. 그러나 지적조직화에 의해서 그러한 기반이 만들어졌다고 한다면, 혼자서 잠입하지 않고서라도 보통사람의 사상적 연대에 의해 저항운동은 전개할 수 있다. 우리의 목표는 거기에 있는 것이 아닐까. 그래서 과제는 이후로 남는다.

　　적극적 자유 개념에 기초하여 전향 시대를 반성할 때 하야시에게 순응이나 전향은 반어적인 성격을 띠고 나타나는 것이 되었다. 이미 전향은 하나의 형태에서가 아니라 몇 개의 형태로 존재하는 것이 되었다. 아마도 전향의 주체와 전향의 방법과 전향의 성격·유형 등은 거의 무한히 확대될 것이다. 비전향에 대해서도 동일하다. 그 경향 속에서 전후 전향을 다루려고 할 때 우선 주목할 수 있는 것은 무엇일까.

2. 쇼와 20년의 전향 상황

우리는 '전향 시대'의 다각적 반성이 가능하게 됨에 따라 주어진 전향 개념이 다의적으로 사용되는 상황에 서 있다. 그것은 한편으로 전향 사실을 애매모호하게 하고 개인의 사상적 무책임을 낳는 경향을 가짐과 동시에 공산주의자의 국가권력에 대한 굴복·배신이라는 부동의 일의적 의미를 통과하는 경우보다 넓은 시야로 전향 사실을 파악할 수 있게 한다. 후자의 이점을 살려서 봤을 때, 우선 우리의 눈에 들어오는 것은 2차 세계대전 후의 천황제 국가 및 그 '국민' 자체의 '전향'과, 국가 이데올로기를 직접 담당했던 '제도인'의 '전향'이다. 공산주의자·반군국주의자에 대해 물리적·사회적 권력으로 전향을 강제한 당사자가 권력을 잃었을 때, 즉 자신이 소유한 권력에서 해방되었을 때 하나의 자유로운 인간으로서 어떻게 행동했는가. 또한 새로운 승리자의 권력에 의해 강제되었을 때 지배되는 무권력자로서 어떻게 행동했는가. 그것을 확인함으로써 우리는 현대 일본에서의 지배자와 피지배자의 사상적 실력을 비로소 평등한 조건하에서 비교할 수 있는 기회를 가졌다. 전후파는 자신의 사고와 행동을 결정하는 데 이 기회에 힘입는 바 크다. 이제 그 문제를 전향이라는 각도와 관련하여 재고하려는 것이 이 부분의 목적이다. 우선 천황제 국가의 정면, 현관부터 들어가 보자.

(1)

8·15의 '항복' 조서에는 가장 긴요한 '항복'이라는 단어가 단 한 번도 나오지 않는다는 것은 그냥 지나쳐서는 안 될 사상 문제를 포함한다. 천황제 국가의 결정은 항상 칙어에 의해 고지되고, 그 고지가 지배자의 결단을 의미하는 것으로 되어 있다. 그리하여 8·15조서는 무엇보다도 일본 제국의 최고 지배자가 항복의 결단을 내렸다는 점을 명확히 하는 것이 제일의 목적이었다. 그렇기 때문에 다음날 신문도 '성단聖斷을 내리다'라는 표제를 붙인 것이다. 그 조서에는 '항복'이 명기되지 않았다. '성단'의 '단斷'이라는 글자는 '조건반사적인 것'원문은 あぶり出し인데, 이는 마르면 투명해지는 화학 약품이나 식물의 즙으로 종이에 그림, 글씨 등을 표현하여 불에 쬐면 그 형태가 나타나도록 한 것을 말한다. 여기에서는 은유적인 표현으로 쓰였다.으로 되어 있다. 이것은 무엇을 의미하는 것일까.

결단은 이해나 인식의 차원과는 다르다. 거기에는 다면성이 있을 수 없다. 한쪽으로 편중되어 있음을 알면서도 굳이 스스로의 행동을 한정시키려는 것, 그것이 결단이다. 따라서 결단 자체는 명석한 것이다. 결단한 행동의 내용이 합리적으로 정당하므로 증명할 수 있다든가, 합리적으로 이해될 수 있다는 의미에서 명석한 것이 아니다. 그런 점에서는 비합리적 일 수 있고, 사실 '결단주의'는 종종 자기 행동의 '정당함'을 검증하려는 것에 대해서는 전혀 무관심한 비합리주의로서 출현했다(나치 이데올로기가 그 전형이었다). 결단의 명석함이란 그것이 정당한가 아닌가라는 문제로부터 일단 벗어난 지점에서 여하튼 어떤 행동을 주체적으로 결정했는가가 밝혀지는 그러한 명석함이다. 무엇을 결정했는가가 불분명한 결단은 결단으로서 열악하다. 저 '성단' 조서는 '미·영·중·소 4개국'의 '공동 선언을 수락할 뜻'을 밝히고는 있지만, 그 '공동 선언'이 무엇을 요구하는 지에 대해서는 조금도 밝혀놓지 않았다. 따라서 일본이 행동으로써 무엇을 결정했는지는 분명하지 않다. 단지 ("태평 세상을 펴고자 한다"는 문구에서) 전쟁을 끝내려는 의지를 알 수 있고, ("전쟁 국면이 반드시 호전되는 것은 아니며 …… 더욱이 교전을 계속한다면 마침내 우리 민족의 멸망을 초래할 것이다"라는) 상황 설명과 ("견디기 힘든 것을 견디고 참기 힘든 것을 참아서"와 같은) 심정의 토로를 통해 종전이 패전에 의한 종전임을 겨우 짐작할 수 있을 뿐이다. 종전의 의지는 명백하지만 패전의 승인은 모두 객관적이거나 주관적 상황 증거의 제출로만 말한다. 여기서 문제가 되는 것은 안보반대운동이 패배했는가의 여부가 아니다. 후자의 경우에는 어떤 각도에서 이루어진 평가가 보다 더 타당한가를 논쟁할 수 있는 것이므로 다양한 평가가 성립할 수 있다. 그러나 결정에 관한 고지는 그것에 대한 평가가 어떠하든 바꿀 수 없는 행동 사실을 제시하는 것이다. 거기에는 모든 평가를 견뎌내는 정신이 확고하게 잠재해 있을 터이다. 가장 명석하게 결정된 사실만을 표명하기 때문에 오히려 그 바닥에 잠재하는 '견디는 의지'가 확고한 것이라고 생각되는 것이다. 전형적인 결단과 그 정신이란 그러한 것이다. 그렇다면 완곡함과 심정 토로로 결단을 알리려고 한 8·15조서는 반대로 가장 결단답지 않은 결단이 될 것이다.

게다가 이 조서에서 빠진 것은 결단의 정신만이 아니다. '전시국면이 반드시 호전되는 것은 아니며' 등의 어법에서 알 수 있듯이 자신에게 불리한 현실을 즉물적即物的, sachlich으로 직시하여 그것을 지체하지 않고 표현하고자 하려는 정신이 없다. 막스 베버가 말한 것처럼 이 정신이야말로 인식에 객관성을 보증하는 것이기 때문에 이 조서 속에는 현대 일본의 지배자에게 엿보이는 정신적 리얼리즘의 결여가 집중적으로 드러난다고 할 수 있다. 리얼리즘에는 한편으로 아무런 목적 없이 현세적 이익의 기회만을 추구하는 무이념주의 유형도 있지만, 다른 한편으로는 강고한 자신의 이데올

로기와 의욕을 보유하면서 그에 반하는 자신의 현실을 가차 없이 직시하는 내적 긴장으로 충만한 역동적인 유형도 있다. 당연한 이야기지만 리얼리즘의 정신은 후자 속에서만 방법적 자각에 다다른다. 그렇다면 8·15조서에 리얼리즘의 정신이 부족하다는 것은 반대로 보면 거기에 견고한 이념이 존재하고 있지 않다는 것은 아닐까. 이런 생각으로 이 조서 내용을 살펴보면 과연 거기에는 초주관적 의욕이 전혀 없다. '동아해방'이라는 허위의식(이데올로기)조차도 이미 포기하였다. 여기에 있는 것은 '시국의 수습'이라는 것뿐, 그것을 이끌어 갈 방향 관념은 없다. 그러나 그것은 '종전 정치사'의 진행 속에서 결정되어 있었다. '평화공작'이라는 이름으로(주지의 자기기만) 항복 준비를 추진하던 1945년 6월, 다카마쓰 노미야高松宮는 "이미 절대국방선인 뉴기니New Guinea에서 사이판 오가사와라小笠原 제도를 잇는 선이 무너진 이상 종래와 같은 동아공영권 건설의 이상을 버리고 '극단적으로 말해서' 전쟁 목표를 어떻게 하면 좋게 패할까라는 점에 두어야 한다고 생각한다"고 말했다 한다(細川護貞, 『情報天皇に達せず』下). 이 다카마쓰 노미야의 관찰과 판단은 지배자 중에서는 아마도 가장 영리한 편에 속할 것이다. 그러나 '국방선'이 무너졌다고 해서 왜 '이상'을 버려야 하는 것일까. 군사력은 이상(의 담당자)을 방어하기 위해서도 활용할 수 있는 것이지만, 그 경우조차도 양자가 동일한 것은 물론 아니다. 직접적으로는 관계가 없다. '이상'을 포기하는 경우는 그것을 이상으로서는 허위였다고 생각했을 때라든가, 아니면 그것을 자신의 정신에 무의미한 것으로 바꾸었을 때의 둘 중 하나다. 군사적 패배가 '종래의 이상'을 이상으로써 재검토할 계기를 마련하게 한 것이라면 그나마 이해할 수 있다. 자신의 이상을 그 자체로써 정밀하게 검토하는 것은 무엇을 계기로 하든 상관없기 때문이다. 특히 총력전체제 아래서는 정신적 요인도 전력으로 계산되므로 패배의 원인을 추구하는 과정에서 '우리 이상'의 '행동환기력'이 어느 정도인지를 알 수 있고, 또한 '이상' 자체의 허위성에 부딪힐 수 있는 것이다. 현대 세계는 그러한 일이 종종 있을 수 있어 역으로 이념이나 '정신'은 자칫하면 외적 강제력ヵ에 대한 독립성을 상실하게 되는 것이다. 대중 사회의 실체상실이라든가 내·외 양계기의 유동적 연속 등으로 불리는 경향이 이것이다. 그러나 이 경우에는 아직 외적인 힘이 단순한 계기에 지나지 않음을 깨달아 사상적 세계를 사상적 세계로 파악하는 데 노력함으로써 이념의 자기회복이 가능하다. 그러나 군사정세의 여하가 곧바로 이상의 취사 선택과 결합하여 오히려 양자가 한 덩어리로 된 곳에서는 이상의 독립성을 자신 속에서 회복해갈 길이 없다.

그리하여 힘에서의 패배가 곧바로 이념의 자발적 포기를 야기하는 일본적 전향의 전형은 좌익이 아닌 오히려 천황제의 최상층군에서야말로 고유한 것이었다. 지금은 실증 없이 밝혀 두지만, 실은 천황제는 이천 년 간 이 방법으로 몇 번의 위기를 벗어나 존속해 왔고 태평양 전쟁의 '평화·종전' 역시 그러한 전통적 방법에서 한 발짝도 벗어나지 못했다는 뜻이다. '종전의 공로자'들이 그 노고와 공적을 제아무리 자랑하더라도 거기서 사상적 의미는 무엇 하나 생산되지 못했다. 그것은 오로지 사상과 외계外界의 동일화 구조 때문이었다. 동일화로 인하여 양자의 관련성에 대한 사고는 나타나지 않았고 따라서 전향에 대한 반성적 인식이 일어나지 않았던 것이다. 그것은 좌익 마르크스주의자와 비교하면 금방 알 수 있다. 후자는 힘에서 패한 결과로 '본의 아니게' 전향한 것이기 때문에 그 전향 과정에는 '독립의 이념'과 '힘에 의해 좌우되는 생명' 사이의 선택을 둘러싼 내적 긴장이 충만해 있었고, 전향 후에도 이 양자의 관련을 계속해서 사색한 경우가 많다. 천황제 상층부는 그러한 내적 긴장을 가지지 않은 까닭에 밋밋하게 선한 사람의 얼굴을 유지하면서 아무렇지 않게 그리고 끊임없이 전향한다. 따라서 전향을 스스로 문제시하지 않았고, 다른 사람에게도 문제시하지 않은 것뿐이다. 그러한 '일관성—系性'이기 때문에 '경사스러울' 뿐이다.

그러나 연합국 사람들 쪽에서 보면, 겨우 3년 9개월 전만 해도 대단히 거만하게 "짐은 여기서 미국과 영국에 대해 전쟁을 선포한다"고 분명하게 말했던 그 '용감한' 지배자가 지금은 '승리하지 못하여' 항복해야 할 처지가 되자 무엇을 결정했는지조차 분명하지 않은 '성단'을 진심으로 발표할 만큼 '연약한' 사내로 급변할 줄은 아무도 몰랐을 것이다. 맥마흔 볼William Macmahon Ball은 항복이라는 문자를 사용하지 않은 이 항복 선언 속에 일본 지배자의 교활하고 면밀한 대외적 침략과 전술을 간파하려 했다. 즉 "일본의 침략을 정당화하려는 기묘할 정도로 뻔뻔스러운 기도"를 거기에서 꿰뚫은 까닭에 항복 시 일본 지배자들이 품었던 정치적 의도에 대해 다음과 같이 해석한 것이다.

> 내가 보는 견지에서는 일본 정부가 항복을 결정한 날부터 점령군이 상륙하는 날까지의 수 주간은 헤아릴 수 없을 정도로 역사적 중요성을 갖는 시기였다. 숨 돌릴 틈도 없이 짧았던 그 순간에 일본의 지배자들은 점령기간 중에 취해야만 할 전략과 전술에 대해 은밀하게 의견 일치를 봤을 것이라고—그것을 가장 잘 뒷받침할만한 문서상의 증거를 제시할 수는 없으나—나는 굳게 믿고 있다. 이 전략에는 두 개의 기조가 있었을 터이다. 즉, 정복자의 명령에 대한 완전한 외면적 복종과, 정복자의 의지에 대한 부단한 정신적 저항이 그것이다(W. Macmahon Ball, *Japan-Enemy or Ally?*, 일역『日本—敵か味方か』, 筑摩書房—강조는 후지타).

우리가 만약 볼처럼 연합국의 뛰어난 사람이었다면 역시 이렇게 봤을 것이다. 그렇지 않다면 이해할 수 없는 면이 너무도 많다. 그러나 '종전사' 및 전후사의 경과를 지켜본 자들에게는, 일본의 지배자가 '은밀하게 의견

일치'를 볼 수 있을 정도로 공통 이성을 갖고 있었다면 항복 절차가 훨씬 더 빨리 이루어졌을 것이라 확신한다. 전쟁 말기에 일본의 지배자는 이미 사분오열이었다. 한마디로 중신이라 하더라도 예를 들면 기도木戸와 고노에 사이에는 커다란 감각과 방침의 차이가 있었고, 중신파의 일꾼인 도미타 겐지富田健治와 호소카와 모리사다細川護貞 또한 고노에와 다른 측면을 가지고 있었다. '국체호지'國體護持, 전후에도 침략 전쟁의 최고 책임자인 천황제를 유지함에 대해서는 과연 전원이 일치하고 있었지만 어느 누구에게도 완전한 패배 속에서 어떻게 '국체를 호지'할 것인가에 대한 적극적인 방법은 없었다. '종전파'가 포츠담 선언의 수락에 즈음하여 "이 선언은 천황의 국가통치 대권을 변경한다는 요구를 포함하고 있지 않은 것으로 이해한다"는 생각을 표명하지 않았더라면 천황의 결단은 불가능했다. 모든 것을 '적'의 온정에 의지하였던 것이다. 따라서 미국으로부터 "천황의 권한은 제한하에 놓인다"는 통지를 받는다면 도리가 없다. "짐은 이것으로 좋다"는 말로 비로소 일이 결정되었다는 것이다. 천황에게 책임이 미치는 것을 항상 염려하여 피하려 했던 중신이, 막다른 골목에 이르자 '천황 친정親政'에 의존해야 했다는 사실은 실로 아이러니하다. 게다가 8·15조서에서는 '짐은 여기에 국체를 보호할 수 있어서'라는 제멋대로의 해석을 도입하여 혼자 결말을 내려고 한 것이어서, 그러한 의미에서는 냉정한 현실로부터 마지막까지 눈을 돌린 셈이다. 철저하게 불리한 현실 속에서 어떻게 하면 '국체를 보호'할 것인가와 같은 방안이 나올 리가 없었다. 일찍이 막스 베버는 패전의 이 단계에서 만약 독일 제국이 자신의 명예와 존속을 바란다면 "외부로부터의 압력에 의하지 않고" 그보다 먼저 황제 스스로가 "나는 어디까지나 내가 해야 하는 바대로 정의와 양심에 따라 행동해 왔다고 주장한다. 단지 운명이 나에게 유리하게 작용하지 않았다. 그리고 나는 국민들이 새로운 미래를 구축하는 것을 방해하고 싶지는 않다"고 선언한 뒤 퇴위해야 한다고 진언했다 (Max Weber, *Gesammelte Politische Schriften*. 이 부분의 일역 있음, 相沢 久 역, 『政治書簡集』, 未来社). 그것은 이른바 항복시에 있어서 '국체호지'를 위한 주체적 프로그램이었다. 일본에서는 이러한 방침이 누구에게서도 나오지 않았다. 일본에서 이와 비슷한 천황퇴위론이 제출된 것은 주둔군에 의해 헌법개정론이 요구된 이후의 일이었다. 물리적 시간상으로는 겨우 일 년의 차이지만, 그 사상적 의미의 차이는 질적으로 다르다. 물론 그 차이는 정치권력의 성격과 사회적 조건의 차이에 제약되는 것이고, 또한 일 년 후에 나온 여러 천황퇴위론 가운데 뛰어난 사상적 의미를 담은 것도 있지만, 적어도 패전 처리에 즈음한 현대 일본의 '보수 정치가'에게는 주체적인 보수주의 정신이 없었음을 이 사실은 보여준다.

볼의 명저가 이 문제에 관해서는 일본의 지배층을 과대평가하고 있다고 말하지 않을 수 없다. 주체적인 계획이 아무 것도 없는데 어떻게 강고한 위장 전향이 기획되겠는가. 정복자에 대한 '완전한 외면적 복종'과 '부단한 정신적 저항'을 이룰 수 있으려면 우선 무엇보다도 정신의 안팎의 동일화 구조를 완전히 극복하여 하야시 다쓰오가 말하는 '반어적 정신'이 그것을 대신하고 있어야 한다. '적'의 온정을 계산에 넣거나 하지 않고, 무조건 항복의 냉혹한 현실조건에 조금도 움츠러드는 일 없이 무조건 응시해야 한다. 이것은 중신에게도, 군부의 강경 '항전파'에게도 불가능했다. 후자의 전쟁계속론의 논거는 그야말로 그것이 불가능하다는 데 있었다. 8월 10일 중신회의에서 도조는 "우리 육군을 소라 껍질에 비유하여, 껍질을 잃은 소라는 결국 그 몸뚱이도 죽음에 이르는 것임을 밝히고 무장해제가 결국 우리의 국체호지를 불가능하게 하는 이유"를 논했다고 전한다(호소카와, 앞의 책). 이는 반대로 말하면 '국체'는 '껍질'에서 초월 독립한 무엇이 아니고, 따라서 무조건 항복한 뒤에도 존속시킬 수 있는 것이 아니며, 자신도 그 존속을 보증하는 길을 찾을 수 없다는 것이다. 전쟁의 경과에 대해서는 중신들의 입장이 사실적이었지만, 패전 후의 '국체'의 경과에 대해서는 중신들보다도 도조가 훨씬 더 사실적인 전망을 하고 있었던 셈이다. 여기서도 사실주의를 자랑하는 중신들에게 아이러니한 운명이 있다. 도조나 아나미阿南는 이러한 전망 위에서 '국체'를 지키려고 생각한다면 '철저한 항전' 외에는 없고, '항복'한다면 '국체의 포기'를 결의해야 한다는 양자택일의 문제성을 주장한 것이다. 그 부분에서 아나미는 기도로부터 전쟁이 계속될 경우 승산이 있는가라는 질문에 "없다, 하지만 대의를 생각한다면 일본국이 멸망해도 좋다"고 대답했다(호소카와, 앞의 책). 여기까지 오면 앞의 도조의 말을 넘어서는 것이 된다. 단순히 '일본 국체'가 중요한 것이 아니라 오히려 그 자체보다는 그것의 '대의'가 우월하다. 아나미가 '비길 데 없이 충성스럽고 순수한 군인'이라고 불린 것은 그의 이러한 측면 때문일 것이다. 물론 아나미가 '대의'를 위하여 국민이 죽지 않으면 안 된다고 한 것은 극히 유감스럽다. 그러나 전향·비전향이라는 관점에서만 본다면 그는 비전향이다. 많은 군국주의 지도자들 중에서 주로 군인들이 전후에 자살로 자신의 비전향을 표시했는데 그 시발은 아나미로부터 시작된 것이다(8월 14일 밤). 그의 자살은 도조의 유형과 다르다. 고노에와도 다르다. 전쟁 재판을 받는 것을 거부하는 자살이 아니라, 그의 '대의'를 존속시키기 위한 자살이었다. 그러한 의미에서는 완전 비전향의 군국주의자다. 만약 아나미와 같은 지조가 굳은 비전향 군국주의자가 일본 지배자의 다수를 차지했더라면 우리 대다수는 지금 이 세상에 존재하지 않았을 지도 모른다. 어떤 유형의 급진적인 비전향주의자가 일정한 상황하에서 지배할 경우 어떻게 인간 부정否定의 기능을 완수하는 데 이르는가 하는 점이 통절하게 느껴지지 않는 것일까.

그러므로 우리가 비전향을 지향할 때에는 무엇보다도 이 점에 자기 경계를 필요로 한다. 총괄해서 말하자면 비전향주의자가 권력에서 벗어나 자신만의 '대의'를 지속적으로 유지할 경우 인간의 자랑할 만한 특질로서의 정신 · 이념의 생산력(재생산력)을 나타낼 수 있으나, 권력에 붙어서 타인을 자신의 의지대로 움직일 수 있게 되면, 어느 정도의 자제력이 없는 한 거의 자연스럽게 자신의 '대의'를 강요하게 되고, 극한적 사태에서는 죄의식(악에 대한 자각) 없이 인간 부정의 행동을 취하게 될지도 모른다. 전자의 경우에는 인간의 영예를 대표하는 자가 되고 후자의 경우에도 그 '강요'가 인간 전체에게 '필요악'인 경우에 한해서만 자신의 악을 견디어내는 씩씩함으로 인간의 진보를 담당할 수 있다. 그러나 '극한적 사태'의 경우에는 완전히 역으로 인간 그 자체의 적이 된다. 아나미의 경우에는 그가 '강요하는 대의'가 군국주의고 인간의 진보를 담당하는 것이 아니었기 때문에 영예는 권력에서 벗어났을 때에만 있을 수 있다. 누구에게나 같은 것을 요구하지 않고 혼자서 자살했을 때 그때에만 그의 이데올로기를 별도로 한 비전향의 강고함이 나타났다. 그렇다고 해서 군국주의 지도자로서의 책임이 해제되는 것은 물론 아니다. 사실적 관찰이 불가능한 그의 지성의 부족함을 덮을 수 있는 것도 아니다. 비전향이란 정신의 강고함을 나타내는 것이고, 그것과 지배자(지도자)의 책임윤리는 별개사항이다. 지성도 물론 별개다. 전전 공산주의자의 경우에는 비전향이 철두철미하게 권력에서 벗어난 입장에서 권력에 대항하여 이루어졌고 동시에 비전향이라는 사실 때문에 지도자로서의 책임을 다할 수 있었다. 그 때문에 오히려 '비전향'과 '지도자의 책임 · 리얼리즘'이 논리적으로 별개의 사항이라는 사실이 잊혀지고 말았다. 다시 한 번 그 원점에서 재고해야 하는 상황이 여기에서 일어나고 있는 것은 아닐까.

그러나 아니미의 비전향은 권력에 대항해서 이루어진 것이 아니기 때문에 그 정신의 강도 즉, 비전향성은 전전의 공산주의자와 비교할 수 있을 만큼의 것은 아니다. 승리자의 권력에 대항하여 '외면적'으로든 '내면적'으로든 살아서 맞서려고 한 것은 아니다. 또한 볼이 상정한 것처럼 위장 전향의 기획자도 아니다. 그러한 교지狡智를 가진 비전향 지배자가 과거 메이지 시대에 있었던 '삼국간섭'에 대해 다음의 '웅비'를 위하여 '와신상담臥薪嘗膽'의 '각오'로 '자복雌伏'하려고 했을 때에는 현실감으로 상정할 수 있었지만, 지금은 더 이상 그러한 사람이 없다. 남은 지배자의 거의 대부분이 승리자인 미국 정부의 충복이 됨으로써 지속적으로 일본 국내의 지배자이기를 바란다는 뜻이다. 앞에서 본 것처럼 볼이 8·15조서를 해석한 하나의 조건은 그것이 "미군이 일본에 상륙하기 전, 천황이 아직 어느 정도의 자유를 유지하고 있었을 때에 기술된 것이다"라는 것이었다(볼, 앞의 책). 그러나 사실은 반대로 '아직 자유로웠던' 상황에서는—일본 군부지도자의 강제력에서 어느 정도 해방되었고 더구나 미군이 아직 도착하지 않은 동안에는 일본의 지배계급에게 훨씬 자유로운 판단과 행동이 가능했을 터이다—아무 일도 일어나지 않았다. 1945년 8월부터의 신문을 읽어보면 이를 잘 알 수 있다. 주둔군이 오고 나서도 활발한 정치 활동을 시작하기 전에는, 즉 10월 초까지의 일본 신문의 논조는 너무나 단조롭다. 시끌벅적한 대혼란이 일본 사회 곳곳에서 일어나고 있었음에도 신문은 생기 없는 정부의 발표를 앵무새처럼 같은 말을 되풀이하고 있을 뿐이었다(9월 중순부터는 외신만이 활발하게 움직인 까닭에 겨우 전후를 느끼게 한다). 어쩌면 사회 혼란의 질도 극히 단조로운 구조를 가지는 것이어서 새로운 사회를 아래로부터 형성해 가려는 조짐이 전혀 포함되지 않았을 것이다. 맥아더는 10월 16일 방송에서 "이 항복만큼 의기소침하고 비참하고 최종적인 것은 달리 있을 수 없다.

그것은 외형적으로 철저한 파괴를 가져왔을 뿐만 아니라 일본인의 정신에도 동일한 파괴 작용을 일으켰다"고 밝혔지만(「朝日」 10월 17일), 마치 그것을 다른 각도에서 뒷받침 하듯이 맥아더의 비판자 마크 게인Mark Gayn은 일본의 지방사회를 돌아보고 "혁명을 예견하게 하는 것은 아무것도 없었"음을 보고하고 있다(『ニッポン日記』). 그야말로 패전이라는 사실 앞에 압도되어 자신의 목표를 자주적으로 만들어 갈 수 없었던 당시 일본 사회의 모습이 이 보고에는 생생하게 묘사되어 있다. 일본 국민이 8·15조서에 '항복'의 '항'자도 들어있지 않다는 사실을 오랫동안 알아차리지 못한 것은 이러한 상황 때문이었다. 맥마흔 볼과 완전히 대조적이다. 정부가 행한 결정의 진의를 찾아서 그에 적용하는 데만 급급해 한다면 정부에 대한 비판적인 시각은 생기지 않는다. 정부의 권력에 대한 비판이 없는 곳에서 민주주의는 있을 수 없다. 당시의 일본 사회에서 '자유'는 무위無爲를 낳을 뿐이었던 것이다.

(2)

권력의 격렬한 교체 간극에서 발생하는 자유―그것은 극단적으로 말하면 물리적 정치권력이 아직 발생하지 않은 원초적 자연 상태의 자유에 가까운 것이었을 테지만―, 이것을 주체적으로 살려내는 일은 거의 전무했다. 그 경우 '자유'를 어떤 방법으로 이 사회에 정착하게 할 수 있을까. 자주적 판단과 자주적 행동의 사회화는 누구에 의해 어떠한 방법으로 이루어지는가. 「뉴욕타임즈」는 1945년 10월 26일의 사설에서 '강제에 의한 자유'라는 상징적인 제목으로 다음과 같이 말한다.

일본을 점령한 미군은 일본인에게 자유를 강제하는 등의 방식이 아니고서는 이렇다 할 효과를 기대할 수 없다는 것을 알았다. 즉, 점령군은 신문의 자유를 확립하려는 시도로, 주요 신문의 편집자에게 그들이 그 의무를 회피한 것과 앞으로도 종래의 태도를 고치지 않으면 다른 사람과 교체될 것이라 통보해야 하는 처지에 빠졌다. 그들은 지금까지 천황과 황실에 대한 비판 투서와 논설을 억누르고 일반에 대해서는 어떻게 해서든 현상을 유지하려고 하는 태도로 크게 치우쳐 있었다. 고노에와 같은 자가 일본 신헌법의 초안자로 선정된 것을 보면서, 여전히 미국의 궁극적인 목적 달성이 가능하다고 생각할 수 있을까. 고노에는 여러 차례 수상에 취임하여 일본의 압박정치에 진력했다. …… 만약 그가 일본을 위한 헌법을 기초(起草)하는 데 적당한 인물이라면, 키스링을 노르웨이 국왕에, 라바루를 프랑스 대통령에, 그리고 게링을 연합국의 수상에 취임시켜야 할 것이다(「朝日」 10월 29일).[11]

이 문장은 당연히 얼마간의 문제점을 내포한다. 그러나 그 중에서 우선 무엇보다도 압도적인 것은 무엇인가. 연합국의 관리가 시작되었을 당시에 "일본 국민에 의한 민주주의 혁명의 가능성에 대한 기대"(「朝日」 워싱턴 발 AP, 9월 25일)가 겨우 1개월 사이에 완전히 사라지고 당시 일본 국민의 주체적 자유 능력에 대한 '불신임안'이 제출되었다는 것이다. 국민의 자유를 압박하는 권력을 이기기만 한다면 당연히 분기할 것이라 예상했던 자주적 운동이 전혀 일어나지 않았다. 여론을 주도하던 신문은 거의 절망적이다. 자유는 강제에 의한 것 외에는 실현될 길이 없었다. 여기에서 전후 일본의 자유를 둘러싼 삼중의 역설이 생겨난다. 그 하나는 외국의 군사권력에 의한 '혁명적 독재'라는 역설이다. '진정한' 인민의 의지가 경험적 인민을 넘어서 지배의 지위를 점해야만 한다고 생각하는 '적극적 자유 개념'이 일본 전후 사회에서 실현되었을 때, 그 담당자는 인민 속에서 나온 것이

---

11 이 「뉴욕타임즈」의 문장에는 일본 신문에 대한 비판이 상당한 비중으로 게재되어 있음에도 불구하고 「아사히(朝日)신문」의 헤드라인은 전혀 그것에 대해 언급하지 않았다. '고노에는 부적임—개정 헌법의 기초자로, 미국 신문 논조'라는 정도의 헤드라인뿐이다. 본문 속에 겨우 신문 비판(점령국이 하는)을 게재하게 되었지만, 헤드라인에서는 그것을 외면했다.

아니라 외국의 국가 권력, 특히 그 속에 있는 물리적 강제력을 대표하는 군사 권력이었다는 것이다. 두 번째 역설은 일본 정치지도자의 추수追隨적 주체성이라는 자주성의 특수 구조다. 즉, 정복자의 의향을 '선취'한다는 점에서 '자주적'인, 그러한 역설적 '자립'인 것이다. 제3의 역설은 국민의 소비적 향수享受의 자유(사적 자유) 경향이다. 이것은 더 말할 것도 없이 향수하는 사물로서의 자유를 스스로 생산한 것이 아니기 때문에 전후 정치제도의 생산·재생산 조건에 대한 무관심을 낳는 것으로 되었다. 따라서 극단적으로 말하면 차유를 만들려고 하지 않는 자유주의가 될 가능성을 지닌다.

이 제1의 역설에서 미 점령군은 '해방군'인가 아닌가라는, 반드시 생산적이라고 말하기 어려운 역사적 논쟁이 발생했다. 그러나 이 역설성에 주의한다면 일은 비교적 간단하다. 점령군은 분명히 해방군이었다. 그것이 만약 그렇지 않았다면 사상범의 자주적 석방조차 불가능했을 것이다. 천황제에 대한 자유로운 논의도 일어나지 않았다. 이미 살펴본 것처럼 자주적 민주주의운동도 일어나지 않았던 것이다. 그렇다고 해서 인민에 의한 혁명적 해방군과 동일한 성격을 가지는 것은 아니다. 점령 당국이 '강제'로라도 '자유'를 부여해야 한다고 생각한 근본적 이유는 "이로써 일본이 다시금 침략을 일으키지 않도록 방어"하는 것이었고 그런 의미에서 오로지 "미국 자체의 이익을 위해"서 이루어진 것이다(스미스R. Smith의 말, 「朝日」10월 29일). 민주화를 위해 활약한 미국인 중에는 민주주의의 확대 자체를 목표로 한 사람들이 있다. 하지만 미국 자체는 당연히 자신들의 국가이성에 반하는 행동은 당연히 하지 않을 터여서 일본에서의 '혁명적 독재'도 자국의 국가이익에 합치하는 한에서 추진한 것에 지나지 않는다. 따라서 미국이 대소 관계에 오로지 방어감각을 주입하게 됨과 동시에 대일 방침을 바꾼 것은 당연하다. 그것이 너무나도 당연한 이야기임에도 미군을 전면적 해방군이라고 말하기도 하고, 앞에서 말한 이유로 정세가 바뀌면 애초부터 반혁명적 주둔군이었던 것처럼 생각하기도 하는 경향이 '본질환원론'자에게 강하게 나타난다. 이것은 물론 하나의 전향이라고도 볼 수 있지만, 그보다는 전쟁 직후 점령군의 강제를 기다리지 않으면 아무것도 할 수 없었다는 통렬한 자기 경험을 갖고 있으면서도 '현재'의 상황에서 미국이 반민주적이라 하여 전쟁 직후에도 본질적으로 그러했다고 간단하게 생각을 바꾼다면 이는 실로 비주체적이다. 자신의 사회적 경험 등은 언제든지 자신의 사고로부터 추방할 수 있다고 말하는 사람은 절대 유물론자가 아니다. 또한 그렇게 해서 끊임없이 새로운 상황이 요구하는 시각을 '본질적으로 유일한 시각'이라고 간주하는 것만으로는 과거를 그 자체로 인식할 수 없기 때문에 오히려 역사적 상황 변화를 파악할 수 없게 된다. 이 경우 소급적 역사주의가 역으로 비역사적 태도를 낳는 것이다. 그것만이 아니다. 이러한 시각을 가지고 있으면 정치적·사회적 상황 변화에 따른 근본적 사고 태도가 끊임없이 변하게 되어 '자유로운 전향'이 일어나기 쉽다. 물론 이 경우에는 이전의 문제 상황이 요구한 하나의 시각과 이후의 상황이 요구하는 별도의 시각이 중첩되거나 통합되는 것이 아니라, 그것들이 완전히 교체되어 사상적 절대주권을 자신의 내면에 취하는 데 이르기 때문에 전향이라고 부를 수 있는 것이다. 이리하여 전후의 경우에는 예를 들면 공산당 자체의 전향을 문제시 할 수도 있다. 전중과 같이 공산주의사상 그 자체가 투옥된 시대에 대해서는 그러한 문제가 성립될 수 없다. 거기에서는 공산주의사상을 믿는가 그렇지 않은가가 전향 문제와 관련되는 것이어서, 공산주의자가 공산주의자로서 현실 상황을 어떻게 파악하는가는 신념 여하의 정도와는 다른 문제다. 아무리 현실성을 잃어버렸다 하더라도 권력 앞에서 신앙까지도 포기하지 않으면 그것은 비전향이다. 그런 의미에서 전전·전중에는 직접적으로 신앙 그 자체가 문제되는 것이어서 인식 태도가 직접적인 문제가 되지는 않는다. 그러나 원래 마르크스주의의 사상 구조에서 신앙과 인식과 실천은 떼려야 뗄 수 없을 만큼 결합되어 있다. 따라서 공산주의가 전전의 물리적 억압에서 해방되고 그러한 의미에서 가장 바람직한 형태로 '자유롭게' 활동을 개시하자, 그 경우에는 인식 태도의 변화가 곧바로 가치 태도·행동 태도의 변화를 유기적으로 불러일으키게 되었다. 전전이라면 인식의 변화를 사회적 행동 태도로 나타내려 해도 행동의 자유가 전혀 없기 때문에 원래 마르크스주의자에게 있어야 할 그것들 사이의 유기적 관련은 객관적인 형태를 띠고 나타날 수 없다. 이리하여 공산주의는 전후에 본래적인 자신의 사상적 구조를 사회적으로 분명히 드러내게 되었다고 말할 수 있지만, 동시에 그것의 '자유로운 전향'—권력에 대결해서 굴복할 것인가 말 것인가의 전향이 아니라, 정치적·사회적 상황 변화 속에서 가치 태도를 어떻게 바꾸었는가라는 의미에서의 전향—이 문제될 수 있는 것이다.

전쟁 직후의 지배 형태가 '외국의 군사 권력에 의한 혁명적 독재'였음을 상징적으로 나타내는 것이 있다. 전후사를 통관해 보면 일본 사회 속으로 혁명적 상황이 닥쳐온 것은 1945년 10월부터고, 혁명적 상황이 끝을 알리기 시작한 것은 1947년 2월부터다. 바꾸어 말하면 전후 일본 사회의 혁명적 상황은 점령군의 강제를 계기로 시작되어 2·1파업에 대한 점령군의 강제를 계기로 끝났다. 이는 일본 인민의 협력적 행동[12]이 점령 권력의 지도하에서 혁명적 상황을 만들어내고 협력적 행동이 점차 자주화하기 시작

---

12 1945년 말 파업이 일어나기 시작했을 때 어느 사철(私鐵)의 쟁의 단원은 마크 게인에게 "맥아더 원수가 우리가 조합을 만들어도 좋다고 말해주었기 때문에 우리는 매우 강한 것을 만들려고 생각했어요"라고 말했다고 한다. 그러나 '재벌측'과 '경찰'이 점령자의 의향을 아직 완전히 이해하지 못하고 얼마간의 방침이 있다는 생각을 가지지 않았을 때의 쟁의단은 "그들의 불만에 대해서는 분명한 생각을 가지고 있었다". 물론 이 불만과 요구의 자주성이 없었다면 전후의 '혁명적 상황'은 일어나지 않았다. 나는(후지타―역자) 이 점을 경시하지 않는다.

했을 때 점령 권력 측은 보수화하기 시작하여 그 권력의 강제하에서 혁명적 사회 상황이 금압禁壓되어 버렸음을 의미한다. 전후 혁명은 점령군과 함께 있고 인민의 자주적 행동 속에서 지도자를 만들어 낸 것이 아니라는 의미에서 충분히 혁명적 상황이었다고 말하기 어렵다. 그것이 만들어 낸 것은 법률혁명에 지나지 않고 사회 혁명이 아니었던 까닭이다. 옥중시대에서부터 다가올 혁명적 상황을 위한 준비를 하고 있던 비전향 공산주의자도 여기서는 지도자leader가 아닌 하부 지도자sub-leader였을 뿐이다. 도쿠다 규이치德田球—의 다음과 같은 말을 보면 그것을 잘 알 수 있다. "근본적으로 말해 포츠담 선언의 원칙 그 원칙에 반하는 논의를 해서는 안 된다. 그러한 논의는 무효라고 주장하고 싶다. 진보당, 사회당, 자유당도 쓸모가 없다. 공산당은 나 혼자서라도 눈물이 쏙 빠지게 혼낼 수 있다 …… 너희들이 말하는 것은 대체로 부당하다고. 일본의 새 헌법 초안에는 민의도 뭣도 없다. 그것은 포츠담 선언의 틀 안에서 논해야 할 것이므로 포츠담 선언의 원칙에 입각하여 끝까지 밀어붙일 생각이다"(末弘嚴太郎·德田球一＝時局縱橫談, 『社会評論』1946년 5월호). 점령 권력하에서 '우익'과 '자본가'를 "결정적으로 억누르"고 "진정한 민중의 이익"을 늘리기 위해 지금 있는 그대로의 '민의'를 급진적으로 무시하고 혁명적 상황을 만들려는 모습이 너무 닮지 않았는가. 그야말로 '강제에 의한 자유'라는 대일 관리 방침과 정확하게 대응한다. 어쩌면 이 발언을 터무니없다 하여 일괄적으로 깎아내리는 것은 적당하지 않을 수도 있다. 정말 터무니없는 것은 오히려 당시의 일본 국민 일반이고, 또 보수정치가들이었다. 군국주의 권력이 붕괴했음에도 민주화를 위해 무엇 하나 주체적으로 하지 않았던 자들이야말로 자유로운 인간으로서 훨씬 더 터무니없다. 그러나 동시에 지도적 공산주의자가 혁명적 독재 방식을 취하려고 할 즈음에 권력의 근거를 추구한 점이 공산주의

역사 인식(이데올로기)이 아닌 점령군의 점령 방침이었다는 사실을 간과할 수는 없다. 도쿠다는 여기서 기껏해야 공산당원에 대한 독재적 지도자에 지나지 않고 다른 당이나 일반 국민에 대해서는 포츠담 선언의 단순한 '대변자'였다. 즉, 점령 권력에 대한 자주적 충실함을 지닌 협력자에 다름 아니었다. 그 지위에 만족한 책임이 도쿠다에게 있다는 것은 아니다. 그러한 상황이 전후 일본의 혁명적 상황 속에 있었다는 사실이 중요한 것이다. 그 직전까지 일억 인이 모두 우익 상태에 있었던 당시의 일본 사회에서 겨우 한줌의 자주적 민주주의자가 활약한다고 한다면, 아마도 많든 적든 도쿠다와 같은 경향을 가지지 않으면 안 되었을 것이다. 이러한 상황이었기 때문에 당시 '개혁자'가 넘쳐났던 점령군 당국의 입장에서 본 경우에도 일본인 중에서 의지가 될 만한 사람은 공산주의자를 중심으로 하는 소수 민주주의자였다. 어느 국무성 관료는 "일본에서 가장 좋은 인간은 감옥에 간적이 있는 자들이다"라 말했다고 하지만, 마크 게인도 일본을 돌아다니면서 동일한 견해에 도달해 있었다(『ニッポン日記』). 또한 사령부 교육국 정보국장 다이크K.R.Dyke 대령은 정치경찰을 폐지하는 통첩에 대해 기자단에게 설명하면서 "일본 관리정책에 따라 민주주의 확립을 지향하는 무력행사에는 원칙적으로 반대하지 않는다는 뜻"을 밝혔다(「朝日」 10월 6일). 혁명적 독재방식에 따르는 것 외에는 일본의 자유화를 기대할 수 없다고 결의했을 때 이렇듯 폭력혁명까지도 인정할 수밖에 없었던 것이다. 당연한 이야기지만 그 경우 다이크는 일본에서의 공산주의사회 건설을 기도하고 있는 것은 아니다. 그가 그렇게 말한 것은 "우리는 무엇이든 어떤 특정의 '주의'를 장려하려는 것은 아니다. 우리가 희망하는 것은 요컨대 일본의 여론이 정부 당국의 탄압을 받지 않고 자유분방한 발전을 이루는 것이다. 그러했을 때 비로소 일본에 진정한 민주주의가 탄생하는 것이다"라는 이유

때문이었고, 또 "우리는 미국식의 민주주의라든가 영국형 민주주의를 일본에 강제하려는 것이 아니다. 우리의 민주주의에도 상당한 결점이 있다. 즉, 일본은 여러 유형의 민주주의에서 장점만 받아들여 하나의 모범적인 독자적 민주주의의 형태를 만들어 낼 기회가 주어진 셈이다"라는 이유 때문이기도 했다(「朝日」10월 7일). 다만 그러한 발전을 담당할 세력이 당시의 일본에서는 공산주의자 외에 그다지 많지 않았음을 알고 있었던 것이다. 15년 후 현재의 미국 정부에 빌붙어 "우리야말로 민주주의자이므로, 그 민주주의를 수호하기 위해서는 공산주의와 싸워야 한다"고 외치는 일본의 지배층은 이 역사적 경험을 도대체 어떻게 생각하고 있을까. 끊임없이 민주주의를 만들고 또한 재생산하여 확대해 가는 자만이 민주주의자인 것이다. 그러한 의미에서 민주주의자란 민주화化주의자다. 일본의 전후 민주화를 간신히 자주적으로 담당한 이는 정치 집단으로서는 거의 공산당뿐이었음을 일본의 현 보수주의 정치가가 만약 인정한다면, 그때 비로소 그들은 민주적 보수주의자가 될 수 있다. 그들이 만약 '근대적 보수주의자'이기를 원한다면, 현대 보수주의 정치가의 전형이라고 불리는 처칠Winston Churchill이 2차 세계대전 초기에 공산당 비합법화안에 반대하여 한 말을 모범으로 삼아야 할 것이다. "영국 공산당도 영국인으로 이루어져 있다. 그러므로 자신은 영국인을 겁내는 자가 아니다"라는 말을 말이다. 처칠의 이 태도가 반파쇼의 국민적 통일전선을 실현시킨 하나의 조건이 되었음은 말할 나위도 없다. 그렇게 해서 영국은 점진적인 사회변혁을 최소 희생 위에서 추진해 온 것이다. 물론 이 태도는 일본의 지배자와 마찬가지로 공산주의의 공포에 놀라 오로지 공격적 반공 노선에서 허우적거리고 있는 현 미국 지도자에게도 완전히 결여되어 있다. 여기서는 공포와 반감이 중심 사상Leitmotiv을 이루고 있는 까닭에 한층 독선적인 자기 실체화가 고조된다. 이 상황을 전후 다이크의 발언 속에서 번쩍 빛나는 객관적 자기 인식의 정신('우리의 민주주의에도 많은 결점이 있다'!)과 비교하고 또한 다이크 등이 정열을 쏟은 일본에서의 새로운 '모범적 민주주의'의 형성이라는 목표와 견주어 생각해보면, 설령 그 사이에 미·소 관계의 급속한 악화라는 국제권력 상황의 변동이 있었다 하더라도, 이것이 불과 10년 남짓한 사이에 일어날 수 있는 정신적 변화의 폭인가 하는 생각에 전율하게 된다. 직접적인 권력의 억압에 의한 정신의 변화뿐 아니라 자신이 그 속에 하나의 주체로서 편입되어 있는 권력 상황에 의한 정신의 변화 방식을 연구하는 것이 필요한 연유는 아마도 여기에 있을 것이다. 상황 속에서 하나의 주체인 이상 전혀 변하지 않는다는 것은 이러한 경우에는 성립하기 어렵다. 그런 만큼 변화 진폭의 한도나 변화의 방향에 크게 주의를 기울일 필요가 있는 것이 아닐까.

그렇다고 해도 전후의 혁명적 독재를 담당한 미국인 중에는 개척자 정신의 최후의 연소燃燒가 있었던 것은 틀림없는 사실이다. 그들 중 상당수의 사람들은 '새로운 민주 일본의 설계도 작성'으로 '패전국을 재형성'하는 일에 '역사상 최대의 실험'을 느끼고 있었던 모양이다(마크 게인Mark Gayn). 그것이 전술한 미국의 국가이성 감각―일본의 재침략의 방어―과 결합한 지점에서 '점령 권력에 의한 혁명적 독재'가 탄생했던 것이다. 그에 대한 일본의 각계 지배층은 어떤 식으로 대응했는가. 그것은 일반적으로는 이미 주지하는 바에 속하고 있어도 상관없는 것이지만, 거기에는 앞서 예를 든 전후 일본의 '자주성'의 특수 구조―일본의 권력자가 정복자의 의향을 선취한 것―가 나타나는 것이다. 유능한 외국 저널리스트는 이미 당초부터 그 점을 알아차리고 그것이 역으로 점령 권력 측의 현실적인 상황 파악을 불가능하게 하고 더욱이 점령군 권력자(맥아더Douglas MacArthur)의 군사 지휘관으로서의 개인적 습관버릇과 결합하여 자기객관적 정신까지도 빼앗아 가

마침내는 목적 수행의 파탄을 야기하게 되리라는 것을 시사했다. 미국 신문협회의 잡지 『프론트 페이지Front Page』 1946년 10월호에서 라우터바흐Lauterbach가 묘사한 것에 의하면 "일본에서는 거의 모든 저널리스트, 정치가, 지식인들이 미국의 기자들에게 각종 사건을 내보內報하거나 정보를 제공함으로써 자신이 얼마나 친미적인가를 알리고 싶어 한다". 그렇기 때문에 "기사의 출처는 보통의 경우보다 신빙성이 떨어지는" 것이다(M.볼, 앞의 책). 이런 추종 주체성이 어디 있겠는가. 추종함으로써 정보의 신뢰성을 왜곡하여 상황을 바꾼다(!). 게다가 맥아더는 전투지휘관이라는 자격의 연장선상에서 정치적 지도자로 군림하고 있기 때문에 거기에서 군사적 전제 지배자에게 공통적인 어떤 경향이 발생하더라도 이상한 일이 아니다. 볼과 같은 자유주의적 지식인이 보면 참을 수 없는 독선성이 당연히 나타난다.

> 나는 총사령부가 위협이나 권고로 점령 정책의 어떤 면을 비판적으로 보도하는 기사를 금압하는 데 상당히 애쓴 몇몇 사례를 직접 보고 들었다. 총사령부는 그 정책이나 업적에 대한 무조건적인 찬사 이외의 어떤 것에도 만족하지 않았다. 만약 도쿄에서 압박을 가해도 신문 기자가 말을 듣지 않을 경우에는 그들을 근무지에서 배제하기 위해 온갖 노력을 기울였다. 총사령부는 이러한 스스로의 행위가 일본인들에게 민주주의를 위해 서로 노력하면서 자유롭고 자주적인 신문을 확립하자고 종종 훈계를 늘어놓는 것과 모순된다는 사실을 눈치 채지 못하는 것 같았다(맥마흔 볼).

일단 그러한 경향이 확립되어 버리면, 총사령부의 내부 혹은 그 주위에도 퇴치 곤란한 군대적 규율이 강제되기에 이른다. 군대적 규율에도 여러 가지가 있겠지만, 결전에 즈음하여 사령관의 결단이 신의 명령처럼 절대화되는, 다시 말해 비상시의 이른바 예외적 규율이 일상적 규제로 전화하는 것이다. "전시 중 사령관으로서의 맥아더 원수에게 느꼈던 것과 같은 비판 없는 충성심을 오늘날 맥아더 원수의 당국(GHQ)에 보여야 할 것이라고 생각하는" 미국의 저널리스트는 점점 많아지고(라우터바흐), 동시에 맥아더의 정책 속에 '바람직하지 않은 보수적 경향'(M.볼)을 비판하려고 하는 사람들이 점차 소외되어 간다. 미·소 관계의 긴장이 그것을 촉진한다. 그리하여 자주적인 민주화운동이라면 어떤 자와도 '주의'를 초월하여 손을 잡으려고 했던 당초의 방침은 우선 내부에서부터 무너지기 시작한 것이다. 권력의 공백에 의한 주체적 인간으로서는 가장 자유로운 상태에 서 있었으면서도 자주적 민주화운동을 전개하지 못했다는 사정,—이것에 대한 책임은 자유로운 인간을 무능력하게 만든 천황제 국가에 있음은 물론이지만—거기에 점령군이 국가권력의 군대인 채로 일본 민주화의 정치적 지도자가 되어버렸다는 사정, 나아가 그에 더하여 일본 사회의 지도층이 가지는 권력에 대한 자주성이란 반대의 권력에 대한 자주적 추종, 그것들이 국제정세에 대한 저항력을 없애고 결국은 GHQ 자체까지도 단순한 반공, 반동으로 빠지게 했던 것이다. 그리하여 이 지점에서 전후 일본인의 동향은 둘로 나뉘게 되는데 반동화한 권력에 저항하여 그야말로 자주적인 민주화운동을 새롭게 이어나가는 것과, 권력의 경향과 함께 다시 크게 전향하는 쪽으로 양분된다. 그러나 나는 이 문제로 넘어가기 전에 아직 전쟁 직후의 상황 속에서 전개된 사고태도에 대하여 말해두고 싶은 것이 있다.

(3)

일본의 구지배기구에 대해 '점령 군사의 권력에 의한 혁명적 독재'가 최초로 행사된 것은 10월 4일의 '시민적 자유를 탄압하는 일체의 법규 폐지' 지령이었고, 그에 따른 치안유지법·특고경찰의 폐지와 천황제 비판의 자유에 대한 강제 지령이었다. 사물을 개별적이고 구체적인 형태로만 이해하는 경향을 가진 일본 사회에서는 지금까지 종종 이 '지령'을 단순한 경찰 제도의 개혁 요구라든가 천황제 논의의 자유 요구 등의 특정 정책으로만 파악해 왔는데(예를 들면 岩波書店刊,『日本資本主義講座』조차도 그러하다. 그 별권을 보라), 이 지령은 시민적 자유를 저지하는 권력 기능에 대해 제도적 기초를 부여한 일체의 법규를 인정하지 않는 것을 그 원리로 하고 있었다. 이 '각서'를 나는 지금의 미국 정부, 일본의 정치가에게도 새롭게 보이고 싶다. 어쨌든 이 '지령'에 의해 국민 개농皆農, 모든 국민을 농민으로 만듦·미간척지 개척을 거의 유일한 '경륜經綸'으로 삼았던 농본주의·일군만민주의 내각히가시쿠니노미야 나루히코(東久邇宮稔彦)이 무너지고 시데하라幣原 내각으로 바뀌지만 이 국가 제도의 철저한 기구변혁機構變革에 대해 일본의 국가인 statesman은 어떠한 대응을 보였을까. 이 절의 주요 주제는 여기서 그 모습을 단독으로 드러낸다. 성급한 서술을 지양하고 순차적으로 접근해 가도록 하겠다.

'지령'이 일본 정부에 대해서 발표되기 하루 전 날인 10월 3일, 로이타 통신의 기자는 야마자키 이사오山崎巖 내무대신에게, 중국 중앙통신사 기자는 이와타 주조岩田宙造 법무대신에게 각각 인터뷰를 했다. 물론 이들 기자들은 곧 발표될 '통첩'에 대해 알고 있었던 것이 틀림없으므로 이 의견 청취는 기자로서의 혜안과 숙달을 나타내는 것이다. '지령' 직전에 있은 일본 지배자의 자주적 의견을 들어보면 지령에 맞춰서 수정한 '의견'이 아닌 진정한 일본 지배자의 정치의식을 파악할 수 있다. 그뿐 아니라 그 직후에 제출된 '각서'와 일본 지배자의 정치적 의도 사이의 격차를 상징적인 대조를 통해 제시할 수 있다. 그와 같은 작업은 점령군의 존재 이유를 밝히는 데 도움이 될 것이다. 그것은 서투른 기자가 총사령부의 앞잡이가 되어 치켜세우는 것보다 훨씬 더 총사령부에 도움이 된다. 그러나 이러한 의미를 가지는 인터뷰인 만큼 일본의 지배자에게는 꽤 심술궂은 의도가 담긴 회견이었다. 물론 그 심술을 야마자키와 이와타가 어디까지 간파하고 있었는지는 보증할 수 없다. 이 회견기사가 저 '지령통첩'·'각서'와 같은 날 같은 신문의 같은 제1면에 상·하로 나란히 게재되었을 때 그 선열한 대극성에 의해 자기 나름으로는 전범이 아니라고 여겼던 일본 정치가의 '자유주의'가 어떤 것인지 처음으로 명료하게 드러났던 것이다.

　　야마자키와의 회견 기사는 말한다. "야마자키 내무대신은 사상 단속을 위한 비밀경찰이 현재에도 활동을 계속하고 있고 반황실적 선전·선동을 일삼는 공산주의자는 가차 없이 체포하고, 또한 정부 전복을 기도하는 자에 대한 체포도 계속하겠다는 뜻을 밝혔다. 내무대신은 정치범의 즉각적인 석방을 계획 중이라 말하고 있지만, 지금도 여전히 대부분의 정치범이 독방에서 신음하고 있고 더욱이 공산당원인 자는 구금을 계속하겠노라 잘라 말했다. 내무대신은 정부 형태의 변혁, 특히 천황제 폐지를 주장하는 자는 모두 공산주의자라고 여기고 치안유지법에 따라 체포한다고 말했다". 이 회견 기사는 통역의 문제와 기자의 선입관 때문에 약간의 '오해'가 담겨 있다 하여 다음날 10월 6일 야마자키에게 정정요구를 받았다. 그러나 그 정정이란, 특고경찰은 비밀경찰이 아닌 '정상적인' 경찰 활동의 일부라는 것과(이 점은 그 자체로 의미심장한 문제를 구성한다) 국체를 부정하지 않는 반정부운동은 단속하지 않는다는 것뿐이어서 공산주의자는 여전히 단속하는 것으로 되어있다. 즉, 이 경우에는 문제가 되는 시민적 자유 원리에 관한 부분은 정정을 필요로 하지 않는다는 의미가 담긴 정정요구인 것이다. 야마자키로서는 자유가 보장되어야 할 사상은 '정부 형태를 바꾸려고 하지 않는 것', '천황제를 비판하지 않는 것'뿐이었다. 즉, 현재의 지배제도를 인정하는 것만이 자유를 인정받는다는 것이다. 이것이 '자유주의'라면 동서고금을 막론하고 어떠한 전제군주도 모두 '자유주의자'일 수 있다. 그리고 야마자키는 과거 십 수 년 간 자행된 공포 정치의 책임이 왜 자신에게 없는지 밝히기라도 하듯 의기양양하게 "나는 공산당원 이외의 사람은 절대로 체포한 기억이 없다"고 말한다(「朝日」 10월 5일). 자유주의자가 가슴을 펴고 말할 수 있는 것은 '나는 권력에 의한 사상·집회·언론의 통제를 일찍이 허용한 적이 없다'는 말이다. 이는 야마자키의 말과 양립할 수 없다.

그러나 야마자키가 상정하고 있는 '자유주의'는 단지 그에게만 특별한 것이 아니다. 오히려 일본의 대다수 '자유주의자'가 그러했다. 예를 들면 전통적으로 '자유주의적'이라 자부하는 아사히朝日신문은 특고경찰 폐지 지령이 나온 다음날 '천성인어'天声人語, 조간 「아사히신문」에 100년 이상 장기 연재 중인 1면 칼럼의 타이틀. 사설과는 다른 각도의 분석적인 글을 일정 기간 동안 특정 편집인이 익명으로 집필하는 것이 특징에서 그야말로 지령에 찬성이라는 어조로 다음과 같이 썼다. "최근까지의 일본 헌병과 특고경찰만큼 불가사의한 것은 없었다. ▷과격한 사상을 단속하는 것이라면 이해하지만 시대의 움직임勢力에 대해 조금이라도 다른 생각은 허용하지 않는다는 방침에는 동의할 수 없다. ▷상당히 중대한 국가적 문제에 대해 상당한 지위에 있는 지식인을 조사하는데 극히 저급한 하급 관료가 담당하는 체계를 양해할 수 없다. ▷죄가 확정되지 않은 사람을 죄인 다루듯 하는 것도 문명국의 처사는 아니다". '과격'하든 '온건'하든 사상 그 자체를 권력이 단속하는 것을 양해하는 자가 어떻게 자유주의자란 말인가. 또한 사상이 자체의 근거를 바탕으로 스스로를 제시하는 경우에는 그 온건도를 무엇으로 측정하겠다는 것인가. 만약 여기에서 말하는 '과격한 사상'이 보통 추정되는 것처럼 공산주의를 가리키고 있는 것이라면, 그것은 사회조직이 '사회주의사회'가 되어버리면 실로 온건한 사상이 되는 것 아닌가. '비이성적irrational'이라든가 '납득할만한reasonable'과 같은 평가는 사상에 대해서는 언제라도 성립할 수 있다. 그러나 '과격'이나 '온건'이라는 평가는 사상 그 자체에 대해서는 애초부터 일어날 수 없는 것이다. 그러한 평가는 어떤 사람의 사상 표현의 방식에 대해서나 혹은—더 넓게 말해서—특정하고 일시적인 사회상황하에서 이루어지는 사상의 사회적 기능에 대해서만 말할 수 있는 데 지나지 않는 것이다. 표현상의 배려나 사회적 기능을 고려할만한 가치가 없다는 것은 아니다. 그것은 그것으로 중요하지만 그것이 사상 그 자체와는 별개의 문제에 속한다는 사실을 아는 것이 훨씬 더 중요하다고 말하는 것이다. 일본의 '자유주의자'가 자유를 사회적으로 만들기 위해 급진적으로 싸우지 못한 사상사적 이유의 하나는 이 구별을 알지 못한 데 있다. '과격'하다 불리는 길을 피하고 '온건'하다 불리는 길을 선택하는 그 배려만이 '자유주의'라고 생각한 사람은 과연 없는가. '자유주의'가 좌와 우의 단순한 물리적 중간 지점을 의미하는 것일 뿐이라면 그렇게도 될 것이다. 종전 직후의 '천성인어'는 그러한 '자유주의'였다. 그러나 사상의 사회적 기능이라는 점에서 당시 가장 '과격'했던 것은 점령군의 사상이 아니었던가. 그렇다면 '천성인어'는 점령군의 사상을 단속하라고 말한 것일까. 물론 그렇지 않다. 앞에서 말한 것처럼 의도는 완전히 다르다. 이 '천성인어'는 총사령부의 지령에 편승하여 특고가 자신들을 통제한 것만을 항의하고 있을 뿐, 일반적인 시민적 자유에 대해서 생각하거나 주장하고 있는 것은 아니다. 물론 항의는 나쁜 것이 절대 아니다. 단지 위와 같은 것에 지나지 않는데도 스스로는 '정치경찰 폐지에 관한 각서'와 동일한 정신에 서있다고 오인하는 점이 문제를 낳는 것이다. 자신에 대해서 오인하고 있을 뿐만 아니라 '각서'에 대해 '정해正解'할 힘이 없음을 스스로 보여주고 있는 것이다. 그 모습은 참말로 상징적이었다. 시험 삼아 다이

크가 말한 곳과 비교해 보자. 그는 "민주주의의 확립을 목표로 하는 무력행사에는 원칙적으로 반대하지는 않는다"고 하면서 동시에 "정치운동, 인권옹호운동 등이 발전하여 폭력 형태를 띠게 되었을 경우 형법 그 외의 법령에 의해서 처벌 받는다"고 말했다고 한다(「朝日」10월 6일). 그런데 거기에서 단속의 대상이 되는 것은 행동뿐이다. 오히려 법에 의한 단속이 가까스로 허용되는 것은 행동뿐이라는 권력 제한의 의미를 강조하는 것이다. 그런 까닭에 민주주의를 위한 혁명적 폭력은 원칙적으로 인정한다는 명제와 결합될 수 있었던 것이다. 그런데도 같은 날 같은 1면의 '천성인어'에서는 어떤 사상의 단속이 인정되는 것처럼 해석하고 있다. '천성인어'의 필자는 '각서'뿐 아니라 다이크의 기사도 읽고 나서 썼더라면 좋았을지 모른다. 너무 참담한 글이다. 그러나 국민에게는 일본의 여론 지도자Opinion의 사상이 어떠한 것인가가 선명한 비교축으로 부각된 점에서 유익했다. '국민' 중 일부 집단은 이 벌어진 틈을 관점으로 삼아 전전의 숨겨진 역사적 경험으로 관심을 돌려 그 과정에서 반군국주의로 전향해 갔다.

　　인용한 '천성인어'의 하단부가 지닌 문제는 여러 말이 필요 없을 만큼 분명하다. 물론 위에서 논한 것과 깊은 관련이 있다. 구사회의 위계 감각이 아직 남아있는 상황에서 '온건하고 충실하게' 적응하면서 특고경찰을 공격하려면 그 어떤 곳을 파고들어야 좋을 것인가. 모범 답안이 천성인어 인용의 후반부다. 즉, '고등관의 지식인'을 '판임관에도 미치지 못하는 하급관리'가 단속한 사실을 비난하면 된다. 천황이나 칙임관이나 대신이 단속하는 것이라면 상관없다는 뜻인가. 특고는 '지위가 있는 지식인'을 '저급한 하급 관리'의 손으로 조사했기 때문에 나쁜 것이 아니라, '지식'(과 신앙)을 '권력'이 조사했기 때문에 나쁘다는 것을 모르는 자에게 새삼스레 할 말은 없다. 단지 이 기회에 지식, 즉 intelligence는 인간의 것이므로 어떠한 지위와도 어떠한 사회층과도 필연적인 연관을 갖는 것은 아니라는 점, 따라서 한편으로는 귀족의 것이든 부르주아의 것이든, 프롤레타리아의 것이든 지식으로서는 동등하게 다루어져야 한다. 동시에 다른 한편으로는 어떠한 사회층과도 연관이 없는 것이기 때문에 지식이 온갖 사회적 특권을 빼앗기고 있는 '가장 저급한' 사회 계층에 속하는 사람에게서 발생했을 때 그것이 '진정한 intelligence'의 이름에 합당한 것이라는 역설적 진리를 밝혀두는 것이 무의미하지는 않을 것이다. 그 경우에 비로소 지식이 특정한 '지위'나 사회층과 연관이 없었음을 실증할 수 있다. 인간의 지식에 대해 헌신하고자 자각하는 '지식인'이 목표로 삼아야 할 것은 바로 이 점이 아닐까. 이 나라의 '자유주의'적 여론지도자는 이러한 자각과 목표를 가진 '지식인'이 아닌 '지식인'을 '지위'로 생각하는 '지식인'이었다. 지금은 어떠한가?

그런데 중국 기자가 이와타와 한 인터뷰는 어떠했는가. 여기에서는 야마자키의 경우와 달리 '와전'의 여지가 없는 일문일답이 이루어졌다.

문: 종전 후의 새로운 사태에 즉시 대응하는 차원에서 공산당원을 비롯한 많은 정치범을 즉각 석방해야 한다는 의견이 있는데, 당국의 방침은 어떤가.
답: 사법 당국으로서는 현재 정치범의 석방과 같은 것은 고려하고 있지 않다. 관련된 범죄인을 형기보다 앞서 석방하는 것은 재판을 무효로 하는 것이고 우리에게는 그와 관련된 권한이 없다. 그러한 권한은 천황의 대권에 속하고, 구체적으로 유일한 방법은 폐하의 발의에 의한 은사(恩赦) 외에는 없다.
문: 정치범 중에는 이미 형기를 마쳤음에도 불구하고 구치소에 수감되어 있는 예방 구금자가 많은데, 그들의 석방은 사법대신의 권한에 있다고 생각하는데 어떤가.
답: 대신의 권한으로 석방할 수 있다. 그러나 현재의 상황으로는 그들을 여전히 구치소에 둘 필요가 있다고 생각하여 석방 등은 생각하고 있지 않다.
문: 공산주의운동은 공인할 것인가.

답: 공산주의운동은 부분적으로 인정할 방침이다. 그러나 국체의 변경, 불경죄
　　를 구성하는 것과 같은 운동은 엄중히 단속한다.
문: 일본의 국체와 공산주의운동은 양립할 수 없는 것이고 공산주의운동의 부분
　　적 승인과 같은 것은 있을 수 없다고 생각하는데…….
답: 일본의 국체를 유지하면서 공산주의 주장의 일부를 실현하는 것은 가능하다
　　고 생각한다. 국체변혁 문제 외의 예를 들면 사유재산제도의 수정 등에 관한
　　운동은 인정해도 문제없다고 생각한다.

　여기에서도 문제는 대략 야마자키의 경우와 동일하다. 점령군의 방침
을 알아차리고 치안유지법과 공산주의에 대한 방침을 약간 변경하려고는
하지만 그 원리에 대해서는 전혀 알아차리지 못하고 있다. 단지 하나의 특
정한 법률과 하나의 특정한 정책이 금지될 것 같으니까 이쪽에서 먼저 그
것의 개폐를 검토하려는 태도인 것이다. '시민적 자유'가 요구되고 있다는
것조차 어쩌면 알지 못할 것이다. 알면서도 후퇴를 최소한으로 멈추게 하기
위해 전술적으로 이러한 태도를 취하지는 않았을 것이다. 앞에서 본 '천성
인어'처럼 '각서'를 보고 나서 게다가 '자유'롭게—추수적으로—쓰여진 것
에서조차 '시민적 자유'의 원칙이 무엇인가는 전혀 이해하지 못하고 있다.
당시의 일본 지도자의 그러한 정신 상황을 엮어서 생각하면 이 법무대신만
이 알고 있었다고는 생각할 수 없다. 그것은 뒤에서 더욱 확실하게 된다.
　이와타가 야마자키와 다른 곳은 어디인가. 위의 문답의 앞부분에 주
의했으면 한다. 즉 '재판'과 '권한'의 이름으로 공산주의자의 석방을 거부하
고 있는 점이다. 더욱 파고들어 말하면 실증법 질서의 권위를 '위해' 공산주
의자의 계속적인 구금을 단언하는 점이다. 따라서 '권한상'으로나 '재판규
범상' 석방되어야 할 자라도 '현 사태하에서는 필요'하다고 생각되어 구금
하겠다는 것이다. 여기에 일종의 '법치국가주의'가 있다. 그것은 이미 항복

직후에 이와타에 의해 선언되었다. 어떤 종류의 '법치국가주의'인가 하면, "유감스럽지만 이후는 더 이상 무력과 재력으로 세계에 위신을 펼 수 없게 되었"으므로 다시금 군의 통제 권력을 대신하여 '질서'를 보증하고 '국가의 위신을 지키기' 위해 '검찰과 재판'을 '확충', '엄행嚴行'하려는 것이었다(8월 20일 담화, 「朝日」 21일 보도). 이른바 군국주의에서 검찰국주의檢察國主義로의 전환을 보증하는 '법치주의'인 것이다. 게다가 그것이 평화화平和化다라고 여기는 그런 종류의 법치주의다. 그 경우에 '인권 존중'에 대해서도 논했지만 그것은 "여전히 재판, 검찰에 한층 더 인권 존중이 더해져야 한다"는 부언이었다. 그가 말하는 '인권'은 그것으로 모든 법 규범이 제약되어야하는 것과 같은 법의 원리는 아니다. 국가주의상에서조차 언제라도 임의로 덧붙일 수 있는 하나의 항목에 지나지 않는다. 이 '법치국가주의' 아래에서는 인권 원리가 이렇게 부분개념화 되어 있었다. 그리고 여기서부터 앞서 인용한 문답의 '공산주의사상' 부분에 대한 이와타의 자의적 분할이 가능하게 된다(여기에서 분할의 객관적 기준은 아무 것도 없다. 주지하는 바와 같이 '국체'는 무한정한 것이기 때문이다). 그 관련은 이 문답이 이루어진 10월 3일이 어떤 상황하에 있었는가를 생각해야 파악할 수 있다. 9월 30일 미키 기요시三木淸의 옥사(26일)가 처음으로 보도되었고 다음날 10월 1일 처음으로 사상범 석방의 요구가 일어나 계속해서 이치카와 쇼이치市川正一 등에 대한 경찰 조사가 완전한 '인권 유린'이었음이 한꺼번에 밝혀짐으로써 국민들이 커다란 충격과 함께 사태를 파악하기 시작한 것이 10월 3일이다. 물론 이 경우 유린되고 있던 '인권'은 주로 공산주의자와 그 동조자의 인권이었다. 즉, 그 상황에서 '인간의 자연권'을 담당하고 있었던 것은 그들이었다. '인권'과 같은 보편적 원칙은 보편적이기 때문에 항상 모든 사람들에게 존재할 수 있고 또한 존재해야만 하지만, 동시에 그 추상적 원리가 역사적 상황에 의해 어떤 특정인 속에 전형적으로 체현되는 경우가 있다. 마치 헤겔의 '절대정신'이 역사적 단계에 따라 특정 민족 속에 깃들어 그 편력 속에 여러 민족의 활동과 교체의 역사가 형성되는 것과 서로 닮아 있다. 10월 3일의 상황은 공산주의사상이 사상으로서 인정되는가의 여부에 따라 '인간의 생존권'이 일본에서 보증되는지의 여부가 결정되려고 하는 상황이었다. 이와타 법무대신은 그 지점에 서서 인간의 사상체계를 국가권력에 의해 자의적으로 분할하려고 했던 것이다. '인권'이 단순한 부분 개념이 아니었다면 그것은 이루어질 수 없는 일이었다. 10월 4일에 발표된 '각서'의 원리를 충분히 이해할 수 없었던 것도 같은 이유 때문일 것이다.

이렇게 보면 이와타 법무대신이 내세운 '법치주의'에서의 '법'은 이미 당연한 이야기지만, '인간의 법'에 의한 근거를 갖는 것이 아니라 국가에 의해 제정되었다는 사실만으로 근거를 갖는 것이다. 그러한 국가제정법주의가 전후의 이러한 상황에서 다다를 곳은 어디인가. 다시 앞의 문답을 상기해보자. 정치범 석방의 권한은 '천황의 대권에 속하고 유일한 구체적 방법은 폐하의 발의에 의한 은사 외에는 없다'. 즉, 제정법주의로 가면 가장 중대한 문제의 구체적 책임은 전부 형식상의 최고 제정자인 천황에게 지워지게 마련인 셈이다. '국체'를 옹호하는 데 전력을 기울이고 있는 대신이 비판의 표적이 되는 문제에 대해서 '만사'를 천황에게 맡겨버리다니 이런 자기모순이 어디 있는가. 여기에는 근대 일본 지배자의 '관료정치가'성이라는 이중성이 가장 노골적인 형태로 드러나 있다. 즉, 상급의 명령을 자기 권한의 범위에서만 집행하고, 그 경우 자신의 주관적 의견을 결코 개입시키지 않는다는 근대 관료의 당연한 자세를 명목상 가다듬으면서, 다른 한편으로는 모든 사회적 세력이 요구하는 '중립성'의 원칙하에서 주권자의 부재를 조건으로 삼아 역으로 실질적인 정치적 결정을 멋대로 행하는 것이 일본 관료였는데(이 특징의 인과관련은 日高六郎編, 『一九六〇年五月一九日』의 졸고 「前史」에서 논하였다), 거기에 숨겨진 '관료'성과 '정치가'성이란 패전 직후의 위기 속에서 유착을 벗고 모순으로서 확연하게 드러났던 것이다.

이상과 같은 대응 방법은 시데하라 내각이 성립한 뒤에도 질적으로 변하지 않았다. 내각을 조직할 것을 '명령'한 시데하라 자신이 "새 각료에 전쟁 중 중요한 지위에 있었던 사람을 완전히 뺄 수는 없다"(「朝日」 10월 7일)고 밝힘으로써 정치기술상의 문제에서 전쟁 체제와의 부분적 연속성을 유지하려고 했다. 그리하여 새로운 내무대신 호리키리 젠지로掘切善次郎는 지방장관의 이동에 대해 "상층 관리의 전쟁 책임을 명확히 해야 한다는 논의도 있지만, 그 점은 이번 이동에서는 생각하고 있지 않다. 경찰부장에 대해서는 특고경찰의 전문가는 피했다"(「朝日」 10월 28일)는 말이 나오게 된다. 전쟁 책임의 명확화를 만약 일본 자신의 손으로 자주적으로 할 것이라면―항복 전부터 중신들은 줄곧 그것을 주장하고 행함으로써 '국체' 보존을 허용해 주기를 바라고 있었던 것이다―이 기회에 하는 수밖에 없다. 이미 '강제에 의한 자유' 제1탄은 발사되었던 것이다. 그러나 호리키리는 그 제1탄을 여전히 원리적인 근저성根底性을 갖는 것으로는 이해하지 않았다. 잘 나가는 고급 특고형사를 표면에서 끌어내려 영직榮職에 앉는 것을 피하도록 하면 된다고 생각한 것이다. 개혁은 점점 더 국부화局部化된다. 중앙이 이 정도라면 직업 공동체성이 더 강한 지방관청은 어떨지 짐작이 간다. 마크 게인의 기록에 따르면, 훨씬 나중의 일이기는 하지만, 특고관료의 관청내 전직으로 관료 공동체에 의한 특고의 방어가 이루어진 사실이 전해진다. 호리키리가 말하는 '이번 이동'은 10월 4일의 '각서' 방침에 따라 이루어지고 있음에도 불구하고 기묘하게 '개혁 이동'이 아니라 위와 같은 '방어 이동'의 발단이 되고 있다. 이것으로는 '외국군 권력에 의한 추방'이 도래하는 것도 어떤 의미에서는 어쩔 수 없다. 그 결과 희생양은 오히려 하급 특고에 집중된다. 예를 들면 요시카와 미쓰사다吉河光貞와 같은 유능하고 냉혹한 사상단속 검사는 아직까지도 살아남아서 다시 대두되고 있지 않은가. 그러므로 '추방'은 미군의 실정 파악의 부족함(이것은 어떤 의미에서 당연하다)과 일본 사회의 '선취先取의 주체성'에 의한 추수 때문에 반드시 책임의 많고 적음의 객관적 서열에 따라서 이루어졌다고 할 수는 없는 것이다. 지방사회에서 추방된 자들 중에는 확실히 '추방의 쓴 맛'을 본 자가 꽤 있다. 그때 거듭 축척된 '두려움'은 역사에 대한 형성 주체의 의식을 더욱 낳기 어렵게 한다.

원리적인 문제를 특정 개별 정책으로써 받아들이는 것의 구조 연관이 어떠한 것이었는가는 거의 밝혀진 셈이다.

(4)

전후 지배자들의 이상과 같은 대응 방식에 대해 만약 전향·비전향을 묻는다면[13] 그것은 어느 쪽도 아니다. 전향인가? 아니다, 야마자키의 의기양양

---

13 지배자의 전향을 문제시하는 것은 분명 전향 개념을 너무도 형식화, 보편화하는 것은 아닐까라는 의문이 생길 수 있다. 이전의 고전적 전향 시대에 있어서 전향이란 공산주의자를 주로 한 국가권력에 대한 저항자가 권력의 강제하에서 새롭게 국가권력으로 기우는 것을 의미했다. 여기서 처음부터 국가권력 측에 있었던 자는 전향 문제 이전에 위치하는 자였다. 전향인가 비전향인가라는 그 시대의 가장 첨예한 문제에 직면하는 것을 피할 수 있었던 자는 이른바 선천적 전향자인 것이다. 지배자는 공산주의자에게 있어서는 애초부터 적이고, 전향도 뭐도 아닌 존재다. 그러나 지배자는 자신의 아래에 공산주의자 등을 전향시키는 모범으로써 스스로를 인정하고 있었다. 이 고전적 전향 시대에 있어서 전향은 특정한 범위에서 특정한 내용을 가지는 사상 이동을 의미하는 특수한 개념이었다. 오히려 그 특수성에 의해 시대 전체의 단면적 특질을 전형적으로 표현하고 있었던 것이다. 더 구체적으로 말하면, 그 시대에 있어서 권력과 정신 사이의 투쟁 형태가 여기에 집약되고 있는 것이다. 용어의 역사적 특질에 충실하면 당연히 의문이 생길 것이다. 그러나 처음에 논한 것처럼 이미 전후에는 전향이라는 용어가 다양하게 사용되기 시작했다. 이러한 상황에서 서서 권력 계기(혹은 정치적 계기)를 포함한 사회 상황과의 관련에서 행해진 사상 이동을 일괄해서 전향이라고 정의한 이 연구는 진행 중이다. 이 경우 지배자에 대해서도 전향을 문제시하지 않을 이유는 없다. 단지 사상학의 방법에 있어서 형식적 보편적 범주와 역사적 특수적 범주와의

한 말은 전전의 지배자와 전혀 다르지 않다. 비전향인가? 아니다, '인권'을 부분개념으로 도입해 공산주의를 자의적인 부분으로 분할하여 인정하려 들고 있다. 이른바 어떤 임의적인 부분에 대해 전향이고 동시에 다른 어떤 임의적인 부분에 대해서는 비전향이다. 이때 각각의 부분에 대한 선택은 자주적 원리에 따라 이루어졌다기보다 어물어물 후퇴하면서, 여전히 '국체를 지킬 수' 있다고 생각하는 데에서 발생한 것이기 때문에 자의적 선택이다. 이른바 부분적 전향=부분적 비전향에서는 이미 가메이에게 발견된 전향 자체의 다의성이 문제인 것은 아니다. 전향·비전향이라는 틀 자체가 다의화하고 있는 것이다. 전후 전향 개념의 어떤 특징은 이 지배자의 대응 형식 속에 전형적으로 나타나고 있다고 할 수 있다. 그리고 이것과 밀접한 관련을 가지면서 '국민'의 전향이 출현하게 된다. 집단 전향은 이 나라의 최대 집단에까지 달한 것이다. 그와 더불어 이 국민 집단 속에서 전혀 다른 목표를 향해 전향하는 분파가 생겨났다. 실제로 지배자가 '국체'라는 무한정의 '개념'(비개념적 개념?!)에 매달리어 무규정적 연속성(그 이면이 무상無常한 것이다)을 고집했기 때문에 어떤 부분에서 전향하고 어떤 부분에서 일관하는 지의 객관적 근거가 불분명하게 되었을 때,[14] 그 아래쪽에서는 분명

조합 방식의 문제는 이후에도 남는다. 그 문제는 여기서 다루지 않는다.

[14] 전후 일본의 지배자가 왜 '국체'를 고집하는가. 또한 그러한 '국체'란 무엇을 의미하고 어떠한 존재 이유를 가지는가, 또한 부여하려고 하는가는 외국인에게는 전혀 이해하기 어려운 부분이다. 예를 들면 오티스 캐리(Otis Cary)는 도널드 킨(Donald Keene) 등을 만나고 1945년 12월의 편지에서 "나는 천황의 입장에 대해서 과거의 형태로도 현재의 형태로도, 절대로 납득할 수 없다"고 하면서 일본 사회에서 이른바 '독특한 천황의 힘'에 경탄했다. 그 위에서 그들은 "일본의 천황제라는 것은 지금까지와는 전혀 다른 근거가 없으면 지금에 와서 허용될 수 없는 것이고 그만두는 것이 좋다고 조차 생각한다"고 하고 그 새로운 근거를 다카마쓰 노미야(高松宮)에게 다음과 같은 것을 진언한다. "'형'은 상당히 좋은 것도 할 수 있어. 일본 국민에게 상당히 도움이 되는 것을. 우선 번잡한 훈장 제도와 직함 제도를 없앨 것, 이것은 '형'이 폐지하려고 한다면 폐지할 수 있어. 다음으로 칙어에 전형적인 '특수한 천황어'와 '높임말'(하시옵소서라고 하는 것)을 없앨 것, 이것도 '형'이 '이것은 개선할 여지가 상당히 있네요'라고만 해도 즉각적인 효과가 있을 거야. 세 번째로 '사진'을 숭배하는 쓸데없는 관습의 폐지 등등". 이러한 제언 속에는 지금 예를 든 것 외로 천황의

한 자기의식을 바탕으로 자기 사상의 어떤 부분을 왜 바꿔야 했는지를 사고하면서 즉, 모든 국민과 공유한 자신의 전전적 세계관과 스스로의 선택에 의해 가져야 하는 새로운 사상 사이를 헐떡이며 걸어 온 국민 중에서 어떤 집단이 등장한 것이다. 거기에는 분명히 전전의 전향과는 이질적인 새로운 의미를 띠는 전향의 바람직한 성립 기반이 있다고 생각된다. 바꾸어 말하면 권력에 순응하는 과정과 결합한 사상 이동(고전적 전향)이 아닌 권력에 순응하는 과정에서 점차 멀어져가는 사상 이동, 즉 '권력으로부터의 사상 독립'으로의 흐름이 존재하고 있다고 생각한다. 이른바 회심에 가까운 의미를 가지는 것이다. 그야말로 다이쇼 말·쇼와 초기의 '의식의 방향 전환'으로써 자주적으로 나타난 것과 일면 공통되는 것이다. 물론 그 흐름은 어느 시대에나 존재하는 권력 순응 세력에 둘러싸여 있다. 국민 전체에서 보면 당연히 소수에 지나지 않지만, 이 국민의 회심이 전후 일본의 사상적 생산 차원에서 토양이 되었던 것은 확실하다. 국민 전향 중 이 분파가 없었다면 어떠한 사상가도 사회적 교류의 상대를 잃어버리고 생기 없이 정체했을 것이다.

국민 전향 외에도 그것과 지배자의 대응 사이에 개재된 전향 형태가 있다. 전후 초기의 무로후시 다카노부室伏高信나 다카야마 이와오高山岩男 등이 보여준 편승 전향의 지향이 그것이다. 고전적 전향 이미지로 말하면 이것이 가장 전형적인 패전 전향일지도 모른다. 이 경우에도 자기의식은 있었다. 그러나 국민 전향과 달리 이것은 지배의 계승을 겨냥하는 면을 가지고 있다. 정치적 권력에 의한 지배는 물론 아니고 여론 혹은 논단의 지배다.

전국 여행 등도 들어 있고 부분적으로 실행되어 우리들로서는 전혀 찬성할 수 없는 것도 많지만, 캐리가 주문처럼 오로지 국체, 국체라고 외치기만 하는 일본의 지배자에게 질려서 그들을 대신해서 제안하기에 이른 과정이 잘 표현되고 있다고 생각된다(From War-wasted Asia, 일역『アジアの荒地から』).

그런 의미에서 지배자의 유형에 보다 근접해 있다. 단지 이 전향은 추방에 의해 저지되어 그 길을 바꾼 자가 많다.

　그리하여 이 항에서 문제로 삼은 것은 국민 전향의 일반적 유형이다. 한마디로 말하면 패전에 의한 국가기구의 붕괴·천황제 비판의 자유화에 의해 전쟁 중 '국민'들에게 거의 빈틈없이 퍼져 있던 일본주의 세계상은 맥없이 무너졌다. 국가와 사회는 별개라는 사고방식이 전통적으로 존재하지 않는 이 나라에서 '국가'는 '국민'과도 항상 궤를 같이 한다. 국가기구의 붕괴는 국민 공동체의 붕괴이기도 했다. 이 패배한 국가에는 국민이 없다. 존재하는 것은 산하와 자연인뿐이다. 말하자면 자연적 자연과 자연적 인간만이 생활무대로 나왔다는 말이다. 외율적外律的이든 내율적內律的이든 자연을 다루어야 할 규범을 제출하는 자는 이미 없다. 천황은—국가기구의 정점인 동시에 국민 신조체계의 중심이었던 사실에 대한—이미 자유로운 비판에 드러나 있지 않은가. 비판의 도가니 속에서 단련된 강인한 신앙 중심이라면 그에 대한 비판의 자유는 조금도 싫어해야 할 것이 아니다. 그러나 천황의 신성성은 그러한 것이 아니었다. 중세 이래 교토京都의 폐쇄 사회 속에서 소중하게 온존되어 온 것이다. 여기에는 '비판할 수 있다'는 것만으로도 그 신앙이 붕괴해버리는 것과 같은 신앙으로서의 약점이 있다. 그런 까닭에 그 신앙을 타도하려는 강력한 반감도 생겨나지 않는다. 신앙은 아니지만 반신앙도 아닌 형태가 줄줄이 이어진다. 그리하여 일본의 '국민사회' 일반은 천황 비판의 자유화 아래 적극적인 천황 신앙에서 이탈하여 소극적으로 천황제를 인정하는 방향으로 옮겨갔다. 그리고 그것은 정신이나 규범보다도 자연적인 것을 더 존중하는 일본 사회의 또 다른 전통적 경향에 딱 들어맞았던 것이다. 때문에 이 천황 신앙에서의 이탈이 명료한 전향인가 하면 그렇지 않고, 또한 비전향인가 하면 그렇지도 않은, 저 지배자의 대응형식과 서로 닮은 부분적 전향이면서 동시에 부분적 비전향이다. 신앙에서의 이탈이 자기 내부에 있는 신과의 내면적 격투를 통해서 전개되는 것이 아니라 너무도 자연스럽게 전통적인 욕망자연주의적인 경향으로 전락해 간 것이다. 그리고 그 과정은 종전과 더불어 최초로 일어난 것은 아니었다. 그것은 오히려 천황제 사회의 항상적 경향으로서 끊임없이 존재하고 있었던 것이고, 따라서 천황제 국가로서는 맹렬한 교화indoctrination를 필요로 하고 있었다. '교화'의 견제가 효력을 상실했을 때에는 자연히 이 과정이 일본 사회의 바닥에서 분출한다. 2차 세계대전 후기(1943년 이후)는 이미 그러했다(이 점에 대해서는 별도의 지면에서 논한 적이 있다. 졸저『天皇制国家の支配原理』). 그러한 의미에서 패전에 의한 '국민사회'의 전향은 아니었다. 단지 패전 후 공공연하고 버젓이 욕망자연주의를 표출할 수 있게 되었을 뿐이다. 그리하여 지금까지 표면적으로는 꾹 참고 이른바 '암거래'로써 서로 인정하고 있었던 만큼 패전 후에는 보다 과도하게 자신을 표출한 것이다. 마치 전쟁 중의 '암거래'가 종전 후 횡행함으로써 비약적인 번영을 획득한 것과 동일하다. 따라서 전후의 '암시장'은 그 명칭을 국민이 서로 인정함으로써 이미 암시장이 아닌 것이다. 그것은 공인되었기 때문이다. 단지 이 명칭 속에는 정부가 정한 것은 공인이고 민간사회가 그에 벗어나서 정한 것은 암거래라는 생각이 포함되어 있다. 일찍이 메이지 초기에 후쿠자와 유키치가 일본에 '민간 공공'의 관념 및 제도가 없는 점을 주목한 적이 있는데(『帝室論』), 그 점은 오늘날까지도 계속되고 있는 셈이다. 공공연한 사회적 존재를 국가의 실정법이 인정하지 않았기 때문에 공공물이 아니라고 생각하는 사상 형태는, 정부에 특권성의식을 부여하는 것이 되기도 했고, 또 앞에서 이와타에게서 본 것처럼 실정법주의의 근거를 마련하기도 했다. 실정법주의가 사회적으로 부정되지 않는 데에서는 이전의 실정법규에 따라 인민을 억압한 자의 자기비판이 일어나지 않는다. '법대로 한' 것이기 때문에 그것은 그 당시에 정당했다는 뜻이 된다. 전후 특고경찰이 점령군에게 '비밀경찰'이라 하여 규탄 받았을 때 어이없는 나머지 "우리는 법률이 인정한 정상적인 경찰 활동을 벌이고 있는 것이다"고 항변한 것은 이 실정법주의를 상징적으로 나타낸다. 그렇기 때문에 대부분의 특고경찰 관료는 "특고의 어디가 나쁘단 말인가?", "특고란 법익이 개인이 아니라 국가의 경우"에 속하는 업무인 것이다. 즉, "사리사욕을 떠난 범죄"를 다루고 국가사회의 질서를 유지한 것이다. 전쟁 중 "국민의 인권과 자유를 극도로 제한한 것을 나쁘다고 하는 모양인데, 이것도 전시법규에 입각하여 행동한 것이다"라고 밖에 생각하지 못한 것이다(小坂慶助, 『特高』). 이처럼 '민간 공공'의 사고방식이 없는 점, 따라서 국가 실정법주의가 될 수밖에 없었던 것에 대한 결과가 어떠한 연관을 갖는지는 거의 분명해 보인다.[15] 민주주의란 인민사회가 공공성을 만들어내는 것이기 때문에 여기에서는 그것이 쉽게 생겨나지 않는다. 하지만 그와 비슷하게 만약 '암시장'이 암시장으로써가 아니라 민간 공공 시장으로써 형성된 것이 있다고 한다면, 그

---

[15] 실증법을 넘어서 역으로 실증법을 속박하는 듯한 법의식(자연권·자연법 등)이 없는 곳에서도 인간의 생활은 움직이기 어렵게 존재하고 있기 때문에 실증법이 그것과 극도로 모순되는 경우에는 실증법의 운용에 '재량(手心)'이 더해지게 된다. 자연법과 '민간 공공'에 의해 실증법을 개폐하는 것은 아니다. 오히려 실증법과 '형벌의 권위를 유지하기 위해' 재량을 추가해서 운영하는 것이다. 예를 들면 법무부의 『법무연구(法務研究)』에 게재한 검사 오기노 쇼(荻野章)의 제안은 전쟁 중에서 전후에 이르는 '경제범'은 보통의 형사범과는 달리 '경제적 상식인'이 많아 즉, 누구라도 해당하기 때문에 실증법대로 단속한다면 '죄의양산(형벌 인플레이션)'이 일어나서 '형벌의 권위'를 떨어뜨리게 되므로, 적용의 '한도를 생각해야 한다'고 말한다. '전 국민을 유죄로 해야만 하는 것'이 되어 역으로 '법률이 유죄'가 되면 곤란하다고 하는 것이다(『法律研究』 보고서 제37집, 「敗戰後の犯罪の實情について」 1949년 12월). 법률이 신법(神法), 자연법, 인권 원리에 비추어 유죄일 수는 있다. 그것을 명확히 하지 않고 '기계적 기소'를 멈추는 것으로 악법의 권위를 지키려는 것이 실증법주의다. 실증법주의는 결코 실증법의 엄격한 규칙적 적용을 의미하는 것이 아니라 정치적 운용을 그 내용으로 한다. 따라서 본래적 의미에서의 남용의 가능성이 강한 것이다. 이점은 주의해야 할 논점이기에 한마디 해둔다.

것이 전후 민주화의 담당자라는 말도 된다. 그러한 경우는 있었다. 예를 들면 도쿄 나카노中野의 에코다江古田에는 '교환소'가 있었다. 거기에서는 각자가 자기 집에서 비교적 불필요하지만 일반적으로는 생활필수품에 속하는 것을 등록하고 그 대신 희망하는 물품을 기입하는 시스템이 만들어져 있었다. 예컨대 연료기름 1.5리터 대신 감자 5관 정도를 원한다는 식으로 기입해 둔다. 다른 한편 기름이 필요하고 감자가 상대적으로 남는다고 생각하는 사람은 승낙, 혹은 '교환량 비율의 약간 수정'과 같은 희망 조건을 덧붙여서 교섭에 응하겠다는 취지를 같은 란에 기입한다. 누구하고는 교환을 하겠으나 누구와의 교환은 싫다는 식의 인격적 호불호는 개입하지 않는다. 모든 일이 규칙과 객관적 사물에 대한 지향을 통해서 이루어진다. 그리하여 인격주의를 넘어선 즉물적인 사회적 소통communication이 시작된다. 여기에서는 막스 베버가 근대적 사고에 대한 하나의 원점으로서 중요시한 사회과정의 예측가능화가 최초의 획기적인 첫걸음을 내딛고 있다. 즉, 낱말의 본래적인 의미에서의 권력으로부터 독립한 시장 집단Marktgemeinschaft이 생겨나고 있다. 거기에서 사람들을 좌우하는 것은 비인격적인 '교환재에 대한 관심'이고, 그러한 것으로써 '객관적 사물에 대한 존경'이 집단을 규정하고 있다. 그리하여 이 '합리적인 물적 관심'이 관철되는 사회과정에서 비로소 '합리적 합법성'의 관념, 즉 계약의 형식적 보편적 구속성이라는 '상당히 엄격한 관념'이 생겨나는 것이다. '시장의 윤리'는 이것이고 내면적으로 지지된 합리적 질서란 이를 두고 하는 말이다. 따라서 시장 집단은 비정하고 비인격적이므로 거기에서는 이해관계자 상호 간의 투쟁이 이루어지고 있는 것이라 생각하는 사고가 반드시 맞아 떨어지는 것은 아니다. 투쟁이라면 아무리 친밀한 인간관계라 하더라도 일어날 수 있다. 절대적인 인격적 귀의에서조차 상대방과의 격투는 가능하다. 그야말로 시장이 시장인 까닭은 혈연·지연적 공동체를 완전히 극복하는 데 있는 것이다. 역사상 최초의 자유로운 교환은 공동체의 경계에서 '유일한 평화적 관계'로서 발생했다. 여기에서는 이미 자기 공동체의 정서적 일체성만이 절대적인 것은 아니었다. 따라서 만약 거기에서 투쟁이 전개된다면 인격주의 세계에서의 투쟁과는 전혀 이질적인 투쟁이 전개되는 것이다. 즉, 객관적인 규칙이라든가 제도라든가 하는 사정을 둘러싼 장대한 역사적 투쟁이 일어나는 것이다. 그것은 이미 개인의 심정적 격투가 아니다(이상과 같은 시장 집단의 특질에 대해서는 막스 베버의 『경제와 사회Wirtschaft und Gesellschaft』 참조). 그리하여 이러한 시장 집단의 싹이 전후의 '암시장적 상황'의 기저에서 야쿠자가 지배하는 암시장과는 독립적으로 형성되었던 것이다. 실제로 '교환소'의 아이디어 그 자체가 국가권력으로부터 인민생활이 독립하려는 의도를 담고 있다. 더구나 친인척에 의존하는 방법과도 반대의 방법으로 사회관계를 자주적으로 구성하려한다. 일본의 전통적 방법으로는 국가가 생활을 보증하지 않는 경우에는—항상 그러했다고 할 수 있지만—가족적 연대에 의한 상호보완으로 겨우 생활의 재생산이 이루어져왔다. 국가가 혹독한 짓을 하면 할수록 가족주의가 강해진다는 말이다. '교환소'는 이 전통적 방법에서 결정적으로 끊겨 있었다. 여기에는 분명히 국가에 대항하는 '사회'의 관념이 성립해가는 방향이 잠복하고 있었다. 독립적 연대—권력에서 독립한 연대, 그러한 연대 주체의 상호 독립이라는 이중의 독립을 가진다—가 확고한 존재가 되는 방향성이 있다. 전후적 자연 상태 속에서 사회계약의 형성으로 향하는 한걸음을 내딛고 있었다. 그러나 그것이 일본 사회의 규정적 요인이 되었는가 하면 그렇지는 않다. 그것은 예외적 존재에 지나지 않았다. 단지 그 후의 민주화운동에서 자발적 집단이 군생하는 과정을 통해서 겨우, 그러나 상당히 일반화한 사회계약적 사고는 이 '교환소'가 보여준 방향을 결과로 걷고 있다고 할 수 있으리라. 역으로 보면 그러한 한도에서만 지금도 여전히 실현되고 있지 않은 목표를 이 '교환소'는 일찍부터 선명하게 보여주고 있었다. 때문에 지금 이것을 거론하는 의미가 있는 것이어서 이렇듯 훌륭한 것이 있었다고 말하면서 자국의 과거에 만세를 부르기에는 너무도 예외적인 존재에 지나지 않았다. 물적 세계에서 더욱 그러했다. 정신세계에서는 말할 나위도 없으리라.

그렇다고는 하지만 실생활에서 권력으로부터의 독립운동이 있는 곳에서는 아마도 관념상에서도 사고의 독립과정이 어디선가 일어날 것이다. 그 한 예는 이미 이노우에 미쓰하루, 시로야마 사부로城山三郎 등의 작품 속 주인공의 발자취에서 나타난다. 여기서는 우선 시로야마의 작품 『대의의 끝大義の末』에 등장하는 가키노미와 모리의 전후 정신사를 들 수 있다. '가키노미와 모리'로 정한 데는 이유가 있다. 이 작품은 이상주의자 가키노미를 주인공으로 묘사하고 있고 작가 시로야마의 의도도 그러한 듯한데(講談社 版, 「あとがき」), 어쩌면 이 소설의 미미한 약점은 여기서 발생한다고 볼 수 있다. 현실주의자 모리의 내면사가 충분히 전개되지 못하였고 그것이 가키노미의 이상주의 세계의 누추한 대립물이거나(1부), 혹은 측면에서 동정을 보내는 보조물이기도 하기(후반) 때문에 사고의 자립을 목표로 고투하는 전후 정신의 전향 과정이 단순화되어 있다는 생각이 드는 것이다. 이 세대의 전후 정신사의 현실성은 모리를 가키노미와 나란히 서로 교차하는 독립적 내면세계로써 다룰 것을 요구할 터이다. 그 이유는 논의의 끝에서 밝혀질 것이다.

이 두 사람은 그들의 정신적 탄생을 전쟁 말기에 스기모토 고로杉元悟郎 중령의 유고인 『대의大義』 속에서 찾았다. 아마도 중학교 4, 5학년이었을 것이다. 그들의 경도된 『대의』는 '명쾌한 명령형'(시로야마)으로 천황에 대한 절대 신앙을 스스로 토로하면서 동시에 그렇게 함으로써 독자에게도 그것을 자연히 강요하는 듯한 급진적인 천황 신앙서였다. 그 문장은 자신에 대한 명령인 것인지, 자신의 자식에 대한 절대적 교훈인 것인지, 국민에 대한 예언인 것인지, 지배자에 대한 엄격한 요구인 것인지가 불분명한, 동시에 그 모든 것이기도 한 형태로 묶여져 있었다. 자신의 신앙에 대한 절대적인 확신과 동시에 끊임없이 자신까지도 질정叱正해야 한다고 생각하는 듯 보이는 자신에 대한 절대적 회의가 공존하는 문체였다. 아마도 일본의 천황 신앙이 가장 급진적으로 묘사된 경우의 극치라 할 수 있지 않을까. 거기에서 "천황은 국가를 위한 존재가 아니고 국가가 천황을 위해 존재한다"고 되어 있다. 도쿠가와 시대 말기부터 메이지 시대로의 전환에 즈음하여 유교의 '천도天道'(만물을 관통하는 보편자)가 천황에게 할당됨으로써(그러한 사상 경향은 도쿠가와 초기에 이미 있었지만) 일군만민주의가 형성되고 그것이 근대적 집권 국가에 힘을 부여함과 동시에 자유 민권의 민주주의 감각을 메이지 국가로 흡수한 것이지만(천황 아래서의 평등), 이『대의』의 세계는 그 후에 성립된 천황과 국가와의 유착을 떼어내고 천황을 다시 생신生身, 불교 용어로 부처나 보살이 중생을 제도하기 위해 부모에 의탁하여 태어나는 육신의 '천도'로 끌어올려 국가를 초월한 존재인 것처럼 만들려고 하는 것이다. 물론 그것은 이데올로기론論으로는 '팔굉일우八紘一宇'주의와 잘 어울리는 변화지만, 다른 면에서는 그러한 천황을 신앙함으로써 '절대자'의 이름하에 일본 국가의 퇴폐를 비판하려고 한 것이기도 하다. '관위명리官位名利의 노예에 만족하려고 하는' 국가 관료에 대한 통렬한 비판이라기보다 아예 무시한다는 기세로 바로 공격한다. 절대자일 수 없는 하나의 인간을 절대시하는 데에 지적 반성이 전혀 없는 자기기만이 있지만, 항상 눈에 들어오는 일본 국가사회의 퇴폐 상황을 부정하려는 데에는 원초적인 '의義'의 의식이 있다. 가키노미 등이 그 어떤 면에 끌렸는지는 알 수 없다. 아마도 양쪽 모두일 것이다. 빨리 절대적인 의지처를 얻고 싶어 하는 청소년에게 고유한 동경이 가까이에 있는 사이비 '절대자'에게 뛰어들게 한 면도 있을 것이다. 또한 '관위명리의 노예'가 천황의 이름을 내세우고 있는 상황에 대한 분개는 확실히 강했을 것이다. 그러한 면에서는 절대적 천황에 의해 천황제를 비판하려고 하는 수단도 포함되어 있었다. 또한 단호한 비합리적 결단으로 호소하는 독재자에게 지적 미성숙자가 쉽게 빠져들게끔 스기모토 중령의 문장이 보여주는 결단성과 솔선수범성(이것이 독재자와 다른 점이지만)이 흡인력을 발휘했다는 점도 있을 것이다.

물론 가키노미 쪽이 열렬히 그 세계에 몰입하고 모리는 무의식적이라고는 해도 자신의 가슴 속에 일정한 보류를 비밀스럽게 가지면서 『대의』의 세계에 가담한 것으로 보인다. 그만큼 가키노미적인 견해에서 본다면 모리의 행동에는 교활함이 있지만 그것은 모리가 거의 본질적으로 포이어바흐Ludwig Feuerbach적인 명제를 소유하고 있었음을 의미한다. 가키노미는, 포이어바흐식으로 표현한다면 "감성적 표상을 거부하고 추상적 제 개념을 훼손시키지 않기 때문에 감각 기관과의 끊임없는 모순과 투쟁 속에서 사유했"지만, 모리는 "감각 기관과의 협조와 평화 속에서 사유하는" 철학의 소유자였다. 즉, "감성의 진리를 환희와 자각으로 승인하는" 유형인 것이다(포이어바흐, 『미래 철학의 근본 명제』). 그리하여 지적 회의 능력이 미숙할 때에는 감성에 대한 적극적 충실이 종종 무의식의 예지叡智를 나타낸다. 어린이의 사회적 행동서의 지혜는 이러한 것인 경우가 많다. '대의에 속박'된 경우에도 이 능력이 방어 기능을 다했으리라는 점은 확실해 보인다. 이 작품에서 시로야마 사부로는 이 점에 대한 적극성에 눈뜨지 못하고 있다. 그러한 의미에서 시로야마는 가키노미를 응석받이로 만들고 있다. 자신과 완전히 이질적인 자의 정신적 적극성을 이해하지 못할 경우, 자신에 대한 회의는 그만큼 약해진다. 생떼를 쓰고 있는 것이 아니다. 지금 그 점을 한 발짝만 밀어붙이면 당시의 상황 속에서 이 세대에 대한 '대의'(급진적 천황주의)가 얼마나 강한 제어력을 발휘하는가가 한층 더 선명해질 것이다. 그리고 인간의 감각적 욕구의 항상성을 강하게 자각하고 있는 모리조차도 '대의'의 세계에 말려들었다는 것의 상징성을 적확하게 정할 수 있었을 것이다. 그것은 무엇을 만들어 두는 것이 '대의'의 지배를 막는 것이 되는가라는 문제를 깊은 인간적 심층에서 찾는 것과 관련된다. 또한 모리에 대한 비판도 거기에서 나올 것이다.

가키노미 등은 수개월의 예과련豫科練, 한국의 신병교육대와 비슷한 곳 생활 중에 패전을 맞이했다. 가키노미는 군대생활 중 돌격훈련에서 친구 다니무라와 앞 다투어 돌격을 했을 때 서로 국화문장천황기를 상징하는 문양이 새겨진 총에 흠이 나서는 안 된다고 감싸는 와중에 다네무라의 가슴을 쳐버렸고 그것이 원인이 되어 다네무라는 죽었다. 그때 다네무라를 강타한 오른쪽 어깨는 그에게 끊임없이 죄책감을 반추시킨다. 그러나 국화문장을 목숨까지 바쳐가면서 감쌀 것은 아니라는 모리에게는 반감을 가질 수밖에 없다. 그러나 이 모리의 말에 어쩌면 정당함이 있는 것은 아닐까, 라고는 생각하지 않았다. 가키노미에게 전향의 첫 번째 계기는 공산주의자의 석방 출옥을 접한 것이다.

종전으로 바깥세상의 소식을 듣게 된 가키노미 등이 가장 감동한 것은 공산당 간부의 석방소식이었다. 그러나 그 감동은 가키노미 등에게만 통하는 특별한 것이었다. 하나의 사상을 믿고 있다는 이유만으로 십 수 년이라는 긴 옥중 생활을 보낼 수 있었다는 사실이 가키노미 등을 감동시킨 것이다. 가키노미 등은 바깥세상과 어느 정도 차단된 생활을 겨우 몇 개월 계속한 것만으로도 감옥 속에 있는 자들의 괴로움을 알 수 있을 듯 했다. 살인·강도 등의 범죄자라면 벌이기 때문에 어쩔 수 없다. 그러나 전혀 나쁜 짓을 하지 않았는데도……. 그 기분은 역시 나쁜 짓을 하지 않았는데도 부당할 정도로 가혹한 취급을 받아 온 가키노미 등의 체험으로 뒷받침되었다. 가령 어떠한 생각이든 한 가지를 생각하고 있다는 것만으로도 십 수 년이나 감옥에 갇혀 있다는 무자비함이 벌어지고 있었다는 사실에 가키노미 등은 하나같이 소년같은 정의감으로 반발한 것이다.

이 부분은 묘사가 잘 된 곳이 아니다. 또한 가키노미만의 감동도 어쩌면 아니었을 것이라 생각한다. 그러나 가키노미 등이 비교적 솔직하게 이 소식이 갖는 의미를 받아들인 것만큼은 확실하다. 그것은 먼저 패전에 의해 "그때까지 자기 혼자서 막혀 있다고 생각한 세계가 어느 순간 뻥 하고 뚫리더니 정신을 차렸을 때는 자신들이 떠벌였던 세계도 높은 하늘 아래의 작은 돌에 지나지 않게 느껴"졌기 때문이었을 것이다. 그러나 그뿐이라면 감동했을 리 없다. 아마 '대의'의 세계에 돌입하는 동기가 그대로 이것에 연결되어 공산주의자의 석방에 감동한 것은 아닐까. 우익은 좌익이 되기 쉽다는 저 선동에 박자를 맞추고 있는 것은 절대 아니다. 좌익적 사고는 구조적으로 우익적 심정주의와 단절되어 있다. 오히려 정반대다. 전부를 이론화하고 정식화해야 만족하는 그 경향 하나만 생각해 보아도 그것은 분명하다. 여기서 문제시하는 것은 그러한 것이 아니라 가키노미 등에게만 통하는 사상적 특질인 것이다. 전쟁 중의 국가 관료와 익찬사회에서 직무役職를 버리고 권력을 휘둘러 온 지방 파시스트의 부패에 대한 분개가 '대의'로 향하게 했다는 사정은 특고관료들에 대한 가키노미 등의 적의를 '대의'의 세계 속에서 점차 은밀하게 축적해 온 것이다. 그것이 지금 이 역사적 소식을 접하고 일거에 현재화顯在化한 것이다. 그것은 감수성의 바닥에 축적되어

있던 것이 감수성의 표면에까지 넘쳐 나온 것일 뿐이므로 당연히 지적 정리整序를 아직 거치지 못했다. 따라서 대단한 감동과 함께 '도대체 공산주의란 무엇인가'와 같은 관심이 끓어오름과 동시에 다른 한편으로는 빨갱이는 "천황 폐하가 없는 공화국을 만들려고 했다던데"라는 말을 듣고 아니나 다를까 불끈한다. 그러나 그 노여움은 반공투사의 그것과는 다른 것을 포함한다. "우리가 싸워 온 동일한 시대에 그러한 것을 지속적으로 생각한 일본인이 있었는가"와 같은 종류의 놀라움이 거기에는 있다. 그 놀라움은 갈망의 염원까지도 포함되었을 터이다. 우리는 생각할 수조차 없었을 것인데 그들은 우리가 전혀 알지 못했던 것을 알고 있었던 것이다. 언제 어디서 어떻게 생각하게 된 걸까, 이러한 물음이 무한히 분출되고 물어야 할 것이 너무 많아 지금에 이르도록 생각한 것이 너무도 적은 것에 노여움을 느꼈을 것이다. 이 작품의 제2부에서 가키노미는 중학생 시절의 영어 선생님(전쟁 중 위장하여 아무 것도 말하지 않은 공산주의자)을 만났을 때, 그 선생님이 '대의'의 이름을 듣고 "직업군인이 쓴 책이라! 그 무렵에는 신내림이 어쩔고 하는神がかり 책이 많이 나왔었지"라고 건성건성 대답한 것에 대해 "신내림? 그렇습니까, 그럼 선생님은 왜 신내림이라는 것을 가르쳐주시지 않았습니까"라고 따지고 들었는데, 그 근저에는 역시 위와 같은 관련에서 나온 선망과 노여움이 있었을 것이다. 물론 '가르쳐주실' 필요는 없다. 이렇게 따지고 드는 모습 속에 가키노미의 우등생 기질 같은 것이 있다.

생각해야 할 것은 무한하고 "갑자기 세상의 흐름을 알게 되었을" 때 시간 역시 무한히 열리는 것인지 모른다. 그리하여 일체의 한정限定의식을 잃어버렸을 때 인간은 깊은 잠에 빠진다. 가키노미는 "무한한 휴가"를 느끼고 "지금은 그저 자고 싶다"고 생각했다. 그러나 자고 싶다고 생각한 것은 그러한 이유만은 아니다. "살아가려고 하는 것이 닳고 닳은 기술로 보였기"

때문이다. "다네무라가 죽고 고지마가 죽은 뒤로 살아있다는 것에는 전혀 새로운 죄의 냄새가 났다". "앞으로 남은 일생을 아무리 착하게 산다고 해도 다네무라나 고지마, 죽어버린 녀석들에게는 미치지 못할 것 같은 생각이 들었다". 잠들 수밖에 없었다. 그러나 이것은, 소위 '허탈과 공백'과는 약간 다른 구조를 가지고 있지 않았을까. 이 수면 속에는 가능성의 덩어리가 있다. 가능성이란 일정한 방향에서 '어떠어떠한 가능성'을 말하는 것이기 때문에 가능성의 가능성이 뭉쳐 있었다고 해야 한다. '천황제든 공산당이든 휴가'로 해버리자. '서두를 것은 없다'. 조용한 정리와 결의를 위한 시간을 가져야 한다.

가키노미 등이 수면으로부터 어쩔 수 없이 깨어난 것은 재진학한 고등학교에서였다. 그곳에서는 '천황제, 옳은가 그른가'라는 논제를 단 화려한 변론 모임이 전개되고 있었다. 그것은 진주군의 지령에 편승하는 성격을 지녔던 까닭에 들뜬 경향이 없지 않았다. 그 속에서 가키노미와 모리는 '졸'병사라는 뜻을 가진 독일어 'soldat'를 줄여 쓴 말이라든가 '소아'라 불리며 경멸당했다. 육해군에서 편입한 학생에게 붙여진 그 말은 '단순하고 사려 깊지 못한 자에 대한 별명', 또는 정신적 미숙아小兒로 다루어지는 말이었다. 그러한 상황에서 수재秀才 상급생 오쿠보大久保를 만나게 되는데 항상 예리하고 냉철한 그에게 논파 당한다. 물론 오쿠보는 좌익이고 천황제 부정론자였다. 그는 황태자를 언제나 '그 녀석セガレ'이라고 불렀다. 가키노미와 모리가 취한 그 후의 전후 전향은 이 오쿠보의 전향과 교차한 반대 방향으로 향하는 것이고, 따라서 전향이라는 각도에서는 오쿠보를 빼고 생각할 수 없다. 출세와 함께 점차 날카로운 비판을 거두어 들여 지배체제 측에 몸을 의탁하는 행보는 지나칠 정도로 대중적이지만, 전후 일본에서 전전적 전향에 근접한 사회적 효과를 야기하는 전향 형태를 찾는다면 그 전형은 오쿠보일

것이다. 물론 이 유형은 앞에서도 말했듯이 어느 시대나 있다. 따라서 이중으로 대중적popular이고 그런 의미에서는 특별히 사상사적 대상으로 취급할 필요는 없다. 겨우 그 배경을 이루는 것에 지나지 않는다. 주제는 여전히 가키노미와 모리에게 있다.

가키노미는 이 고등학교에서 학교를 방문한 황태자를 본다. 한편으로는 오쿠보적인 자세와, 다른 한편으로는 모리처럼 "황태자고 뭐고 알게 뭐야, 나는 돈을 벌어야 한다"와 같은 자연주의 생각이 교차하는 사이에 황태자가 조용히 걸어왔다. 거기에서 가키노미는 '소박한 소년'을 보고 '친애감'을 느낀다. 그리하여 그것을 '대의'로 연결되는 감정이라고 생각한다. 그러나 이것은 분명한 오인이다. 대의에 있는 급진주의와 연결되는 요소가 이 황태자상에는 없다. '대의'에서의 천황은 노여워하는 신에 가깝다. 스기모토杉本는 일본의 천황 속에서 노여워하는 신, 명령하는 신, 사정을 봐주지 않는 보편자를 두고자 한 것이다. 거기에 철저한 착오가 작용하고 있었음에도, 가키노미 등이 경도된 것도 그 계기에 끌려들어 갔기 때문은 아닐까. 가키노미는 H 고교에서 아직 '대의'를 인식하지 못했다고 봐야 한다. 동시에 자신의 소년 시절까지도 즉, 자신의 근원原質조차도 파악하지 못하고 있다.

그의 격렬한 전향의 두 번째 계기는 K 대학에서의 천황행행行幸사건이었다. 더욱이 중요한 사실은 이 계기가 동시에 그 자신의 일관된 사상 자질을 스스로 밝혀낼 수 있는 계기가 되었던 것이다. 그것은 역사적 사실로는 아마도 1951년 11월의 교토대학 사건을 들 수 있을 것이다. 학생자치회는 전쟁 포기와 재군비 정지에 천황이 힘을 쏟을 것인지 여부를 묻는 공개 질의서를 제출하려고 했다. 경찰대가 학내에 난입하여 학생들을 무력으로 해산시켰다. 이 때 가키노미는 천황 개인을 넘어선 천황제를 처음 생생하게 목격했다. 이전의 '소박한 한 소년'으로서의 황태자와는 달리 '친애감같

은 것은 확인하고 말 것도 없었다'. 다수의 수행원에게 둘러싸여 있어서만이 아니다. 대학 당국, 경찰 제도, 국가적인 제도라는 제도는 모두 동원되어 천황을 수 겹으로 싸고 있다. '천황을 가리는 자가 있다'고 우선 느꼈다. 소년시절에 가키노미를 사로잡고 있던 일군만민의 이데올로기 감각이 우선적으로 이 천황에게 한발의 화살을 쏘았다. 질의서도 그에게 어떤 감동을 주었다. "당신은 일본에서 재군비가 강요될만한 사태가 발생했을 때 헌법에서 무장포기를 선언한 일본국의 천황으로서 이를 거부하도록 호소할 용의가 있습니까"라는 논조의 질의서 속에서 가키노미는 무엇을 느꼈을까. 야마시로의 서술에 의하면 "'당신'이라는 호칭, 명쾌하고 군더더기 없는 문체, 천황에 대한 대결이라는 긴장된 분위기가 행간에서 배어나오고 있다. 가키노미는 불쑥『대의』를 연상했다. 천황에 관한 문서로 긴박감을 띠며 다가 온 것은『대의』이후 처음이라는 생각이 들었다. ……『대의』에서도 '천황 폐하'나 '천황님ㅎㅎ'이 아닌 '천황'이라는 말을 사용하고 있었다. 정면에서 성의를 다해 대결하려고 할 때 '천황'이라는 말 외에는 사용할 수 없는 것은 아닐까. '천황 폐하', '천황님'에는 묘한 응석과 의존이 배어 있고 '텐짱' 天ちゃん, 천황에 대한 친근함을 표현하는 애칭에는 장난 끼가 담겨 있다"고 가키노미는 느낀 것이다. 천황과 천황제에 대한 정면 대결이 그를 움직였고 지금도 움직이고 있다. 단지 지금은 이전과 달리 첫 번째 전향의 계기 이후 자신의 내면에 축적해 온 다양한 사고 기준과 사고 재료를 가지고 있다. '동양의 평화를 위해'서는 어떻게 하는 편이 더 좋은가에 대해서 여러 가지로 생각하고 선택할 수 있다. 전후 사상의 자유가 6년에 걸쳐 점점 가키노미의 사상적 육체 속에 뿌리를 내려온 것이다. 단순히 누가 무엇을 생각해도 좋다와 같은 의미에서의 추상적이고 일반적 자유가 아니라, 자유롭게 생각하는 주체가 그 자신 속에 생겨나고 있는 중이다. 자유를 구체화하고 사회행동 속

에서 실현해 갈 진정한 자유의 담당자가 탄생하려 한다. 아직 인민의 생활 구조로 파고들어 충분히 생각할 수는 없지만, 외국의 정보까지도 포함한 많은 통로에서 대상에 근접할 수 있다. 그리하여 그는 '대의'의 '매진邁進'주의로 되돌아갈 수는 없다. 이와 같은 정면 대결의 자세로 '평화를 지키라'를 노래하는 학생들에게 가담한 것이다. 그것으로는 다네무라에 대한 그의 죄를 속죄할 수 없을지도 모르지만, 저 돌격 훈련 때 가슴을 강타당해 괴로워하던 다네무라에게 재시도를 명령하고 최후의 급소를 찌른 군부기구 재형성의 길에, 양손을 벌려 막아서는 것 외에 속죄할 가능성은 없다.

그는 전향에 의해 역으로 그의 일의적 과제를 찾고 동시에 진지한 사색에 필요한 최소한의 일관성까지 발견한 것이다. 여기에서 소설 『대의의 끝』의 결말까지는 사상적으로는 일직선이다. 황태자 행행을 정치적으로 이용하는 전범 조죠戰犯町長에 대항하는 한편 황태자를 향해 이전에 오쿠보가 가르쳐준 '이 녀석'이라는 호칭을 내던짐으로써 천황이나 황태자 개인이 아닌 천황제 사회 속에 쐐기를 박기에 이른 것은 어떤 의미에서 당연하다. 오쿠보는 그 사이에 입장을 바꿔 여기서 가키노미와 반대의 극에 선다. 모리는 늠름한 생활인이면서 가키노미의 보호자가 되어 다네무라 어머니의 집념이 깃든 19개의 종(다네무라가 죽었을 때의 나이만큼의 수를 전후부터 매일 치고 있었다)이 황태자에 대한 '조죠' 이하의 환호와 가키노미의 '이 녀석'이라는 외침이 울려 퍼지면서 막을 내린다. 이 마지막 장면은 현재적 상황의 어떤 면을 상징하면서 소설의 절정을 이루는데, 가키노미의 사상사는 앞의 교토대학 사건이 정점이었다고 생각된다.

가키노미에 대한 비판은 역시 이 지점에서 이루어져야 한다. 가키노미는 '대의'에 관한 한 최대한의 양심과 진실로 천황제에 대처했다. 그 양심과 진실로 지금 천황제를 대처할 때 전혀 다른 행동을 취해야 한다. 이때에 맞춰 가키노미는 양자에 동일한 양심과 진실을 발견하는 것으로 만족하고 있다. 그 점에서는 작가 시로야마도 가키노미와 조금 닮았다. 고단샤講談社 판의 「저자 후기」는 '대의'가 얼마나 당시 군 지도자를 비판하고 스기모토 중령이 군 지도자에게 얼마나 미움을 받았는가를 밝히고 있다. 그것은 사실이다. 그러나 가키노미는 천황제에 대결하는 자신의 양심과 진실의 일관성을 확인할 수 있었던 이상 안심하고 '대의'의 오류를 향해 비판을 가할 수 있을 터이다. 또한 비판하지 않으면 안 됐을 것이다. 사이비 절대자를 진실한 절대자라 생각하고 또한 생각하게 한 '대의'의 세계—스기모토 중령과 그 이데올로기적 근원 및 이데올로기적 조건—를 비판함으로써 자신 속의 '대의적 착오'를 대상화하고 자기비판하는 노력을 왜 하지 않는가. 만약 그것이 가능했더라면 여기에 전개될 자기비판은 현대 일본에 일반화되어 있는 사소설적 '자기비판'—'나는 이렇게 잘못되었지만 앞으로 고치겠습니다'와 같은 어조의 그것—과는 질적으로 달랐을 것이다. 사소설이 소설의 세계에서 부정되기 시작하자 그 대신에 정치적 사회적 운동이나 시론, 평론의 세계에서 역으로 일반화하기에 이른 사소설적 '자기비판'은 그 속에 사소설이 이전에 가지고 있던 '자기폭로에 의해 문단에서 출세함으로써 일본 사회에서 용서받기를 바란다'는 이기주의와 동일한 것을 가지고 있다. 따라서 그 풍습 자체가 사이비 절대자를 절대자로 간주하는 자기착오를 확대재생산하고 있다. 여기서 구원과 용서를 구하는 것은 보편자에 대해서가 아니다. 자신이 육신으로서 살아있는 한에서의 현존 일본 사회에 대해서다. 지금의 어떤 특정한 세상에서 구원받고 있기만 하면 되는 것이다. 모든 관심이 현재의, 게다가 특정한 집단에만 향해있다면 과거·현재·미래를 관통하는 인민에 대한 기여 행위가 나타날 리 없다. 따라서 일본 인민 사회의 역사적 축적이 일어날 수 없다. 그런데도 사회가—바꿔 말하면 주위 사람들의 눈만이―신처럼 다루어지는 곳에서 어떻게 보편적 신, 혹은 보편적 규율, 혹은 보편적 법칙, 혹은 인류, 혹은 인민과 같은 관념이 감성적 근거 부여를 통해 성립하는 것일까. 공동체가 신을 대신하고 있는 곳에서 신은 생겨나지 않는다. 그리하여 거기에는 객관적 이념 아래에서 연대하는 사회(이것이야말로 사회!)가 형성되지 않는다.

이러한 관련을 갖는 사소설적 '자기비판'을 분쇄할 가능성을 가키노미는 가지고 있는데도 그 가능성을 살리려고 하지 않는다. 오히려 역으로 자신의 '대의'라는 세계에 대한 애석함만을 이야기하는 경향이 있다. 물론 그 순진함에 대한 애착이 있기 때문에 그가 보인 전후의 행보는 괴로움과 고뇌에 가득 찬 자기부정의 측면을 지니고, 또 그것이 있기 때문에 앞의 가능성도 존재할 수 있었던 것이다. 그러나 소년시절의 정의감과 양심을 그것으로서 사랑하는 것만으로 충분할까. 아니다. 그 정의감과 양심의 구조를 구명究明하지 않으면 안 된다. 그것을 하지 않으면, 그의 전향은 불합리한 추수에 그친다. 고전적 전향에서라면 동일한 권력 상황에 대한 순응에 그친다. 전전 전시에는 그것이 거의 어쩔 수 없는 경우가 있었다. 따라서 전전에서의 압도적 권력에 대한 패배는 추궁할 수 없다. 전전의 경우에는 그 패배한 뒤가 문제다. 이른바 전향이 문제가 아니라 전향 뒤의 사상적 전향 혹은 비전향이 문제인 것이다. 이른바 전향이 문제가 되는 것은 그 후의 전향 및 비전향과의 관련에 한해서다. 전후는 다르다. 이전의 정의감과 양심의 구조를 밝혀내는 것이 아니면 (또는 밝혀내면서가 아니면) 전향해서는 안 된다. 그렇지 않으면 그 전향은 참으로 권력 상황에 대한 추수가 되기 십상이다. 사상의 진보도 축적도 아닌 것이다. 물론 회심도 아니다. 그러면 '대의'적 정의감의 구조란 무엇인가. 일상과 이데올로기와의 '모순적 자기 통일'이다(그야말로 니시다西田 철학과 대응). 가키노미는 일상의 세계에서도 정의를 관철하려고 했을 것이다. 거기에는 누가보아도 좋은 것과 나쁜 것이 분명한 형태로 존재하는 경우가 많다. 다양한 사회적 권력에 의해 이유 없이 박해당하는 이들이 많이 존재한다. 조선인도, 항만 노동자의 자식들도, 가난한 소작인의 아이들도 그렇다. 가키노미의 집안이 어떤 사회층에 속하는가에 대해서는 이 작품에서 분명하지 않지만, 전후 그의 집안의 전답이 우두머리 조쵸 히다肥田에게 송두리째 빼앗겨 버리고도 불만을 표하지 못하는 대목을 보면 아무리 아버지가 전사하여 없다고 해도 강력한 친인척이 없었던 것만은 확실하다. 히다에게 필적할 수 없고 역으로 히다에게 완전히 지배당하는 소농민에 지나지 않는 것이다. 가키노미는 분명히 이들 피지배자들이 받고 있는 이유 없는 박해에 대해서 실감하고, 또한 그 위에 서서 동정하면서 무소불위無理由의 권력에 대해서 가능한 한 투쟁하려는 의도를 어릴 적부터 가지고 있었음에 틀림없다. 그것이 가키노미의 일상 감각이고 그의 정의감의 감각적 부분을 구성한다. 그러나 무소불위의 권력과 싸우기 위해서는 이유 있는 권위, 혹은 이유 그 자체의 권위(인간 이성의 법이라든가 자연법 …… 국가 이유 등)로 하지 않으면 안 된다. 그러므로 선택의 이유는 사회적으로 또는 지식적으로 제시되어 있는 목록에서 찾게 될 가능성이 높다. 사회에 자유가 필요한 것은 이 목록을 가능한 한 광범위하게 넓혀서 인류의 생산물 모두를 누구나 볼 수 있도록 함으로써 자주적 선택과 자율적 사고를 높일 수 있기 때문이다. 그렇게 하면 기성의 대의명분에 경솔하게 덤벼드는 오류의 가능성을 최소화할 수 있다. 그러나 저항을 두려워하는 지배자는 반대 방향으로 나아간다. 그 극점에 태평양 전쟁 중의 천황제 국가가 있다. 가키노미는 그 속에서 무소불위의 권력에 대해 투쟁할 대의명분을 선택해야 했다. 그리하여 그는 일군만민주의의 '대의'에 사로잡힌 것이다. 그러나 일군만민주의는 사람 위에 사람을

만들고 있다는 허위만이 아니라, 민주주의에 빠뜨릴 수 없는 모든 권위와 권력에 대한 비판의 자유를 갖지 않는다는 점에서 허위의식(이데올로기)이었다. 그러나 가키노미의 일상세계의 적 즉, 중간 착취자적인 무소불의의 권력에 대한 투쟁의 무기는 된다. 물론 그 투쟁의 결과는 일군—君과 그 측근에 대한 권력 집중을 낳을 뿐이다. 천황お上의 이름으로 중간 권력자를 '아래로부터' 타파해주는 일이 천황에게는 큰 도움이 된다. 총동원 통합은 훨씬 쉬워진다. 그러나 하층 인민이 스스로 하층 인민이라는 이름으로, 혹은 국가를 초월한 어떤 근거에 의해 권력자와 싸울 때 그것이 일군에게는 더없이 두려운 것이 된다. 그것이 민주주의다. 이것과 앞의 '대의'적 투쟁과의 차이는 양적으로 보면 극히 작다. 일부분을 바꿔 넣으면 같아질 수도 있다. 그러나 그 일부분이 미치는 사회적 기능의 차이는 상당히 거대하가. 이것과 저것만으로 사회가 정반대 방향으로 다다르는 것이다. 가키노미가 이데올로기(넓은 의미에서의) 선택의 출발점에서 저지른 사소한 오류는 거의 치명적인 과오가 되어버렸다. 물론 그 사회적 책임이 가키노미에게 있는 것은 아니다. 천황제 국가에 있다. 그러나 가키노미로서는 자신의 일상생활 감각 속에 있는 정의 의식이 사회적 이데올로기의 세계에서 완전히 반대로 작용하고 있음을 통탄하지 않을 수 없을 것이다.

그 구조인식의 위에 서서 '대의' 이데올로기의 비판을 행하고 나서야 비로소 그의 일상 감각 속의 이념에 모순되지 않는 새로운 이데올로기에 가담할 수 있다. 따라서 (이전의 모순 구조를 자각하면 할수록) 그 가담은 그의 일상 감각 속의 이념에 모순되지 않는 한에서다. 전신몰입全身沒入적 가담이 아니라 주체적 가담이다. 전신몰입하는 경우도 자신의 의義 의식과 배반되지 않는다는 것을 안 경우만이다. 여기에 새로운 형태의 사회적 행동의 유형이 발생한다. 그 유형은 작품에서는 가키노미보다도 모리 쪽에서 결실을 맺을 가능성이 높아 보인다. 이 사회행동의 유형은 물론 그 나름의 한계를 가진다. 조직과 조직이 대립하는 이 시대에 하나의 조직이 자신의 원리에 합치하지 않는다 하여 모두 그만둔다면, 자신의 원리를 관철할 수는 있지만―뿐만 아니라 그만두는 것 혹은 참가도를 극소화하는 것 자체가 조직에 대해서 반대·간지諫止의 의미를 다하는 것이기는 하나―특정 조직 자체를 지속적으로 유지할 힘은 되지 못한다. 조직의 중핵도 될 수 없다. 조직의 에너지가 될 뿐이다. 좋은 인민은 될 수 있지만, 인민의 지도자는 되기 어렵다. 그러나 그렇기 때문에 조직 민주화의 커다란 힘이 되기도 하는 것이다. 모든 조직원이 기필코 (잘못되어 있든 그렇지 않든) 이 조직은 우리 조직이기 때문에 지켜내야 한다와 같은 자아=조직의 동일화를 꾀하는 바라면, 조직의 지도자는 자기 방침의 현재적 의미를 검토할 기회를 잃어버린다. 그리하여 조직 질서의 경직화와 현실성·지도력의 상실이 발생한다. 조직으로서의 유효성까지 상실하고 민주성까지도 잃게 되기 쉽다. 이 경향에 대한 방어기능을 이 유형의 사회행동이 짊어지는 것이다. '대의'에 의해 속박呪縛된 경험―그것은 너무도 혹독한 상황에서 너무나 젊은 시기의 일이어서 평생 그것에 좌우될 수밖에 없는 숙명을 비통하게 생각하지 않을 수 없으나―에서 이데올로기 일반에 대한 경계심을 본능적으로 가지게 되더라도, 거기에서 곧바로 사생활주의에 직진하는 일 없이 이전의 일상 속에 있던 '의義'에 대한 관념의 오류를 줄여가는 형태로, 그것을 사회적으로 살리고자 하는 이가 찾아낼 수 있는 길이 거기에 있다. 그리하여 조직시대의 심화와 함께 인민적 조직을 내면에서 민주화시켜가는 것은 이중의의미에서 민주주의를 담당하는 것이다. 그것은 거의 항구적 목표를 짊어지는 것인지도 모른다. 단지 이러한 유형의 인간이 가장 주의해야 할 것이있다. 궁극적 목표로서의 민주주의를 실현하는 도정道程에서는 일견 그 목표와 상반되는 것 같은 순간을 지나야 하는 경우도 있을 수 있다는 점이다. 혁명적 독재가 앞으로 필요할지 어떨지는 별도의 문제지만, 이러한 유형의 인간은 종종 그것과 서로 닮은 사정에 대한 이해력을 완전히 잃어버리기 쉽다.

가키노미와 모리의 한 가지 가능성은 이러한 관련을 가지는 이들이라 할 수 있다. 그러한 과정을 겪으면서 그들이 점차 자율적 사상 세계를 획득해 간다면, 반대로 거기에 권력에서 독립하는 전향이 결실을 맺어 권력을 민주적 방향으로 부단히 제어制縛하는 정치적, 사회적 힘이 발생할 것이다.

3. 쇼와 27년의 전향 상황

가키노미의 전향이 자주적일 수 있는 것은 그가 점령군이라는 이질 권력을 접하고 자각했기 때문이 아니다. 이미 점령군이 자국의 이익을 위해 반공화하여 일본의 민주주의운동을 억압하기 시작한 1951년 미국의 역전과 그에 추수하는 일본 국내 동향에 저항하여 이루어진 전향에 다름 아니다. 이질 권력을 접하고 비로소 자각하기 시작한 것은 가키노미와 가키노미의 사상 세대가 갖는, 가련한 비자주성을 드러내는 것이다. 그것은 사실 앞 절에서 논한 전후의 국민적 동향과 궤를 같이한다. 그 애처로운 비자주적 상황에서 피어오른 노력이 아직 충분하게 결실을 맺기도 전에 점령군은 '혁명적 독재'에서 '반혁명적 독재'로 180도 전향했다. 전후 혁명운동이 실은 협력운동에 지나지 않았는데도, 그러한 자신의 약점을 자각하고 우선 자주화를 목적으로 삼은 것이 아니라, 자만에 빠져 뭐가 뭔지도 모른 채 그저 인민공화국이 가까워 졌노라 굳게 믿고 전진하는 사이에 점령 권력의 탄압이 시작되었다. 이 때 비로소 전후 민주화운동은 권력에 대항하여 자신의 발로 서서 자신의 손만으로 운동을 끌어가야 하는 상황에 처했다. 물론 이것이야말로 진정한 혁명운동일 터이다. 그때, 다시 말해 자주적 운동이 필요하게 되자마자 운동전선은 즉시 분해와 내부 항쟁을 개시한 것이다. 그 집중적 표현이 일본 공산당의 50년 문제다. 집중적 표현이란 일본의 전후 민주주의운동 전체 속에 같은 성격이 분산적인 형태로 두드러지지 않은 채 애매하게 존재하고 있었다는 의미다. 그러한 의미에서 50년 문제를 해명하는 것이 자주적 운동의 성장을 위해서는 불가결한 것이다. 또한 일본 공산당이 전위이고자 하는 한 그에 대해 해명하는 일은 의무일 것이다. 그러나 그것은 아직도 이루어지지 않았다. 반대로 '조금씩 처리하는' 해결법을 취하고 있을 뿐이다.

분명히 말할 수 있는 것은 이 항쟁이 전후 혁명운동 속에서 각각의 다른 경향(유파)이 서로의 차이를 확인하지 않았고, 따라서 공동共同도 일정한 공동이 되지 않았던 데서 유래한다는 점이다. 예를 들면 도쿠다와 미야모토는 그 사고법·문체·어투까지 전혀 다르다. 전자는 일본의 전통적인 서민적 나가야長屋, 단층의 한 건물 내에 여러 가구가 독립하여 살 수 있도록 길게 지은 집, 서민 중심의 값이 싼 공동 임대주택 민주주의의 체현자일 것이고, 후자는 자신의 모든 행동을 레닌과 스탈린의 가르침에 따라서 행하는 엄격한 '원리주의자'일 것이다. 산상수훈을 받드는 율법주의자 유형에 속한다. 그 양자가 합창하듯, 서로 완전히 동일해야 한다고 생각하고 있기 때문에, 한번 대립점이 발생하면 그 대립은 절대화되지 않을 수 없다. 그러므로 자주적 행보를 요구받은 경우 이 양자가 그 행보를 어떻게 해야 할 것인가에 대해 의견을 달리하는 것은 당연하다. 단지 이 경우 항쟁을 절대화하지 않는 한계가 있다면, 엄격한 '원칙주의자' 쪽이 '당 통일'의 원칙 앞에서 자신을 억제하고 서기장에게 따르는 경우뿐이다. '나가야의 옆집 아저씨'같은 이가 부하일 경우 그렇게 되지 않을 것이므로 항쟁은 불가피하게 절대화되었을 것이다. 현실의 50년 문제에서는 미야모토가 '아래'였기 때문에 조금은 그 억제가 이루어진 듯하다. 그러나 대립이 도쿠다와 미야모토 사이에서만 있는 것은 아니다. 우리가 알 수 없는 소용돌이가 수없이 발생하며 주지의 결과가 되었던 것이다. 물론 엄격주의자의 자기억제에 의한 대립의 완화는 문제를 조금씩 처리하는 것일 뿐, 운동의 방향을 적절히 결정해 가는 힘으로는 결코 작용하지 못한다. 당의 상부에서는 얼마간의 알력 완화가 이루어질 지도 모르지만, 현실 투쟁을 전개하고 있는 장에서는 대립점이 객관적인 형태로 명확하게 드러나지 않음으로써, 그야말로 대립은 혼란과 인간적이고 주관적 증오의 형태가 되어 무방위無方位로 분출한다. 게다가 마르크스주의의 내부에서는 단순히 개인적 결투는 허용되지 않기 때문에—이것이 이 사상의 뛰어난 점이지만—주관적 사념思念의 세계에서는 쌍방이 객관적 경향의 이름 아래 대립하게 된다. 티토주의Titoism다, 트로츠키주의Trotskyism다, 혹은 극좌모험주의다, 우익민족주의다라고 하는 모양새가 된다. 어떤 사상체계의 거대한 장점도 그것을 받아들이는 주체의 상황 여하에 따라 기능상 최대의 단점이 될 수도 있음을 여기에 입증한 것이다.

이 커다란 혼란 속에서 사상의 주체화를 목표로 해서 노력하고, 점령군의 제국주의 권력과 일본의 국가권력에 대해 당내 '가산관료제'의 제약을 넘어선 인민적 사고를 어쨌든 획득한 자의 예로는 이노우에 미쓰하루가 있다. 그리하여 그는 1956년 다음과 같은 말을 할 수 있었던 것이다. "솔직히 나는 당을 위해 어떠한 주제, 어떠한 방법으로 써야, 이른바 건설적인 작품으로써 모두를 기쁘게 할지 충분히 알고 있었다. 그러나 도저히 불가능했다. 그리고 지금, 나는 그 건설적이라든가 기쁘게 하기 위해 쓰는 일이 얼

마나 유해한 것인가를 뼈저리게 느끼고 있다. 건설적인 것도 퇴행적인 것도 없다. 바꾸어 말하면 문학이 문학으로서 성립하는 한 그것은 항상 인간과 혁명에 있어서(당으로서만이 아니다) 본질적으로 건설적이라는—3년이 지나서야 겨우 그 사상에 도달한 점은 나의 미숙함과 불행이지만—『장화섬長靴島』은 그 도달한 지점에 서서 쓴 최초의 내 작품이다"라고(『書かれざる一章』의 후기—밑줄은 이노우에, 강조는 후지타. 『長靴島』는 53년 작품). 이 문장을 읽고 의외라고 생각한 것은 "문학이 문학으로서 성립하는 한"이라는 문구뿐이었다. '인간과 혁명에 본질적으로 건설적인' 것은 물론 '문학'에만 한정되지 않는다. 현재 상황에서 정치적 고려라든가 전술적 측면을 제외하면 혁명적 정신 혹은 인간적 정신이란 항상 그런 것이다. 그렇지 않은 것은 당주의기는 해도 혁명 정신은 아니다. 여기서 정신이라는 것은 사고의 방위를 결정하는 것, 방위 결정인자를 가리킨다. 따라서 그것은 개개의 '전문'과 '직업'을 넘어서 온갖 '전문 직업'의 기저를 관통하고 있어야만 하는 것이다. 그럼에도 위의 글을 읽다 보면, 이 사람이 당의 가산관료주의와 싸워 그로부터 정신적 독립을 쟁취하자마자 문학주의를 내세우게 된 것은 아닌가하는 의구심을 갖게 한다. 물론 힘겨운 싸움을 받쳐 줄 교두보는 필요하다. 그것이 그의 경우 '문학'이었던 것이다. 그에게 만약 '문학'이 없더라면 어떻게 되었을지 알 수 없다. '문학'은 그의 정신과 인간적 이념(추상적인 것)을 받쳐 주는 현세의 구체적 지렛목이었다. 이념을 지키고 쟁취하기 위해서는 항상 추상적이긴 하지만 이 세상의 발판이 필요하다. 이노우에에게 '문학'은 그러한 것이고 뛰어난 문학자들에게 '문학'은 모두 그러하다. 뛰어난 학자에게 '학문'도, 출중한 제화점의 '구두 만들기'도 그렇다. 뛰어난 직업혁명가에게 '혁명운동'이 그러함은 말할 나위도 없을 것이다. 단지 현재 일본의 일반적 상황에서 학자에게 '학문'은 문학인에게 있어서

의 '문학'에 비해 종종 더 현세적이고 구체적인 목표를 위한 현세적 발판으로 된다. 그러나 그와 비교해서 '문학'의 실체화를 용인한다는 일은 정당하지 않다. 만약 그것을 용인한다면 이노우에가 여기서 밝힌 내용 자체가 근거를 잃게 된다. 고투 끝에 그가 획득한 것은 '당주의'에서의 해방이 아니었던가. 당도 중요하지만 무엇보다 '인민과 그 혁명'이 중요한 것이라 생각하게 되는_{인민과 혁명보다} 순간 '문학제일주의'가 된 것이라면, 그것은 현존재로서의 '당'을 실체화하는 대신에 '문학'을 실체화한 것에 지나지 않는 것 아닌가. 그렇다면 '문학'이라는 발판을 갖지 않은 이유로―50년 문제로 방위감각에 혼란을 일으킨 채로―직업을 전환하여 좌절감 속에서 살아야 했던 다수의 '동지들'_{문학자}에게 면목 없을 터이다. 이노우에는 그들이 지배권력 측으로 넘어가지 않는 한 그들과 함께하고 그 정신의 표현자 역할을 겸해야 한다. 그들은 일찍이 이노우에의 투쟁에 상당한 힘을 얻은 바 있다. 무고하게 가혹한 고문을 받고 비정치주의로의 전향을 마음속으로 반쯤 결정하면서 이노우에를 비롯한 같은 세대 사상활동가의 주체화에 대한 투쟁(동요를 포함한다 하더라도)에 용기를 얻고 다시 인민의 입장으로 돌아온 자가 많다. '당주의'에서 '문학주의'로 전향해서는 안 된다. 그 노선을 지우고 혁명적 인민주의의 노선을 더욱 선명히 해야 하지 않을까. 그의 주요 작품 계열은 도중에 동요를 내포하면서도 확실히 후자의 빛나는 노선을 밟아 왔다. 그 향방이 앞으론 확고부동하게 자리 잡을 것으로 기대해도 좋을까.

　　이노우에 미쓰하루는 패전한 해에 공산당에 입당했다. 이노우에에 따르면 "입당 동기는 내가 당시 20살이었다는 것이다(이 사실은 중요하다. 20살이란 단순히 젊다는 의미에서만이 아니다, 대일본 제국 최후의 징병검사 수검자가 초등학교 입학 이후 어떠한 조건 아래에서 성장해왔는가……)"라고 말한다(평론「人間の生きる条件―戦後転向と統一戦線の

3장 쇼와 20, 27년의 전향 상황　267

問題). 공산당도, 전투적 반전주의도, 아무것도 몰랐던 이노우에는 공산당의 존재와 사상, 활동을 알고 나카노 시게하루의 「비 내리는 시나가와 역雨の降る品川駅」을 처음으로 읽었는데, "마치 어린 아이가 말을 배우기 시작할 때처럼 모든 것이 신선하고 낯설다"고 느꼈다(『すばらしき人間群』, 서문「人間の生きる条件」). 그리하여 나카노의 시에서 바로 '진실의 시'를 발견한 것이다. 그러나 「머리 둘 달린 독수리雙頭の鷲」의 주인공 노기 후카요시野木深吉와 다름없이 "바람직한 시대를 알지 못하고", "태어나면서부터 암흑의 대지에서 파시스트의 명령을 자장가로 듣고 자란" 이노우에가 전후 4개월 만에 공산당에 가입하게 된 것은 왜일까. 그것을 "남보다 빨리 재빨리 공산당으로 내달았다" 등으로 간주할 수는 없다. 이노우에에게는 자신만의 내적 기반이 있었던 것이다. 그 점에서 이노우에는 가키노미와 다르다. 가키노미에게는 '대의'밖에 없었다. 이노우에에게는 더욱 혼란스러운 전중 생활이 있었다. 물론 그것은 가키노미에게도 있을 수 있었다. 일본 인민 모두에게 있을 수 있었다. 그러나 대부분의 경우, 전중 생활에 포장된다면 성 속에서 저항의 요소를 추출하고 결정시킬 내적 활동을 곧바로 전후에 개시할 수는 없었다. 가키노미처럼 이노우에와 동년배의 젊은 감수성을 가진 자라도 "정신의 휴가"를 얻어 "정신없이 잠들고 싶다"는 정신생리적 요구에서 벗어날 수는 없었다. 그 점에서 이노우에의 감수성은 뛰어나다. 물론 그뿐만이 아니다. 그의 성장 과정에 존재하는 조선인 노동자와의 공동 노동, 탄광 생활의 비참함 등의 기억이 선명했기에 우익으로는 안 된다, 일군만민주의라는 최고 권력에 대한 비판을 포함하지 않는 사이비 민주주의로는 안 된다, 인민의 이름에서 인민 자신이 투쟁하는 입장이어야 한다는 것을 곧바로 채득할 수 있었던 것이리라. 탄광 생활 속에서 그는 『오노 케이小野圭의 영어』를 공부해 드디어 전문학교 입학자 검정중졸 자격에 합격하고

7 고등학교에 들어갔지만, 그때의 소년 이노우에는 탄광 생활의 비참함에서 벗어나려고 열심을 다했을 것이다. 이 고통에 가득 찬, 그렇기 때문에 또한 처절한 입신출세주의의 의욕이 어떠한 것인가를 지주, 부르주아, 상위 중간층의 자식들인 전전파 직업 지식인은 알 수 없을 터이다. 비록 얼마 안 되지만 하층에서 전문 지식인이 나오게 된 것은 전후의 일인데(시험 삼아 작가 출신층, 대학교수의 출신층을 표로 그려봐도 좋다), 그들만이 이해할 수 있을 현세적 의욕이 전쟁 중 이노우에의 행동을 이끌었을 것이다. 그와 동시에 박해받는 조선인 동료들에 대한 동정, 더욱이 '순수한 황국 이데올로기'가 혼돈스럽게 얽혀 있었을 것이다. 일군만민주의가 그 혼돈을 정돈하도록 제공된 유일한 사상재思想材였다.

거기에서 공산주의로 전향한 것은 회심적 의미를 갖는다. 소년 이노우에 속에 있던 입신출세의 현세적 의욕은 이로써 스스로의 손으로 부정된 것이다. 그는 탄광의 동료들로부터 벗어나 버리는 대신 그의 동료들을 조직함으로써 그들과 함께하고자 한 것이다. "초근목피"로 연명하는 상황에서 "한 사람이라도 함부로 대하지 않는 세상을 만들기 위해 젊은 목숨을 바쳐야 한다"고 생각한 것이다(『すばらしき人間群』). 이러한 이기적인 현세적 의욕의 급진적인 자기부정은 이후 이노우에 사고의 뿌리를 끊임없이 관통한다. 반복되는 이야기지만, 이기주의라 해도 상층 계급의 이기주의와는 질적으로 다르다. 수식modify되어 진 까닭에 자각되지 않는 이기주의가 아니라 철저하게 자연 상태 그대로인 것이다. 따라서 얼버무릴 수 없는 것으로서 강하게 자각되어 있다. 홉스적 자연 상태의 양상이 거기에는 존재한다. 그러므로 이노우에는 거기에서 벗어나는 능력을 갖추고 있었다고 할 수 있다. 게다가 이노우에는 그것을 스스로의 손으로 부정하고 그의 능력의 또 다른 사용법을 향해서 나간 것이다. 이노우에가 탈당한 뒤에도 이러한 입신출세적 이기주의에 대한 강렬한 자기부정의 정신만은 집요하게 가지고 있었다(작품집 『ガダルカナル戰詩集』의 「あとがき」참조, 1959년). 그런 의미에서 전후의 이노우에는 비전향이다. 인격이 변하지 않는다든가 감수성의 질이 지속적이라든가와 같은 것은 전혀 아니다. 그러한 것이라면 누구에게나―싫어도―평생 따라다닌다. 이노우에의 이 정신은 사회적, 정치적 의미를 자각적으로 가지는 것이다. 그것은 하나의 정치사상적 입장이다. 하층 인민의 편에 설 것, 조선인 노동자와 연대할 것, 이것만 예로 들어도 거기에 인민적 인터내셔널리즘이 전형적으로 결실을 맺고 있음을 알 수 있다. '서양에 다녀왔다'고 해서 '국제적'이라고 생각하는 일본의 지배자적 '인터내셔널리즘'과는 다른 것이다. 후자는 유명한 외국(즉, 대국)에 가서 외국인을 알고 외국 문화를 접하는 것이 인터내셔널리즘이라고 생각하는 감각인 것이다. 그것들은 '인터내셔널리즘'에 도달하는 하나의 수단이기는 하다. 그러나 인터내셔널리즘 그 자체는 물론 아니다. 우선 그들은 외국인과 사귀었을 뿐, 외국인의 초일본적 측면까지 동시에 사귀었던 것은 아니다. 또한 일본인으로서 사귀었을 뿐이지 일본인이면서 초일본적 측면을 동시에 겸비한 자라 자각하고 사귄 것은 아니다. 여기에서 국제적인 감각이 길러질 리 없다. 국민으로서의 책임 의식과 원인原人, 혹은 원인성原人性을 담당하는 계급으로서의 공동 연대 의식 등이 이중의 제약관계를 이루고 존재하지 않는 '인터내셔널리즘'에 어떤 사상적 의미가 있겠는가. 그와는 반대로 극단적인 인터내셔널리즘 전쟁 중의 일본 속에서도 사상적 의미가 풍부한 인터내셔널한 지점을 찾아낸 인민이 있다. 예를 들면 I 씨는 전전 조선에서 노동조합을 만들다 감옥에 갇혀 그곳에서 조선인 공산주의자를 만나 그 영향으로 공산주의자가 되었고, 출옥 후 일본으로 돌아왔지만 전쟁 중이라 일자리를 구하기 어려웠다. 그는 요코하

마横浜에서 항만 노동자로 지냈는데 그곳에는 오키나와인, 조선인이 일하고 있었다. Ｉ는 그들과 동료로 생활하고 교류하면서 완전한 인터내셔널리스트가 되었다. 전후의 Ｉ는 공산당원이지만 더 이상 그는 사회체제 속에서 위치를 차지하려고 하지 않는다. 목수의 잡일을 하청 받아 생계를 이어갔다. 직장을 갖지 않음으로써 약점이 드러나고는 있지만 그로 하여금 그 길을 선택하게 한 것은 돌이킬 수 없는 전쟁 체험이다. 어떠한 초국가주의의 국가라 하더라도 최하층 인민의 장에서는 국가주의를 넘어서고 있는 것이다. 그보다는 오히려 초국가주의는 식민지를 확대하기 때문에 거기에는 반드시 위와 같은 지점이 있다. 식민지의 피압박 인민이 국가 권력적 또는 사회적 압력에 의해 감금되는 장소는 동시에 억압 국민사회에서 쫓겨난 인민들이 사는 장소가 되기도 한다. 여기서 처절한 자연 상태를 수습하여 코뮌commune을 만들었다면, 그것은 현존 국가와는 독립된 별도의 인민사회가 된다. 이노우에가 전후 공산주의로 전향한 이래 지속하고 있는 이념도 그러한 것이 아니었을까. 그의 작품에서 근거를 추출하는 일은 얼마든지 가능하다. 어떠한 주인공이 선택되었는지 상기했으면 한다.

　　전후를 일관하는 이노우에의 관념이 그것이기 때문에 그가 탈당 전향한 후 도쿄에서 전문 작가가 되고 나서부터 가장 신경을 쓰는 점은 아마도 이 정신의 비전향성이 '중앙 전문 작가'가 됨으로써 무너지지는 않을까 하는 것이리라. 작품 「굶주린 고향飢える故郷」은 그의 염려가 결실을 맺은 것이다. 현실의 '가타시마片島 탄광'은 거기에 묘사된 것과 같은 반응을 같은 지역 출신의 인기작가 '도사카 히로시戶坂博'에게 기대할 수는 없다. 그럴 수 있었다면 규슈九州 탄광 노동자 투쟁은 더욱 발전했을 것이다. '문학적 능력'을 밑거름 삼아 혼자 빠져나간 사람에 대한 응원을 분명히 거부할 수 있을 정도라면—그것이 옳은 일은 아닐 테지만—, 그 자율적 정신은 대단한 것

이다. 현실에서는 만약 거부한다 하더라도 드러내놓고 하기보다는 은근하게 할 것이다. 융숭한 대우를 하면서, 아니 그렇게 해야 하기 때문에 귀찮아하는 것이리라. 이노우에는 이러한 일본적 서민의 딱한 처지를 묘사하는 것이 아니라 싸움에서 지지 않으려고 신경질적으로 된 노동자의 훨씬 의기양양한 태도를, 이른바 상승 탈락자에 대해 자신들만이 쟁취할 수 있는 상황을 꿈꾼 것이다. 도사카 히로시를 은근하게 맞아들인 것은 스파이 조합원뿐이었다. 거기에는 이노우에 미쓰하루가 중앙 전문 작가가 되어 그의 기반을 이루는 인민과의 연대를 잃어버리는 것은 아닌가라는 앞의 염려가 있다. 이를 두고 확신이 너무 없는 것 아니냐며 비웃을 사람은 없을 것이다. 일본의 어떤 작가가 이만큼 진지하게 인민과의 구체적이고 직접적 연대를 생각하고 있을까(그러나 또한 여기에서 이노우에가 조직 시대에서의 조직체가 가지는 적극적인 의미를 충분히 파악하지 못했다는 일면이 드러난다. 그 인과관계는 후술할 예정이다). 또한 일본의 어떤 작가가 이만큼 급진적으로 '전문가'가 가지게 되는 위험성을 깨닫고 있을까. 전문은 분업에 바탕을 둔 협업으로 인간 총체의 이익을 확대하는 데 필요불가결 하지만, 특정한 전문 하나를 다른 데서 떼어내 실체화한다면 그것은 인간에게 의미를 상실한 공허한 추상이 되어버린다. 이것을 가장 잘 알고 있었던 사람이 우치무라 간조內村鑑三였다. "신앙만을 위한 인간이 되지 마라. 신앙을 가진 노동자여야 하고, 신을 믿는 농부, 또는 상인, 또는 직공, 또는 뱃사람이어야 한다. 도저히 어쩔 수 없는 경우가 아니라면 신앙을 말하는 사람이 되지 마라. 세상을 위험하게 하고 불건전한 오늘날의 전도사라는 직업과 같은 것은 있어서는 안 되고, 신앙밖에 모르는 사람은 일밖에 모르는 사람처럼 단편적인 사람이다. 나는 성서와 신앙 외에 어떤 것도 말하지 않는 자를 크게 꺼린다"(「感想十年」). 그리스도교를 믿고 더욱이 전도하는 것을 생애

의 업으로 삼았던 우치무라가 이러한 말을 했다. 어쩔 수 없는 경우가 아니라면 '~만을 위한 인간'이 되어서는 안 된다. 이노우에는 이를 알고 있다. 게다가 당으로부터 내동댕이쳐져 '도저히 어쩔 수 없이' 직업작가 된 것이다. 그 위험을 감지하지 않으면 어쩌겠는가. 그의 걸작 「무라사와 가마의 피村沢窯の血」(작품집 『ガダルカナル戦詩集』 수록)는 직업 예술가의 체내에서 자연스럽게 끓어오르는 예술지상주의가 얼마나 인간적 퇴폐와 인간에 대한 죄에 의해 지지되고 있는가를 훌륭하게 형상화하여 보여준다. 직업 예술가는(학자도 마찬가지다) 자신의 직업을 가장 중요하게 여기는 한 예술지상주의가 되는 일면을 당연히 가진다. 거기에서는 예술지상주의라기보다 자기직업지상주의다. 여기서는 다른 모든 것이 자기 직업의 단순한 수단으로 전락한다. 전문이 실체화되는 것이다. 전문이기주의라고도 할 수 있을 것이다. 이노우에는 이 관련을 소설적 형상을 통해 명확히 했다. 그렇게 함으로써 그는 사소설의 전통에 정면으로 비판을 가한 것이다. '문학'을 위해 내 몸 하나만이라면 모르지만 가족과 타인까지도 '파멸'시키는 것을 오히려 자랑하는 문단 전통의 바탕에 있는 관행關係을 부정한 것이다. 이노우에는 '인간의 해방'을 위해, 또한 그러한 '혁명'을 위해서라면 "목숨조차도 바쳐야 한다"고 생각하고 있었지만 '문학'을 위해 살인을 용인할 수는 없다. 그것은 수단의 자기목적화다. 물론 국가권력이 '문학'을 비판하는 것은 허락할 수 없다. 그것은 인간의 자유와 해방을 방해하기 때문이다. 그러나 동시에 '문학'의 자유를 옹호하는 것은 인간의 자유와 그것으로의 혁명을 위해서다. 이 관계를 전도하여 생각하는 자는 국가권력의 통제에 대해 투쟁하는 경우에도 전문이기주의의 관점에서밖에 싸울 수 없다. 그렇다면 그 싸움의 인간적 의미를 확신하고 있는 경우만큼 충분히 싸울 수 없는 것이다. 자연주의 사소설 작가들이 일본 제국에 대해 적극적인 저항소

가 되지 못하고 소극적으로 틀어박힐 수밖에 없었던 이유가 여기에 있다. 물론 이노우에가 「무라사와 가마의 피」에서 이렇게 말하고 있는 것은 아니지만, 그러한 의미 계열이 거기에서 유출되어 온 것이다. 그리하여 여기에서도 '예술가'의 퇴폐를 간파하는 것은 표현력을 갖추지 못한 하층 피해 인민과 그 '예술가'의 원인성原人性에서 나오는 내면의 눈이다. 여기에 이노우에 특유의 내면 대화의 수법이 마음껏 발휘되어 독자로 하여금 자신의 죄에 대한 반성을 기동시킨다. 이것을 읽고 자신의 죄를 재고하지 않는 자는 없을 것이다. 일종의 종교 작용이 발생하는 것이다. 물론 현세 이익을 추구하는 종교의 그것은 아니다. 오히려 이 작품에서는 일본의 현세이익적 종교 태도가 얼마나 죄 많은 직업이기주의를 떠받치고 있는지 비판하고 있다.

이러한 자아와 '문학' 혹은 전문專門에 대한 경계심을 가진 이노우에였기에 앞서 논한 것처럼 '문학주의'가 되어서는 안 되지만, 이노우에로 하여금 이러한 긴장으로 채워진 길을 가게 한 것은 이미 밝혔듯 탈당 전향이다. 탈당 과정의 내면사內面史는 통상 작품집 『쓰여 지지 않은 1장書かれざる一章』, 『광차와 바다새ㅏㅁᆞᄁᆞと海鳥』, 작품 「밤夜」, 「수단手段」 등에 나타나 있다고 한다. 인정하는 바다. 그러나 그것들을 일일이 예를 들지 않더라도―우선 이들 중 걸작은 「머리 둘 달린 독수리双頭の鷲」와 「장화섬長靴島」, 평론 「기묘한 우정론'奇妙な友情論」 이고(이 세 가지 모두 좋은 작품이지만 특히 마지막의 평론은 걸작이다), 그 외의 작품은 그와 함께 자주 이야기되고 있음에도 불구하고 일일이 거론할 만큼의 것은 아니다. 물론 그것들이 중요하지 않다는 것은 아니고 일괄해서 문제시하면 된다―그의 내면의 초점이 점차 좁혀지는 과정은 그의 시집 『훌륭한 인간군すばらしき人間群』에 일목요연하게 나와 있다. 그 과정은 전후사, 그리고 전후 혁명운동사(민주화운동사라고 해도 좋다)의 변천에 그야말로 정확하게 대응하고 있는 것이다. 그런 의미에서 이노우에의 정제되지 않은 목소리가 사회적 상황과의 대응 감각 없이 난사亂射된 작품 「쓰여 지지 않은 1장」이나 「병든 부분病める部分」, 「밤」, 「수단」 등 보다 이해의 재료로써는 적당한 것이다. 시의 좋고 나쁨을 떠나서 짧게 서술된 주제의 시간적 계열이 확연하게 드러나 있어서 충분히 대상화되어 있지 않은 작품보다도 유효하다는 것에 지나지 않는다. 그 점을 감안하고 앞의 여러 작품을 본다면 대상화나 객체화가 충분하게 이루어지지 못한 이유를 알 수 있을 것이다. 그것은 전혀 무리가 없다. 대상화할 여유조차 잃어버린 힘든 싸움이었다. 그 여유 상실은 소설 「강河」에 극한적인 형태로 생생하게 그려졌다(물론 이노우에에 의해 대상화된 여유 상실이 나타나 있는 것이 아니라, 대상화할 수 없는 것 속에 생생하게 묘사된 것이다).

시집 『훌륭한 인간군』의 주제 변천은 어떤가. 우선 1946년의 시를 주로 모아놓은 「병아리 풀ひよこ草」의 시들(시 「ひよこ草」를 포함한 일연의 시)은 전후 일본 자본의 다시금 시작된 원시적으로 축적再原蓄的의 상황 속에서 암거래의 자금도 없고 돈벌이를 하려고도 생각하지 않으며, 더욱이 중농 이상의 집안 배경도 없는 무산자가 그날그날의 목숨만 겨우 이어가는 생활을 위한 고투를 시로 형상화하고 있다. 그것이 주다. 거기에서 "구름 위에 사는 사람은 행복하다"(「天上の人」)라는 상층 계급에 대한 비판隔絶 의식이 결실을 맺는다. 왜냐하면 그들은 우리처럼 "민들레 잎의 소금절이"를 먹고 살아가는 이들과는 다르기 때문이다(『天上の人』). 여기에서 처음으로 분명한 계급의식이 생겨난 것이다. 그렇게 말할 수 있는 이유는, 계급의식이란 '나는 프롤레타리아다'라든가 '너는 부르주아다'라는 느낌으로 성립하는 것이 아니라, 부르주아에 대한 대립 의식으로 자신을 프롤레타리아로 보는 경우에 비로소 성립하는 것이기 때문이다. 부르주아는 프롤레타리아에 대한 대립의식의 결과 어쩔 수 없이 부르주아로서의 계급의식을

갖게 된다. 그러기 전에는 부르주아는 우리야말로 세계라고 생각할 뿐, 결코 자신을 부분이라고는 생각하지 않는다. 따라서 부르주아는 시민과 자신을 생각하고 있었던 것이다(그런 의미에서 시민은 부르주아를 의미하는 것이라고 생각하는 일본의 많은 논자들은 일찍이 존재한 어떤 특정한 역사적 과거 상황을 보편화함으로써 실로 비역사적인 사고를 하고 있는 것이다. 이미 현재로서는 프롤레타리아가 우리야말로 세계라고 선언해도 좋을 것이다. 즉 시민으로서 자인해도 좋다. 적어도 그러한 상황에 대한 지향을 가져도 좋다).

이노우에 및 이와 비슷한 생활 상황에 있었던 이들에게 일어난 격절隔絶 의식 자체가 계급의식 성립의 위와 같은 연관을 증명한다. 그의 시 제목 '천상의 사람天上の人'에 주목했으면 한다. 여기서는 '부르주아는 행복하다'고는 하지 않는다. 또한 시 「사카시다몬坂下門」 황거(皇居)로 들어가는 정문에서 "닌토쿠 천황仁德天皇, 백성들의 아궁이에 연기가 피어오르지 않는다 하여 세금 감면을 실시하고 자신을 비롯한 왕족에게도 검약하도록 한 일본의 16대 천황이여 잘 화합하게 해 주소서, 아카하타赤旗, 공산주의를 상징하는 깃발가 궁성황거에 휘날리도록"라는 문구를 보면 좋다. 천황, 일본의 벼락출세한 귀족, 벼락출세의 귀족적 의식을 가지고 싶어 하는 부르주아를 포함한 자들과 격절한 무산자로서의 자신을 인식하고 있다. 노동을 파는 것밖에 할 수 없는 자의 생활 상황을 자기인식하고 있는 것이다. 말 그대로 계급의식은 아래로부터 진행한다. 이 과정을 거쳐 15년 후의 오늘날에는 부르주아가 일본적 귀족과도 다른 부르주아로서 거만한 자기 인식을 가지게 되었다(이리하여 계급사회 관계가 점차 순수화한 형태로 실현되어 왔기 때문에 프롤레타리아는 다음 과제로 '우리는 인류와 세계를 담당하는 시민이다'여기서 후지타는 계급성을 배제한 추상적 시민을 뜻하는 프랑스어 citoyen을 차용하고 있다라는 이념을 표방해도 좋을 것이다).

그래서 1945, 46, 47년은 일본에서 계급의식이 국민적 규모로 성장한 획기적인 시점이었다. 이노우에 또한 그 일부를 담당했다.

　이러한 관련을 맺는 「병아리 풀」 이후 이노우에가 펼친 정신사에서 주목되는 시는 「인간人間」이다. 그다지 좋은 시라고는 생각되지 않지만, 탈당 뒤 이노우에 사상과의 연관성을 거기서 확인할 수 있고, 또한 전중의 이노우에 사상 관계도 거기서 엿볼 수 있기 때문에 중요한 재료인 셈이다. "노동자도 인간, 가난한자도 모두 인간"이기 때문에 "밟거나 차거나 조르거나 굶주려 말라 죽이거나" 하지 말라고 외치는 이 시는 전중 그의(아마도 품고 있던) 일군만민주의와도 닮은 데가 있다. "가난한 자도 신민臣民", "부락민도 신민", "조선인도 신민"이기 때문에 "밟거나 차거나" 하지 말라는 것이 일군만민주의였다. 이 '~도'가 '~가'로 바뀌지 않은 점에 「병아리 풀」 단계의 계급의식적 원초성이 드러난다.

　부가를 의미하는 '~도'의 논리는 정치적이고 사회적인 장소에서 대결을 향해 작용하기보다 달래기와 간청으로써 작용한다. 엉거주춤한 자세로 "부락민도 평등한 신하"라고 말한들 그 논리 자체가 '부락민' 이전에 '신하인' 자가 존재함을 인정하고 마는 것이다. 따라서 그 '선임 신하'가 '나야말로 신하 중의 신하'라고 들고 나온다면 그에 대항할 수 없다. 그러므로 대결하지 않으면 안 되는 상황에서 더욱이 '~도'의 논리를 쓸 수밖에 없는 마음이 온순한 자는 강인한 '~가'의 주창자 앞에서 종종 부당한 고배를 마시게 된다. 전쟁 중의 '일군만민주의'는 '나야말로 가장 믿을만한 신하'라고 주장하는 군국주의 앞에 패배하고 국민 동원의 이데올로기적 수단으로써만 사용되기에 이르렀다. "가난한 사람도 평등한 신하라고 한다면 용감한 병사로서 군주의 말馬 앞에서 죽으라"는 이야기다. 또한 '도'의 논리는 일정한 상황에서 '객관 정신'은 특정한 사회적 담당자에게 전형적으로 나타난다는 역사적 정신을 가지지 않는다. 따라서 '천황주의'는 그 고유의 사회적 기반을 가지는 것이어서 그 담당자가 아닌 자가 '나도 만민의 한사람입니다'라며 접근했다면 결국 '가장 신뢰받는 층'에 의해 추종자로서 혹사당하게 되는 것의 의미를 이해할 수 없다. 동시에 사회적으로 소외된 인간이야말로 '인간성'과 '인권' 이념의 주요한 담당자라는 사실도 이해할 수 없다. 따라서 원리적인 대결이 불가능한 것이다.

「병아리 풀」에서 인간주의는 이러한 일군만민주의와 유사한 구조를 가지면서 인간의 보편성을 주장한다. 거기에는 전후 이노우에의 회심의 불충분함이 존재하고 있었다. "인간은 매우 소중한 존재"로 "가난한 사람도 인간"이므로, "닌토쿠 천황이여 잘 화합하게 해 주소서"라고 하는 것은 당연하다. 인간의 운명을 짊어진 역사적 주체로서의 '가난한 자'가 아직 여기에는 태어나지 않은 상태다. "봉화는 올라오지 않고 봉화는 아직도 올라오지 않고"라고 해도(「병아리 풀」 중의 시 「봉화のろし」), 그것은 당시의 이노우에와 일본 인민의 정신에서 본다면 지극히 당연한 것이다. '봉화'를 올릴 수 있을만한 상태는 아무래도 아니었다. 단순한 폭력 봉기라면 주체적 사상성을 필요로 하지는 않는다. 그러나 계획된 전망 아래 착실히 이루어지는 혁명운동은 '~도'의 논리 아래서는 불가능하다. 그런 의미에서는 이노우에 또한 가련하기 그지없는 일본 국민 중 하나였던 것이다.

이노우에에게 그러한 '인간' 관념이 다음 단계에서는 어떠한 전개를 보이는가. 주로 1947년과 1948년 전반의 시를 모아놓은 시집 『훌륭한 인간군』은 "물론 한 사람의 몸이라고는 해도 소홀히 해서는 안 된다, 소홀히 해서는 안 된다, 그러나 소홀히 할 수밖에 없다"는 시 「혹독한 길きびしい道」로 시작한다. 여기에서는 '~도'의 논리가 사라졌다기보다는 없애려고 스스로 요구하고 노력하고 있다. 따라서 이 시는 우선 윤리적이다. 결의를 밝히는 시가 많다. '~도'의 논리 대신에 '인간'의 운명을 짊어지고 고투하는 주체로 서의 '조직자'야말로 '훌륭한 인간' 즉, 인간 중의 인간으로 읊었다. "손가락 에 불이 붙어도 자신의 것은 한마디도 말하려 하지 않는" 조직자는 그야말 로 누구랄 것 없이 인민 그 자체의 조직자인 것이다. 이 사고방식을 '멸사봉 공'과 동일한 것으로 간주하는 일은 잘못이다. 멸사봉공의 논리에서는 「혹 독한 길」에서의 '물론'과 '그러나'와의 내적 긴장이 나오지 않는다. 멸사봉 공을 강요당한 사람 중에 그 명제와 '나'와의 갈등闘い은 사실상 일어나겠지 만, 그 명제 자체는 안이한 일원론을 취하고 있다. 따라서 이 이노우에의─ 라기보다는 공산주의의 고유한─내적 긴장이, 멸사봉공을 강요하는 것에 대해서는 저항 사상이 될 수도 있는 것이다.

□ ■

여기까지 초특급으로 느리게 써 내려 왔을 때 제한 시간의 한도를 마침내 넘기고 말았다. 제한 시간은 이미 넘어서 있었는데 게다가 한계를 넘기고 만 것이다. 앞으로 남은 시간이 그리 많지 않아 안타깝기 그지없지만 어찌 할 도리가 없다. 이후 다룰 문제는 ① 이노우에의 시집의 연대기적 분석을 마친 후 그의 탈당 전향 후의 작업(『ガダルカナル戦詩集』, 『虚構のクレー ン』, 『死者の詩』)에 나타난 사상적 주제의 구조와 그 사회적 기능을 추적 하는 것이고, ② 이어서 탈당에 대한 이노우에의 자기인식과 탈당에 대한 각종 비평에 대해 그가 행한 답변 속에 포함된 사상적 방향을 추적하는 것이 다. 이 문제에 대해서는 평론 「인간의 삶의 조건人間の生きる条件」과 평론 「기 묘한 우정론」을 다룰 것이다. 전자와 달리 후자는 걸작일 뿐만 아니라 현재 공산주의자와 민주주의자라 자칭하는 이들이 반드시 생각해야 하는 문제 방향을 나타낸다. ③ 그 다음으로 인민·시민·국민(어느 쪽이라도 좋지만)

의 입장에서 지배자 혹은 지배 체제의 입장에 대한 전향과 인민의 입장 내부에서의 전향까지도 명료하게 구별할 필요가 있는 이유를 문제로 삼는다. 당연히 당적과 개인의 사상적 변화와의 관계가 전전과 전후를 비교했을 때 어떻게 다른가 하는 점도 논의된다. 그리하여 각종 전향론의 정치적, 사회적 기능의 문제도 거론될 것이다.

이렇게 제3절을 마친 후에 전체에 대한 결론으로써 전향자가 '존엄'을 지킬 수 있는 길은 무엇인가, 훌륭한 전향자란 무엇인가를 다룰 것이다. 여기서는 아이자크 도이처Issac Deutscher의 명저 『변모하는 소비에트』에 수록된 전향론(「神々は躓く」의 비판)을 다룰 것이다. 도이처 자신이 1920년대 스탈린주의에 반대해서 탈당 전향한 인물임에 유의하여 이 책을 읽는 자라면 이 책이 가지는 의미와 이 책을 논하려고 하는 의도도 알 수 있을 터이다. 동시에 도이처와 같은 유형이 아닌 훌륭한(훌륭하다는 것은 인간의 장래에 그 자체로서 적극적인 의의를 지닌다는 의미다) 전향자의 길을 전후의 상황 속에서 찾을 수 있을 것이다. 전후 일본은 한편으로는 전전의 유럽적 문제를 처음으로 품게 됨과 동시에, 다른 한편으로는 전전 유럽도 알지 못했고 또한 전전 일본과도 다른 전후 세계적 문제에 처음으로 직면하고 있다는, 이른바 문제의 역사적 중층성을 지니고 있다. 그 점에서 도이처와는 다른 방도를 모색할 수 있는 것이다. 동시에 그것은 전전 일본에서의 나가노 시게하루와도 다른 것으로 비교되어야 할 것이다. 그러나 새로운 형태, 새로운 규모에서 권력과 정신의 대결이라는 상황에서의 이른바 신고전적 전향이 또다시 전후 일본에서 등장하려 하고 있다. 그 속에서 일본 국민은 어떻게 행동하려고 하는 것일까. 이 문제는 지금까지 논한 어떤 문제보다도 중요하다. 과연 붕괴 경향은 나타나고 있지 않은가.

이상이 이후 서술할 대체적 순서다.

『공동연구 전향』 중·하권의 총론에 대한 보주

하나

중권(소위 1930년대 중반에서 40년대 중반)과 하권(전후)이 다루는 시대의 전향 상황에 대한 시대 구분과 전향·비전향의 분류 및 내적 상황에 관한 나의 '총론' 서술 전체에는 근본적으로 잘못된 곳이 있다고 생각한다. 그에 따라 이 시대의 전향 상황이 지닌 특징에 대해 나의 생각을 보주의 형태로 뼈대만이라도 밝혀두고자 한다.

이 시대(중권의 소위 1935~1945년대)의 전향·비전향에 대한 분류는 애매할 수밖에 없다. 역사적 변천 자체가 애매함을 포함하고 있는 데다, 더구나 급격한 속도로 진행한 까닭에, 다시 말해 '근대' 일본 고유의 역설 아래 모든 사회현상은 전대前代[16]를 부분적으로 이어가면서 '고도국방국가체제'에 편재되어가는 양상을 보인 까닭에 다의적일 수밖에 없었다. 더군다나

---

[16] 이부세 마스지(井伏鱒二)의 걸작 『요배대장(遙拜隊長)』은 1932년을 기점으로 일본 문화사의 정점으로 간주된다. 나는 이것을 탁견이라고 생각한다.

권력과 대항하는 사상을 갖고 그 속에서 생활해야 하는 자의 '전향'·'비전향' 현상도 다면적(외부에서 보면 다의적)이지 않고서는 존재할 수 없었다.

일반적으로 일체화한 다수 사회 속에 놓여 거기에서 적대적인 정치적 반항 활동을 하는 소수자 집단 사이에는 '그 놈이 스파이는 아닐까, 적어도 스파이와 연결된 건 아닐까'와 같은 상호 의심의 의심을 낳기 마련인데, 이 시기—특히 방공협정Anti-Comintern Pact 이후의 총력전체제 진행하—의 일본 좌익반전운동 속에서도 당연히 한편에서는 표면적 전향 조서의 보급과 동시에 표면적 전향에서 실질적 전향으로의 점진적 이행이 증대하고 전체화되었다. 그리고 그것에 대한 의혹, 더욱이 좌익 상호 간의 '의심이 의심을 낳는' 경향이 지배적으로 되었다.

그러나 그만큼 다른 한편에서는 상호 신뢰와 자신에 찬 정식 위장 전향도 상당수 생겨나고 있었다. 고자이 요시시게가 말하는 '날카로운 의미'의 구조적 골격이 여기에 있다.

따라서 이 양극 경향의 역동성은 그 자체로도 본격적인 연구를 필요로 하는 중요한 문제지만, '중권의 총론'에서는 이에 대한 맹아조차 보이지 않는다. '젊은 혈기의 소치'로 여기기에는 대단히 통절한 결점이 있다.

하나의 에피소드를 들려주고 싶다.

저 권위 있는 이와나미출판사의 한 편집자가 나에게 큰 비밀을 전하기라도 하듯 이렇게 말한 적이 있다. "고자이요시시게 씨는 비전향이라고 회자되지만 사실 전향 조서를 썼습니다. 저는 읽었습니다. 정말이지 고자이 씨다운 문장이었습니다"라고.

물론 나는 고자이와 비교적 친하고 본격적인 전전·전중·전후의 상황에 관한 이야기를 들어왔기에 그런 '귓속말'에는 조금도 동요되지 않았다.

물론 나는 고자이의 '전향 조서'라는 것을 벌써 읽었고, 고자이의 한 친구에게서 "그것은 고자이가 전향하지 않으려고 강경히 버티다가 몸을 버릴 것 같아서 밖에서 연락하여 '조서'를 쓰도록 조직적으로 권한 것이다"라는 일설을 들었다. 그 설이 정확한지는 내 알 바가 아니다. 그러나 출옥 후 고자이의 언동이나 사회적 활동에서 보면 당연히 고자이 요시시게는 비전향이었다. 그렇지 않다면 왜 전쟁 중의 가장 위험한 시기에 '국제 스파이 사건'(이른바 조르게 사건)의 중심 인물이었던 오자키 호쓰미尾崎秀実의 변호인을 찾기 위해 친구 마쓰모토 신이치松本慎一[17]와 함께 그토록 동분서주하는 위험한 활동을 했겠는가. 즉, 전체적으로 봐서 고자이 요시시게는 틀림없는 정식 비전향이었다. 전향·비전향·위장 전향·표면적 전향·실질적 비전향 등의 범주는 밖에서 보면 이렇듯 중복되어, 일면적인 외부로부터의 근거 없는 판단을 허용하지 않는다. 여기에서의 일면적인 판단은 무책임과 몰이해를 의미한다. 그리고 다의적 양상의 내면으로 들어가지 못한 점에서 나의 '중권의 총론'은 일면적 판단의 무책임과 몰이해를 포함하고 있는 것이다. 그것도 지배적인 비율로 포함되어 있다. 부끄러울 따름이다. 만약 30대 후반 이후에 썼더라면 그 점만은 피할 수 있었을지도 모른다.

전후(하권의 총론)의 전향 상황에 대해서는 어떤가. 거기에서는 흐루시초프의 천박한 스탈린 비판에 따른 '재주넘기 전향'과 '출판 거품'에 따른 '기회주의적', '편승적' 전향이 주된 두 형태를 이루고 있다. 양쪽 모두 구조성이 없는 얄팍함과 그다지 훌륭하다고는 할 수 없는 복선과 동기를 심부에 지니고 있다. 60년 이후의 현대 일본 문화의 경향을 반영하는 것인지도 모른다.

---

17 마쓰모토 신이치는 전향자라고 되어 있고, 본인도 다른 사람이 그렇게 말하면 그것에 대한 어떤 의미를 포함해서 '자조적'으로 말했을 뿐이라고 생각한다. 그도 또한 정식의 위장 전향자고 실질적 비전향자였다.

'재주넘기 전향'에 대한 하나의 전형은 대부분 원元 스탈린주의자에게 보이고, '기회주의 전향'의 전형은 시미즈 이쿠타로나 최근에는 『도서図書』의 1997년 5월호 권두언을 쓴 나카무라 아무개 등에 앞의 시미즈보다 훨씬 저열한 형태로 광범위하게 나타난다. 그에 대해서는 어떠한 설명도 하지 않겠다. 솔직히 한번 읽어보면 그 바닥에 깔려있는 얄팍함과 '저열함'을 금방 알 수 있을 것이다. 왜 '얄팍'하고, 왜 '저열'한 가에 대해서는 언젠가 다른 기회가 주어질지 모르겠지만, 지금은 필요하지 않다.

1997년

둘

원래라면 '하나'를 이어서 상세하게 전개해야 할 터이지만, 병마와 싸워야 하는 형국이라 몸 상태가 그것을 허용하지 않아, 겹치는 부분도 있겠지만 거의 이론적인 요약으로 보주적인 정정에 대신하고 싶다.

(1) (『공동연구 전향』의 중권)

이른바 '쇼와 10년대' 후반(1939, 40년~) 이후 시기에는 '위장 전향'이 비전향의 유일한 일반적 형식이 되었다. '반공협정'(이데올로기 측면), '3국 동맹'(군사적 준비), '사회생활 통제'(경제 통제를 시작으로 일반 서민의 직업 편성의 근본적 변동)로 서서히 진행한 '고도국방국가 사회' 성립 과정의 반영으로서 '전향 조서'가 없는 비전향은 있을 수 없게 되었다. 고자이 요시시게, 구리타 겐조栗田賢三, 요시노 겐자부로吉野源三郎, 마쓰모토 신이치, 무라이 야스오村井康男는 그 대표적인 예다. 다시 말해 가자마 미치타로風間道太郎처럼 진짜 전향자가 확대되어 전체화한 것의 이면反面이기도 할 것이다. 마

쓰모토 레이지松本礼二가 복사를 해서 보내 준 가자마 미치타로의 책『암흑시대의 기념暗い時代の記念』(未来社) 속의 「마쓰모토 신이치로에 대하여松本慎一のこと」에 나오는 인물들은 저자 가자마 자신을 제외하면 대부분 '위장 전향'의 형태를 취한 비전향자다(이 책은 속에 등장하는 옛 친구들에 대한 저자의 열등감이 표출된 결과로 쓰인 것일까?).

이들 위장 전향 형태를 취한 비전향의 사람들은 브레히트가 극작 「갈릴레오」에서 말한 '두 점 사이의 최단 거리는 곡선일 수도 있다'는 진리의 일본적 실현자였다. 역사를 농락한 브레히트만큼 교활한 꾀에는 미치지 못했지만 '전향'(반권력이라는 하나의 원칙을 버리는 것)의 결과로서 '허무주의'가 된 경우 등이 보여주는, 직선적 과정보다는 훨씬 많은 진실과 궁리, 긴장, 연기가 여기에 있는 까닭에 강한 관심을 끈다.

(2) (『공동연구 전향』의 하권)

'전후 전향'에 대해서는 대표적인 예로 시미즈 이쿠타로에게 드러나듯이 거의 진짜 전향이라기보다 변질 그 자체였다. 어떠한 권력적 강제도 없는데 자신의 이익이나 지위에 대한 관심이 동기가 되어 이루어진 것이고, 그 점에서 나는 이들을 혐오하며, 그 점이야말로 편승성과 함께 '전후 전향'의 특징이다.

그러나 나는 예를 들어 이노우에 미쓰하루 등을 전향이라고 절대 간주하지 않는다. 그들은 전후의 일본에서 '곡선이 두 점간의 최단거리'임을 보여준 공로자다. —이상이 나의 잘못된 곳과 정정의 요점이다.

1997년

편자 해제

이 책에 수록된 것은 사상의 과학 연구회편『공동연구 전향』(平凡社) 3권에 기고된 네 편의 논문이다. 「1장 쇼와 8년의 전향 상황」 및 「1장 보론 어느 마르크스주의 학자_가와카미 하지메」는 상권(1952년 1월 10일)에, 「2장 쇼와 15년의 전향 상황」은 중권(1960년 2월 20일)에, 「3장 쇼와 20년, 27년의 전향 상황」은 하권(1962년 4월 20일)에 각각 발표되었다(더욱이 제목의 '원호'에 붙여진 꺾쇠표는 저자의 「저작집 판의 서문」에 있는 사정에 의해 최초에는 없었던 것이다(번역본에서는 원문의 꺾쇠표를 삭제했다).

그 후 이 네 편의 논문은 이와나미출판사에서『전향의 사상사적 연구 —그 한 측면轉向の思想史的研究—その一側面』이라는 제목으로 모아서 간행되었다(1975년 5월 10일). 단지 그때 ① 2장의 「1. 서문第一節 はじめに」의 후반 부분, ② 3장의 「2. 쇼와 20년의 전향 상황第二節『昭和二十年』転向の状況」의 마지막 부분(城山三郎의『大義の末』를 사용해서 분석한 부분), ③ 같은 장의 「3. 쇼와 27년의 전향 상황第三節『昭和二十七年』転向の状況」의 전부(井上光晴의 소설을 이용한 분석이 중심)가 모두 삭제되었다.

그 중에서 '추상적 방법론'을 논한 ①을 삭제한 것은 이와나미출판사의 '서문'에 밝혔듯 전반의 '반으로도 논지는 충분히 통한다고 생각했기 때문'이었다. ②의 삭제는 '패전시의 제도 전향'에 대한 기술을 계승한 "국민' 전향'의 예시로, 야마시로山城의 작품만을 들어 평하는 것은 '개설'로서 균형을 잃게 된다고 판단한 것에 의한 것이다. ③의 삭제는 헤이본샤판 하권의 '후기'(이 책에는 수록하지 않았다)에 담은 것처럼 "이 원고로 인해 출판이 거의 반년이나 늦어지고 있는" 가운데 "초특급으로 느리게 써 내려 왔을 때 제한시간의 한도가 드디어 끝나버린" 결과 이노우에 미쓰하루론으로 불충분하게 끝나고 있을 뿐 아니라 '일본 공산당의 50년 문제'를 계기로 표면화한 "마르크스주의 집단 및 마르크스주의자의 '전후 전향'"에 대한 '개설'로써도 저자의 의도를 채워주지 못했기 때문이다. 그러나 이 책에서는 위의 삭제된 헤이본샤 판의 내용이 지금 더욱 많은 시사적인 것을 포함하고 있다고 보고 처음의 형태로 복원하기로 했다(단지 그 외의 부분은 저자에 의한 약간의 수정이 가해진 이와나미출판사판을 저본으로 했다).

후지타 쇼조가 '사상의 과학 연구회'의 전향 연구회에 들어간 것은 1957년 가을이었다. 그 전년의 6월 후지타는 걸작 「천황제 국가의 지배원리」를 『호가쿠시린法学志林』에 발표하고, 이해의 2월에는 「현재 혁명사상에 있어서 약간의 문제現在革命思想における若干の問題ーハンガリー問題をめぐる政治学徒と編集者の対話」를 『주오코론中央公論』에, 드디어 3월에는 「현대 일본의 사상'의 사상과 그 서평'現代日本の思想'の思想とその書評ー久野収・鶴見俊輔両氏の著書の問題性」을 『시소思想』에 게재해서 주목받는다. 나아가 7월에는 「천황제와 파시즘天皇制とファシズム」을 이와나미 강좌『겐다이 시소Ⅴ現代思想Ⅴ』에 기고했다. 연구회에 들어간 것은 그로부터 얼마 지나지 않은 시점이었다. 「천황제와 파시즘」의 '서문'에서 그는 '일본 파시즘의 왜소성'에 따른 "'질질 끄는'

반동은 어떠한 형태로, 어떤 상황하에서 그러했던가. …… 일본 파시즘이 등장하는 과정에서도, 그것이 붕괴하는 경과에서도, 그리고 일본에서 메이지 유신에 다음가는 거대한 역사의 갈림길이었던 '패전과 그 전후'는 도대체 정신 세계에서 어떠한 연속성을 계속 가지는가?"라는 질문을 던지고 있다. 「천황제 국가의 지배원리」에서 이미 시사되고 있는 것처럼 메이지 말년에 '천황제 사회의 성립' 이후의 집단(공동체) 전체, 조직 전체의 '전향'을 통해서 파시즘화의 조건이 형성되고, 다른 한편 "한번 일본적 풍토를 벗어난 '이론'의 세계에 들어간다는 행위를 거쳐서 비로소 …… 일본 사회의 전체적인 비판자가 될 수 있었던" 마르크스주의의 '추상이론'을 배제하면서 '향토주의', '농본주의'의 일본적 형태의 '처세철학Lebensphilosophie'이 일본 파시즘의 '기동력'이 된 사정을 해명했다(「天皇制ファシズム」). 그러한 의미에서 다카바타케 미치토시高畠通敏를 통해서 쓰루미 슌스케에게 권유받기 이전에 이미 전향 연구회에 참가할 조건은 성숙해 있었다고 말해도 좋다.

1956~59년은 '전후 지식인'에게 있어서 커다란 전환기였다. 1956년의 『경제백서』는 '전후는 끝났다'고 쓰면서 '부흥'의 시대의 종말과 '고도성장' 시대로의 이륙을 예언했다. 한편 동년 8월의 『세카이世界』는 "전후'와의 결별'을 특집으로 히다카 로쿠로日高六郎의 「전쟁 체험과 전후 체험戦争体験と戦後体験−世代のなかの断絶と連続」, 야마카와 히토시의 「국제주의의 새로운 과제国際主義の新しい課題−社会主義運動の戦線統一のために」, 좌담회 「일본에 있어서 사회민주주의와 공산주의日本における社会民主主義と共産主義」 등을 게재하고 있다. 때마침 55년의 일본 공산당 '육전협' 결의는 '50년 문제' 이후의 '산촌 공작대'적 무장투쟁 방침을 좌익모험주의, 섹트주의적 분열주의의 자기비판과 함께 철회한 것에 이어, 1956년 3월의 폴란드 부다페스트 폭동, 가을의 헝가리 폭동, 동구권에서 소련 지배가 붕괴하기 시작한 속에서 사회주의에

대한 '백가쟁명百家爭鳴'의 상황이 출현한 시기다. 거부감 없이 '전후'와 '전전'의 총괄이 동시대적 과제로써 의식되고 여기서부터 '일본론', 혹은 '근대 일본'의 총괄적 검토도 요구되었다고 할 수 있다(후지타와의 공동연구의 성과라고도 말할 수 있는 일면을 가진 마루야마 마사오丸山真男의 「일본의 사상日本の思想」이 이와나미 강좌 『겐다이 시소 XI』에 게재된 것은 1957년 11월이다). 그러나 그것은 역으로 말하면 1956~59년이 전후 일본의 지적 생산력이 절정에 달한 시기였다는 것이고, 마침 이 시기에 후지타 쇼조는 저술 활동을 개시한 것이다.

사상의 과학 연구회는 1954년 5월부터 우선 우에야마 슌페上山春平·다다 미치타로多田道太郎·마쓰모토 산노스케松本三之介 등의 간사이関西 그룹이 막말幕末 유신기 이후 지식인의 동향까지 범위로 한 전향 연구를 개시하고 (1955년 말까지), 이어 도쿄에서도 1954년 10월에 전향 연구의 서클 결성이 권유되어 다음해에 일어난 소위 1차 사상의 과학 사건에 의해 약간의 영향을 입긴 했지만, 이곳은 쇼와기의 전향 현상에 목표를 좁혀 매주 한 번의 공동 연구회가 축적되어갔다. 모임의 지도자 격인 쓰루미 슌스케가 당시 목표했던 사상 과학 연구회의 '대중 노선'으로의 전환도 있고 해서, 이 그룹은 사상 연구자로는 초보자인 20대의 젊은 세대를 중심으로 한 집단으로 야스다 다케시安田武·요코야마 사다코橫山貞子·다카바타케 미치토시高畠通敏·야마료 겐지山領健二·고토 히로유키後藤宏行·우오즈 이쿠오魚津郁夫·시마네 기요시しまねきよし 등이 주요 구성원이었다. 여기에 1957년 가을부터 뒤늦게 후지타가 이른바 객원의 자격으로 가입하게 된 것이다.

후지타는 곧 사상 과학 연구회에도 가입하지만, 그것은 어디까지나 전향 연구를 위한 가입이었고 그것이 끝나면 탈퇴할 예정으로 가입했다고 한다(후지타가 1952년 '도쿄대학교 포포로 사건'에 관여하겠다는 한정된 목

적으로 일본 공산당에 입당한 것과 같은 행동이다). 단지 60년 안보투쟁을
사이에 두고 1962년 제2차 사상의 과학 사건(시마나카嶋中 사건과 연동한
주오코론샤에 의한『사상의 과학思想の科學』「천황제 특집호天皇制特集号」폐
기 사건)이 일어나 후지타는 「자유로부터의 도망 비판自由からの逃亡批判」(『日
本讀書新聞』1962년 2월 19일)을 발표해 탈당서를 내지만, 자신이 담당한
부분의 일은 완수하고자 동년 4월에『공동연구 전향』하권이 출판되고서
도 약 1년 간 동 연구회의 '시민학교' 사무국장(겸 교장)으로서 월 1회 봉사
를 하고 싶다고 했다(1981년 이후에는 쓰루미의 간절한 의뢰로 여러 번에
걸쳐서『사상의 과학』에 기고한다).

　　후지타 쇼조의 전향론의 기본 시각은 한편에서 그의 '정신구조로써의
천황제' 해명에 대한 관심과 다른 한편으로 '보편주의로써의 마르크스주
의'에 대한 관심·평가·공감이 만나는 곳에서 시작한다. 이것은 무엇보다
도 그의 전향론이 그 '전사'로써 '후쿠모토주의'에 의한 '이론인의 형성'을
문제시하는 것으로 시작하는 데서 선명하게 나타난다. '일본의 천황제 사
회의 원리'의 하나를 이루는 "'질질 끄는' 상황추수주의"에서의 '단절'을 수
행하여 후쿠모토주의의 '방향전환론'에 의한 '결합 전에 분리하는' '이론투
쟁'의 등장에 대한 획기성에 주목한 것이다. 앞에서도 인용한 '천황제 파시
즘화'를 특징짓는 '질질 끄는 반동'성에 대항하기 위해서는 확고한 '보편자
의 형성'을 매개로 하는 것밖에 길은 없었다. 메이지 말기 우치무라 간조 등
의 소수 그리스도교 교도는 예외로 하고, 마르크스주의와의 만남을 통하는
것 외에는 근대 일본에서 그러한 '보편자의 형성'이 불가능했다고 보는 것
이 저자의 견해다(더욱이 이 시기 저자의 '보편자 형성' 문제에 대한 관심은
우치무라 등을 취급한 「다이쇼 데모크라시 정신의 한 측면大正デモクラシー精
神の一側面」(1959년 1월)의 부제가 "근대 일본에 있어서 보편자의 형성과 그

붕괴近代日本における普遍者の形成とその崩壊"로 되어있는 것, 또한 「체제 구상体制の構想」(1961년 6월)이 '상황추수'적 사고를 부수고 '사상의 독립'을 가능하게 하는 '유토피아' 사상의 의의와 '보편자 형성의 문제'를 논하는 것 등으로 엿볼 수 있다).

그것은 1933년을 중심으로 한 '쇼와의 대옥大獄'하의 '마르크스주의에서의 전향'이야말로 전향론의 이른바 원형에 위치하는 것, 또한 그 전제로써 지식인의 '마르크스주의로의 전향'이라는 일본 정신사에 있어서 획기적 사태 중 하나의 선행임을 강조하는 것이기도 하다. 이 논점이 후지타의 전향론 전체에 관철되지 않았던 것에 대한 자기비판이 이번에 새롭게 추가된 「『공동연구 전향』 중·하권에 대한 보주」에서 논한 '나의 잘못된 부분'과 관련된다. 즉 1933년의 '전향'을 둘러싼 상황에 나타난 '전향이라는 문제의 날카로운 의미'(古在由重)를 "전중·전후의(1940·44·52년 등의) '전향사'까지도 동일한 구분을 하려고" 하여 놓친 결과이 책의 저작집판 서문라는 점이다. 이 고자이의 발언은 공동 토론 「현대 세계와 전향現代世界と転向」(1952년 5월 10일 개최, 『공동연구 전향』 하권에 수록)에서 인용한 것이다. 고자이와 이를 이어받은 마루야마 마사오가 지적한 것처럼 쓰루미가 「서론 전향의 공동연구에 대해序言 転向の共同研究について」(『共同研究 転向』 上巻)에서 행한 것과 같은 '전향'의 정의에 의거할 경우 천황제 국가가 파시즘화 되어가는 상황에서 마르크스주의 지식인의 '전향'이 가지는 고유한 '날카로운 의미'의 어떤 일면이 확실히 희석화되고 말았기 때문이다.

쓰루미는 전향을 '권력에 의해 강제되었기 때문에 일어난 사상의 변화'로 정의하고 ① 만주사변 이후 국가권력에 의한 강제력 발동에 의해 1933년을 정점으로 해서 일어난 '급진주의자'의 집단 전향, ② 1937년 중일전쟁 개시 후 1940년 신체제운동에서 정점을 이루는 시기에 '주로 자유주의자에게' 가해진 강제력에 의한 전향, ③ 1945년 8월 15일을 정점으로 '패전에 의한 권력 이동에 따라 새로운 방향을 가지는 강제력의 발동'에 의해 '주로 반동주의자에게' 일어난 전향, ④ 전후 역코스의 개시에 의해 1952년 피의 노동절 탄압 직후에 정점에 달한 '급진주의자'의 전향을 이른바 병렬로 취급하려고 한다. 쓰루미에 의하면 이 ①과 ④가 '자각적인 예각鋭角의 전향'에 대응하고, ②와 ③이 '무자각적인 둔각鈍角의 전향'에 대응한다. 그러한 관계에서 보는 것이 그가 '전향의 공동연구자' 자신에게 '패전에 의한 익찬사상에서의 전향' 경험 ③, 및 '전후 급진주의의 좌절에 동반된 전향'의 경험 ④를 참조하는 것에 의해 ①, ②의 '전향'의 '추체험'을 가능하게 한다고 하는 것이다즉, 전후의 전향 연구를 통해 전전의 전향에 대해 살펴본다.

　　그러나 위의 ②와 ③의 경우 '전향'의 주류를 이루는 것은 '대세에 따른다'고 하는 편승적 형태의 '집단 전향'이다. 고자이가 말한 것처럼 "도쿠가와德川 정권을 지지하던 한 사람이 새로운 세상이 되자 이번에는 새로운 메이지의 천황제를 지지한다고 하는 것 같은 경우"에 "단지 하나의 지배 세력에서 다른 지배세력으로 입장을 바꾸었을 뿐"이라는 경우까지 포함한다. 그렇게 되면 "단순히 사상의 변화는 왠지 모르게 전부 전향이라는" 것처럼 될지도 모른다(마루야마). 후지타의 논문이 책의 2장이 분석하고 있듯이 ②의 전향은 '집단 전향'을 기초로 하는 것이고 ①의 시기의 "마르크스주의·반국체주의·혁명운동'에서의' 전향만으로는 있을 수 없고, 총력전이 가져온 목표'로의' 전향이 된다"는 것이다. 그래서 이 논문에서는 '익찬 이론'과 '저항 이론'의 몇 개의 형태에 대한 검토가 시험된 것이다. 그러나 '보주'에서 후지타가 자기비판으로써 말하고 있듯이 만약 고자이가 말하는 '날카로운 의미'에서 전향을 보는 관점('적과의 투쟁'에서 '비타협'인가, '타협'과 '굴복'인가)을 분석한다면, '전향·비전향·위장 전향·표면적 전향·실질적 비전향 등 범주'의 '다의적 양상'에 비집고 들어가 그 중에서도 특히 '표면적 전향에서 실질적 전향으로의 이행'과 '정식 위장 전향'과의 '양극 경향의 역동성'에 입각해 연구할 필요가 있다는 것이다.

그렇지만 ②의 '집단 전향'의 배경이 된 천황제 사회의 고유한 위상은 이 책 1장의 다음과 같은 지적에 비추어 생각해보면 또 다른 의미로 다가온다. '대표적인 일본 대중의 지도적 사상가sub-leader'라고도 말할 수 있는 형태의 전향자 고바야시 모리토에 대한 기술이다.

고바야시 모리토와 같은 사상은 봉건 국가와 부르주아와 근대 노동자 정신의 어느 것과도 다르고 독농(篤農)＝중견 경작 농민을 주요한 담당자로 하는 농본주의에 특징적인 것이다. 그리고 성실주의에 의한 사적인 노동과 사회적인 노동을 직결시키고 있는 이 사상이 메이지 이후의 일본 사회를 바닥에서부터 지탱하고, 위기가 닥쳐올 때마다 그것에 재건 에너지를 제공한 것이다. 따라서 이러한 형태의 사상가가 공산주의운동에 가담했다는 것은 그 자체가 가장 심각한 일본 사회의 위기를 표현하는 것이다. 다이쇼 말기·쇼와 초기는 이러한 의미에서 전전 일본의 최대 전환기였다. 그러나 이러한 에너지의 방향 전환을 흡수해서 사회의 방향 전환을 이루기 위한 정치적 조건뿐만 아니라 정치적 지도자도 혁명의 진영이 아닌 '혁신관료', 즉 파시스트 진영에 존재했다. 일본 공산주의운동의 사상에서 어떤 지도자의 어떠한 문장을 찾아봐도 고바야시의 사상과 접촉점을 가진다는 것은 조금도 보이지 않는다. …… 그러나 변혁이란 변혁해야만 하는 대상을 즉, 변혁의 목적과는 역의 존재를 파악하는 것에 의해 시작하고 그것을 지금과 다른 형태의 조직에 편입시키는 것에 의해 의식적으로 변형해가는 과정이라고 한다면, 전전 일본의 사회혁명운동이 농본주의를 이해하지 않고 달리 이해해야만 하는 어떠한 주요세력을 가지고 있었을 것인가(전전 노동자의 조직률은 최고 약 8%에 지나지 않았다).

즉 요시모토 다카아키는 이 후지타의 논문 직전에 쓴 「전향론」(『現代批評』 1958년 12월)에서 "일본의 근대 사회 구조를 총체적 비전으로써 변혁하기 위해 지식인 사이에서 일어난 사고의 변환"이 '전향'이 아닌가라고 한 것과 중복된다(무엇보다 공동 토론 「일본 사상사와 전향日本思想史と転向」(1958년 3월 8일 개최, 『共同硏究 転向』下巻)에서 요시모토가 "대중의 대다수가 가는 방향으로 어디까지나 따라가는 것이 정통적이라고 생각한다. 대중의 동향에 주종해가는 것이 아니라 그것과 긴장관계에 있고 대결하면서 어디까지라도 뒤쫓아야 한다"고 한 것은 후지타와 방향을 달리한다). 고자이가 앞의 공동 토론에서 "하나의 대량 현상으로써의 전향에 대한 과학적인 이해를 포함하는 비전향"의 존재 방식을 추구하면서 '대중에게서의 유리'를 문제로 하고 있는 것도 동일한 국면일 것이다. '정신구조로서의 천황제'를 지지하는 '중견' 부분으로서의 고바야시 모리토적 세계를 '이해하는' 것이 가능한가 아닌가가 전향론, 혹은 천황제를 변혁해가는 운동에서 하나의 열쇠가 될 것이다. 그러나 돌려서 이야기 하면, 후지타 쇼조의 「천황제 국가의 지배원리」 이후의 연구 중심 중 하나는 정말로 그러한 '농본주의' '향토주의'를 지지한 공동체 원리와 권력적 국가기구를 결합하는 '천황제적' 구조를 해명하려고 한 것이었다. 이 후지타의 '전향 연구'도 그 총체적 대상화를 위한 시험의 일환인 것이다.

③의 '전후' 상황에 대해서 후지타는 한편에서 여기에 패전시의 '제도 전향', 그 중에서도 8월 15일의 항복 조칙에 '항복'이라는 단어가 한 번도 나오지 않는 것에 상징되는 조금씩 처리하는 천황제 그 자체의 전향 및 점령군 군사 권력에 의해 이루어지는 '제도인'에 대한 '강압' 전향의 양상을 논하면서, 다른 한편으로는 "'국민'의 전향" 속에서 "전전의 전향과는 이질적인 새로운 의미를 띤 전향"이 성립하려고 했다고 한다. 즉, "권력에의 순응 과

정과 결합한 사상 이동인 '고전적 전향'이 아니라 권력에 순응하는 과정에서 점차로 멀어지는 사상 이동, '권력에 대한 사상의 독립'으로의 발걸음"이 발생하고 그것은 "이른바 회심에 가까운 의미를 갖는 것"이고 "이것이야말로 다이쇼 말·쇼와 초기에 '의식적인 방향 전환'으로서 자주적으로 나타난 것과 어떤 점에 있어서 공통하는 것이 되었다"고 하는 것이다. 국가기구와 국민 공동체가 붕괴된 '자연 상태'에서 우선은 "전통적인 욕망자연주의의 측면으로 전락해"서 '암시장' 상황이 출현했지만, 이윽고 여기서부터 도쿄 나가노의 에코다 '교환소'처럼 권력에서 독립한 '민간 공공의 시장'이라고 말할 수 있는 것도 등장한 것이다. '국가'에 대항해서 '독립적 연대'를 형성하는 '사회'의 관념이 성립되려 하고, "전후적 자연 상태 속에서 사회계약의 형성으로 향하는 첫 발"을 내디딘 것이다.

이것은 60년 안보투쟁의 한가운데 「제로부터의 출발ゼロからの出発」, 「'5·19'전사『五·一九』前史」(모두 『戦後精神の経験』) 등에서 논한 전후의 '백지 상태'Tabula Rasa, 인간은 선험적인 지각을 갖지 않고 태어난다고 하는 경험주의적 입장의 '원인성原人性'이 만들어낸 '자연권적 상태'에서 시작하는 '전후 일본의 저항 운동'의 원점이기도 하다. 그러나 '공산당주의'의 '전위' 이론에 기초한 '50년 문제' 이후 내부 항쟁으로 이 상황을 겪은 혁명세력은 새로운 상황을 '이해하지' 못한 채로 동서 냉전과 '역코스'가 진행되는 속에서 안보 투쟁은 '패배'한다. 후지타 쇼조는 『공동연구 전향』 하권이 1962년 4월에 출판된 뒤 1964년 6월에 「프롤레타리아 민주주의'의 원형『フロレタリア民主主義』の原型ーレーニンの思想構造」을 발표하기까지 커다란 저술은 하지 않고 이른바 침묵의 시기를 보낸다. 그 사이 '고도성장'이 진행되고 '천황제 사회'는 더한 '변질'을 이룬다. 농촌형 사회에서 도시형 사회로 변모하고 또한 대가족이 붕괴해서 핵가족화가 진행되지만, '신중상주의'와 '관리사회'화 아래서 대팽창

하는 '일본 주식회사'는 '독립 연대'의 '민간 공공'적 사회를 성숙시키기는커 녕 '안락安樂으로의 전체주의'로 전 사회를 덮어버리려고 한다. 고바야시 모 리토적인 독농적 성실주의와 정직주의는 더 이상 사회의 '중견'을 지지하 는 것이 아니고, 새로운 '체제적 중간층'이 된 '중류'의식의 샐러리맨 층에서 는 이미 그 '욕망자연주의'를 규제하는 것은 이해계산과 쾌락계산 이외의 어떤 것도 아니다. 보편적인 관념에 대한 금욕적 헌신이라는 것은 상상조 차 불가능해지고, 단지 앉은 자세를 고쳐 앉는 듯한 현실 긍정의 자기도취 에 안주하려는 자가 대세를 점할 때(「普遍的道理にしたがう精神」 1966년 12월 참조), 쓰루미 슌스케가 앞의 '서언'에서 예언했던 '전향 문제에 대한 자각조차 없어지는 중간문화 시대'의 도래는 예상 외로 빨리 온 것이다.

그러한 '절망'적 상황이 진행되는 중에 후지타 쇼조는 1970년대 이후 새로운 경지로 도약해 간다. 『정신사적 고찰精神史的考察』에서 결실 맺는 세 계다.

저작집 편집위원회

역자 후기

이 책은 후지타 쇼조의 『전향의 사상사적 연구』를 번역한 것이다. 후지타
는 사상의 과학 연구회 편 『공동연구 전향』에 발표한 자신의 원고를 일부
수정하여 이와나미 출판사에서 단행본으로 1975년 출판했다. 이 책은 이
후 이와나미판에 대한 수정, 보완을 거쳐 1997년 미스즈쇼보ᄆ〃ᅲᄒ書房에서
『후지타 쇼조 저작집藤田省三著作集』 전 10권의 제2권으로 출판되었다. 이 번
역본은 미스즈쇼보에서 출판된 책을 저본으로 하면서 이와나미에서 출판
된 것을 참고로 하였고, 그 결과 미스즈쇼보 판에는 없는 이와나미판 서문
을 함께 싣게 되었다.

　　일본에서 전향 또는 전향 문제란 좁은 의미에서는 국가권력의 강제에
의해 발생한 개인의 사상, 특히 공산주의사상의 포기를 의미한다. 구체적
으로는 1933년 사노 마나부佐野学와 나베야마 사다치카鍋山貞親가 「전향성
명서」를 발표한 이후 일반화된 용어다. 1930년대 초반 국가권력은 '공산주
의 실천운동'을 포기하는 것으로써 전향자로 인정 했으나, 1937년 중일전
쟁 이후 태평양 전쟁으로의 확대라는 정치상황하에서 적극적으로 '일본주

의사상'=천황제(국체사상)를 개인의 내면적 가치로써 받아들일 것을 강조했다. 이러한 행동을 구체적으로 표현하지 않는 자에 대해서는 완전한 전향자로서 인정하지 않고 예방구금법으로 계속 감시했다.

한편 넓은 의미로서의 전향은 메이지 유신 이후 만들어진 근대 국가 일본의 지배체제로써의 천황제에 대한 동의 여부를 묻는 문제다. 이토 아키라伊藤晃는 『전향과 천황제転向と天皇制』(勁草書房, 1995)에서 요시모토 다카아키를 인용하면서 "전향이란 일본의 근대 사회를 총체적으로 파악하지 못한 지식인에게서 발생한 사상 전환"(p.7)이라고 말한다. 또한 그는 오쿠마 노부유키大熊信行가 전후에 행한 발언을 인용하면서 "근대에 있어 국가를 의심해서는 안 되는 지고한 것으로 개인에게 내면화시킨 것이야 말로 중요하다. 우리일본인—편자는 국가를 그 궁극적 행위인 전쟁을 통해서 분명히 체험했다. 어떻게든 국가에 따라야만 한다는 의식心意은 천황제에 대한 복종에 선행하는 것이다. 이러한 국가체험에 대한 자기비판, 과연 자신은 국가로부터 자립할 수 있는 존재인가에 대한 자기 점검이 필요하다"(p.7)고 주장한다. 그러면서 이토는 "근대 일본 사회는 지배 집단과 피지배 집단이 만들어낸 민족 사회"고, "천황은 그 상징성과 권력적 이데올로기 장치(이것의 총체가 천황제)를 통해 민족사회의 형성을 매개한 주도 권력이다"(p.11)고 평가한다. 따라서 새로운 시대에 맞게 개편된 기업, 종교 등 전통적 공동체의 "총체가 일본형 시민사회(천황제 시민사회)로서 민족사회의 내면 구조를 이룬다"(p.11)고 주장한다. 즉, 광의의 전향 또는 전향 문제란 자신이 속한 근대 국민국가에 대한 스스로의 동화 여부를 묻는, 바꾸어 말하면 국가와 민족을 다른 어떤 것보다도 절대적이고 선험적인 것으로 자신의 내면세계에 받아들이기를 강요하는 국가권력의 강제적 행위를 가리킨다.

내가 이러한 문제의식하에서 쓴 후지타의 책을 번역하는 데는 두 가지 이유가 있다. 첫 번째 이유는 나의 '전향'에 대한 기억이다. 이 기억은 잊을 수 없으며, 평생을 지고갈 수밖에 없는 나의 짐이기도 하다. 나는 1987년 12월 군대에 입대했고, 일주일쯤 후에 대통령 선거에 대한 부재자 투표를 하게 되었다. 입대 후 신병 교육대에서 매일 같이 여당 후보를 지지해야만 하는 정신교육이 계속 되었다. 1987년 당시 대학 2학년이었던 나는 1학기 개학과 더불어 매일같이 데모에 참가하면서, "독재타도, 개헌쟁취"를 외쳤다. 그랬던 내가 입대한지 일주일 만에 중대장실에 10명씩 들어가 여당 후보 이외의 후보란은 가려진 채 "여당 후보에 표를 찍을 수 없는 사람은 이야기 하라"고 하는 국가권력의 강제에 대해 아무런 저항도 못하였다. 나는 이러한 나의 '전향'을 아직도 잊을 수 없고 앞으로도 잊어서는 안 된다고 생각한다. 군대가 무서웠다는 말로 변명하고 싶지 않다. 그 정도의 강제에 의해 혹시 내가 폐쇄된 군대라는 사회에서 불이익을 당할 수도 있다는 불안감 혹은 개인적 이기주의가 발동해 그렇게도 쉽게 나의 가치기준(사상이라고 하기에는 너무도 부끄럽다)을 바꾸어 버린 기억은 철저하게 국가와 민족=권력을 상대화 하려고 하는 지금의 나를 만든 토양이다. 이 기억은 후지타가 이 책속에서 논하는 것에 빗대어 이야기 한다면 전전적 '전향'에 가까울 것이다.

　　그러나 나의 '전향'에 대한 기억은 여기서 그치지 않는다. 한국에서 대학원을 수료한 뒤 어느 회사의 사보 편집자로 취직하게 되었다. 사보는 기본적으로 사주가 자금을 제공하고 회사 구성원이 회사의 경영방침에 따라 적극적으로 자신의 업무를 수행하여 회사 내의 통합, 사원과 회사의 일체화를 꾀하기 위한 기업문화 정책의 일환으로 이루어진다. 그러나 나는 사보에 노동조합의 의견이나 회사의 경영방침에 반대 의견을 가진 현장 노동자(대학을 나온 사무직 직원들은 '나도 내 노동을 제공하고 그 대가로써 임금을 받아 생활하는 노동자'라는 생각을 거의 가지지 않았다. 지금도 마찬가지라고 생각한다)의 의견을 어떻게 하면 실을 수 있을까 하고 생각했다. 그러나 과장—부장—이사—사장으로 이어지는 결재 체계는 사보 제작의 기획단계서부터 이를 불가능하게 했다. 또한 사보 편집의 초보자였던 나도 선임자가 해왔듯이 사장의 훈시는 오탈자가 나지 않게 몇 번이고 확인하고 항상 사보의 앞쪽에 실었던 반면, 현장 노동자들과 그 자녀들이 보내온 수필, 시, 그림 등은 그저 페이지를 채우기 위한 것으로 취급하면서 1년이라는 세월을 보냈다. 대학을 다니면서 형성된 나의 생각, 가치기준과는 너무도 거리가 먼 생활을 하고 있음을 발견했다. 소위 자본가의 대변인이 되어 노동자가 노동자로서의 자의식을 가지지 못하게 하면서 노동자를 회사에 동화시키는 역할을 하고 있었다. 후지타가 말하는 전향의 예에 비유한다면 나름대로의 자유로운 판단과 행동이 가능한 상황에서 일어난 전후적 '전향'인 것이다. 이러한 경험은 '나는 어떻게 살아가야 할 것인가? 자신이 보다 나은 인간적 가치를 실현할 수 있는 삶의 방식은 무엇인가'라는 것을 진지하게 고민하게 한 기초가 되었다. 그래서 구체적인 삶 속에서 어떠한 운동을 실천할 것인가에 대한 해답을 찾기 위해 일본 유학을 떠났다. 일본에서 만난 사람 중 한 명이 후지타 쇼조다. 그는 여러 가지 측면에서 내가 고민하던 문제에 대한 해답을 찾을 수 있는 열쇠를 제공했다. 이것이 귀국 후 첫 번역 작업으로 후지타를 선택하게 된 이유다.

두 번째의 이유는 후지타의 그 많은 저작물 중에 왜 하필이면 전향 문제를 다룬 책을 선택했느냐와 관련된다. 김대중 정부 이후, 특히 노무현 정권이 들어서면서 386세대라 불리는 소위 '운동권' 출신들과 '진보적' 지식인이 대거 권력에 가까이 가있고 심지어 일부에서는 운동권이 권력을 장악했다고까지 주장한다. 물론 많은 '운동권' 출신들과 '진보적' 지식인이 국회의원이 되고 장관이 된 것은 사실이다. 그러나 현재의 노무현 대통령이 과거에 체제 비판적이었던 사람들과 가까운 거리에 있고 이들 중 일부를 중요한 자리에 기용하고 있다고 하더라도 현 대통령을 '운동권' 출신이라고 보기는 어렵다. 그러한 측면에서 운동권이 권력을 장악했다고 하는 주장은 우파의 정치 선전에 지나지 않는다. 단지 잊어버리거나 왜곡해서는 안 될 중요한 것은, 대한민국은 충분히 성숙한 자본주의국가고 따라서 권력은 거대 자본가의 수중에 있다고 하는 것이다. 문제는 군부 독재의 구체제를 청산하고 민중들이 보다 나은 삶을 살아갈 수 있도록 하겠다며, 정치 일선에 등장하여 정권 창출에 성공한 '운동권' 출신과 '진보적' 지식인이 '민중을 위해서'라는 명분으로 민중들을 보다 교묘한 수단으로 즉, 법률이라는 합법적 수단과 국가와 민족의 이익을 위해서라는 이데올로기를 통해 국가체제와 권력에 반대할 수 없도록 억압하는 행위는 '운동권'과 '진보적' 지식인의 전향 그 자체다.

예를 들면 일본에서 1920년대 후반 1차 세계대전 이후 변화한 일본의 국내외 정세 속에서 내무관료들이 노동자들을 국가체제에 동화시키기 위해 추진한 노동조합법안의 조항 중에서 마지막까지 논쟁점이 된 것의 하나가 노동조합의 쟁의로 인한 사측의 손해에 대해 사측이 손해배상 소송(이하 '손배 소송'이라 함)을 할 수 있도록 인정할 것인지의 여부였다. 당시 내무관료는 손배 소송을 인정할 경우 노동조합의 존재 자체를 부정하는 유명무실한 노동조합법이 되어 버린다고 하여 자본가 측의 손배 소송 규정의 삽입 요구를 거부했다. 이 문제는 영국에서는 이보다 앞서 1890년대 경에 논의되었고, 결국 손배소송 조항은 삽입되지 않았다. 영국과 일본 모두 현재의 노동법이 어떻게 되어 있는지 알 수 없으나, 한국의 '운동권'과 '진보적' 지식인 출신 정치가는 1920년대 일본의 내무관료보다도 더 보수적으로 보인다(그렇다고 해서 당시의 일본 내부관료가 진보적이었다고 주장하는 것은 절대 아니다). 구체제의 변혁을 위해서 정치권력을 장악하고 이를 기반으로 하여 개혁적인 정책을 추진해야 한다는 전략·전술론에 대해 현실적으로 반대하기는 어렵다. 그러나 동서고금을 막론하고 새로이 권력을 장악한 이들이 민중을 해방한 경우는 역사를 전공한 나로서는 들은 바가 없다. '권력은 휘두르기 위해 잡는 것이고, 잡는 그 순간부터 썩기 시작하는 것'이라는 역사의 교훈을 잊어서는 안 된다. 따라서 권력 장악을 통한 정치 변혁이 아니라, 시간이 걸리고 더디지만 '우리'의 문제는 국가에 의존하지 않고 '우리'가 해결하는 '사회변혁'의 방법론을 조심스럽게 제안한다.

끝으로 일본 정치사상사 연구의 전체적인 흐름에 대해 간략하게 언급하면서 후지타의 연구 업적에 대한 의의를 논하고자 한다. 전전의 일본 정치사상사 연구는 별도로 하고, 전후를 중심으로 살펴본다면 우선 언급해야 할 인물은 마루야마 마사오다. 이케다 하지메(池田元, 『丸山思想史学の位相』, 論創社, 2004)의 평가에 의하면 "마루야마에게 있어서 '근대 일본'의 과제는 대내적으로는 절대주의에 대해 개인적 자유의 해방과 사회개혁, 대외적으로는 제국주의에 대한 국가, 민족의 독립을 동시에 만족시키는 것이었다"(p.19). "마루야마는 일본 근대의 특수한 구조적 특질을 부르주아(시민)에 의해 타도되어야만 하는 절대주의 세력이 적인 시민계층을 육성하지 않으면 안 될 정도로 시민계층이 나약했다는 데서 찾았다"(p.19). 따라서 이케다는 마루야마의 학문적 과제는 "일본에서 실체가 없는 '시민=국민'을 어떻게 사회적으로 창출할 것인가"(p.20)에 있었다고 평가한다. 이러한 이유로 마루야마는 사상과 학문을 "생활 자체에서 …… 형성되는 것으로는 파악하지 않았다"(p.18). 즉, 마루야마에게 있어서 민중과 이들의 생활로부터 형성되는 사상이라는 인식은 매우 부족했다고 할 수밖에 없다. 이러한 마루야마의 연구 방법론과 인식론에 반대한 연구자들이 있다. 소위 민중사학파라고 불리는 이로카와 다이키치色川大吉, 가노 마사나오鹿野政直, 야스마루 요시오 등이다. 그 외에 마루야마에 대한 평가는 김석근 씨가 번역한 『일본 정치사상사 연구』(통나무, 1995)와 『현대 정치의 사상과 행동』(한길사, 1997)의 역자 후기를 참조하기 바란다.

이들 민중사학파에 대한 논의는 뒤에서 다시 하기로 하고 우선 마루야마에 이어서 마루야마학파로 불리는 이들에 대해 간단히 언급하겠다. 여기서 내가 언급하고자 하는 후지타 쇼조, 마쓰시타 게이치松下圭一, 하시카와 분조橋川文三는 모두 마루야마에게 배웠고, 마루야마가 가지는 문제점 내지 한계를 비판적으로 계승한 마루야마 학문의 확대 재생산자들이다. 그러나 본인들은 마루야먀 학파로 취급되기를 거부할지도 모른다. 아이러니컬하게도 이들은 모두 도쿄대학의 일본 정치사상사 강좌의 담당 교원으로 남지 못했다. 이들은 마루야마 이론을 축소재생산 하면서 마루야마에게 충실했던 또 다른 마루야마학파에 의해(마루야마의 의지가 얼마나 관계되어 있는지 확인할 길은 없지만) '파면'된 사람들이기 때문이다. 그러나 마루야마가 아직도 중요하게 읽히는 것은 이들 마루야마학파의 '이단자'들에 의한 부분이 크다고 본다. 마루야마의 뒤를 이어 도쿄대학의 일본 정치사상사 강좌의 교원으로 남은 사람 중에 이 '이단자'들보다 더 높게 평가되는 저서를 낸 사람은 내가 알고 있는 한에서는 없다. 그러한 의미에서 마루야마는 제자들을 보는 눈이 그리 높지는 않은 듯하다. 이러한 예는 동종교배와 학문의 축소재생산으로 유명한 한국의 학계에 시사하는 바가 크다.

후지타 쇼조는 메이지 유신 이후 일본의 정치체제를 '공동체적 국가' 요소와 근대 '정치국가'적 요소의 결합에 의한 이중성으로 파악하면서 왜

일본이 천황제 국가에 포섭·동화될 수밖에 없었는가를 『천황제 국가의 지배원리』에서 밝히고 있다. 이 논문에 이어 두 번째로 발표한 『전향의 사상사적 연구』에서 천황제 국가에 대한 포섭·동화의 결과가 전향임을 논하고 있다. 이러한 측면에서 후지타는 마루야마가 놓쳐버린 일본의 전통적 요소를 일본적 근대 국민국가라는 이론들로 확대했다고 평가할 수 있다. 한편 마쓰시타 게이치는 『전후 정치의 역사와 사상戰後政治の歷史と思想』(筑摩書房, 1994)을 통해 고도 경제 성장의 결과 새롭게 등장한 대중에 주목하면서 마루야마가 무엇보다 중요시 여긴 '시민'을 전후 일본 사회의 변화 과정에서 새롭게 등장한 '대중'으로 교체해 놓았다. 이러한 면에서 마쓰시타는 마루야마 이론을 전후 일본의 현대 사회에 대한 분석들로 변화시키면서 새로운 주체로서의 '대중'에 주목하고 이들에 의한 정치사회적 변화의 전략·전술론을 제안한다. 하시카와 분조는 『일본 낭만파 연구서설日本浪曼派批判序説』(未来社, 1960)을 통해 천황제 국가에 대한 철저한 지지자면서 누구보다 천황제 국가의 부負의 측면을 예리하게 비판한 일본 농본주의를 본격적으로 연구했다. 주지하다시피 일본 농본주의 사상은 군부와 민간 우익의 5·15, 2·26사건 등에 지대한 영향을 미쳤다. 그리고 이들의 이러한 행동은 일본이 파시즘으로 진행하는 과정에서 중요한 역할을 했다. 지금도 일본에서는 일본 농본주의, 혹은 일본 낭만파 연구자를 무조건 우파로 보는 옳지 못한 경향이 강하게 남아 있다. 그럼에도 불구하고 이른 시기부터 일본의 '공동체 국가' 원리의 핵심인 일본 농본주의에 대한 하시카와의 비판적 연구는 일본을 '내부'에서부터 변혁하기 위한 '약한 고리론' 이라고 볼 수 있다. 이러한 측면에서 이들 세 명에 의한 마루야마 이론의 확대 재생산은 일본을 이해하는데 있어 빼놓을 수 없는 연구 결과들이다.

이제부터는 민중사학파에 대해 간단히 설명하겠다. 앞에서 지적한 것처럼 민중사학파의 등장에는 마루야마의 학문 연구 방법과 인식에 대한 반대 외에 또 다른 중요한 사회적 배경이 있다. 즉, 민중사학파의 등장은 전후 1960·70년대에 전개된 학생운동, 노동운동을 중심으로 한 사회운동의 결과다. 소위 전공투·전학련이라고 불리는 학생 운동은 기존의 권위를 부정하면서 전쟁 책임을 포함한 전후의 새로운 '민주주의 일본' 건설을 주장하면서, 건설의 주체를 민중으로 본 것이다. 물론 이들 세대는 전전의 천황제를 비판하는 마루야마 이론에 깊이 영향을 받으면서도 마루야마가 놓쳐버린 민중의 '자각'과 '자발적 의지'에 주목했던 것이다. 이러한 사회적·정치적 배경이 학문적 성과로 나타난 것은 야스마루 요시오의 『일본의 근대화와 민중사상日本の近代化と民衆思想』(靑木書店, 1974), 가노 마사나오의 『자본주의 형성기의 질서의식資本主義形成期の秩序意識』(筑摩書房, 1969), 이로카와 다이키치의 『메이지 정신사明治精神史』(黃河書房, 1964) 등이다. 지면 관계상 이에 대한 상세한 논의는 다른 기회를 통해 하기로 한다.

그리고 마지막으로 마루야마학파와 민중사학파의 중간에 위치하면서(그렇다고 해서 양자의 절충주의는 아니다) 양자의 장·단점을 지적하고 장점에 대한 극대화를 통해서 새로운 국가상을 제시하려고 하는 학자가 있다. 앞에서 예를 든 이케다 하지메다. 그는 근대국민국가의 기본적인 틀은 역시 서구에 있다고 보고 자본주의에 기초한 서구적인 합리주의와 민주주의가 가지는 장점을 강조한다. 그러면서도 이러한 합리주의와 민주주의가 제도화·관료화·평계화 될 때 그 모순으로 발생하는 비합리주의와 비민주주의로서의 파시즘을 비판한다. 그리고 이러한 근·현대 국가의 문제점을 자각한 민중들의 자발적 행위에 의한 변혁에 기대를 걸고 있다.

끝으로 이 책을 번역하여 출판할 수 있을 만큼 나를 성장 시켜주신 영남대학교 사회학과의 백승대 선생님과 일본 쓰쿠바 대학의 지모토 히데키,

이케다 하지메 선생님께 감사드린다. 그리고 늘 곁에서 무엇이든 믿고 묵묵히 지켜봐준 사랑하는 아내 윤주와 번역을 핑계로 많이 놀아주지 못한 아들 성윤이에게도 감사한다. 학문적으로는 훌륭하지만, 상업성이 적은 이 책의 출판을 흔쾌히 허락해 주신 논형 출판사의 소재두 사장님과 논형 편집부에 감사드린다.

2007년 가을
최종길

용어 해설

경직법 반대운동(警察官職務執行法反対運動)　경찰관이 경찰법에 규정된 직무를 수행하기 위해 필요한 수단을 정한 법으로 1948년 7월 12일 공포되었다. 이 법은 성립 당시부터 해석과 운용이 확대되어 경찰관의 주관적인 의혹에 의한 질문까지도 합법화되었다. 1958년 10월 8일 당시의 기시 내각에 의해 경찰권의 사용을 더욱 용이하게 하는 경직법 수정안이 돌연 상정되었다. 이 개정안에 대해 언론계, 학계, 시민들이 강하게 반대했다.

관백(関白)　천황을 보좌해서 만사에 관여하는 중역으로 어린 천황을 대신해서 권한을 사용하는 섭정(攝政)과 함께 섭관(攝關) 등으로 불렸다. 어디까지나 관백은 천황의 보좌이고 천황을 대신한 섭정과는 엄연히 구별되지만 실재로는 거의 동일한 역할을 했다.

교육칙어(教育勅語)　1890년 10월에 발표한 근대 천황제 국가의 교육이념을 표시한 칙어. 자유민권운동의 고양에 대해서 국가주의적, 천황주의적 이념을 확립하려고한 것으로 제국의회의 개설을 앞두고 유교적 덕목을 중심으로 미토학(水戸学)적 국체관과 프러시아적 국가주의 사상에 의해 구성되었다. 이것은 교육뿐만 아니라 근대 천황제 사상의 성전과 같은 역할을 했고, 국민의 자유로운 도덕, 종교, 사상의 발전을 저해하고, 국민을 국가주의, 군국주의 사상에 통합하는 데 중대한 역할을 하였다. 패전 전까지 일본 국민의 일상생활을 지배했다.

나베야마 사다치카(鍋山貞親, 1901-1979)　공장노동자 출신으로 총동맹간사와 이사를 거쳐 일본노동조합평의회의 교육부장이 되었다. 1926년 일본 공산당에 입당하고, 27년 소련으로 건너갔다. 귀국 후 당 중앙 상임위원이 되어 노동조합 부분을 담당했다. 1929년 4·16사건으로 검거되어 33년 사노와 함께 전향했다.

대정익찬회(大政翼賛会)　1930년대 후반 전쟁시기의 관제 국민통합단체. 신체제운동의 결과 1940년 10월 12일 대정익찬회가 결성되었다. 익찬회는 국방국가체제의 정치적 중심조직으로, 총재는 수상이 겸임하고 전국에 각 지부를 두었다. 1941년 4월의 조직 개편으로 내무관료와 경찰이 주도권을 장악하고 '상의하달'의 행정보조기관으로써 부락회, 정내회(町内会), 반상회(隣組)를 하부조직으로 편성했다. 전쟁 말기 본토결전이 다가오자 국민의용대로 발전적 해산을 했다.

무샤노코지 사네아쓰(武者小路實篤, 1885-1976) 메이지·다이쇼·쇼와기의 소설가이자 극작가. 1908년 그동안 써 두었던 소설, 시, 감상문 등을 묶어서 『황야(荒野)』를 출판, 1910년 『시라카바(白樺)』 창간, 시라카바파의 대표적 작가로 활약하였다. 철저한 자기긍정, 생명감의 충만, 솔직한 표현에 의해 실현할 '새로운 마을' 운동에 착수하였다.

미키 기요시(三木清, 1879-1945) 다이쇼·쇼와기의 철학자. 1922년 독일에 유학하면서 마르크스주의를 만났다. 일본의 학문적 자립을 막는 요소는 천황제 절대주의와 불교적 자연주의적 범신론이라고 주장했다. 1930, 44년 공산당 관련 의혹으로 치안유지법에 의해 검거되고, 패전 직후 1945년 9월 26일 옥사했다.

사노 마나부(佐野学, 1892-1953) 도쿄대학의 신인회 창립을 주도하고 와세다 대학의 강사가 되어 경제사 등을 담당하였다. 1922년 일본 공산당에 입당하고, 23년 중앙위원이 되어 코민테른 제5회 대회에 참석, 29년 상하이에서 검거되어 33년 나베야마와 일본의 중국침략전쟁을 지지하는 전향성명서 「공동피고동지에게 드리는 글(共同被告同志に告ぐる書)」을 발표했다.

1937년 12월 사건 제1차 인민전선사건. 합법 좌익탄압사건으로 1936년 공산당 중앙재건위원회 사건에 의해 인민전선을 지향하는 구공산당계의 인물들이 투옥된 후, 37년 3월에 노농무산협의회가 개칭한 일본 무산당과 노농파의 흐름을 잇는 사회대중당 좌파는 반파쇼 연합전선을 형성한다. 이에 대해 일본 정부는 1937년 12월 15일, 12월 21일, 1938년 2월 1일의 세 차례에 걸쳐 합법좌파 활동가를 치안유지법 위반협의로 검거한다.

3·15 공산당 탄압 1928년 3월 15일 일본공산당과 그 동조자에 대한 탄압이 있었다. 일본 공산당은 1928년의 보통선거와 27년 테제에 입각하여 이를 공공연하게 실시한다. 중국 침략을 준비 중이던 다나카(田中儀一) 내각은 치안유지법 위반 혐의로 전국에서 천여 명 이상을 검거하고, 노동농민당(労働農民党), 일본노동조합평의회(日本労働組合評議会), 전일본무산청년동맹(全日本無産青年同盟)의 결사를 금지시켰다.

세틀먼트운동(隣保運動, settlement) 종교가나 학생이 빈민 지역에 살면서 주민과 인격적 접촉을 가지면서 의료, 교육, 보육 등의 활동을 행하고 지역의 복지를 살피는 사회사업을 말한다.

쇼와연구회(昭和研究会) 고노에 후미마로(近衛文麿)에게 기대를 건 사람을 중심으로 한 국책연구단체. 만주사변 후 종합적인 국책수립의 필요성을 통감하고 1933년 10월 사무소를 개설하고 국책연구를 시작하여 1936년 12월에 정식으로 쇼와연구회를 설립한 것이다. 이들은 동아공동체론과 신체제운동을 주창하였으나 내부대립에 의해 대정익찬회 성립 이후 해산하였다.

신란(親鸞) 정토진종(淨土眞宗)의 창시자. 염불에 의한 공덕을 부정하고 부처의 염원은 죄가 많은 중생을 구제하는 것이므로 악인이야말로 구원받을 수 있다고 가르쳤다. 따라서 그는 중생구제를 위해서는 승려도 중생들의 생활 속으로 들어가야 한다고 하여 재가주의(在家主義)를 실천하였다. 그의 가르침은 일본의 피차별부락민에게 많은 영향을 주었다.

신인회(新人会) 다이쇼·쇼와 초기의 도쿄대학 학생운동단체. 요시노 사쿠조(吉野作造) 문하의 법학부 학생을 중심으로 '현대 일본의 합리적 개조운동에 종사할' 것을 기치로 1918년 12월 5일에 결성하였다. 1차 세계대전 후 조직적 학생운동의 돌파구가 되었다. 당시의 회원은 학생과 노동자로 구성되었는데 교토, 히로시마 등 10여 곳에 지부를 설치하기로 했다. 기관지로서 「데모크라시(デモクラシー)」(이후 「선구(先駆)」, 「동포(同胞)」, 「나오로도(ナオロド)」로 개칭)를 발행했다. 1920년 12월 사회 운동의 분화에 대응하여 순수 도쿄대학 학생만을 대상으로 하는 단체로 재발족했다. 이후 공산주의자의 중심단체로 학생자치활동뿐만 아니라 학생사회과학연합회(학련)의 지도를 맡아 많은 사회운동가를 배출했다.

쌀 소동 1차 세계대전을 계기로 쌀 수요가 증가하자 정부는 지주 보호를 위해 쌀 수입 제한을 추진하고 도매상에 의한 매점매석을 방관하였다. 이것이 1918년 7월 23일 쌀값 폭등의 직접적인 계기가 되어 도야마 현(富山県)의 어부와 부인들이 외부로의 쌀 유출을 금지한 것을 시작으로 쌀 가격 인하를 요구하고 이것이 신문지상에 보도되어 일거에 전국적으로 확대된 봉기다. 대도시를 중심으로 쌀가게와 호농에 대한 습격이 일어났다. 주요 참가계층은 직인, 인부 등 전근대적인 도시노동자로 간사이 지방에서는 피차별부락민이 선두에 선 경우가 많다. 쌀 소동은 통일적 지도부를 갖지 않은 자연발생적 봉기지만, 전제지배와 시베리아 출병에 대한 암묵적인 반대였다. 스스로의 힘을 자각한 민중은 이 소동을 계기로 각종의 조직적 사회 운동을 개시한다.

야마카와 히토시(山川均, 1880-1958) 근대 일본의 사회주의 운동가. 1906년 일본 사회당 결성에 참가하고 「평민신문(平民新聞)」 편집에 종사하였다. 1916년 잡지 『신사회(新社会)』의 편집에 참가하면서 민본주의 비판론을 전개하고 이후 노동조합연구회를 만들어 20년 일본 사회주의 동맹 결성에 참가한다. 1922년 일본 공산당 창립에 관여하고 「무산계급운동의 방향 전환(無産階級運動의 方向転換)」을 발표하여 당시의 사회 운동에 큰 영향을 미친다. 1928년 이후 일본 공산당과의 관계를 끊고 노농파의 논객으로 활동하였다. 전후 민주인민전선 결성을 주창하지만 실패로 끝난다. 1951년 사회주의협회를 결성하고 대표자가 되어 사회당 좌파의 이론적 지도자가 된다.

우애회 · 총동맹(友愛会 · 総同盟) 다이쇼 기의 노동조합으로 1912년 8월 도쿄에서 스즈키 분치(鈴木文治)를 중심으로 15명의 노동자에 의해 결성되었다. 상호부조, 수양, 노동자의 지위개선을 강령으로 내걸었다. 1914년 1월 기관지 「우애신보(友愛新報)」를 「노동 및 산업(労働及産業)」으로 개칭하고 전국의 주요 공업도시에 지부를 두었다. 1918년 4월에는 회원이 3만여 명으로 확대되었고 지부 또한 120곳에 이르렀다. 이후 노동조합적 성격을 강화하고 신인회 출신의 합류에 의해 전투적 성격이 강해지면서 노사협조주의에 반대하는 태도를 분명히 했다. 1919년 8월 7일의 대회에서 대일본 노동총동맹 우애회로 개칭하고 노동조합의 자유, 최저임금제의 확립 등을 주장하며 본격적인 노동조합으로 발돋움함과 동시에 일본노동조합운동의 지도권을 확보했다. 1921년 일본노동총동맹으로 개칭하였다. 아나 · 볼 논쟁을 통해 공산주의자들의 영향력이 확대되었는데 22년에는 노동 계급의 완전 해방을 위한 계급강령을 채택한다. 그러나 1923년의 관동대지진에 의한 탄압을 계기로 간부들이 우경화하면서 좌우 대립이 격화되었고, 25년 좌파조합에 대한 제명조치로 일본노동조합평의회가 결성되었다(1차 분열). 1926년 무산정당의 분열을 계기로 중간파가 일본노동조합동맹을 결성(2차 분열)하고, 29년에는 일본노동조합전국동맹파가 분열(3차 분열)하였다. 좌파와 중간파의 탈퇴에 의해 우파적 성격이 강화되어 만주사변 이후 전쟁에 반대하지 못하고 1932년 개량주의적 조합과 일본노동조합회의를 결성하여 36년 전국노동조합동맹과 합동으로 전일본 노동총동맹이라 개칭하였다. 대일본산업보국회의 결성에는 소극적으로 저항하지만, 1940년 7월 21일 자진 해산했다.

유물론연구회(唯物論研究会) 1930년대의 절박한 상황 아래에서 35년 10월 40명의 발기인으로 연구회를 창립하고 기관지인 「유물론연구(唯物論研究)」를 창간했다. 이 연구회는 '현실적인 과제에서 유리되지 않으며 자연과학, 사회과학 및 철학을 통해 유물론을 연구하고 계몽하는 것을' 목표로 삼아, '정치적 조직을 갖지 않는 대중단체임'을 분명히 함으로써 활동의 합법성을 확보했다. 1938년의 제2차 인민전선사건 직후 자진 해산하고 기관지는 정간되었다.

육전협 결의(六全協決議) 일본 공산당 제6회 전국협의회(1955년 7월 27일)는 50년 분열에 나타난 극좌 모험주의와 분파주의를 공개적으로 비판하고, 공산당의 분열을 극복하기 위한 결의를 채택했다. 즉, 당을 지배하고 있던 가부장적 개인 지배를 비판하고 당내 민주주의와 집단지도체제의 확립과 새로운 중앙위원의 선출로 새로운 통일을 시도했다. 이 육전협은 공산당이 강화조약하의 새로운 조건에서 공개적인 활동으로 전환하는데 중요한 단계였다.

일공 50년 문제(日共50年問題) 코민포름(Cominform)은 1952년 1월 6일자 기관지에 「일본의 정세에 대하여」를 발표하고 일본 공산당의 미군에 대한 해방군 규정과 점령하에서의 평화혁명론을 비판했다. 이에 대해 일본 공산당은 1월 12일 「일본의 정세에 대하여'에 관한 소감」을 발표해 반론했지만, 1월 17일 중국의 「인민일보」가 '소감'을 비판하기에 이르자 제18회 확대 중앙위원회를 열어 국제적인 비판을 받아들이는 태도를 표명했다. 그러나 당내의 대립은 수습되지 않았고 주류인 '소감파(所感派)'와 비주류인 '국제파'가 사실상의 분열 상태에 빠진다. 이러한 일본 공산당 내부의 사정과 GHQ의 공산당 탄압에 의해 일본 공산당은 비합법의 지하 활동으로 전환하게 된다.

일본노동조합평의회(日本労働組合評議会) 좌우대립이 격심했던 1925년 3월의 일본 노동조합총동맹 전국 대회 후 3월 27일의 총동맹 중앙위원회는 좌파의 거점인 간토(関東) 지방평의회의 해산을 결정했다. 좌파는 반대운동을 전개하고 세력 결집을 위해 4월 12일 내부의 반대파 조직혁신동맹을 결성했다. 16일 총동맹은 혁신동맹에 참가한 조합을 제명했기 때문에 5월 24일부터 혁신동맹 전국대회는 개회와 동시에 총동맹을 이분하는 32개 조합 1만여 명의 평의회 결성대회로 변경하여 같은 날 창립했다. 처음에는 일상투쟁을 중시하고 크고 작은 쟁의와 악법반대, 의회 해산청원, 건강보험법 반대 등의 운동을 전개하여 조합원을 3만여 명까지 확대했다. 그러나 일본 공산당 재건후 그 영향력 아래에 놓이게 되고 1927년에는 일본 공산당의 하부조직화 하여 노동운동 내에서 마찰을 일으켰다. 1928년 3·15사건에 의해 4월 10일 강제로 해산 당했다.

전국농민조합(全国農民組合) 3·15사건 이후 좌파인 일본농민조합과 중간파인 전일본농민조합이 과거의 조직분열에 대해 자기비판하고 재통일하여 탄생한 최대의 전국농민조합이다. 그러나 1929년 신노동당 수립 주장에 의해 합법정당지지파와 이를 부정하는 공산당파와의 대립이 일어나 31년 분열. 좌파는 전농개혁노농정당지지강제반대 전국회의(전국회의파)를 조직, 전농을 빈농조합으로 규정하는 한편 농민위원회를 조직한다. 합법 좌익을 표방하는 총본부를 중심으로 한 총본부파(総本部派)는 소작쟁의, 국정개혁운동 등을 전개하였다.

전학련(全日本学生自治会総連合) 학생자치단체의 전국적 연합체. 1946년 결성된 전국국립대학 학생자치회 연맹은 수업료 인상반대의 슬로건을 내걸고 와세다 대학을 중심으로 한 사립대학의 학생운동 조직과 연합하여 전학련을 결성했다. 전후의 냉전 체제 속에서 평화운동과 반공정책에 반대하는 투쟁을 전개하였으나, 50년대 초반 일본 공산당의 분열항쟁이 조직 내부에서 재연되어 일시 침체되었다. 이후 1960년의 안보투쟁 당시 공산당에서 제명당한 분파인 공산주의자 동맹(분트)이 지도권을 확보하였고 전학련 주류파는 가두투쟁을 전개하였다.

전협(全協) 일본노동조합전국협의회(日本労働組合全国協議会)의 약칭. 1928년 4월 10일 일본노동조합평의회 해산 후 그 산하의 좌파 노동조합을 중심으로 12월 25일 결성하였다. 일본에서 처음으로 프로핀테른에 가맹한 비합법 상태의 노동조합으로 합법조합 내에 혁명적 반대파를 칭하는 분파조직을 가진 특이한 조직이다. 극좌적 행동으로 인해 내부적으로 반대파를 낳았고, 1932년 테제를 기계적으로 수용하여 군주제 타도를 강령으로 내걸었다. 1934년에는 일본 공산당과 전협 중앙이 대립하면서 자연소멸하였다.

전후파(戦後派) 2차 세계대전 후에 태어난 사람들을 총칭하는 말로 종래의 사상, 도덕에 구속되지 않고 행동하는 젊은이들을 이른다. 정치와 문학의 문제, 전쟁 책임과 주체성의 문제들을 제기하고 창작 활동에 임했다.

조르게 사건 조르게(Richard Sorge)와 오자키 히데미(尾崎秀実)를 중심으로 한 국제 스파이 사건. 러시아 태생의 독일인 조르게는 소련 정보부에 소속된 활동가로 위장을 위해 독일의 나치당에 입당하고 독일 신문사의 특파원으로 일본에 온다. 그의 목적은 일소 양국의 평화유지를 위한 활동이었다고 한다. 당시 오자키는 내각의 촉탁 평론가로 활동하고 있었다. 이 두 사람은 직간접적으로 국가의 비밀문서를 입수하여 정보를 분석하고 이를 소련에 알렸다. 이 사건은 밀고에 의해 발각되었는데 35명이 체포되고 이중 18명이 치안유지법으로 기소되었다.

가와카미 하지메(河上肇, 1879-1946) 근대 일본의 경제학자, 사회사상가. 독일 역사학파의 영향을 받아 국민경제학적 입장의 농업입국론을 전개하였다. 가난 문제를 사회 문제로 인식하면서도 해결을 사회개조가 아닌 인도주의적 입장에서 찾으려 했다. 이에 대해 마르크스주의자의 비판이 따랐고 이를 계기로 마르크스주의로 귀화했다. 1932년 일본 공산당의 의뢰로 32년 테제의 번역을 통해 공산당에 입당하였다.

교토대학 천황 사건 1951년 11월 쇼와 천황의 교토대학 순행을 다수의 학생이 '평화의 노래'를 부르며 맞이하는 과정에서 단독평화와 재군비에 관한 내용을 대학이 천황에게 공개질의장 형태로 전달할 것을 요구했다. 이를 거절한 대학당국은 경찰대의 학내 진입을 요청하고(11월 12일) 학생회의 해산과 학생회 간부에 대한 정학처분(11월 13일)하였다.

도쿄대학 포포로 사건 1952년 2월 20일 도쿄대학의 포포로 극단의 발표회에 사복경찰관이 잠입한 사건으로 발각된 경관은 경찰수첩을 압수당하고 방면되었다. 이러한 경찰의 행위는 문부성과 경찰 사이에 맺은 협정을 위반한 것이었다.

팔굉일우(八紘一宇) 중일전쟁·태평양 전쟁 시기에 일본의 대외침략을 정당화하기 위해 사용한 표어다. 원래 이 단어는 「일본서기(日本書記)」에 나오는 것으로, 일본적 세계통일의 원리로서 1903년에 만들어졌다. 천하를 하나의 집안처럼 한다는 의미로 전쟁에 돌입하면서 대동아공영권 건설을 합리화하는 의미로 사용되었다.

피의 노동절 1952년 5월 1일, 제23회 노동절에 정부는 황거외원광장(皇居外苑広場)의 사용을 금지시켰다. 이에 항의하여 광장에 들어간 수 만 명의 시위대를 경찰이 폭력적으로 해산시키는 과정에서 두 명의 사망자와 수 천 명의 부상자가 발생했다. 경찰청과 도쿄지검은 소요죄의 적용을 결정하고 부상당한 것을 증거로 검거하기 시작했다. 7월 말까지 체포자가 천명을 넘어섰고, 그중 기소자가 261명에 달했다.

피차별부락민(被差別部落民) 신분제 사회의 하층부에 있던 천민 집단을 이른다. 1871년 이른바 '해방령'에 의해 제도적으로는 차별이 철폐되었지만, 천황제 지배체제 아래서 이들은 직업, 결혼 등 여러 분야에서 지금도 차별받고 있다. 1918년 쌀 소동 이후 정부도 부락문제에 대한 중요성을 인식하고 대책을 수립하기 시작한다. 한편 부락민은 1922년 3월 교토에서 전국 수평사(水平社)를 결성하고 차별철폐운동을 전개한다.

하니 고로(**羽仁五郞**, 1901-1983) 역사학자. 잡지『신흥과학의 깃발아래서(新興科学の旗のもとに)』를 창간하여 여기에 다수의 논문을 발표하였다. 메이지 유신의 과학적 연구에 전념한 강좌파 이론가다.

하세가와 뇨제칸(**長谷川如是閑**, 1875-1969) 근대 일본의 저널리스트. 자유주의 평론가로 데라우치 내각을 비입헌 내각이라고 비판하고 헌정옹호운동을 지지하였다. 쌀 소동 이후 1919년 잡지「우리들(我等)」을 창간하였으며, 30년대 후반부터 일본 문화 연구에 전념했다.

하쿠인 에카쿠(**白隱慧鶴**) 에도시대 중기의 임제종(臨濟宗)의 승려. 민간에 쉽게 선을 설파하여 선의 민중화에 힘썼다. 하쿠인은 선도 화엄경도 염불도 궁극적으로는 동일한 것으로 마음을 하나로 하여 노력하는 것이 중요하다고 가르쳤다.

혁신관료(**革新官僚**) 1931년 만주사변 이후 등장한 친군부적·우익 혁신적 관료세력을 신관료(新官僚)라고 부른다. 이후 중일전쟁으로의 전개와 더불어 전시통제경제체제 수립을 위한 계획의 입안과 추진에 관여한 친군부적 관료를 혁신관료라 칭하였다. 이들은 기획원을 중심으로 국가총동원법을 성립시키고 실행에 옮겼다.

협조회(**協調会**) 노동 쟁의의 격화방지를 위해 설치된 재단법인. 1919년 1월 도코나미(床次竹次郞) 내무대신이 시부자와 에이지 등과 설립에 착수하여 정부 보조와 재계의 기부금 약 1000만 엔을 기금으로 하여 설립했다. 사회운동의 조사, 쟁의 조정 등의 일을 했다. 중일전쟁 발발과 함께 계급 투쟁이 금지된 이후 1938년부터 산업보국운동추진을 주요한 임무로 하게 되었다. 1946년에 해산되었다.

후쿠모토 가즈오(**福本和夫**, 1894-1983) 일본의 마르크스주의 이론가. 야마카와 히토시를 절충주의·우파적 편향이라고 비판하고 1926년 일본 공산당 중앙 상임위원, 정치부장에 취임하였다. 그의 이론은 결합전의 분리를 주장하여 대중 단체의 분열과 이론 투쟁을 낳았다.

찾아보기

인명

용어